AGWEI

AR

HANES DYSG GYMRAEG

AGWEDDAU
AR
HANES DYSG GYMRAEG

DETHOLIAD O DDARLITHIAU G. J. WILLIAMS

golygwyd gan

ANEIRIN LEWIS

CAERDYDD
GWASG PRIFYSGOL CYMRU
1985

Argraffiad Cyntaf 1969
Ail-argraffiad 1985

Manylion Catalogio Cyhoeddi (CIP) y Llyfrgell Brydeinig

Williams, G. J.
Agweddau ar hanes dysg Gymraeg
1. Dysg ac ysgolheictod — Cymru — Hanes
I. Teitl II. Lewis, Aneirin
001.2'09429 AZ636

ISBN 0-7083-0895-3

ARGRAFFWYD YNG NGHYMRU GAN
CAMBRIAN NEWS (ABERYSTWYTH) CYF.

RHAGAIR

AR gais Bwrdd Gwasg Prifysgol Cymru yr ymgymerais â pharatoi'r detholiad hwn o ddarlithiau'r diweddar Athro Griffith John Williams (1892-1963). Er ei bod yn hyfrydwch gennyf gydsynio, eto, o gofio am safonau'r Athro, yr oedd ynof ymdeimlad o betruster ac ofn. Ond wrth ymgynghori â Mrs. Williams, gwelais ei bod hi'n gefnogol iawn i'r bwriad ac yn awyddus, yn anad dim, i gynnwys yn y detholiad ddeunydd nas cyhoeddwyd o'r blaen. Ymhlith papurau'r Athro, yr oedd cyfresi o ddarlithiau ar hanes dysg Gymraeg yn ogystal â darlithiau unigol ar rai o'r prif ysgolheigion. Gwyddwn ei fod yn bwriadu llunio cyfrol ar y pwnc hwn ac mai dyna un o'r rhesymau paham yr oedd yn amharod i gyhoeddi rhai o'r darlithiau hyn ar ôl eu traddodi, megis, er enghraifft, y darlithiau ar Edward Lhuyd a William Owen [-Pughe]. Felly, penderfynais gynnwys yn y detholiad hwn ddarlithiau sy'n ymdrin â datblygiad dysg Gymraeg o gyfnod y llawysgrifau hyd at ganol y bedwaredd ganrif ar bymtheg. Dyna ydyw cynnwys hanner cyntaf y llyfr (tt. 1-147). Yn yr ail ran (tt. 148-277), cynhwysir darlithiau ar rai o'r prif ysgolheigion, er bod hyn yn golygu rhyw gymaint o ailadrodd yma ac acw. Gan eu bod yn rhoi darlun llawnach o'r ysgolheigion unigol ac yn aml yn ffrwyth ymchwil ddiweddarach, y maent yn ychwanegiad anhepgor at yr ymdriniaeth gyffredinol yn y tair pennod gyntaf. A thybiais ei bod yn werth cynnwys y ddarlith ar 'Stephen Hughes a'i Gyfnod', am ei bod yn safonol ac yn cyflawni'r darlun o'r ail ganrif ar bymtheg yn y gyfrol hon, a hefyd am ei bod yn anodd erbyn heddiw i ddarllenwyr gael gafael ynddi'n hwylus. Diolchir i berchenogion a golygyddion *Y Cofiadur*, *Llên Cymru*, *Y Llenor* a *Handbook* Cymdeithas Sir Ddinbych yn Llundain, am ganiatâd i adargraffu'r darlithiau a gyhoeddwyd yn y cylchgronau hyn.

Petai G. J. Williams ei hun wedi cael cyfle i gyhoeddi'r gyfrol a fwriadai, y mae'n ddiogel gennyf y byddai wedi ail-lunio ac ailysgrifennu'r cyfan. Felly, nid y gyfrol a ddeuai o'i law ef ydyw hon, ond er hynny, ef biau'r cyfan ohoni. Ni wneuthum i ond dilyn ei lawysgrif ef yn ffyddlon, gan sicrhau cywirdeb dyfyniadau, teitlau, dyddiadau, etc., ac ychwanegu ambell nodiad godre tudalen yn y tair pennod gyntaf yn unig. Argreffir y darlithiau a gyhoeddwyd o'r blaen yn union fel yr ymddangosasant yn y cylchgronau. Ac yn sicr, y mae'r gyfrol fel y mae, nid yn unig yn arweiniad gwerthfawr i gwrs ar hanes dysg Gymraeg yn y colegau ond hefyd o ddiddordeb i bob Cymro sy'n hoff o astudio hanes bywyd llenyddol ei genedl. Yr oedd y dosbarth hwn o ddarllenwyr bob amser mewn golwg gan G. J. Williams, a dyna paham y rhoddai gymaint pwys ar gyflwyno deunydd o'r natur yma mewn dull darllenadwy a diddorol.

Yn Atodiad I, rhoddir copi o Femorandwm a luniodd G. J. Williams tua 1950 i'w drafod ym Mhwyllgor Iaith a Llên Bwrdd Gwybodau Celtaidd y Brifysgol. Ynddo, ceir cipolwg ar ei weledigaeth ef o'r modd y dylid cydweithio a chynllunio'n ymarferol i hyrwyddo astudiaethau Cymraeg yn ail hanner yr ugeinfed ganrif. Y Memorandwm hwn ydyw'r unig ddogfen ymhlith ei bapurau y dywedodd ef yn bendant ei fod am ei diogelu i'r dyfodol. Yn Atodiad II, ceisiais lunio rhestr o'i gyhoeddiadau, gan hyderu y bydd yn gymorth i ddarllenwyr a fydd yn dymuno astudio'n fanylach rai o'r pynciau a drafodir yn y gyfrol hon. Un syniad cyffredin am yr Athro Williams ydyw iddo fwrw ei oes yn astudio bywyd a gwaith Iolo Morganwg. Y mae hynny'n wir wrth gwrs, ond gŵyr y cyfarwydd, ac yn enwedig ei hen ddisgyblion, mai rhan o'r gwir ydyw. Ei gamp ef oedd meddiannu holl draddodiad dysg yr iaith Gymraeg a'i llenyddiaeth, ac y mae'r llyfryddiaeth yn Atodiad II yn dystiolaeth eglur i ehangder ei astudiaethau ac i bwysigrwydd a gwerth parhaol ei gyfraniad.

Dymunaf ddiolch i'r Dr. R. Brinley Jones, o Fwrdd Gwasg Prifysgol Cymru—yntau, fel minnau, yn hen ddisgybl i G. J. Williams—am ei ddiddordeb yn y gyfrol ac am ei gymorth a'i ofal wrth ei llywio trwy'r wasg. Diolchaf hefyd i'r argraffwyr am eu gwaith graenus. Ac yn arbennig, diolchaf i Mrs. Elisabeth Williams am gytuno i gyhoeddi'r defnyddiau hyn ac am hwyluso'r gwaith ymhob ffordd. Ar hyd y blynyddoedd, bu'n gefn ac yn gynhorthwy mawr i'w phriod yn ei holl waith. Ei gobaith hi yw y bydd y darlithiau hyn yn trosglwyddo i'r darllenwyr, yn enwedig y genhedlaeth ifanc, beth o'r brwdfrydedd a'r cariad angerddol at ddysg Gymraeg a'i nodweddai ef trwy gydol ei yrfa ddisglair o ymroddiad llwyr i'w hoff bwnc.

Caerdydd
Gorffennaf 1968.

ANEIRIN LEWIS.

Yn yr argraffiad newydd hwn, cywirwyd mân gamgymeriadau yn y testun, ychwanegwyd at y Llyfryddiaeth yn Atodiad II a lluniwyd Mynegai i'r gyfrol.

Mawrth 1985

Aneirin Lewis

CYNNWYS

ATODIADAU

I

HANES Y LLAWYSGRIFAU CYMRAEG

Er y gellir olrhain y traddodiad llenyddol Cymraeg yn ôl i'r chweched ganrif, ac er ei bod yn weddol sicr fod gennym farddoniaeth a ganwyd gan Aneirin a Thaliesin yn y cyfnod hwnnw, eto ni ellir profi fod eu gweithiau wedi eu hysgrifennu yn y chweched ganrif. Wrth gwrs, gwyddai'r Cymry am gelfyddyd ysgrifennu, etifeddiaeth y cyfnod Rhufeinig, eto peth cymharol ddiweddar, mewn gwledydd eraill beth bynnag, oedd defnyddio'r gelfyddyd honno i gofnodi barddoniaeth a llenyddiaeth yn gyffredinol. Er enghraifft, ysgrifennwyd Lladin yn Iwerddon am ddwy ganrif cyn dechrau cymhwyso'r gelfyddyd at wasanaeth llenyddiaeth Wyddeleg. Nid oes unrhyw amheuaeth nad oedd pobl yn ysgrifennu Cymraeg yn y chweched ganrif, gweithredoedd cyfreithiol a phethau swyddogol o'r nodwedd honno ac efallai groniclau a chofnodion hynafiaethol, gwaith offeiriaid a mynachod a gawsai eu hyfforddi yn ysgolion yr eglwys. Er enghraifft, y mae'r weithred honno sydd yn Llyfr St. Chad—a ysgrifennwyd yn niwedd yr wythfed ganrif—yn myned yn ôl, o bosibl, i amser Teilo a fu farw tua 580. Teilo yw un o'r tystion, ond gallesid rhoi enw Teilo fel tyst gan mai ef oedd nawdd sant yr eglwys. Felly, nid yw hon yn enghraifft sicr. Cawn hefyd arysgrif Gymraeg a berthyn i'r seithfed ganrif yn Nhywyn, Sir Feirionnydd. Ond nid oes braw o fath yn y byd fod gweithiau'r beirdd a chwedlau, etc., wedi eu hysgrifennu yn y cyfnod hwn. Rhaid inni gofio bob amser fod modd i draddodiad llenyddol ffynnu heb lyfrau ysgrifenedig, fod y fath beth â thraddodiad llafar. Ac y mae'n gwbl bosibl mai traddodiad llafar yn unig ydoedd yn y cyfnod cynnar hwn. Yr oedd y cerddi yn cael eu dysgu ar gof ac yn cael eu trosglwyddo o'r naill genhedlaeth i'r llall. Dylid cofio hyn bob amser wrth astudio'r hen destunau.

Ond tua'r nawfed a'r ddegfed ganrif y mae'n eglur i rywrai ddechrau ysgrifennu barddoniaeth Gymraeg mewn llawysgrifau. Y mae gennym gryn dipyn o ddefnydd at astudio iaith y cyfnod hwn, glosau a darnau o ryddiaith a'r englynion yn llawysgrif Juvencus yng Nghaergrawnt. Ond credaf ei bod yn gwbl eglur erbyn hyn wedi'r gwaith a wnaethpwyd ar y testunau hyn gan Syr John Morris-Jones a Syr Ifor Williams fod llawer o gynnwys Llyfr Taliesin (a ysgrifennwyd yn y drydedd ganrif ar ddeg) ac o Lyfr Aneirin (a ysgrifennwyd yn yr un cyfnod) wedi eu codi o gopïau a ysgrifennwyd tua'r nawfed a'r ddegfed ganrif. Yn wir, er mai'r arfer yn yr Oesoedd Canol ydoedd troi'r cyfan wrth gopïo i orgraff y cyfnod hwnnw, eto ceir pum tudalen ar ddiwedd Llyfr Aneirin lle y dilynir orgraff Hen Gymraeg, i raddau helaeth, a hynny efallai oherwydd bod y gwreiddiol yn anodd i'w gopïo. Felly, er bod y llawysgrifau a gynhwysai'r casgliadau o farddoniaeth a wnaethpwyd yng nghyfnod Hen Gymraeg wedi diflannu, eto nid oes un amheuaeth nad oedd rhai yn perthyn i'r cyfnod hwnnw ar gael unwaith. Yn y cyfnod canol, sef o ddechrau'r ddeuddegfed ganrif hyd ddiwedd y bedwaredd ganrif ar ddeg, ceir wrth gwrs lawer iawn o lawysgrifau. Y mae'n fwy na thebyg mai gwaith mynachod o Gymry ydyw'r rhan fwyaf ohonynt, a'u cadw mewn lleoedd fel Ystrad Fflur, Margam, Glyn Nedd, Glyn-y-Groes, Aberconwy, Ystrad Marchell a lleoedd eraill. Erbyn y bedwaredd ganrif ar ddeg gwyddom fod boneddigion o Gymry, gwŷr fel Hopcyn ap Tomas o Ynys Dawy a Rhydderch ab Ieuan Llwyd o Lyn Aeron, yn meddu ar gopïau o lyfrau o waith y mynachod. Byddai uchelwyr hefyd yn gofyn i offeiriaid gyfieithu llyfrau o'r Lladin a'r Ffrangeg i'r Gymraeg, a diamau fod copïau o'r cyfryw bethau i'w cael yn eu cartrefi. Gellir rhannu'r llawysgrifau Cymraeg a berthyn i'r Oesoedd Canol yn fras fel hyn :

(i) Cyfreithiau. Ceir llawer iawn o gopïau o Gyfreithiau Cymru yn perthyn i'r drydedd ganrif ar ddeg, y bedwaredd ar ddeg a'r bymthegfed. Gwaith cyfreithwyr efallai ydyw llawer iawn ohonynt, y copïau a fyddai ganddynt wrth weinyddu barn.

(ii) Llenyddiaeth boblogaidd yr Oesoedd Canol, pethau wedi eu cyfieithu o'r Lladin a'r Ffrangeg i'r Gymraeg, y llenyddiaeth y byddai uchelwyr o Gymry am ymgydnabod â hi. Yn bennaf efallai, Brut Sieffre o Fynwy, Brut y Brenhinoedd, a drowyd o'r Lladin. Ceir tri chyfieithiad gwahanol ohono, ac y mae o leiaf bymtheg o gopïau Cymraeg yn perthyn i'r cyfnod 1200-1450. Brut y Tywysogion, Chwedlau Siarlymaen, y Saint Greal, Chwedlau Saith Doethion Rhufain, cyfieithiadau o bethau crefyddol, bucheddau'r Seintiau, Efengylau'r Apocrypha, a'r tracthodau yn Llyfr Ancr Llanddewibrefi a Llyfr Coch Talgarth.

(iii) Chwedlau Cymraeg fel y Mabinogion. Er ei bod yn gwbl sicr fod y Mabinogion wedi eu hysgrifennu cyn cyfnod Cymraeg Canol, eto fel y gwyddoch nid oes gennym ond dau gopi cyflawn ohonynt, y naill yn Llyfr Gwyn Rhydderch a ysgrifennwyd tua dechrau'r bedwaredd ganrif ar ddeg a'r llall yn Llyfr Coch Hergest a godwyd o'r Llyfr Gwyn ac a ysgrifennwyd tua diwedd y bedwaredd ganrif ar ddeg a dechrau'r bymthegfed.

(iv) Barddoniaeth. Ceir casgliadau o farddoniaeth. Yn gyntaf, Llyfr Du Caerfyrddin, a ysgrifennwyd, yn ôl pob tebyg, tua diwedd y ddeuddegfed ganrif, er bod rhai yn awgrymu dyddiad diweddarach. Nid yw'r enw yn profi ei sgrifennu yng Nghaerfyrddin, ond mai yno y darganfuwyd ef yn yr unfed ganrif ar bymtheg. Dyma'r casgliad cynharaf o farddoniaeth sydd gennym, casgliad nid o farddoniaeth swyddogol y cyfnod (ar wahân i ddwy o awdlau Cynddelw Brydydd Mawr), ond o gerddi crefyddol answyddogol, o gerddi proffwydol a gysylltir ag enw Myrddin, a rhai o'r englynion a gysylltir ag enw Llywarch Hen. 2. Llyfr Aneirin, tua chanol y drydedd ganrif ar ddeg, wedi ei godi o lawysgrif a sgrifennwyd efallai yn y nawfed, fel y gwelsom eisoes. 3. Llyfr Taliesin, yn hanner olaf y drydedd ganrif ar ddeg, yntau wedi ei godi, lawer ohono, o lawysgrif a berthynai i'r nawfed neu'r ddegfed ganrif. 4. Llyfr Coch Hergest, tua diwedd y bedwaredd ganrif ar ddeg, yn cynnwys ymhlith pethau eraill yr englynion a gysylltir ag enw Llywarch Hen, Canu Myrddin, ac yn bwysicach fyth, gasgliad o weithiau'r Gogynfeirdd. 5. Llawysgrif Hendregadredd, wedi ei chodi, lawer ohoni, o gopi a sgrifennwyd yn yr un cyfnod â Llyfr Du Caerfyrddin yn cynnwys casgliad o weithiau'r Gogynfeirdd. Ceir hefyd rai casgliadau llai, megis rhai o Awdlau Cynddelw, wedi eu sgrifennu yn hanner cyntaf y drydedd ganrif ar ddeg yn Llawysgrif Peniarth 3. Diddorol sylwi mai Cynddelw yw'r unig un o'r Gogynfeirdd y ceir casgliad o'i waith ar ei ben ei hun.

Dyna ddisgrifiad byr, amherffaith, o gynnwys llawysgrifau Cymraeg y Canol Oesoedd sydd ar glawr heddiw. Ond cyn myned i ymdrin â hwy dylem ddywedyd mai yn y bedwaredd ganrif ar ddeg y gwelwn gyntaf ymgais i lunio casgliadau mawr o lenyddiaeth Cymru ; odid na thalai'r uchelwyr i ysgrifenyddion, mynachod efallai, am wneuthur hynny. Credaf mai yn y Deau y bu mwyaf o fri ar ysgrifennu casgliadau o ryddiaith ac o farddoniaeth Cymru yn yr Oesoedd Canol. Ar wahân i rai copïau o'r cyfreithiau, ni wn am gynifer ag un hen lawysgrif y gellir teimlo'n gwbl sicr ei bod yn hanfod o'r Gogledd. Ac efallai fod hyn oherwydd bod cysylltiad nes rhwng y Deau a'r Normaniaid ac â diwylliant estron. Cymerwn Lyfr Gwyn Rhydderch, sef Llawysgrifau Peniarth 4 a 5 a sgrifennwyd rhwng diwedd y drydedd ganrif ar ddeg a chanol y bedwaredd ar ddeg. Ni wyddom pwy a'i hysgrifennodd, ond gwyddom mai'r perchennog yn hanner olaf y bedwaredd ganrif ar ddeg ydoedd Rhydderch ab Ieuan Llwyd o Lyn Aeron, yng Ngheredigion ; hynny yw, yr oedd yn eiddo i'r gŵr hwnnw o fewn ychydig amser wedi gorffen ei sgrifennu. Yr oedd ei fab yn fardd enwog, Ieuan ap Rhydderch ab Ieuan Llwyd a ganodd gywydd i ganmol ei ddysg a'i alluoedd. Beth yw cynnwys y llawysgrif hon a geid yng nghartref uchelwr o Gymro yn y bedwaredd ganrif ar ddeg ? Y Mabinogion, Y Rhamantau, Chwedlau Siarlymaen, cyfieithiadau a ddarnau o Efengylau'r Apocrypha ac o draethodau crefyddol a oedd yn boblogaidd yn y Canol Oesoedd, yr Imago Mundi, Credo Athanasius, Bucheddau'r Saint, etc. Y casgliad arall yw Llyfr Coch Hergest a luniwyd tua diwedd y bedwaredd ganrif ar ddeg a dechrau'r bymthegfed. Enw cartref teulu'r Fychaniaid ydyw Hergest, teulu y canodd Lewis Glyn Cothi gywyddau o fawl iddo, ac y mae ar y ffin rhwng Sir Henffordd a Chymru, mewn gwirionedd yn Sir Henffordd. Yr oedd y casgliad hwn gan y teulu hwnnw yn y bymthegfed ganrif, ond ni wyddom hyd sicrwydd mai iddynt hwy y lluniwyd ef.[1] Dyma'r casgliad cyfoethocaf sydd gennym o lên y Canol Oesoedd yn cynnwys Brut y Brenhinoedd, Brut y Tywysogion, Ystoria Siarlymaen,

[1]Am gysylltiad Hopcyn ap Tomas â Llyfr Coch Hergest, gw. *Traddodiad Llenyddol Morgannwg*, 147. Gw. hefyd Brynley F. Roberts, ' Un o Lawysgrifau Hopcyn ap Tomas o Ynys Dawy ', *BBCS*, xxii(3), 1967, 223-8.

Chwedlau Saith Doethion Rhufain, y Mabinogion a'r Rhamantau, casgliad o drioedd a diarhebion, Meddygon Myddfai, Gramadeg Einion Offeiriad, Amlyn ac Amig, yr englynion a gysylltir ag enw Llywarch Hen, a Gweithiau'r Gogynfeirdd. Ar wahân i'r Cyfreithiau, a gwaith Aneirin a Thaliesin, a chywyddau'r bedwaredd ganrif ar ddeg, yr oedd prif drysorau ein llên wedi eu cynnwys. Y mae'n fwy na thebyg mai diddordeb rhai uchelwyr Cymreig yn ein llên sy'n egluro'r ddau gasgliad rhyfeddol hyn.

Y peth sy'n taro'r sawl sy'n darllen llawysgrifau Cymraeg yr Oesoedd Canol ydyw hyn : y mae gennym lu o gopïau o'r Brutiau, yn enwedig o Frut Sieffre, ac o'r Cyfreithiau, ond un copi'n unig sydd gennym o waith Aneirin ac un o waith Taliesin, ac ni chawn gasgliadau o weithiau'r Gogynfeirdd ond yn Llyfr Coch Hergest a Llawysgrif Hendregadredd. Petai Llyfr Aneirin, llyfr bychan sydd yn awr yn Llyfrgell Dinas Caerdydd, wedi diflannu yn y bymthegfed ganrif neu yn nechrau'r ganrif wedi hynny, ni byddai gennym heddiw ond enw'r bardd yn unig. Pa fodd y gellir egluro hyn ? Y mae'n eglur fod llawer iawn o lawysgrifau wedi diflannu, yn enwedig yn yr unfed ganrif ar bymtheg pan chwalwyd y mynachlogydd a phan ddechreuwyd Seisnigeiddio'r uchelwyr a cholli eu diddordeb mewn llenyddiaeth Gymraeg. Ni eill neb amau hynny wedi darllen yr hyn a ddywed Gruffydd Robert a Siôn Dafydd Rhys ar y pwnc. Y mae'r hen lawysgrifau a berthynai i gyfnod Hen Gymraeg wedi diflannu, yn ogystal â ffynonellau Llyfr Gwyn Rhydderch a Llawysgrif Hendregadredd. Mae hyn oll yn ddigon gwir, ond eto y mae'n rhyfedd gweld cynifer o gopïau o'r Brutiau a'r Cyfreithiau yn aros, a'r llawysgrifau a gynnwys farddoniaeth Gymraeg a Chwedlau Cymreig mor brin. Dylem gofio hefyd, yn y cysylltiad hwn, nad oes gennym, cyn belled ag y gwn i, gynifer ag un llawysgrif yn cynnwys gwaith cywyddwyr y bedwaredd ganrif ar ddeg—Dafydd ap Gwilym, Gruffudd Gryg, etc.—wedi ei sgrifennu yn y ganrif honno. Tua chanol y bymthegfed ganrif yr ysgrifennwyd y llawysgrif gynharaf sy'n cynnwys eu gwaith, hynny yw, y llawysgrif gynharaf sydd ar glawr heddiw. Y mae hyn yn edrych yn ffaith ddigon rhyfedd pan gofiwn fod gweithiau'r hen feirdd, y Cynfeirdd yn ogystal â'r Gogynfeirdd, yn cael eu hastudio yn ysgolion y beirdd ar draws y canrifoedd, fod gwaith Dafydd ap Gwilym yn boblogaidd ym mhob rhan o Gymru, a bod chwedlau fel y Mabinogion wedi bod yn ddiddanwch llysoedd tywysogion ac uchelwyr Cymru trwy'r Oesoedd Canol. Ac eto, nid oes gennym ond un copi o waith Aneirin a Thaliesin, ni cheir copïau o awdlau'r Gogynfeirdd (ar wahân i rai o waith Cynddelw) hyd ddiwedd y bedwaredd ganrif ar ddeg, ac ni chawn gopïau o waith y cywyddwyr hyd tua chanol y bymthegfed.

Pa fodd y gellir egluro hyn? Credaf mai traddodiad llafar ydoedd y traddodiad llenyddol Cymreig, i raddau helaeth, hyd tua chanol y bymthegfed ganrif. Ar dafod leferydd y dysgai'r athrawon yn ysgolion y beirdd. Efallai fod dysgu awdlau a cherddi'r hen feirdd ar eu cof yn rhan o'r dasg a roddid iddynt, ac mai dyna sut yr oeddynt yn meistroli eu geirfa a'u cystrawen a'u dulliau ymadrodd cymhleth. Diau mai dyna sut y dysgent y pethau y dylai beirdd eu gwybod, megis hen hanes y genedl, achau'r tywysogion, etc., a diau nad yw'r Trioedd, lawer ohonynt, namyn y defnydd hwn wedi ei drefnu yn y fath fodd ag y gellid ei ddysgu. Nid rhaid tybied chwaith eu bod yn ysgrifennu eu cerddi, namyn yn eu hadrodd a'u canu yn y llysoedd a'r disgyblion yn eu dysgu ar eu cof. Dylid cofio bod yng Nghymru ddau ddosbarth o bobl bwysig iawn yn y cysylltiad hwn, sef yn gyntaf, y gŵr a elwir yn Statud Gruffudd ap Cynan yn yr unfed ganrif ar bymtheg yn Ddatgeiniad, a'r Cyfarwydd. Y mae'n debyg fod y datgeiniad yn ŵr pwysig drwy'r Oesoedd Canol, oherwydd cyfeirir ato yng Ngramadeg y Llyfr Coch (a ysgrifennwyd tua 1400). Dywedir na ddylid credu bod prydydd canmoledig ac awdurdod iddo wedi canu ' kam gerdd ', ' kanys damwein yw kaffael datkeinyat a datkano kerd yn gwbyl megys y kano y prydyd.' Hynny yw, ceid dosbarth o bobl a grwydrai o lys i lys a wyddai ugeiniau o awdlau (ac o'r bedwaredd ganrif ar ddeg ymlaen, o gywyddau hefyd) ar eu cof, ac a ganai'r rhain yn y llysoedd. Dywedir yn Statud Gruffudd ap Cynan fod yn rhaid iddo wybod ' tair ar ddeg o brif geinciau ar delyn neu grwth, a chanu gyda hwy ar dafod '. Dyna'r modd y cyhoeddid barddoniaeth (fel petai) yn yr Oesoedd Canol, a pharhaodd yr arfer hon, fel y cawn weled, hyd tua dechrau'r ail ganrif ar bymtheg, er bod dulliau eraill o ledaenu llenyddiaeth wedi dyfod yn gyffredin yn y cyfamser. A dylem gofio fod llawer o'r cywyddau sydd gennym yn llawysgrifau'r unfed ganrif ar bymtheg a'r ail ar bymtheg wedi eu codi nid o lawysgrifau ond wedi clywed datgeiniaid yn eu hadrodd. Dyna sy'n egluro'n ddigon aml destunau llwgr, geiriau wedi eu newid, llinellau wedi eu cam-leoli.

Ac yna ceid y cyfarwydd, y gŵr a âi o lys i lys yn adrodd straeon. Cawn lawer o gyfeiriadau ato yn llyfrau'r Oesoedd Canol. ' Ynteu Wydyon ', meddir yn stori Math, fab Mathonwy, ' goreu Kyuarwyd yn y byt oed. A'r nos honno, didanu y llys a wnaeth ar ymdidaneu digrif a chyuarwydyt.' Diau fod llawer iawn o ystorïau wedi diflannu pan fu farw'r cyfarwyddon olaf, oherwydd nid ysgrifennu eu hystorïau a wnaent eithr eu trosglwyddo ar dafod leferydd o'r naill genhedlaeth i'r llall.

Felly, dylid cofio wrth astudio hanes bywyd llenyddol Cymru cyn y bymthegfed ganrif fod y traddodiad llenyddol Cymreig yn ffynnu i raddau helaeth ar wahân i lawysgrifau, ac mewn ffordd mai damwain ydyw fod mynachod a gwŷr eglwysig wedi cadw rhai o'r pethau hyn mewn llawysgrifau.

Ond tua chanol y bymthegfed ganrif y mae pethau'n dechrau newid ; yn wir y mae hwn yn gyfnod tra phwysig nid yn unig yn herwydd y newid a welir yn hanes cerdd dafod—y newid a gysylltir â Dafydd ab Edmwnd ac ag Eisteddfod Caerfyrddin—ond hefyd yn hanes bywyd llenyddol Cymru. Oherwydd o'r cyfnod hwn ymlaen daw copïo llawysgrifau a llunio casgliadau yn beth cyffredin ymhlith beirdd a llenorion Cymru. Un rheswm am hyn, a diamau ei fod yn un o'r prif resymau, ydyw fod y memrwn a ddefnyddid yn y cyfnod blaenorol yn ddrud, ond yn awr dyma bapur yn dechrau dyfod yn gyffredin ac yn weddol rad. Defnyddid papur yn weddol gyffredin yng Ngorllewin Ewrob yn y bedwaredd ganrif ar ddeg, ac yn y bymthegfed ganrif y mae'n graddol ddisodli memrwn fel defnydd i sgrifennu arno. A dyna a ddigwyddodd yng Nghymru. Eithriad ydyw gweled llawysgrif femrwn ar ôl tua chanol y bymthegfed ganrif. Gellid cael wyth dalen am tua thair ceiniog neu rot. Hynny yw, byddai'r papur mewn llyfr o hanner can tudalen yn costio swllt ; ac erbyn dechrau'r unfed ganrif ar bymtheg gellid ei brynu am tua hanner y pris hwnnw. Dyna un rheswm paham y mae llyfrau Cymraeg yn dyfod yn fwy cyffredin ar ôl tua chanol y bymthegfed ganrif. Ac yn ail, yn y Canol Oesoedd, gwŷr eglwysig a mynachod a gawsai eu hyfforddi yn y mynachlogydd oedd y copïwyr, o'r hyn lleiaf, y rhan fwyaf ohonynt. Ni ellir profi bod cynifer ag un o feirdd y cyfnod hwnnw wedi llunio casgliad o'i weithiau nac wedi copïo llawysgrif. Ond yn awr, tua chanol y bymthegfed ganrif dyma ni'n cael y beirdd swyddogol nid yn unig yn copïo eu gweithiau eu hunain, ond yn llunio casgliadau o gywyddau ac awdlau ac yn copïo'r rhyddiaith y byddent yn ymddiddori ynddi, ac yn gweithredu fel ysgrifenyddion, yn cael eu talu am eu gwaith (lawer ohonynt o leiaf) gan eu noddwyr. Dywed Rhys Cain tua 1580 fod Iolo Goch wedi ysgrifennu llyfr yn cynnwys hanes Cymru, ond os gwnaeth, y mae wedi diflannu. Ymhlith y beirdd hyn a oedd yn byw yn hanner olaf y bymthegfed ganrif, gellir enwi Lewis Glyn Cothi (*bl.* 1447-86), Gutun Owain (*bl.* 1460-1500) a Gwilym Tew o Forgannwg (*bl. c.* 1460-80). Cawn lawer o lawysgrifau yn llaw Gutun Owain, a chredaf y gellir casglu ei hyfforddi i ysgrifennu yn rhai o fynachlogydd y Gogledd, yng Nglyn-y-groes efallai, oherwydd gwyddom oddi wrth ei gywyddau a'i awdlau i'r abadau fod cysylltiad agos rhyngddo a'r fynachlog honno. Yr oedd yn copïo pethau i'w noddwyr ac yn ôl pob tebyg yn cael ei dalu amdanynt. Neu cymerwn Lewis Glyn Cothi. Cawn y bardd hwnnw yn ysgrifennu casgliad o'i gywyddau a'i awdlau ef ei hun (Llsgr. Peniarth 70)—yr enghraifft gynharaf sydd gennym efallai o hynny. Heblaw hyn, yn Llsgr. Peniarth 40 cawn y bardd hwn yn copïo cywyddau o fawl a sgrifenasai i ŵr o'r enw Ieuan ap Phylip, Cwnstabl Cefn llys ym Maelienydd, ac yn cynnwys yn yr un llawysgrif Galendr a chopi o Gyfreithiau Cymru, enghraifft gynnar o fardd yn gopïwr ac yn ôl pob tebyg yn cael ei dalu am y gwaith. Dywedir hefyd mai efe a gopïodd Lyfr Gwyn Hergest (yn ôl Robert Vaughan o'r Hengwrt), llawysgrif a oedd yn eiddo i deulu Wynnstay ac a losgwyd yn y ganrif ddiwethaf, ei chopïo mae'n debyg i deulu Hergest, oherwydd canodd gywyddau o fawl i lawer o aelodau'r teulu hwnnw. Cynhwysai gasgliad o draethodau crefyddol yr Oesoedd Canol, ac yn bwysicach fyth, gasgliad o waith Dafydd ap Gwilym. Ond trwy drugaredd cododd Dr. John Davies lawer o'r casgliad hwnnw. Nid oedd pawb o feirdd y cyfnod hwn yn ysgrifenyddion yn ogystal, o'r hyn lleiaf, ni welir eu gwaith yn y llawysgrifau sydd ar glawr, ac y mae hynny'n lled arwyddocaol pan gofiwn fod gennym gryn swm yn llaw Gutun Owain a Lewis Glyn Cothi. Er enghraifft, ni wn am ddim un llawysgrif yn llaw Dafydd ab Edmwnd a Thudur Aled ; y mae Tudur Aled yn sgrifennu ei enw mewn un man, dyna i gyd. Priodolir un llawysgrif i Ddafydd Nanmor. Ond o'r cyfnod hwnnw ymlaen y mae'r prif feirdd i gyd yn sgrifennu casgliadau o ryddiaith ac o farddoniaeth Gymraeg, beirdd fel Gruffudd Hiraethog, Huw Llŷn, Siôn Brwynog, Simwnt Fychan, Wiliam Cynwal, Siôn Phylip, etc. Copïent hen awdlau a chywyddau'r cyfnod blaenorol, gwaith eu cyfoeswyr, a'u gwaith eu hunain, ac yr oedd y llyfrau hynny gan amlaf yn myned yn eiddo i'w disgyblion. Er enghraifft, dywed Rhys Cain tua'r flwyddyn 1580 fod Lewis Morgannwg, un o brif benceirddiaid ei gyfnod, a fu farw tua chanol y ganrif, wedi gadael ei lyfrau i gyd rhwng dau o'i ddisgyblion, Meurug Dafydd a Dafydd Benwyn. Rhoddodd Gruffudd Hiraethog, yntau, ei lyfrau i'w ddisgyblion, Simwnt Fychan, Wiliam Llŷn, Wiliam Cynwal a Siôn Phylip. Felly, dyna sut y lledaenid llenyddiaeth yng Nghymru, y beirdd yn dangos y casgliadau i'w gilydd, yn copïo cywyddau, etc., yn llyfrau eu noddwyr. Yn wir, cadwai rhai o'r noddwyr lyfrau fel y gallai'r beirdd a ddeuai yno i ganu yn ystod y gwyliau, y Nadolig, y Pasg a'r Sulgwyn, sgrifennu'r cywyddau mawl a ganent i ŵr y tŷ a'i deulu, a gwelwn fod pobl y Deau yn dyfod i wybod yn union deg am gywyddau beirdd cyfoes. Dylem gofio hyn oll wrth olrhain hanes y bywyd llenyddol yn y cyfnod hwn.

Cyfeiriais eisoes at y ffaith fod llawer o'r beirdd hyn yn cael eu talu am gopïo casgliadau o farddoniaeth ac o ryddiaith ; hynny yw, yr oedd rhai ohonynt yn gopïwyr wrth eu crefft. Efallai mai'r enghraifft orau—o'r hyn lleiaf, yr un y gwn i fwyaf amdano—yw Llywelyn Siôn o Langewydd neu Drelales yn ymyl Penybont ar Ogwr ym Morgannwg, gŵr a oedd yn byw yn hanner olaf yr unfed ganrif ar bymtheg a dechrau'r ail ar bymtheg, ac a fu farw tua 1620. Y mae'n eglur ei fod wedi ei hyfforddi fel ysgrifennwr, oherwydd y mae ganddo lawysgrif eglur, reolaidd. Fel y rhan fwyaf o feirdd y cyfnod yr oedd ganddo stôr o awdlau a chywyddau, a phan fyddai rhyw uchelwr am gasgliad, ysgrifennai'r rhain ar bapur hirgul, a cheir heddiw dri o'r casgliadau hyn o'i eiddo, Llyfr Hir Llanharan, Llyfr Hir Amwythig a Llyfr Hir Llywarch Reynolds, heblaw nifer o lawysgrifau eraill. Yr un fyddai'r farddoniaeth bob tro, ond o'u cymharu gwelir nad bob amser y byddai'r testunau yn union yr un peth ; a dengys hyn eto un o'r anawsterau y gorfydd ar y sawl sy'n golygu hen lawysgrifau ei wynebu. Yr oedd Llywelyn Siôn a'r beirdd eraill a gopïai wedi eu hyfforddi yn holl gyfrinion cerdd dafod, yn y gynghanedd, y cymeriadau a'r mesurau, yn y modd y dylid gochel y pymtheg bai, ac yn yr iaith ac yng ngeirfa barddoniaeth Gymraeg. Felly, pan ddeuent ar draws llinell y tybient hwy ei bod yn anghywir, byddent yn newid y llinell fel y dylai fod yn eu barn hwy, heb deimlo o gwbl eu bod yn cyflawni trosedd llenyddol. A phan geid darlleniad tywyll, fe'i gwnaent yn eglur. O gofio am hyn, ac o gofio hefyd mai o glywed eu hadrodd gan ddatgeiniaid y cadwyd llawer iawn o gywyddau ac awdlau, gwelir mai llwybr sy'n llawn o faglau ac o byllau lleidiog ydyw llwybr y gŵr a gais olygu gweithiau'r beirdd Cymraeg.

Felly, yr oedd y beirdd hyn a gopïai lawysgrifau yn gwneuthur y gwaith a wneir heddiw gan yr argraffwasg, dyma'r modd y lledaenid llyfrau yng Nghymru yn yr unfed ganrif ar bymtheg, a dechrau'r ganrif wedi hynny. Yn y cysylltiad hwn gellir cyfeirio at y stori ddiddorol sydd ynglŷn â'r llyfr *Y Drych Cristianogawl*, un o'r llyfrau y mynnai gwŷr y Gwrth-ddiwygiad ei ledaenu yng Nghymru. Yr oedd dau gyfrwng yn bosibl iddynt, sef yr argraffwasg neu'r copïwyr. Y mae'n eglur fod y Catholiciaid hyn wedi defnyddio'r ddau, oherwydd gwaith anodd yng nghyfnod Elisabeth oedd gwasgaru llyfrau o'r fath. Fe'i cyhoeddwyd yn 1585, a dywedir ar yr wyneb-ddalen mai Rhosier Smyth a drefnodd ei argraffu yn Rouen yn Ffrainc. Ond credaf y gellir profi erbyn hyn mai celwydd ydyw'r wynebddalen honno, a bod y llyfr wedi ei argraffu yn Ogof Rhiwledyn ar y Gogarth Bach.[1] Gwelais yn ddiweddar gân yn disgrifio'r gwŷr yn argraffu'r llyfr yn yr ogof, ac felly dyma'r llyfr cyntaf a argraffwyd yng Nghymru. Cyn belled ag y gwyddys, nid argraffwyd yr un ar ei ôl hyd 1718 pan gychwynnodd Isaac

[1]Am yr hanes yn llawn, gw. Dr. Geraint Gruffydd, 'Gwasg Ddirgel yr Ogof yn Rhiwledyn ', *Journal of the Welsh Bibliographical Society*, ix(1), July 1958, 1-23.

Carter ei argraffwasg yn Nhrefhedyn yn ymyl Castell Newydd Emlyn. Ond er ei argraffu yn 1585, eto, ni rannwyd rhyw lawer o gopïau, o'r hyn lleiaf a barnu wrth nifer y rhai sydd ar glawr heddiw. Heblaw hynny, y rhan gyntaf yn unig a argraffwyd. Ond defnyddiodd y Catholiciaid yr ail gyfrwng, y copïo, i ledaenu'r llyfr cyflawn. Fe geir yn Llyfrgell Rydd Caerdydd gopi yn cynnwys y tair rhan yn llaw'r copïwr y cyfeiriais ato gynnau, Llywelyn Siôn o Langewydd. Dyma a ddigwyddodd. Cyn argraffu'r llyfr yn 1585, cawn fod Rhosier Smyth, cyfaill Gruffydd Robert, wedi gyrru'r llyfr mewn llawysgrif i Gymru, fel y gellid ei yrru o law i law, fel y gallai copïwr wrth ei grefft wneuthur copïau a'u lledaenu. Un o'r copïau a wnaeth y gŵr hwnnw ydyw'r un sydd yn awr yn Llyfrgell Dinas Caerdydd. Dyma a ddywed Rhosier Smyth yn ei Ragymadrodd i argraffiad 1585 :

> Ewylhys yr Athro (sef yr awdur) ydoedh dhanfon y lhyfr mywn scrifēlaw i blith y Cymbry : Am nad oedh dim modh yw brintio ef yno, ag am fod y phordd rhy belh rhy faith i dhanfon mawr nifer o lhyfreu or Idal i wlad Gymbry: Rhag torri ar ewylhys yr Athro, mi a dhanfonais o Phrainc i Ynys Brydain un copi o'r l'yfr mewn yscrifen law, ag a gedwais gopi aral' gyd a mi fy hunan yn Phrainc. Yn y mann ar ol tirio'r lhyfr a dyfod yn hoeth ag yn anhrefnus wedy ei wlychu gann fordwy a heli, i dhwylo Cymbry, cafodh (fal y clywais) wisc yn ei gylch ai sychu ai ymgledlhu yn ewyl'ysgar ag yn chwannog dhigon. Yna cerdhed a wnaeth dros amser o law i law drwy aml fāneu o dir Cymry, yn cael mawrbarch a chroeso ymhob mann : pawb or a glywei son am dano yn chwānog i gael cydnabod arno : rhai yn deisyf ei dharlhain : erailh, yr hai nys medrēt dharlhain, yn damuno clywed ei dharlhain : y drydedh rann yn fodhlon yw gopio ai scrifennu, i gael aml gopiae i fyned ar hyd y wlad.

Efallai y byddai'n well yn awr roddi syniad am gynnwys llawysgrifau'r beirdd, y llyfrau a oedd ganddynt hwy eu hunain ac a gopïent i foneddigion. Ceir :

(i) Barddoniaeth — Cywyddau ac Awdlau eu cyfoeswyr a beirdd y cyfnodau blaenorol — cyfnod y cywydd yn unig gan amlaf, oherwydd pur anaml y ceir gweithiau'r Cynfeirdd a'r

Gogynfeirdd. Ni wn a oedd beirdd y bymthegfed ganrif a'r unfed ar bymtheg yn rhoi rhyw lawer iawn o sylw i'r pethau hyn. Er bod sôn am yr ' hengerdd ' yn y gramadegau y cawn gopïau ohonynt gan feirdd yr unfed ganrif ar bymtheg, eto, y mae'n gwbl eglur mai copïo darnau a geid yng ngramadegau'r bedwaredd ganrif ar ddeg a wnaent. Ond y mae gennym heddiw gasgliadau helaeth o farddoniaeth y bedwaredd ganrif ar ddeg a'r bymthegfed wedi eu codi gan y beirdd hyn. Fe soniwyd am y rhain, felly nid rhaid ymhelaethu arnynt yn awr.

(ii) Pethau a ddaliai berthynas â'u celfyddyd, yn enwedig y gramadeg a'r traethodau ar gerdd dafod. Ar dafod leferydd y dysgai'r hen athrawon, ond cawn fod rhywrai—Einion Offeiriad a Dafydd Ddu o Hiraddug, pwy bynnag yn hollol oedd y rheini, wedi sgrifennu gramadeg yn y bedwaredd ganrif ar ddeg yn cynnwys crynodeb byr o'r hyn a ddysgid i'r beirdd yn eu hysgolion, yn ogystal â chrynodeb o'r gramadeg Lladin a ddysgid yn ysgolion yr Eglwys yn y Canol Oesoedd, fel y gallai'r beirdd ymgydnabod â'r gelfyddyd a oedd yn sylfaen dysg, sef gramadeg. Ni cheir copïau cyn dechrau'r bymthegfed ganrif—tua 1400 yn Llyfr Coch Hergest y cawn y copi cynharaf.[1] Ond o tua'r flwyddyn 1450 ymlaen cawn ddigon o gopïau. Tebyg y byddai'r disgybl yn cael copi gan ei athro. Ond cedwid y wybodaeth yn gyfrinach, a gwyddom fod llawer o ysgolheigion y cyfnod (ac eithrio rhai uchelwyr) wedi cael anhawster i gael golwg ar lyfrau'r beirdd. Er enghraifft, dywed William Salesbury mewn llythyr a yrrodd at Ruffudd Hiraethog :[2]

> A thros i chwi ddarguddio ac attal y rhagof y llyfre sydd yn dosparth mesura ych Kerdd, ac yn hyspysy accenion, tonav, hanes a mesuræ y sillafæ yn ol y Kambereic.

Copïent bethau eraill a ddaliai berthynas â'u crefft, megis Statud Gruffudd ap Cynan, lle y rhoir hanes y drefn a roddwyd arnynt yn yr unfed ganrif ar bymtheg ; a darnau ar gerdd dant (pethau anodd iawn i'w hegluro). Hefyd gorfyddai arnynt yn yr ysgolion ddysgu hanes yr Ynys hon. Er mwyn gwneuthur hyn yn glir dylwn ddywedyd fod y beirdd yn cyfeirio at y ' tri

[1] Ac eithrio, efallai, copi Peniarth 20. Gw. Saunders Lewis, *Gramadegau'r Penceirddiaid* (1967), 2.

[2] Cyhoeddwyd y llythyr gan yr Athro Henry Lewis, *BBCS*, ii(2), 1924, 115-17.

chof', sef yr hyn y disgwylid i'r beirdd ei gadw a'i drosglwyddo i'r genhedlaeth nesaf. Dywed Tudur Aled wrth sôn am ei urddo yn fardd yn neuadd Ieuan ap Dafydd ab Ithel Fychan o Degeingl :

Cyntaf neuadd y'm graddwyd
Fu oror llys f'eryr llwyd ;
Am dri chof y'm drychafodd
Yn neithior hwn, â thair rhodd.

Pa beth oedd y tri chof ? Ceir y testun 'Tri Chof Ynys Brydain', sy'n ymdrin â'r gyfundrefn farddol, yn llaw John Jones o'r Gellilyfdy yn Llst. 144, 1-19.[1] Dyma a ddywedir yno :

> The one of the sayd three *Cof* is the History of the notable Acts of the Kings & princes of this land of Bruttaen and Cambria ; And the second of the sayd thre *cof* is the languaige of the Bruttons - - - And the Thyrd *Cof* was, to keepe the genealogies or Descents of the Nobi[ll]itie, there Division of lands and there Armes - - -

Felly cawn yn llyfrau'r beirdd gasgliadau o'r hyn a wyddent ynglŷn â hanes yr ynys. Er enghraifft, Trioedd Ynys Prydain, enwau hen frenhinoedd (tybiedig) yr ynys hon, enwau marchogion Arthur, Bonedd y Saint, etc., y deunydd hwnnw a oedd at wasanaeth y beirdd fel haneswyr y genedl, y gwŷr a gadwai'r pethau hyn mewn cof, a'u trosglwyddo i'r dyfodol. A daw'r darn hwn ar y tri chof â ni at un o brif ddyletswyddau'r bardd yn y bymthegfed ganrif a'r unfed ar bymtheg, mewn gwirionedd, y prif reswm paham y caent eu noddi gan y bendefigaeth, oherwydd gwelir mai'r trydydd ydyw achau'r pendefigion a'r uchelwyr. Y mae Tudur Aled yn ofalus iawn i roddi achau'r teulu y bo'n canu iddo, ac i ddangos mor rywiog ydyw gwaed y gŵr y bo'n ei foli o du'r tad a'r fam. Dyma'r pethau y rhoddai'r noddwyr fri arnynt, ac nid efallai odidowgrwydd celfyddyd y prydydd. Yr oedd yn rhaid i'r beirdd hefyd wybod am raniadau'r tir. Ac felly, down at y trydydd peth sy'n nodweddu llawysgrifau'r beirdd, sef :

(iii) Achau. Y mae'n debyg fod a fynno'r beirdd ers canrifoedd â'r gwaith o gadw achau teuluoedd yr uchelwyr. Gwydd-

[1] Cyhoeddwyd y testun hwn gan G. J. Williams yn *Llên Cymru,* iii(1), Gorffennaf 1955, 234-9.

om fod hyn yn beth digon pwysig yng Nghymru oherwydd yr hen ddull Cymreig o rannu'r tir. Ond credaf mai peth diweddar yng Nghymru ydoedd i uchelwyr cyffredin, ar wahân i'r tywysogion, gadw eu hachau mewn llyfrau. Tua'r bedwaredd ganrif ar ddeg y daw llyfrau achau yn gyffredin yn Lloegr. Er bod yr uchelwyr yn ymfalchïo yn y ffaith eu bod yn perthyn i lwyth arbennig—yn y Gogledd eu bod yn hanfod o un o'r pymtheg llwyth, ac ym Morgannwg yr oedd y boneddigion yn olrhain eu hachau yn ôl i Iestyn ap Gwrgant (y tywysog Cymreig olaf a orchfygwyd gan y Norman) ac Einion ap Collwyn,—eto diau eu bod yn dibynnu ar draddodiad a drosglwyddid o'r naill genhedlaeth i'r llall, ac ar gof y beirdd, ac ar eu cywyddau a'u hawdlau. Yn y bymthegfed ganrif cawn y beirdd yn dechrau rhoddi pwys arbennig ar hyn, yn astudio celfyddyd yr *herald* yn fanwl, yn meistroli ystyron y gwahanol arwyddion mewn herodraeth ac yn eu galw eu hunain o'r herwydd yn arwyddfeirdd. Yn wir, cyfieithwyd llyfrau Lladin a Ffrangeg ar y pwnc i'r Gymraeg, llyfrau ar hanes arfbeisiau, ac ar y modd i'w lliwio, etc.[1] I'r uchelwyr, dyma efallai yr ochr bwysicaf i waith y bardd. Dyna bwysigrwydd y cywyddau a'r awdlau marwnad. Rhoddid ynddynt achau'r teulu o'r ddwy ochr, manylid ar gampau'r hynafiaid, rhoddid enwau'r plant yn feibion a merched, a chedwid y cyfan yn ofalus gan yr etifedd ymhlith papurau'r teulu. Dywed un y byddai'r bardd yn adrodd ei farwnad ym mhen mis ar ôl yr angladd yn y neuadd ac aelodau'r teulu a'r perthnasau yn bresennol. Gwelir hyn ym mhob rhan o Gymru trwy hanner olaf y bymthegfed ganrif a thrwy'r unfed ar bymtheg. Ac nid yn unig hynny. Dechreuodd yr arwyddfeirdd hyn gasglu'r defnyddiau a geid ynglŷn â'r achau yn gyfrolau enfawr yn cynnwys pob rhan o Gymru. Gwnaeth Gutun Owain gasgliadau mawr a dilynwyd ef gan feirdd fel Lewis Morgannwg, Gruffudd Hiraethog, Wiliam Llŷn, Simwnt Fychan, Wiliam Cynwal, etc., etc. Ceir llu o'r casgliadau mawr hyn heddiw yn ein llyfrgelloedd cyhoeddus. Daethant yn bethau pwysig iawn, yn enwedig wedi i'r Tuduriaid esgyn i orsedd Lloegr, ac yn arbennig yn yr unfed ganrif ar bymtheg pan ddechreuodd y Cymry ddylifo i Loegr.

[1] Gw. t. 66 isod.

Oherwydd yn y llys yn Llundain yng nghwmni pendefigion Llundain mynnent fedru ymffrostio yn eu huchel achau a'u bonedd. Gymaint oedd awydd rhai o'r beirdd i foddhau eu noddwyr fel na phetrusent lunio achau i gyfoethogion newydd cyfnod y Tuduriaid. Dyna gŵyn Siôn Tudur yn ei gywydd enwog ' I ladd ar y beirdd ' :

> Ninnau'r beirdd a wnawn rai bas
> O arddwyr, wŷr o urddas,
> A rhoi achau rhy wychion
> A mawl i Siac mal i Siôn.

Cawn y goron yn gyrru *heralds* (neu *deputy Herald*) i Gymru i weled pa hawl oedd gan y pendefigion i wisgo arfbeisiau, i chwilio eu hachau—bu Gruffudd Hiraethog yn helpu un ohonynt ; ac yn ddiweddarach cawn Gymro o'r enw Lewys Dwnn o'r Betws yng Nghedewain yn cael ei wneuthur yn ' Deputy Herald ' ac yn ymweled ag uchelwyr Cymru yn y flwyddyn 1586. Llyfrau Dwnn ydyw peth o'r defnydd mwyaf gwerthfawr sydd gennym ar hanes hen deuluoedd uchelwyr Cymru. Argraffwyd ef yn 1846, a dyma'r llyfr y bydd pob golygydd yn ymgynghori ag ef i chwilio achau'r boneddigion y mae'r beirdd yn canu iddynt. Beth bynnag, y pwynt y dylid ei bwysleisio yn awr ydyw mai dyma un o ddyletswyddau pwysicaf y beirdd a bod casgliadau o achau yn llenwi'r llyfrau a adawsant ar eu hôl.

(iv) Mân gasgliadau o draethodau crefyddol ac o fanion ar lysieueg, seryddiaeth, etc., y pethau a oedd yn wybyddus i Gymro'r cyfnod.

Ond nid y beirdd yn unig. Pe cyfyngem ein sylw i'r beirdd, anghofiem un o'r agweddau pwysicaf ar hanes bywyd llenyddol Cymru yn hanner olaf y bymthegfed ganrif ac yn arbennig yn y ganrif wedi hynny. Sef y lleygwyr, y gwŷr tu allan i urdd y beirdd swyddogol a ddechreuodd ymddiddori yn llenyddiaeth eu gwlad ac yn ei hanes a hanes ei llenyddiaeth, diddordeb hynafiaethol efallai. Dyma wrth gwrs un o brif nodweddion y Dadeni, yr amateur a'i chwilfrydedd yn trespasu ar feysydd a fuasai unwaith yn eiddo i'r arbenigwyr yn unig.

Un o nodweddion y cyfnod hwn ar y Cyfandir ydoedd ymgais i ddarganfod hen lawysgrifau a gynhwysai'r clasuron Lladin a Groeg. Hwy a ddiogelodd lawer o'r llawysgrifau pwysicaf. Yn yr un modd yng Nghymru, gwelir gwŷr a ddaethai dan ddylanwad ysbryd y cyfnod yn chwilio am hen lawysgrifau Cymraeg, yn eu hastudio ac yn eu copïo. Ac iddynt hwy y mae'n rhaid inni ddiolch fod cynifer ohonynt wedi eu diogelu yn y cyfnod pan chwalwyd y mynachlogydd a phan ddechreuwyd seisnigeiddio'r uchelwyr a myned ohonynt yn ddibris o lyfrau Cymraeg. Y mae Siôn Dafydd Rhys mewn llythyr yn ei Ramadeg yn sôn am hyn. Y mae Syr Thomas Wiliems a Gruffydd Robert yn cyfeirio at yr un peth. Diamau fod llawer o hen lawysgrifau'r Oesoedd Canol wedi eu distrywio yn y cyfnod hwn. Dywed awdur Y *Drych Cristianogawl* (1585) ei fod yn gwybod :

> y modh y gnottaynt gynt yr hen bobl o scrifennu ag adrodd eu historiæ, eu Cyfreithæ, eu Cerdd dafawd, eu meddyginaethæ, a llawer o eraill bithæ mewn membrwn a chrwyn hyfrod : mal y mae llawer or llyfræ hynn etto in plith ni oi gweled, cyd bwynt lawer hefyd wedy myned ar golh a chwedy eu difa yn llwyr.

Ond darfu i rai o'r gwŷr y soniais amdanynt yr enynnwyd eu diddordeb mewn hen lawysgrifau gan yr ysbryd hynafiaethol a gyniweiriai trwy'r gwledydd, achub llawer o hen lyfrau Cymraeg yr Oesoedd Canol. Nid hawdd olrhain eu hanes, ond credaf mai un o'r dynion pwysig yn y cysylltiad hwn oedd Syr John Prys. Ef oedd y gŵr cyntaf i wneuthur defnydd o'r argraffwasg i gyhoeddi llyfrau Cymraeg. Efe a gyhoeddodd *Yny lhyvyr hwnn* yn 1546. Hanoedd o un o hen deuluoedd pendefigaidd Brycheiniog, a ganed ef tua'r flwyddyn 1502. Bu ym mhrifysgol Rhydychen a phriododd berthynas i Thomas Cromwell. Felly, nid rhyfedd ei ddewis i gynorthwyo'r gŵr hwnnw i ymchwilio i gyflwr y mynachlogydd, a phan ddatgorfforwyd y rheini cafodd, fel gwas cywir, lawer o'u tiroedd, yn enwedig yn Sir Frycheiniog a Sir Henffordd. Gwyddom fod ganddo ddiddordeb yn hanes ac yn llenyddiaeth Cymru, oherwydd nid yn unig cyhoeddodd y llyfr Cymraeg y cyfeiriais ato, eithr ysgrifennodd ddau lyfr yn ymwneuthur â hanes Cymru, llyfrau a gyhoeddwyd wedi ei farw yn 1555. Dengys y rhain ei fod yn gyfarwydd â llawysgrifau Cymraeg y cyfnod canol. Er enghraifft, yn ei lyfr, *Historiæ Brytannicæ Defensio*, a gyhoeddwyd yn 1573, dengys yn eglur ei fod yn gyfarwydd â llenyddiaeth Gymraeg yr Oesoedd Canol. Ei amcan wrth ysgrifennu'r llyfr hwn oedd amddiffyn traddodiadau Cymru yn erbyn ysgrifenwyr fel Polydore Vergil, ac yn bennaf i amddiffyn Sieffre o Fynwy. Ac felly, cyfeiria at yr hen lawysgrifau Cymraeg a oedd ar gael. Dyfynna o Lyfr Du Caerfyrddin—y tro cyntaf i neb ddyfynnu ohono mewn llyfr, oherwydd y mae'n gwbl eglur mai Syr John Prys a gafodd afael ar y llawysgrif yn rhywle yn Esgobaeth Tyddewi ac a'i diogelodd. Ac nid Llyfr Du Caerfyrddin yn unig. Credaf, er na allaf brofi hynny'n bendant, mai ef a ddiogelodd lawer o'r llawysgrifau pwysicaf yn y cyfnod pan chwalwyd llyfrgelloedd y mynachlogydd, a phan geisiai llawer o Brotestaniaid eiddgar losgi a dinistrio pob llyfr a chrair y gellid eu cysylltu â'r cyfnod Catholig.

Beth bynnag am Syr John Prys, credaf y gellir profi mai yn Neheudir Cymru yr oedd y rhan fwyaf o'r hen lawysgrifau Cymraeg hyd tua chanol, neu ychydig wedi canol, yr unfed ganrif ar bymtheg. Wrth gwrs, nid darganfyddiad diweddar ydyw hyn. Yr oedd ysgolheigion Cymraeg y ddeunawfed ganrif yn gwybod hynny'n dda. Ceir cyfeiriad go ddiddorol mewn llythyr a ysgrifennodd Robin Ddu o Fôn at Owain Myfyr yn y flwyddyn 1783. Dywedai Robin iddo gyfarfod ag Ieuan Brydydd Hir mewn tafarn yng Nghaernarfon yng nghwmni gŵr eglwysig a chyfreithiwr o Bwllheli. Aeth yn ddadl rhyngddynt yn gyntaf oll ynglŷn â Goronwy Owen, Ieuan yn sôn yn bur ddiystyrllyd amdano. Yna, dechreuodd y gŵr hwnnw ddywedyd mai gwŷr y Deheubarth a wnaeth fwyaf er cynnal yr iaith Gymraeg :

> ' Os cafodd barch gan eraill am ei ddiystyrwch i'r Dryw o Fôn (medd Robin Ddu) nid oeddwn i yn clywed arnaf berchi mohonaw o'r achos, eithr rhifo a wneuthum y gramadegwyr, rheithegwyr, a'r geirlyfrwyr hynaf a goreu oll, a honni'n ddiarswyd mai Gwyneddwyr oeddynt, ac nad oedd na gramadeg, geirlyfr nag unrhyw lyfr arall er cynhaliaeth i'r iaith wedi ei gyhoeddi erioed gan hwynthwy namun Gambold yn ddiweddar a Richards, Walters a Wm Evans yn yr oes bresennol, ... Ond meddai Ifan, ' Yn Neheudir y cafwyd y llyfrau ysgrifen hynaf a'r goreu oll a feddwn.' Gwir, ond pwy ŵyr o ba le y doethant, na

> phwy a'u hysgrifennodd, nac ychwaith ba wynt a'u chwythodd yno ? Y cymaint a ellir ddywedyd ydyw mai yno eu cafwyd fal cael trysor yng nglan y môr ar ôl dryghin'

Aeth pethau o ddrwg i waeth rhyngddynt. Yn y diwedd, meddai Robin Ddu :

> ' Iefan asked me if I could handle a sword. I replied that I imagined I could if I were to try, but of that I could not be right certain because I had never tried, but that I had been a dab at handling a knife and fork and hoped I should again.'

Ceir hefyd Dr. John Davies wrth gyfeirio at ffurfiau a welsai yn yr hen lawysgrifau rhyddiaith yn sôn amdanynt fel enghreifftiau o Gymraeg y Deau.

Felly, yn y Deau yr oedd y llawysgrifau Cymraeg pwysicaf tua'r flwyddyn 1550. Yno yr oedd Llyfr Du Caerfyrddin gan Syr John Prys, a Llyfr Taliesin efallai ganddo, a Llyfr Aneirin ym Morgannwg yn y bymthegfed ganrif. Erbyn hyn yr oedd Llyfr Coch Hergest ym Morgannwg, wedi dyfod o Hergest, yn eiddo i Fawnseliaid Margam, ac yno yr oedd Llyfr Ancr Llanddewibrefi. Ym Morgannwg a'r cyffiniau yr oedd y copïau hynaf o destunau canol fel Brut Sieffre o Fynwy a'r Saint Greal. Yr oedd Llyfr Gwyn Rhydderch o hyd, yn ôl pob tebyg, yn Sir Aberteifi. Ond yn rhyfedd iawn, ac nid wyf eto yn gwbl sicr paham y digwyddodd hyn, na pha bryd, dyma'r rhan fwyaf o'r llawysgrifau hyn—hen lawysgrifau Cymraeg yr Oesoedd Canol ac eithrio ambell un fel Llyfr Coch Hergest, Llyfr Coch Talgarth a Llyfr Ancr Llanddewibrefi, yn myned o'r Deau, ac erbyn tua 1570-1580 fe'u cawn yn y Gogledd, yn cael eu hastudio a'u copïo gan nifer o wŷr a gymerai ddiddordeb yn hanes Cymru ac yn hanes ei llenyddiaeth. Ni wn pa fodd y gellir egluro hyn. Gellir efallai awgrymu fod beirdd y Gogledd wedi eu cymryd pan oeddynt ar eu teithiau clera. Mae hynny'n gwbl bosibl am rai ohonynt, ond credaf fod eglurhad arall hefyd ar hyn, sef bod rhai o ysgolheigion y Gogledd wedi eu cael. Un o ysgolheigion pwysicaf y cyfnod ydoedd Humphrey Lhuyd o Ddinbych (1527-1568), gŵr a gymerai ddiddordeb yn yr unrhyw bynciau yn union â Syr John Prys ; yn wir, cyhoeddwyd ei lyfr ar hynafiaethau Môn gyda llyfr Syr John Prys yn

1573, ac y mae yntau yn ychwanegu at ddisgrifiad Syr John Prys o Gymru, a chyhoeddwyd hwnnw gyda *Historie of Cambria*, hanes Cymru wedi ei seilio ar Frut y Tywysogion a ysgrifennwyd gan Humphrey Lhuyd, a chyhoeddwyd y rhain gan Dr. David Powel, Rhiwabon, yn y flwyddyn 1584. Dylem gofio bod cysylltiad agos rhwng yr ysgolheigion hyn a gymerai ddiddordeb yn hanes Cymru a'i gilydd, ac felly, y mae'n gwbl bosibl mai dyma sut y cymerwyd hen lawysgrifau y Deau i'r Gogledd.

Cyfeiriais at Humphrey Lhuyd o Ddinbych. Ni ellir bod yn sicr mai efe ydoedd y cyfrwng i gymryd llawysgrifau'r Deau i'r Gogledd, ond gwyddom mai yn Nyffryn Clwyd a'r cyffiniau y ceid hwy o tua'r flwyddyn 1570 ymlaen. Yn y cylchoedd hyn ceid nifer o bobl a ymddiddorai yn hanes a hynafiaethau Cymru ac yn y gwaith o astudio'r iaith Gymraeg, a cheir iddynt wneuthur dau beth sy'n bwysig i ni yn awr, sef casglu a diogelu'r llawysgrifiau, a chopïo ac astudio eu cynnwys a lledaenu copïau. Pwy oedd y rhai hyn ? Dyna Humphrey Lhuyd, Dr. David Powel, ficer Rhiwabon, Henri Perri o Sir y Fflint, gŵr a astudiodd weithiau'r beirdd Cymraeg i ddangos sut y defnyddient ffigurau Rhetoreg, William Salesbury, Wiliam Midleton o Lansannan a ysgrifennodd lyfr ar gerdd dafod, llyfr defnyddiol i'r gŵr a fynnai chwarae â chelfyddyd y beirdd, llyfr i'r amateur, Thomas Wiliems o Drefriw, Dr. John Davies o Fallwyd a aned yn Llanferres, a llu o gopïwyr llawysgrifau.

Nid rhaid i mi fanylu ar lafur yr ysgolheigion hyn, ond yn unig ddywedyd na ellir egluro llafur Syr Thomas Wiliems a Dr. John Davies heb gofio bod y ddau wedi eu geni yn y cylch hwn. Copïai Thomas Wiliems bob hen lawysgrif y deuai ar ei thraws a diogelodd lawer testun nas ceir ond ganddo ef, a threuliodd ei oes i lunio geiriadur Lladin-Cymraeg. Nis cyhoeddodd, ond y mae Dr. John Davies o Fallwyd yn myned i mewn i'w lafur, ac yn cyhoeddi ei Eiriadur yn 1632, a'r Gramadeg Cymraeg yn 1621. Ac y mae'r Gramadeg hwnnw yn cynnwys dadansoddiad trylwyr o'r iaith fel y ceir hi yn y cywyddau a'r awdlau a gawsai yn llawysgrifau'r beirdd. Y mae dulliau Dr. Davies yn taflu goleuni ar fywyd llenyddol Cymru. Byddai'n ymgynghori â beirdd a llenorion nid yn unig yn y Gogledd ond hefyd yn y Deau. Gwyddai am y llawysgrifau a geid ym mhob rhan o Gymru a chafodd fenthyg Llyfr Coch Hergest, a oedd yn y cyfnod hwnnw yn eiddo i deulu'r Mawnseliaid ym Margam ym Morgannwg. Yr oedd ganddo ef wŷr a gopïai'r llawysgrifau drosto ; y mae'n sicr ei fod yn talu am y gwaith. Ac felly, er nad oedd llyfrau printiedig yn y cyfnod hwn, eto gallai ysgolhaig fel Dr. Davies gael gafael ar y prif ddefnyddiau a oedd ar glawr. Ceir eraill yn astudio'r hen destunau, yn llunio geirfâu ac yn bwysicach fyth yn casglu enwau offer, etc. a geid ar lafar gwlad. Nid oes fodd astudio gwaith Dr. John Davies ond mewn cysylltiad â'r ysgolheictod Cymraeg a ffynnai yn y wlad lle y maged ef.

Yn awr, fe geid yn Nyffryn Clwyd a'r cyffiniau, nid yn unig ysgolheigion fel Dr. John Davies a Syr Thomas Wiliems ond hefyd wŷr bonheddig a gopïai'r hen lawysgrifau a'r pethau a geid yn llyfrau'r beirdd. Ac nid yn unig hen destunau, ond pethau a gyfieithwyd o'r Lladin a'r Ffrangeg a'r Saesneg, nid i'w cyhoeddi, ond i'w lledaenu yn y dull hwn. Ceir traethodau mawr yn eu llawysgrifau sy'n aros heb eu cyhoeddi hyd y dydd heddiw. Nid oes fodd ysgrifennu hanes llenyddiaeth Cymru yn y cyfnod hwn—hanes rhyddiaith yr unfed ganrif ar bymtheg—heb fyned trwy'r llawysgrifau a adawodd y gwŷr hyn ar eu hôl. Yn wir, i'r lleygwyr hyn y mae'n rhaid inni ddiolch am lawer iawn o'r casgliadau pwysicaf yn y cyfnod. Fe'u copïent, rhoddent eu benthyg i'w cyfeillion, copïai'r rheini hwynt eilwaith, ac yn y modd hwn, cynhyrchwyd cenhedlaeth a feddai ar wybodaeth fanwl o'r hen lenyddiaeth. Ychydig a wyddom am eu hanes, ond y mae pawb a fu'n darllen llawysgrifau Cymraeg yn gwbl gyfarwydd â'u henwau. Dyma bedwar yr oedd cysylltiad agos rhyngddynt : Richard Langford o Drefalun ym Maelor, Rhisiart ap Siôn o Sgorlegan yn Llangynhafal Dyffryn Clwyd, Roger Morris o Goed-y-talwrn yn Llanfair Dyffryn Clwyd a Thomas Evans o Hendre Forfudd ym mhlwyf Corwen. I Richard Langford y mae'n rhaid diolch am gopi o destun Llyfr Gwyn Rhydderch o'r Englynion a gysylltir ag enw Llywarch Hen. Ganddo ef yr oedd y Llyfr Gwyn yn y cyfnod hwnnw, ond diflannodd y tudalennau lle y ceid yr englynion. Diflannodd ei gopi yntau hefyd, ond diogelwyd copi ohono yn llaw John Jones, Gellilyfdy. Nid oes gennyf amser yn awr i ymdrin â'r gwaith a wnaeth y gwŷr hyn a'u cymheriaid, ond y mae'n bwysig cofio am y bobl hyn yn ogystal ag am y beirdd pan fyddwn yn ymdrin â hanes bywyd llenyddol yr unfed ganrif ar bymtheg a'r ail ar bymtheg.

Ond y mae'n rhaid sôn am y pwysicaf o'r dosbarth hwn, sef John Jones o'r Gellilyfdy ym mhlwyf Ysgeifiog yn Sir y Fflint, un o'r ffigurau mwyaf diddorol ym mywyd Cymru yn y cyfnod. Yr oedd ei dad a'i daid yn ymddiddori yn llenyddiaeth Cymru, ond y mae'n eglur mai gwŷr fel Richard Langford a Roger Morris oedd y dylanwad pennaf ym mywyd John Jones. Yr oedd ychydig yn iau na hwy. Fe'i ganed rywbryd yn hanner olaf yr unfed ganrif ar bymtheg, a bu fyw hyd tua chanol yr ail ganrif ar bymtheg. Dywedir ei hyfforddi, fel cynifer o fechgyn ifainc uchelwyr Cymru yn y cyfnod hwn, yn gyfreithiwr, ac iddo fod am gyfnod yn dwrnai yn Llys y Gororau, ond iddo yn herwydd ei onestrwydd, roi'r gorau i'w waith fel cyfreithiwr. Pa beth bynnag am hynny, y mae'n eglur iddo cyn diwedd ei oes fyned i ddyled, ac iddo fod am ysbeidiau yng ngharchar y Fleet yn Llundain rhwng 1634-1641. Fe ysbrydolwyd John Jones gan y gwŷr hynny y cyfeiriais atynt, a'i waith yn ystod y rhan fwyaf o'i oes fu copïo pob hen lawysgrif y câi afael arni, yn gyntaf y llawysgrifau a oedd gan ei gyfeillion, yr hen rai, a'u copïau hwy, ac yna teithio trwy Gymru i chwilio am eraill. Fe'i gwelwn yn Sir Forgannwg, yn Llandaf, yn adysgrifennu Llyfr Llandaf, ac yna yn Sir Frycheiniog, yn Sir Benfro a Sir Aberteifi. Ac fel ei gyfoeswr, Dr. John Davies, câi fenthyg hen lyfrau a rhoddai arian fel sicrwydd y byddai yn eu dychwelyd. Ysgrifennai ragymadroddion, rhoddai fanylion am y copïau, ac yn fynych, fynegai. Gwnâi hyn nid i'w hargraffu, ni ddaeth y syniad hwn i'w ben erioed, eithr i sicrhau y byddai trysorau ein llenyddiaeth yn cael eu diogelu. Hyd yn oed yn y Fleet, câi fenthyg llyfrau ac yn y carchar hwn copïodd lu o lawysgrifau. A threfnai ei gopïau. Mewn un llyfr cawn gasgliad o Fucheddau Seintiau, mewn un arall gasgliad o Ramadegau, mewn un arall gasgliad o Englynion, ac un arall, gasgliad o Gywyddau, etc., etc.

Dylid cyfeirio at un peth arall, efe ydyw'r artist mwyaf ymhlith y copïwyr. Hyfforddwyd ef yn y gelfyddyd o sgrifennu, y mae ei gopïau bob amser yn waith celfydd. Ac efe ydoedd yr unig un ymhlith y copïwyr a geisiai efelychu ysgrifenwyr yr

Oesoedd Canol trwy addurno'r gwaith. Y mae ei briflythrennau yn dangos mai John Jones ydoedd un o'r artistiaid mwyaf a welodd Cymru ymhlith copïwyr llawysgrifau.

Gwelir felly, fod yng Nghymru yn hanner olaf yr unfed ganrif ar bymtheg, dri dosbarth o bobl yn copïo llenyddiaeth Gymraeg.

(i) Y Beirdd.

(ii) Ysgolheigion a gwŷr fel Richard Langford a John Jones, etc., a gymerai ddiddordeb yn yr hen lenyddiaeth—cynnyrch y mudiad hynafiaethol.

(iii) Gwŷr bonheddig a gasglai bethau i'w diddori eu hunain fel Robert ab Ifan o Frynsiencyn.

Naturiol yw gofyn yn awr pa beth a ddigwyddodd i'r llyfrau hyn ? Oherwydd bu farw'r penceirddiaid olaf yn yr ail ganrif ar bymtheg, hynny yw, y beirdd a drosglwyddai'r ddysg draddodiadol i'w disgyblion ac a roddai eu llyfrau iddynt i'w cadw. Ac yr oedd nifer y boneddigion a'r ysgolheigion a ymddiddorai yn hanes Cymru ac yn hanes llenyddiaeth Cymru yn mynd yn llai y naill genhedlaeth ar ôl y llall. Yn y cysylltiad hwn y daw enw Robert Vaughan o'r Hengwrt i mewn, un o'r enwau pwysicaf wrth geisio olrhain y llawysgrifau. Yr oedd Robert Vaughan (1592-1666) yn perthyn i gangen o deulu enwog Nannau, cangen a fuasai'n byw yn y Wengraig ond a symudasai i'r Hengwrt yn ymyl tref Dolgellau. Bu ym Mhrifysgol Rhydychen, a daeth i adnabod rhai o brif ysgolheigion Lloegr. Wedi iddo ddychwelyd i Gymru yr oedd ganddo ddau brif ddiddordeb, sef ei ddiddordeb pennaf, yr un peth yn union ag a welsom wrth astudio hanes Syr John Prys a Humphrey Lhuyd, sef hanes a hynafiaethau Cymru, ac yn arbennig achyddiaeth. Yr ail ddiddordeb oedd casglu'r llawysgrifau Cymraeg. Ac efe oedd y casglwr mwyaf ffodus a fu yng Nghymru erioed. Oherwydd yr oedd ef yn ŵr ifanc pan oedd y cylch o ysgolheigion a oedd yn Nyffryn Clwyd a'r cyffiniau yn dechrau diflannu ; a phan oedd yn ddyn, âi'r boneddigion yn fwy dibris o'u hetifeddiaeth fel Cymry, ac yr oedd y beirdd yn marw heb adael disgyblion. Dyma'r argyfwng yn hanes dysg Gymraeg yn yr ail ganrif ar bymtheg. Ond llwyddodd Robert Vaughan i sicrhau yr hen lawysgrifau a gasglasai'r gwŷr y cyfeiriais atynt, yn ogystal â llawer iawn o'r casgliadau a adawsai'r beirdd ar eu hôl, yn llyfrau achau ac yn gasgliadau o gywyddau ac o awdlau, yn ogystal â'r copïau a wnaethai'r ysgolheigion. Efe a gafodd lyfrgell John Jones o'r Gellilyfdy. Dywed traddodiad ei fod ef a John Jones, yr hwn oedd yn perthyn iddo, wedi cytuno y câi'r sawl a fyddai byw ar ôl y llall y llawysgrifau y byddai wedi eu hel a'u casglu. Y cyfeiriad cyntaf a welais at y peth hyd yn hyn ydyw'r sylw sydd gan Edward Lhuyd yn ei *Archæologia Britannica* (1707) :

> These Two Antiquaries [Robert Vaughan a John Jones], being the greatest Collectors of their Time, made a mutual contract that their Manuscripts should descend to the Surviver ; by which means Mr. Vaughan had Mr. Jones's Labours added to his own.

Yr oedd Lhuyd wedi cyfarfod â phobl a adwaenai Vaughan, ac felly, rhaid tybied bod rhyw gymaint o wir yn y stori. Beth bynnag, llwyddodd Vaughan erbyn tua chanol yr ail ganrif ar bymtheg, i gael Llyfrgell na bu gan un casglwr o Gymro erioed ei thebyg—llyfrgell a gynhwysai bron yr holl lawysgrifau pwysig (ac eithrio ambell un fel Llyfr Coch Hergest) megis Llyfr Du Caerfyrddin, Llyfr Aneirin, Llyfr Taliesin, Llyfr Gwyn Rhydderch, Llyfr Du'r Waun (y copi hynaf o'r Cyfreithiau Cymraeg), Llawysgrif Hendregadredd, etc. Fel hyn y diogelwyd trysorau llenyddol Cymru. Onibai i Vaughan wneuthur hyn, yr oedd perygl iddynt fyned ar wasgar, oherwydd yr oedd nifer y gwŷr a ymddiddorai yn y Gymraeg yn myned yn llai y naill genhedlaeth ar ôl y llall, a'r dibristod y cyfeiriai Siôn Dafydd Rhys a Gruffydd Robert ato yn y ganrif flaenorol yn cynyddu. Ac yn y cysylltiad hwn, efallai mai un o'r pethau mwyaf ffortunus yn hanes llenyddiaeth Cymru ydyw bod y trysorau hyn wedi myned yn eiddo Robert Vaughan, a bod teulu Vaughan wedi parhau i fyw yn yr Hengwrt hyd y ganrif ddiwethaf, a bod ei ddisgynyddion, gyda rhai eithriadau, wedi parhau i gymryd diddordeb yn y llyfrgell ac i edrych arni fel y peth a roddai arbenigrwydd ar y teulu. Gan amlaf câi ysgolheigion gyfle i ymgynghori â'r llawysgrifau ; yn wir, mewn ffordd, gellid edrych arni fel Llyfrgell Genedlaethol Cymru, ac yno yr âi casgliadau llawer o offeiriaid, o fân foneddigion ac o feirdd yn hanner olaf yr ail ganrif ar bymtheg a'r ddeunawfed.

Yn wir, bydd rhai ohonom yn dychrynu weithiau wrth feddwl pa beth fyddai ein cyflwr ni heddiw fel gwŷr sy'n astudio llenyddiaeth Gymraeg petai'r casgliad hwn wedi myned ar dân, fel yr aeth llyfrgell Wynnstay yn y ganrif ddiwethaf. Ni wyddem odid ddim o waith Taliesin nac Aneirin nac am lawer iawn o ryddiaith yr Oesoedd Canol. Petai wedi myned ar dân pan oedd Llyfr Coch Hergest yno yn yr ail ganrif ar bymtheg (am dymor) ni byddai gennym gopi o'r Mabinogion. Ond fe'i diogelwyd hyd y ganrif ddiwethaf pan adawodd yr olaf o'r teulu y llyfrgell yn ei ewyllys i Wynne, Peniarth, yn ymyl Tywyn, Meirionnydd. Ac felly yn 1859, fe'i symudwyd i Beniarth, ac o hynny ymlaen fe'u galwyd yn Llawysgrifau Peniarth, enw cwbl anghymwys, a chyn ei chwalu, fe'i trosglwyddwyd yn gyfan, ac eithrio'r ychydig gyfrolau a oedd wedi eu cymryd o'r Hengwrt, megis Llyfr Aneirin a Llawysgrif Hendregadredd, i'r Llyfrgell Genedlaethol yn Aberystwyth.

Ond ceir eraill yn gwneuthur casgliadau yn y cyfnod hwn—casgliadau llai na rhai Robert Vaughan—ac un o'r rhain oedd William Maurice o Gefn-y-braich ym mhlwyf Llansilin. Dyma uchelwr arall a fu'n gweithio rhwng tua 1640 a 1680, yn astudio'r un pynciau â Robert Vaughan, ac yn copïo popeth a allai yn Llyfrgell Hengwrt a mannau eraill. Llosgwyd ei lyfrau ym Mhlas Wynnstay yn y flwyddyn 1858, ac felly ni wyddom yn iawn pa waith a gyflawnodd. Ond gwelir un datblygiad pwysig, a barnu oddi wrth a ddywedir amdano gan Ieuan Fardd ac eraill, yr un peth yn hollol ag a welir yn Lloegr yn y cyfnod hwn. Teimlai ysgolheigion Lloegr fod yr amser wedi dod bellach, gan fod prif lawysgrifau'r wlad honno wedi eu diogelu naill ai yn nhai uchelwyr ac ysgolheigion neu yn llyfrgelloedd Colegau Rhydychen a Chaergrawnt a Llyfrgell y Bodleian, i ddarganfod pa faint o ddefnyddiau oedd ar gael at ddiben yr hanesydd a hanesydd llenyddiaeth ; ac yn arbennig i drefnu ynglŷn â chyhoeddi'r defnydd pwysicaf. Cyhoeddwyd Catalog amhrisiadwy o gynnwys prif lawysgrifau Lloegr yn 1697 gan Humphrey Wanley. Yn awr dyma William Maurice yn teimlo y dylid gwneuthur rhywbeth tebyg yng Nghymru. Dywedir iddo godi llyfrgell a dwy lofft iddi yn ymyl ei dŷ yn Llansilin lle y cadwai ei lyfrau Cymraeg, a'i gopïau o'r llyfrau pwysicaf oedd yn Hengwrt, etc. Ac yna aeth ati i wneuthur yr un gwaith yn union ag a wnâi ysgolheigion Lloegr, sef llunio rhestr o'r holl lawysgrifau y gwyddai ef amdanynt ; a dyna'r tro cyntaf i neb geisio gwneuthur hynny, cyn belled ag y gwyddys. Efe, heb un amheuaeth, oedd yr awdurdod mwyaf yng Nghymru ar hanes ein llên o ddyddiau Robert Vaughan hyd ddechrau'r ddeunawfed ganrif, ond ychydig iawn o le a roddir iddo yn ein llyfrau hanes. Aeth ei lyfrau, trwy briodas, yn eiddo i deulu Watkin Williams-Wynn, a llosgwyd hwy pan aeth plas Wynnstay ar dân, o'r hyn lleiaf, y rhan fwyaf ohonynt, ond dywedir wrthyf fod rhai wedi aros.

Ond y gŵr a gyflawnodd y gwaith a ddechreuodd William Maurice ac a gychwynnodd gyfnod newydd yn hanes astudiaeth o'n hen lenyddiaeth ydoedd Edward Lhuyd (1660-1709). Gŵr o Lanfordaf yn ymyl Croesoswallt, yn wir yr oedd yn gymydog i William Maurice, ac y mae gennyf ryw syniad, er na allaf brofi hynny'n bendant, mai dylanwad Maurice sy'n egluro'r diddordeb a gymerai yn hanes llenyddiaeth Cymru, er bod dylanwadau eraill yn Rhydychen wedi ehangu cylch ei ddiddordeb yn ddiweddarach. Aeth i Rydychen, a chyfarfu yno â nifer o ysgolheigion mwyaf Lloegr. Daeth yn gyfaill i Dr. Robert Plot, ceidwad Amgueddfa Ashmole, a dyma sy'n egluro'r diddordeb a gymerai mewn gwyddoniaeth a hynafiaethau. Wedi i'r gŵr hwnnw ymddiswyddo cafodd ei swydd, a dyna fu ei waith hyd ei farw. Cymerai ddiddordeb mewn hynafiaethau a phenderfynodd Lhuyd wneuthur yr un gwasanaeth i Gymru ag a wnâi'r Saeson a adwaenai i Loegr. Ond er mwyn astudio hynafiaethau a gwybod hanes hen breswylwyr yr Ynys hon, yr oedd yn rhaid iddo wneuthur dau beth ; sef astudio'r ieithoedd a siaredid gan ddisgynyddion yr hen drigolion, sef y Gwyddelod, gwŷr yr Alban, Cernyw, Llydaw a Chymru ac o'u cymharu â'i gilydd a'u cymharu ag ieithoedd eraill Gorllewin Ewrob, ceisio darganfod eu cysylltiad â'i gilydd ; a hynny fel y gellid casglu rhywbeth ynglŷn â'u hanes. Nid oes a fynnwyf i â'r adran hon o'i lyfr pwysig, yr *Archæologia Britannica* yn awr, rhagor na dywedyd yn gyntaf oll nad diddordeb mewn gwyddor iaith—peth a ddatblygodd yn ddiweddarach ydoedd hwnnw—a oedd gan Lhuyd ond ceisio gweled pa oleuni a daflai hyn oll ar hanes yr ynys. Ac yn ail, er hyn oll, wrth gymharu'r ieithoedd â'i gilydd, a'u cymharu â'r Lladin a'r ieithoedd Tiwtonaidd, iddo ddarganfod dulliau a ddilynwyd gan ieithegwyr mawr yr Almaen yn y ganrif ddiwethaf, ac iddo ddarganfod yr egwyddor fod iaith yn datblygu ac yn newid. Gosododd sylfeini gwyddor Ieitheg, ond ysywaeth, ni chafodd neb i'w ddilyn gyda'r gwaith hwn, ac ni sylweddolodd gwŷr y ddeunawfed ganrif yng Nghymru bwysigrwydd yr egwyddor a ddarganfuasai Lhuyd.

Dyna un peth a wnaeth Lhuyd. Ond yr oedd yn rhaid iddo hefyd chwilio am hen lawysgrifau yn yr ieithoedd Celtaidd i gael gweld pa oleuni a daflent ar hanes a hynafiaethau. Gwelsom ei bod yn gwbl bosibl fod William Maurice o Lansilin wedi dylanwadu arno yn ei ieuenctid. Pan aeth i Rydychen, gwelodd ysgolheigion—gwŷr a ddaeth wedi hynny yn gyfeillion personol iddo—yn ceisio rhoddi trefn ar lawysgrifau Lloegr ac yn cyhoeddi catalog o'u cynnwys. Penderfynodd yntau wneuthur yr unrhyw wasanaeth i Gymru. Pan oedd ef a'i gynorthwywyr,—oherwydd yr oedd ganddo ddau neu dri o fechgyn ifainc yn ei gynorthwyo,—yn teithio trwy Gymru i chwilio am hynafiaethau, arysgrifau, etc., chwilient hefyd am lawysgrifau a cheisient, wedi caniatâd, fyned trwy'r casgliadau pwysicaf. Casglodd lawer o lawysgrifau ei hun, Llyfr Coch Hergest, Llyfr Ancr etc. Ac felly, cawn yn yr *Archæologia Britannica* gatalog o gynnwys llawysgrifau Cymru, catalog digon amherffaith mae'n wir, oherwydd ni chafodd na'r amser na'r cyfleustra i gyflawni'r gwaith yn briodol. Er hynny, ni ellir rhoddi gormod pris arno, oherwydd dyma am y waith gyntaf, argraffu rhywbeth a roddai syniad i ysgolheigion a llenorion Cymru am y corff o lenyddiaeth anghyhoeddedig a oedd ar gael yn llyfrgelloedd y wlad. Felly, dyma bennod bwysig iawn yn hanes ysgolheictod Cymraeg.

Oherwydd Lhuyd yw tad ysgolheigion Cymraeg y ddeunawfed ganrif. Ni chafodd neb i'w ddilyn, fel y gwelsom, yn y gwaith o astudio'r iaith Gymraeg a'r ieithoedd Celtaidd, ond fe'u hysbrydolodd yn y gwaith o astudio hen lenyddiaeth Cymru. Gwyddent yn awr pa beth oedd ar gael, gwyddent am y corff o lenyddiaeth anghyhoeddedig a geid yn Hengwrt a mannau eraill. Gwelsant hefyd fod yr ysgolheigion Saesneg hynny a adwaenai Lhuyd yn Rhydychen, nid yn unig yn cyhoeddi catalog, ond hefyd yn argraffu cynnwys llawysgrifau'r

Saeson. Felly y peth pwysig yng ngolwg y gwŷr a ddilynodd Lhuyd ydoedd gwneuthur yr un peth yng Nghymru. Pwy oedd y bobl hyn ? Dyna John Morgan, awdur llyfr o ryddiaith odidog, *Myfyrdodau Bucheddol ar y Pedwar Peth Diweddaf*, 1714, gŵr a oedd yn Rhydychen yn amser Lhuyd. Trwyddo ef, yn sicr ddigon, y daeth y Morrisiaid i gysylltiad â mudiad Lhuyd, a Moses Williams (1685-1742). Efallai mai ef ydyw'r pwysicaf o ddisgyblion Lhuyd ; oherwydd y mae'n iawn i ni ei alw yn ddisgybl gan iddo fod yn gynorthwywr iddo yn Amgueddfa Ashmole. Wedi i Moses Williams ymadael â Rhydychen, bu'n offeiriad mewn gwahanol fannau yn Neheudir Cymru, ac yn niwedd ei oes aeth i Bridgwater yn Lloegr lle y bu farw yn 1742. Ond gwaith mawr ei fywyd fu paratoi ar gyfer, o'r diwedd, argraffu ein hen lenyddiaeth, oherwydd yr oedd yn gyfaill i'r ysgolheigion Saesneg hynny y cyfeiriais atynt. Ac fel gŵr a adwaenai brif ysgolheigion Saesneg y dydd, yr oedd yn gwbl gymwys i'r gwaith. Ymhlith ei gasgliad sydd yn awr yn y Llyfrgell Genedlaethol, fe ddengys ei fod yn deall dyletswyddau golygydd gystal, os nad yn wir yn well, na neb o wŷr y cyfnod hwnnw yn Lloegr. Er enghraifft, cawn ganddo gopi o Lyfr Aneirin, a oedd yn Hengwrt yn y cyfnod hwnnw, lythyren am lythyren, llinell am linell a thudalen am dudalen, yn null Gwenogvryn Evans, dyweder. Copïodd ryddiaith y Canol Oesoedd bron i gyd, ac aeth ei dad, Samuel Williams, a oedd yntau yn ymddiddori yn yr unrhyw bynciau, drostynt er sicrhau eu cywirdeb ac i roi i mewn ddarlleniadau amrywiol. Ac felly, nid rhyfedd gweled mewn llyfr a argraffwyd yn y flwyddyn 1719,[1] yr hysbysiad hwn :

> There is preparing for the Press a Collection of Writings in the Welsh Tongue, to the beginning of the Sixteenth Century, to be printed in Several Volumes .... at Five Shillings a volume.

Dyma'r tro cyntaf, cyn belled ag y gwn i, i neb amcanu cyhoeddi hen lenyddiaeth Cymru mewn llyfrau printiedig. Dyma ymgais ar ran ysgolhaig o Gymro i wneuthur yng Nghymru yr hyn a

[1] William Baxter, *Glossarium Antiquitatum Britannicarum*. Cyhoeddwyd *Proposals* hefyd i hysbysu ei gynlluniau. Gw. John Davies, *Bywyd a Gwaith Moses Williams* (Caerdydd 1937), 116.

wnaeth ysgolheigion Lloegr yn eu gwlad hwy. Ond methiant fu ymgais Moses Williams : yr unig beth a ddaeth allan o'r wasg ydoedd *Cyfreithjeu Hywel Dda*, a gyhoeddwyd gan ysgolhaig o Sais, cyfaill i Moses Williams ac Edward Lhuyd, sef William Wotton, yn 1730, er mai Moses Williams a gyflawnodd y rhan fwyaf o'r gwaith. Yn wir, cyn diwedd ei oes, gwelir ef yn ymadael â Chymru ac yn cymryd bywoliaeth Bridgwater. Heb ymhelaethu, gallaf ddywedyd na wnaeth yr un o'r ysgolheigion eraill a'i dilynodd odid ddim yn y cyfeiriad hwn. Yr oedd gan Lewis Morris ei hun ormod o heyrn yn y tân, ond pan sefydlwyd *Cymdeithas y Cymmrodorion* yn 1751 a Richard Morris, brawd Lewis Morris, yn un o'r sefydlwyr, un o amcanion ei sefydlu ydoedd hyrwyddo'r gwaith hwn. Dywedir yn y Rheolau Printiedig : 'The Society also propose to print all the scarce and valuable *antient British Manuscripts* with Notes Critical and Explanatory : To which End, the Possessors thereof are desired to communicate the same, that they may be preserved from being lost to the world.' Ond ni wnaethpwyd dim o'r flwyddyn 1751 nes i'r Gymdeithas farw yn 1787—gwnaeth lawer o stŵr ond dim llawer o ddim arall, heblaw efallai ennyn diddordeb uchelwyr ac offeiriaid Cymru, a hefyd ddiddordeb cyffredinol yn yr iaith ac yn ein llenyddiaeth. A dyna Ieuan Fardd neu fel y gelwir ef yn gyffredin 'Ieuan Brydydd Hir', a dreuliodd ei oes yn crwydro o fan i fan yn casglu popeth a welai yn llyfrgelloedd Cymru, ac yn ceisio darbwyllo aelodau'r Cymmrodorion a'r uchelwyr a gwŷr Coleg yr Iesu, etc., i'w gynorthwyo i gyhoeddi ffrwyth ei ymchwiliadau. Eto, ni lwyddodd i gyhoeddi namyn un gyfrol fechan, a hynny oherwydd bod ysgolheigion a llenorion Saesneg megis Gray a'r Esgob Percy yn ymddiddori yn yr hen lenyddiaeth Gymraeg, sef *Some Specimens of the Poetry of the Antient Welsh Bards* (1764), lle y ceir peth o'r Gododdin a rhai o awdlau'r Gogynfeirdd, gyda chyfieithiadau ohonynt ac ymdriniaeth yn yr iaith Ladin â'r beirdd Cymraeg. Gellir dywedyd cymaint â hyn am y gyfrol, sef ei bod yn profi mai Ieuan oedd yr ysgolhaig mwyaf yng Nghymru yn ei gyfnod, yn wir mai efe oedd y mwyaf o ddyddiau Edward Lhuyd hyd Syr John Rhys ; a chyn belled ag y mae a fynnom â'r iaith Gymraeg a llenyddiaeth Gymraeg, y mae'n fwy na Lhuyd. Ni chododd neb ar ei ôl hyd gyfnod Syr John Rhys a feddai ar ei wybodaeth ef am lenyddiaeth Gymraeg ond efallai Iolo Morganwg a Thomas Stephens.

Paham y methodd y bobl hynny â gwneuthur yng Nghymru yr hyn a wnaeth ysgolheigion Saesneg yn Lloegr ? Cyn belled ag y mae a fynnom â Moses Williams, y mae'r rhesymau yn gwbl eglur, ac y mae'r un peth yn wir am y lleill i raddau helaeth.

(i) Nid oedd yng Nghymru gyhoedd a oedd yn barod i gefnogi llenyddiaeth o'r fath. Yr oedd yn Lloegr ddwy brifysgol a chymdeithasau dysgedig a chyhoedd a gymerai ddiddordeb yn y pwnc. Ni cheid dim o'r fath yng Nghymru. Nid oedd canolfan i fywyd diwylliannol Cymru. Fe gafwyd math o ganolfan pan sefydlwyd Cymdeithas y Cymmrodorion, gallai hon fod wedi cyflawni'r gwaith oherwydd ceir enwau llawer o foneddigion Cymru ymhlith yr aelodau, megis Watkin Williams Wynn, Vaughan Cors-y-gedol, aelodau teulu Mostyn etc. Ond fel y dywedais ni wnaethant ddim. A hynny oherwydd nad oedd diddordeb cyffredinol yn cael ei deimlo yn y pwnc.

(ii) Ynglŷn â gwaith Moses Williams ac Ieuan Fardd, gellir cyfeirio at elyniaeth awdurdodau'r Eglwys at yr iaith Gymraeg. Dengys ysgrifau Ieuan Fardd fod yr Esgobion a'u cynffonwyr yng Nghymru yn credu mai gwastraff ar amser oedd noddi'r iaith ac mai'r peth gorau fyddai ei dileu. Yr oedd yn rhaid iddynt, o mynnent gyflawni eu dyletswyddau fel crefyddwyr, argraffu llyfrau Cymraeg o nodwedd grefyddol i'r Cymry uniaith. Ac felly, câi offeiriaid Cymru rwydd hynt i gyfieithu llyfrau Saesneg ac i ysgrifennu llyfrau gwreiddiol, ond ni ddylid meithrin a choledd y Gymraeg fel petai'n iaith fyw pobl ddiwylliedig, iaith urddasol ac iddi hanes a thraddodiad llenyddol ynglŷn â hi yn ymestyn yn ôl am fil o flynyddoedd. Dyma a ddywedir am Moses Williams gan ŵr a'i hadwaenai :

> Yr oedd ar fwriad Moses Williams i argraffu gramadeg a geirlyfr Cymraeg helaethach a pherffeithiach nag a welwyd yng Nghymru – [cyfeirir at hyn yn argraffiad cyntaf *Drych y Prif Oesoedd*], — ac yn bwriadu llawer peth arall

> yn argraffedig er cynyddu gwybodaeth ym mhlith y Cymry yn eu hiaith eu hunain ; a phan ddeallwyd hyny gan yr esgobion Cymreig, rhybuddiasant a phregethasant yn ei erbyn, yn eu hymweliadau penodol; ac ar eu hôl hwy yr archddiaconiaid yn eu hymweliadau gan haeru na ddylid achlesu yr iaith Gymreig, eithr ei danfon i dir anghof mor ebrwydd ag y gallesid, a rhwystro pob gwybodaeth ynddi ; ac o hyny allan attaliwyd rhag Moses Williams y parch a dderbyniasai efe hyd yn hyny gan rai o foneddigion Cymru ; ac achos hyny, meddir, bu farw o dor calon, canys hyny yn ddechreuol oedd achos ei ddolur angeuol ef.

Ond y mae pethau yn dechrau gwella yn hanner olaf y ddeunawfed ganrif. Gwelir rhai yn dechrau cymryd diddordeb rhamantaidd yn yr iaith Gymraeg, yng Nghymru a'r tu allan i Gymru. Y mae ysgolheigion Lloegr yn gweled pwysigrwydd testunau Cymraeg wrth olrhain hen hanes Cymru a Lloegr. Gwelir Gray a'r Esgob Percy yn rhoddi amlygrwydd i hen farddoniaeth y Cynfeirdd a'r Gogynfeirdd. Ar wahân i hyn, ceir diddordeb yn yr iaith fel hen iaith, yng ngwaith dynion fel Rowland Jones etc. A thua diwedd y ganrif yr oedd yr amser yn aeddfed i gyhoeddi'r hen lenyddiaeth, ond ni fuasai hynny wedi digwydd oni bai fod rhai o aelodau Cymdeithas y Gwyneddigion, a sefydlwyd yn 1770, yn barod i wario eu harian i gyflawni'r gwaith a fwriadasai Moses Williams ac Ieuan Fardd. Yr oedd casgliadau Ieuan Fardd a'r Morrisiaid yn barod at eu galw. Yr oedd Owain Myfyr yn barod i dalu'r gost ; yr oedd William Owen [-Pughe] ac Iolo Morganwg yn barod i wneud y gwaith ac Owain Myfyr yn talu iddynt am hynny. Felly, cawn gyfrol o waith Dafydd ap Gwilym yn ymddangos yn 1789 a thair cyfrol y *Myvyrian Archaiology* yn 1801-7, yn cynnwys casgliad cyflawn o weithiau'r Cynfeirdd a'r Gogynfeirdd am y waith gyntaf, testunau rhyddiaith yr Oesoedd Canol, megis Brut y Brenhinoedd, Brut y Tywysogion, etc., etc. Ni chyhoeddwyd ond tair cyfrol, er mai bwriad Owain Myfyr oedd cyhoeddi nid yn unig holl ryddiaith yr Oesoedd Canol, ond hefyd holl weithiau'r cywyddwyr. Yn anffodus, methodd â chyflawni ei fwriadau, ond bu cyhoeddi'r *Myvyrian Archaiology*, er gwaethaf diffygion golygyddol y gwaith, yn sylfaen i ysgolheictod Cymraeg yn y ganrif ddiwethaf.

II

HANES YSGOLHEICTOD CYMRAEG YNG NGHYFNOD Y DADENI 1550-1700

Efallai y byddai'n well imi ddechrau trwy egluro pa beth a olygir wrth ' ysgolheictod Cymraeg '. Golygir hanes astudiaeth o'r iaith Gymraeg, o hanes llenyddiaeth Gymraeg ac o gynnyrch y beirdd a'r llenorion, hanes llawysgrifau a llyfrau Cymraeg, a hefyd astudiaeth o hanes Cymru, oherwydd cafodd hynny gryn ddylanwad ar yr ysgolheigion y byddaf yn trafod eu gwaith.

Ond cyn ymdrin ag ysgolheigion y Dadeni, rhaid dywedyd na byddai eu gwaith hwy'n bosibl onibai am ddysg y beirdd, yr hen ddiwylliant barddol Cymreig. Hwy fu ceidwaid traddodiadau llenyddol y genedl ar hyd y canrifoedd. Hwy oedd ceidwaid yr iaith, teitl a roir iddynt gan y Dyneiddwyr eu hunain; ' vetustæ linguæ custodes ', meddai'r Dr. John Davies yn ei Ramadeg ; 'y Prydyddion, pwy alwaf yn benseiri yr Iaith ', meddai William Salesbury. Dylid cofio nad y beirdd yn unig a ymddiddorai mewn dysg Gymraeg yn yr Oesoedd Canol. Rhaid edrych ar y cyfreithwyr a luniodd y gwahanol fersiynau o Gyfreithiau Cymru fel gwŷr diwylliedig a oedd yn feistri ar Gymraeg dillyn, ac y mae'r un peth yn wir am y mynachod a'r gwŷr eglwysig a fu wrthi'n cyfieithu testunau Lladin a Ffrangeg, ac a fu'n copïo llawysgrifau Cymraeg yn y mynachlogydd. Ond gan y beirdd yr oedd ' Llyfr cyfraith y iaith iawn ', ac fel y cawn weled eto, eu hiaith hwy a ddisgrifiwyd yng ngramadeg y Dr. John Davies, y dysgedicaf o'r Dyneiddwyr Cymreig. A chan mai'r diwylliant barddol ydoedd sylfaen ysgolheictod Cymraeg y Dadeni, rhaid inni yn gyntaf oll roi rhyw gymaint o sylw iddo cyn dechrau trafod gwaith y Dyneiddwyr.

Yr oedd y traddodiad Cymraeg yn draddodiad ysgol—dyna'r ffaith sylfaenol y dylem ei chofio'n barhaus, y naill genhedlaeth yn trosglwyddo'r wybodaeth hon i'r genhedlaeth nesaf, a hynny am ganrifoedd lawer cyn y cyfnod yr ydym yn ei drafod yn awr. Hyn sy'n egluro'r peth sy'n trawo pawb pan ddechreuo astudio hanes yr iaith, sef y modd y cadwyd yr iaith lenyddol bron yn ddigyfnewid ar hyd y canrifoedd. Er enghraifft, cymerwn a ddywedir mewn traethawd go bwysig a luniwyd gan un o wŷr y cyfnod,—efallai gan yr hen gopïwr enwog, John Jones o'r Gellilyfdy yn Sir y Fflint,—yn nechrau'r ail ganrif ar bymtheg, ar y ddysg farddol, lle y sonnir am 'Dri Chof Ynys Brydain', sef hanes y genedl, yr iaith, ac achau'r teuluoedd bonheddig.[1] Dyma a ddywaid am yr iaith :

> And the second of the sayd thre *cof* is the languaige of the Bruttons for which thee Bards ought to giue accompt for every word and sillable therein when they are demaunded thereof and to preserue the auncient tonge . . . .

Dyma un o'r gosodiadau pwysicaf wrth astudio hanes yr iaith. Sylwer : 'every word and sillable therein'. Un o'r adrannau pwysicaf yng Ngramadeg y Beirdd, y gramadeg a dadogwyd ar Einion Offeiriad a Dafydd Ddu Hiraddug, ac a fu'n destunlyfr i'r beirdd nes i'r urdd ymddatod yn yr unfed ganrif ar bymtheg, ydyw honno sy'n trafod y gwahanol fathau o sillafau a geid yn y Gymraeg, a nodwedd y seiniau a geid ynddynt. Yn y dull hwn y cadwyd yr iaith lenyddol mor ddigyfnewid ar hyd y canrifoedd, a dyma sut y diogelwyd seiniau a oedd wedi newid ers canrifoedd yn yr iaith lafar. Er enghraifft, yr oedd y ddeusain *-ei* derfynol wedi troi'n *-e* yn yr iaith lafar, ond petai disgybl o fardd yn odli *gwelai* a *lle*, dyma ei athro yn gweiddi (fel y bydd athrawon) ar dop ei lais 'lleddf a thalgron'—odli sillaf lle y ceid dipton leddf â sillaf dalgron, lle ni cheid ond un llafariad. Yr oedd y llafariad epenthetig wedi datblygu ganrifoedd lawer cyn hyn, ac er bod y mynachod yn ei chynrychioli yn y rhyddiaith a ysgrifennent yn yr Oesoedd Canol, nid oedd wiw i fardd wneud hynny. Yr oedd rheol bendant yn y Gramadeg ar hyn. Yn yr un modd trinnid gair fel *Cymraeg* fel gair tair sillaf, a *teyrn* fel gair deusill hyd yr ail ganrif ar bymtheg.

Heblaw hyn, dysgid geirfa'r iaith, geirfa barddoniaeth, ac astudio yr 'Hengerdd', gweithiau'r Gogynfeirdd a'r cywyddwyr. A hefyd y priod-ddulliau arbennig a feithrinwyd gan yr hen athrawon, y cyfansoddeiriau cymhleth, a'r sangiadau, a'r

[1]Gw. t. 13 uchod.

holl bethau y mae'n rhaid inni eu meistroli cyn dechrau darllen cynhyrchion yr hen benceirddiaid, fel y gŵyr pawb ohonoch. Traddodiad ysgol yn unig a eill egluro'r feistrolaeth a oedd ganddynt ar holl ddulliau cerdd dafod. A dylwn sylwi ar un peth arall. Hwy oedd ceidwaid traddodiadau'r genedl, chwedloniaeth, hen storïau, hanes, achau'r uchelwyr, etc., ac y mae ôl y ddysg hon yn eglur ddigon yn eu gwaith. Yr wyf i yn gwbl sicr mai defnyddiau ar gyfer ysgolion y beirdd ydyw llawer o'r hyn a geir yn yr hen lawysgrifau. Myn Mr. Gwenallt Jones mai llawlyfrau i'r ysgolion hyn ydoedd testunau megis Brut y Brenhinoedd, Ystorya de Carolo Magno, Llyfr Ancr Llanddewibrefi, hynny yw, mai'r diwylliant barddol a gynhyrchodd ryddiaith yr Oesoedd Canol hefyd. Ni wn a ellir derbyn hyn. Diau mai mynachod a gwŷr eglwysig ydoedd y cyfieithwyr, ond y traddodiad barddol a'i gwnaeth hi'n bosibl iddynt hwy ddatblygu'n gymaint meistri ar y Gymraeg.

Y pwynt y carwn i ei bwysleisio yw hwn, mai ysgolheigion Cymraeg y genedl yn hanner cyntaf yr unfed ganrif ar bymtheg ydoedd y penceirddiaid. Hwy oedd athrawon pawb a fynnai feistroli'r iaith lenyddol, a hanes y traddodiad barddol, a phopeth a oedd yn ymwneuthur â mydryddiaeth Gymraeg. A chyn gadael y beirdd, dylwn nodi dau beth arall :

(i) Eu bod, megis crefftwyr eraill yr Oesoedd Canol yn ffurfio Urdd ac iddi reolau caeth. Yr oedd barddoniaeth a dysg yn alwedigaeth, ac ni châi neb ymarfer â'i gelfyddyd heb dderbyn hyfforddiant manwl gan bencerdd. Ac felly, cadwent eu dysg i raddau helaeth iawn yn gyfrinach. Gwelsoch lawer iawn o gyfeiriadau at hyn. Y mae Dyneiddwyr yr unfed ganrif ar bymtheg yn huawdl ar y pwnc hwn. Ceisient hwy feistroli eu dysg, a chyhoeddi llyfrau i'w disgrifio, ond meddai Siôn Dafydd Rhys a Gruffydd Robert, ni fynnai'r penceirddiaid ddatguddio cyfrinachau eu celfyddyd. A dywaid William Salesbury yntau :

> A thros i chwi ddarguddio ac attal y rhagof y llyfre sydd yn dosparth mesura ych kerdd, ac yn hyspysy accenion, tonav, hanas a mesuræ y sillafæ yn ol y Kambereic. A chan i mi hefyd megis yn lladrat ne eb wybot cael dyscy kymeint o vraidd ac nad ynt y sillafæ Kamberaec a rhei Llatinaec yn kydgordio.

Y mae hyn oll yn wir, ond eto, rhaid peidio â chamddeall yr hyn a ddywedai'r dyneiddwyr. Oherwydd y mae gennym ddigon o enghreifftiau o wŷr bonheddig—gwŷr nad oeddynt yn feirdd proffesyddol—a oedd yn gymaint meistri ar y gelfyddyd â'r penceirddiaid eu hunain. Er enghraifft, Ieuan ap Rhydderch o Geredigion, ac Ieuan Gethin o Forgannwg yn y bymthegfed ganrif, a llawer o offeiriaid, a llawer o'r dyneiddwyr eu hunain, megis Wiliam Midleton (a gyhoeddodd lyfr ar y gelfyddyd) ac Edmwnd Prys. Ac yn ail, y mae gennym ddigon o enghreifftiau o wŷr bonheddig yn yr unfed ganrif ar bymtheg—yn y cyfnod pan oedd William Salesbury yn sgrifennu'r geiriau uchod—yn copïo gramadeg y beirdd lle y ceir ymdriniaeth â'r pynciau y dywedai Gruffydd Robert a Siôn Dafydd Rhys a William Salesbury eu bod yn eu cadw'n gyfrinach. Ac mewn gwirionedd, yr unig adran o ramadeg y beirdd a elwir yn bendant yn 'Gyfrinach Beirdd Ynys Prydain' ydyw'r Dwned, sef y gramadeg Lladin a drowd i'r Gymraeg, fel y gallai'r beirdd ddysgu celfyddyd gramadeg, a honni bod yn wŷr diwylliedig, a dyma'r adran fwyaf diwerth o'r llyfrau cerddwriaeth. Y gwirionedd yw hwn, cyn belled ag y gallaf i farnu, fod y beirdd yn gwbl fodlon i uchelwyr ddysgu'r gelfyddyd a meistroli'r holl gyfrinion, oherwydd ni byddent hwy yn trespasu ar eu maes hwy fel clerwyr. Ond ni fynnent i neb gyhoeddi'r ddysg mewn llyfrau printiedig, oherwydd wrth wneuthur hynny, gallai *pawb* ddysgu eu holl gyfrinachau. Dyna paham y cafodd gwŷr fel Siôn Dafydd Rhys a William Salesbury gymaint o anhawster. Fel y caf ddangos yn y man, ni allent hwy ddeall safbwynt y dyneiddwyr, a edrychai ar farddoniaeth nid fel rhywbeth i'r arbenigwr, ond fel rhywbeth a ddylai fod o ddiddordeb i'r gŵr llys, i'r milwr a'r morwr a'r masnachwr.

(ii) Dirywiad ysgolheictod y beirdd. Nid oes a fynnwyf i â'r pwnc hwn rhagor na dywedyd bod yr hen feistrolaeth ar yr iaith, a'r wybodaeth a oedd gan yr hen benceirddiaid, wedi diflannu bron yn llwyr erbyn diwedd yr ail ganrif ar bymtheg. Felly, onibai am y dyneiddwyr, yr ysgolheigion a ddechreuodd ymhél â hanes yr iaith ac â hanes ein llenyddiaeth, byddai dysg Gymraeg wedi marw, ac efallai na byddai adfywiad yn bosibl yn y ddeunawfed ganrif, ac efallai na byddai gennym ddim deunydd erbyn heddiw i astudio ein llenyddiaeth.

Y Dyneiddwyr

Y Dyneiddwyr, sef y Cymry hynny yn yr unfed ganrif ar bymtheg, a gafodd eu hysbrydoli gan y Dadeni Dysg, y symudiad a weddnewidiodd fywyd diwylliadol holl wledydd gorllewin Ewrob, pan welir ysgolheigion yn darganfod rhin y clasuron Groeg a Lladin, a hynny'n effeithio ar eu holl agwedd at fywyd. Gellid cyfeirio at lawer peth, megis y modd y darfu i astudiaeth o'r hen glasuron beri iddynt ymdeimlo â cheinder arddull, ac ennyn eu diddordeb ym mhob celfyddyd 'ddynol'. Ac yn y man fe'u gwelir yn ceisio cymhwyso'r ieithoedd diweddar i fynegi'r bywyd newydd hwn, fel y gellid ymdrin â'r holl byncïau yr ymddiddorai'r Dyneiddwyr ynddynt. Ac nid rhywbeth i'r ysgolhaig yn unig ydoedd hyn, ond i bob uchelwr, y 'scholar-gentleman' a ddisgrifir yn llyfr enwog Castiglione, *Il Cortegiano*, 'y gŵr llys'. Oherwydd nid ymladdwr a chynghorwr yn unig ydoedd y gŵr llys yn awr ond hefyd gŵr a ddarllenai'r clasuron ac a geisiai feistroli'r celfyddydau a'r gwyddorau. Cyfnod yr *amateur* ydoedd hwn, a gwelir, felly, paham yr edrychai'r beirdd —y rhan fwyaf ohonynt—yn gilwgus ar y dyneiddwyr Cymreig. A dylem gofio un peth arall. Edrychai'r Protestaniaid ar y Ffydd newydd fel crefydd dysg, ffaith go bwysig i'w chofio wrth drafod gweithgarwch William Salesbury.

Felly, daeth nifer o Gymry ieuainc i wybod am y bywyd hwn pan aethant i Brifysgolion Lloegr ac i Brifysgolion y Cyfandir. Fel meibion uchelwyr, gwyddent am ddysg y penceirddiaid a'r traddodiad llenyddol Cymraeg, a'u hamcan hwy oedd dwyn y ddysg newydd i Gymru, cyflawni'r un gwasanaeth i Gymru ag a gyflawnai dyneiddwyr Lloegr a'r cyfandir yn eu gwledydd hwy, a hynny trwy impio'r ddysg newydd ar yr hen draddodiad llenyddol Cymreig. Fel y cawn ddangos yn y man, dyma wahaniaeth mawr rhwng y dyneiddwyr Cymraeg a dyneiddwyr Lloegr a Ffrainc.

Pwy oedd y gwŷr hyn ? Dyma'r rhai enwocaf :

(i) Syr John Prys o Frycheiniog (*c*. 1502-1555). Gŵyr pawb amdano fel y gŵr a barodd argraffu'r llyfr Cymraeg cyntaf (yn ôl pob tebyg) yn 1546, sef *Yny lhyvyr hwnn*. Ond nid pawb a ŵyr ei fod yn perthyn i Hywel ap Dafydd ab Ieuan ap Rhys, un o feirdd gorau'r Deau yn y bymthegfed ganrif, a'i fod, fel y caf ddangos eto, yn un o'r prif awdurdodau ar hanes y traddodiad barddol. Fe'i haddysgwyd yn Rhydychen.

(ii) Humphrey Lhuyd o Ddinbych (1527-1568). Rhydychen. Meddyg, hanesydd a daearyddwr.

(iii) William Salesbury (*c.* 1520-*c.* 1584). Rhydychen.

(iv) Wiliam Midleton o Lansannan (*c.* 1550-*c.* 1600). Rhydychen. Milwr a morwr.

(v) Gruffydd Robert (*c.* 1522-*c.* 1610). Rhydychen (?) a'r Cyfandir.

(vi) Siôn Dafydd Rhys (1534-*c.* 1609). Rhydychen a Siena. Meddyg.

(vii) Henri Perri (1560/1-1617). Rhydychen. Offeiriad.

(viii) Syr Thomas Wiliems (*c.* 1545-*c.* 1622). Rhydychen. Offeiriad a Meddyg.

(ix) Edmwnd Prys (1544-1623). Caergrawnt.

(x) Henry Salesbury o Ddolbeleidr, Dinbych (1561-*c.* 1637). Rhydychen. Meddyg.

(xi) Dr. David Powel (*c.* 1522-1598), Rhiwabon. Rhydychen. Offeiriad.

(xii) Dr. John Davies o Fallwyd (*c.* 1567-1644). Rhydychen. Offeiriad.

A chredaf ei bod yn iawn ychwanegu :

(xiii) Robert Vaughan o'r Hengwrt (*c.* 1592-1666). Rhydychen. Casglwr llawysgrifau, hynafiaethydd a hanesydd.

(xiv) William Maurice o Gefn-y-braich yn Llansilin (m. 1680). Casglwr llawysgrifau.

Dyma'r ffigurau amlycaf yn y cyfnod hwn, ond dylid cofio y ceid llawer iawn o wŷr llai pwysig yn y Gogledd a'r Deau, megis Edward Stradling o Sain Dunwyd, noddwr Siôn Dafydd Rhys, a John Jones o'r Gellilyfdy, a degau tebyg iddynt. Nid yr un oedd diddordebau'r bobl hyn, rhai ohonynt yn eiriadurwyr, eraill yn ramadegwyr, rhai'n haneswyr, eraill yn gasglwyr llawysgrifau. A gellir sylwi ar un peth arall diddorol. Daw wyth ohonynt o Sir Ddinbych. Dyma, yn ddiau, ganolfan y bywyd ysgolheigaidd hwn yn yr unfed ganrif ar bymtheg.[1]

Pa waith a gyflawnwyd ganddynt ? Credaf y gellir dywedyd

[1] Am drafodaeth lawnach, gw. ysgrif G. J. Williams, ' Traddodiad Llenyddol Dyffryn Clwyd a'r Cyffiniau', *Trafodion Cymdeithas Hanes Sir Ddinbych,* 1 (1952), 20-32.

i ddechrau y byddai hanes ysgolheictod Cymraeg y canrifoedd diweddar yn bur wahanol onibai amdanynt hwy. Nid yw'n debyg y byddem ni yma heddiw yn astudio hanes dysg Gymraeg. Hwy a achubodd ddysg Gymraeg mewn cyfnod argyfyngus, pan oedd y gyfundrefn farddol yn dirywio, a'r dosbarth a fuasai unwaith yn gefn i fywyd llenyddol Cymru, yn prysur golli diddordeb yn yr iaith ac yn ei llenyddiaeth.

(i) *Diogelu'r Llawysgrifau.* Iddynt hwy y mae'n rhaid inni ddiolch am gadw'r llawysgrifau Cymraeg. Fel yr oedd ysgolheigion y Cyfandir yn chwilio am hen lawysgrifau Groeg a Lladin, felly y maent hwythau'n chwilio am hen lyfrau'r Cymry. Nid hawdd inni heddiw gael syniad am awydd y gwŷr hyn i ddarganfod yr hen lyfrau, y modd y byddai rhai ohonynt yn crwydro trwy Gymru, yn holi'r beirdd a'r boneddigion pa le yr oedd yr hen lawysgrifau, ac yn llunio rhestri o berchenogion. Mae hon yn stori go ddiddorol, ond ni allaf yn awr namyn cyfeirio at ddau beth :

(*a*) Cyn belled ag y gellir gweled, yn Neheudir Cymru y ceid y rhan fwyaf o lawer o'r hen lawysgrifau pwysig sydd heddiw yn ein llyfrgelloedd cyhoeddus, megis Llyfr Du Caerfyrddin, Llyfr Taliesin, Llyfr Aneirin, Llyfr Gwyn Rhydderch, Llyfr Coch Hergest, Llawysgrif Hendregadredd etc. Arferai Iolo Morganwg ddywedyd : 'The North Walians are a rhiming but not a literary people'. Hynny yw, tybiai mai yn y Deau yr ysgrifennid llyfrau yn yr Oesoedd Canol, ac mai traddodiad llafar ydoedd traddodiad llenyddol y Gogledd, ac mai cartref rhyddiaith ydoedd y Deau. Y mae llawer o bethau'n awgrymu ei fod yn iawn.

(*b*) Fod y rhan fwyaf o'r llawysgrifau pwysig yn y Gogledd, yn Nyffryn Clwyd a'r cyffiniau, erbyn tua 1570-80, a rhai o'r ysgolheigion y cyfeiriais atynt yn eu hastudio. Yna, pan fu farw'r dyneiddwyr hyn, a'r genhedlaeth nesaf heb gymryd rhyw lawer o ddiddordeb yn y llawysgrifau, llwyddodd Robert Vaughan o'r Hengwrt i gael gafael ar y rhan fwyaf ohonynt. Onibai am hyn, ac onibai i'w ddisgynyddion eu diogelu, ac ymfalchïo yn eu llyfrgell, y mae'n sicr y byddai llawer iawn ohonynt wedi diflannu erbyn hyn. Dyna paham y dywedais ar y dechrau fod yn rhaid inni ddiolch i ysgolheigion y Dadeni ein bod ni heddiw yn medru astudio hanes ein llenyddiaeth o'r chweched ganrif ymlaen.

(ii) *Astudio Hanes Cymru.* Y maent yn dechrau astudio hanes Cymru. Dyma un o nodweddion y Dadeni, astudio croniclau'r Oesoedd Canol, eu cymharu, a thrin y deunydd hwn yn null haneswyr Groeg a Rhufain. Yr oedd amryw o'r gwŷr y cyfeiriais atynt, megis Syr John Prys, Humphrey Lhuyd a'r Dr. David Powel (a Syr Edward Stradling yn y Deau) yn adnabod rhai o haneswyr enwocaf Lloegr, a dyma hwythau'n ceisio gwneuthur yr un gwaith yng Nghymru, a dangos i'r Saeson ac eraill fod gan Gymru hithau hen hanes, ac mewn gwirionedd, y gellid olrhain ei hanes yn ôl i gyfnod llawer cynharach na gwledydd eraill Gorllewin Ewrob. Oherwydd y mae gwladgarwch yn elfen bwysig iawn yng nghymeriad y dyneiddwyr. Yn hanner cyntaf yr unfed ganrif ar bymtheg, ysgrifennodd Eidalwr, hanesydd enwog iawn o'r enw Polydore Vergil, a gawsai dderbyniad mawr yn llys y brenin yn Lloegr, lyfr yn ymosod ar Frut Sieffre o Fynwy. Dyma un o'r pethau a gyffroes y dyneiddwyr hyn i astudio croniclau'r Cymry, a gweithiau'r hen feirdd. Oherwydd Brut Sieffre o Fynwy ydoedd un o'r llyfrau a gafodd fwyaf o sylw yn yr Oesoedd Canol, fel y dengys y llu o gopïau o'r cyfieithiadau sydd yn ein llawysgrifau. Dyma, yn eu golwg hwy, arwrgerdd fawr cenedl y Cymry, dyma'r llyfr a'u cysylltai â gwŷr Caerdroea, ac a rôi iddi yr un urddas ag a berthynai i'r Groegiaid a'r Rhufeiniaid. Yr oedd y Cymry—neu'r Brytaniaid—yn un o genhedloedd mawr y byd, ac yn sicr ddigon, dyma bwynt y byddai'r dyneiddwyr yn cymryd diddordeb arbennig ynddo fel y cawn weled yn y man wrth drafod eu hagwedd at yr iaith ac at y traddodiad llenyddol Cymreig. Ac yr oedd boneddigion Cymru yn llys y Tuduriaid yn gefn i'r haneswyr. Ni fynnent adael llonydd i'r 'detractors of our *British* glory', fel y dywedai Humphrey Lhuyd. Felly, dyma'r cyntaf o'r dyneiddwyr Cymreig, Syr John Prys, yn myned ati i ateb Polydore Vergil, yn ei lyfr *Historiæ Brytannicæ Defensio*, a gyhoeddwyd gan ei fab yn 1573. Yn awr, er ein bod yn gwybod mai'r Eidalwr oedd yn iawn ynglŷn â Sieffre, eto dyma un o lyfrau pwysig y Dadeni yng Nghymru, er na chafodd ryw lawer o sylw hyd yn hyn. Oherwydd, ar wahân i'r ffaith ei fod yn taflu goleuni llachar ar agwedd y dyneiddwyr at yr iaith ac at y traddodiad llenyddol Cymraeg, dyma, cyn belled ag y gwn i, yr enghraifft gyntaf sydd gennym o ysgolhaig yn astudio'r hen ganu i weled pa oleuni a geir ynddo ar hen hanes y genedl. Gwyddom mai Syr John Prys a ddechreuodd gasglu'r hen lawysgrifau yn y Deheudir, ac felly, cawn yn ei lyfr ef, ddyfyniadau o Lyfr Du Caerfyrddin, ac o'r cerddi a briodolid i Fyrddin a Thaliesin mewn llawysgrifau eraill. Dyma ddechrau'r gwaith o astudio'r Hen Ganu. Y mae Humphrey Lhuyd yn sgrifennu llyfr Lladin i ddisgrifio Cymru—arwydd o'r diddordeb mewn daearyddiaeth, un arall o ddiddordebau'r Dyneiddwyr—ac yn ysgrifennu hanes Cymru yn Saesneg, hanes wedi ei seilio ar Frut y Tywysogion. Fel y gŵyr pawb, cyhoeddwyd ef gan y Dr. David Powel yn 1584 o dan y teitl, *The Historie of Cambria*, Beibl yr haneswyr Cymreig hyd y ganrif ddiwethaf. Sylwer mai Lladin a Saesneg oedd ieithoedd y dyneiddwyr wrth drafod hanes Cymru, oherwydd eu hamcan ydoedd amddiffyn eu gwlad rhag haeriadau estroniaid na wyddent ddim amdani nac am ei hen lenyddiaeth. Ac ni chafwyd ymdriniaeth Gymraeg â'r pwnc hyd ddyddiau Theophilus Evans (ar wahân i'r pedair pennod sydd yn llyfr Charles Edwards, *Y Ffydd Ddi-ffuant*), ac ni chafwyd trafodaeth ysgolheigaidd yn Gymraeg hyd ddyddiau Carnhuanawc yn y ganrif ddiwethaf.

(iii) *Agwedd y Dyneiddwyr at yr Iaith.* Soniais uchod am agwedd y dyneiddwyr at yr iaith. Y maent oll yn moli'r Tuduriaid, ac nid oes ganddynt air i'w ddywedyd yn erbyn eu polisi at Gymru. Cyfeiriant weithiau at y Ddeddf Uno, gan egluro'r budd a ddeilliodd o uno Cymru a Lloegr. Dywaid William Salesbury mai dymunol fyddai gweled pob Cymro yn medru Saesneg, ac un o'i lyfrau cyntaf ydoedd Geiriadur Cymraeg-Saesneg i helpu'r Cymry i'w dysgu—o'r hyn lleiaf, dyna a ddywaid. Ond eto, yr oeddynt oll am weled y Gymraeg yn cymryd ei lle gydag ieithoedd eraill Gorllewin Ewrob fel iaith dysg. Er na chaniateid i'r swyddogion ei defnyddio yn y llysoedd cyfraith, eto dymunai'r dyneiddwyr weled boneddigion Cymreig yn siarad Cymraeg urddasol, yn sgrifennu at ei gilydd yn Gymraeg, a llenorion yn ei defnyddio wrth ymdrin â phob celfyddyd. A diau mai dyna agwedd llawer o'r boneddigion heblaw'r dyneiddwyr. Gweler a ddywaid y beirdd am William Herbert, Iarll Penfro, ac am Syr Edward Stradling ac Iarll Caerwrangon, a hefyd awydd y rheini i gyhoeddi llyfrau ar hanes Cymru, ar fydryddiaeth, rhetoreg, a gramadegau, etc. Oherwydd y mae gwahaniaeth mawr rhwng agwedd y dyneiddwyr Cymreig at eu hiaith hwy ag agwedd dyneiddwyr Lloegr a Ffrainc at eu hieithoedd hwythau. Soniais uchod am y modd yr edrychent ar Frut y Brenhinoedd, ac ar a ddywedir yno am genedl y Cymry yn hanfod o Gaerdroea. Felly, gellid dodi'r iaith Gymraeg ochr yn ochr â Lladin a Groeg. Ond nid hynny'n unig. Yr oedd yr iaith Gymraeg yn iaith dysg, a bu erioed yn iaith llys. Dyma thesis Syr John Prys yn nechrau ei ateb i Polydore Vergil ynglŷn â Brut Sieffre o Fynwy. Bardd llys oedd Taliesin yn y chweched ganrif, a dyna fu'r traddodiad Cymreig trwy gyfnod y Gogynfeirdd hyd ddyddiau'r cywyddwyr. A'r beirdd, meddai, ydoedd ceidwaid y traddodiad hwn, ac â ati i'w moli, gan olrhain hanes llenyddiaeth Gymraeg o ddyddiau Taliesin i lawr hyd y cyfnod hwnnw, ac y mae'n enwi ei gâr, Hywel ap Dafydd ab Ieuan ap Rhys. A dyna'r ymgais gyntaf i ymdrin â'r traddodiad llenyddol Cymraeg mewn llyfr printiedig. A chan ei bod yn iaith dysg, ceid ynddi gynt lyfrau'n ymdrin â phob celfyddyd, y celfyddydau y rhoid cymaint pwys arnynt gan y dyneiddwyr. Ond pa le yr oedd y llyfrau hynny ? Yr oedd y traethodau ar fydryddiaeth yn aros, a rhai manion ar y gwyddorau eraill. Ôl yr hen ddysg hon a welir yn y Diarhebion, a dyna un rheswm paham y cyhoeddodd William Salesbury gasgliad ohonynt yn *Oll Synnwyr pen Kembero ygyd* (?1547). Ond yr oedd corff yr hen lenyddiaeth—llenyddiaeth dysg—wedi diflannu. Dyma'r thesis a welir gan yr Esgob Richard Davies yn ei lythyr at y Cymry yn *Nhestament Newydd* (1567), gan William Salesbury a chan Syr John Prys. Fe'u distrywiwyd yn ystod y rhyfeloedd yn erbyn y Saeson, yn y Tŵr yn Llundain pan gymerwyd boneddigion Cymru yno'n garcharorion, ac wedi hynny, yn ystod gwrthryfel Owain Glyndŵr.

Dylwn gyfeirio hefyd at ddau bwnc arall :

(*a*) Edrychid ar y Gymraeg fel un o brif ieithoedd y byd, yn un o'r ieithoedd a siaredid pan gymysgwyd yr ieithoedd yn Nhŵr Babel, hynny yw, yn un o'r mamieithoedd dwyreiniol. Felly, yr oedd yn wahanol i'r ieithoedd diweddar ar gyfandir Ewrob, a oedd yn ieithoedd cymysg. Gwelir ymdriniaeth â hyn yn rhagymadrodd y Dr. John Davies i'w Ramadeg (1621). A dyna paham y rhoes gymaint o sylw i'r Hebraeg yn ei Ramadeg, ac yn enwedig yn ei Eiriadur (1632). Ac yn nes ymlaen, cafodd y syniad hwn effaith andwyol ar ddamcaniaethwyr ieithyddol y ddeunawfed ganrif, yr hyn sy'n egluro gwaith y Dr. William Owen [-Pughe]. Dylid egluro hefyd na chafodd syniad Buchanan am y Gymraeg a'r Wyddeleg fel ieithoedd ' Celtaidd ' ddim dylanwad ar y dyneiddwyr Cymreig.

(*b*) Gwelodd y dyneiddwyr, wrth ddarllen llyfr Cesar ar y Rhyfel yng Ngâl a llyfrau Tacitus, etc., hanes y *Druides*, a bod yr urdd hon yn ffynnu ym Mhrydain hefyd, ac mai yno y ceid hi yn ei phurdeb cysefin. Ac felly, aethant ati i faentumio—gwneir hynny gan Syr John Prys—mai disgynyddion y *druides* oedd y beirdd Cymraeg. Felly, gellir olrhain y traddodiad barddol yn ôl i'r cyfnod cyn Crist, ac yr oeddynt yn canu yr un pryd â phrydyddion Groeg a Rhufain. Nid oes sail i hyn oll. Ni cheir yn y Gymraeg air wedi deillio o ffurf Frythoneg debyg i'r gair Galeg *druides*. Felly, *drudion* yw'r gair gan Wiliam Midleton yn ei *Bardhoniaeth* (1593). Ond darganfu Syr Thomas Wiliems a'r Dr. John Davies y gair *derwyddon* yn yr Hen Ganu ac yng ngweithiau'r Gogynfeirdd, sy'n golygu ' daroganwyr, dewiniaid ', a dyna'r gair sydd ganddynt yn cyfieithu *druides*. O'r cyfnod hwnnw ymlaen, y mae pawb wedi ei dderbyn. Ond ni ellir ei gysylltu â *druides*, er ei fod yn deillio o'r un gwreiddyn, sef *u̯eid* neu o'r ffurf **u̯id-*. Daw *derwydd* o **do-are-u̯id-* fel y dyry **do-ate-u̯id-* > *dedwydd*. Daw *druid-* o **dru-u̯id-*. Mewn gwirionedd, difodwyd y *druides* ym Mhrydain yn y ganrif gyntaf, wedi i'r Rhufeiniaid ymosod ar eu canolfan yn Sir Fôn, ac ni cheir y gair yn yr un o'r ieithoedd a ddatblygodd o'r Frythoneg. Felly, ni ellir profi fod cysylltiad o fath yn y byd rhwng y beirdd Cymraeg a'r Druides. Ond y mae'r ddamcaniaeth hon a luniwyd gan y dyneiddwyr Cymreig wedi cael dylanwad mawr ar hynt y Gymraeg yn y canrifoedd dilynol. Dyma ddechrau gwneuthur y Gymraeg a llenyddiaeth Gymraeg yn bynciau diddorol a rhamantaidd, ac y mae hyn yn ffaith bwysig i'w chofio wrth drafod Adfywiad y ddeunawfed ganrif. Erbyn hynny, y mae'r ddamcaniaeth dderwyddol yn datblygu. Dechreuwyd cysylltu'r hen olion cynhanesiol, y cylchoedd cerrig a'r twmpathau, etc., â'r derwyddon, hynafiaid y beirdd Cymraeg. Gwelir hyn yn llyfr Henry Rowlands, offeiriad Llanidan ym Môn, *Mona Antiqua Restaurata* (1723), Beibl yr hynafiaethwyr Cymraeg yn y ddeunawfed ganrif. Hil y Derwyddon oedd beirdd Môn, meddai Goronwy Owen, a phan ymunodd â'r seiri rhyddion, gyda'u cyfrinachau a'u seremonïau, mynnai nad oedd ond cainc 'o gelfyddyd fy hen hynafiaid y Derwyddon gynt'. Credai Lewis Morris mai pethau derwyddol oedd y penillion telyn, a dyna un rheswm paham yr ymroes i'w dynwared. Felly, gellir dywedyd mai peth hollol naturiol oedd i Iolo Morganwg pan ddechreuodd freuddwydio am orffennol rhamantus y genedl Gymreig lunio ei gyfundrefn dderwyddol 'Gorsedd Beirdd Ynys Prydain', ac nid rhyfedd i bawb ei derbyn. Yr ymdeimlad rhamantaidd hwn sy'n egluro i raddau helaeth y diddordeb a gymerai boneddigion ac offeiriaid yn y mudiadau Cymreig yn niwedd y ddeunawfed ganrif ac yn y ganrif ddiwethaf, a hyn sy'n egluro datblygiad rhyfeddol y Cymdeithasau Cymreig trwy Gymru benbaladr, ac yn arbennig, dwf yr Eisteddfod. Nid oes a fynnwyf i â'r pwnc hwn yn awr, ond yn unig â'r ffaith mai'r dyneiddwyr Cymreig a gychwynnodd y myth derwyddol.

Dylwn sôn am un peth arall. Y mae William Salesbury a Richard Davies yn defnyddio hyn oll i hyrwyddo'r Ffydd Newydd, Protestaniaeth. Dyna bwnc Mr. Saunders Lewis mewn erthygl wych iawn yn ail gyfrol yr *Efrydiau Catholig* (1947). Derbyniodd y Cymry, meddent hwy, Gristnogaeth cyn ei llygru, ac felly, Protestaniaid oeddynt, ac eglwys Brotestannaidd oedd yr hen Eglwys Gymreig. Dyma eiriau Mr. Lewis :

> 'Crefydd dysg bendefigaidd oedd Protestaniaeth i Salesbury a'i gyd-ddyneiddwyr, crefydd y clasuron Cristnogol, Hebraeg a Groeg. Gan hynny, od oedd gan yr hen Gymry wir ddysg, . . . ac od oedd ganddynt hefyd Gristnogaeth . . rhaid gan hynny mai Cristnogaeth Dysg a fu ganddynt, crefydd y Beibl Protestannaidd heb arlliw o ofergoelion yr oesoedd tywyll, gwerinol, Catholig.'

Mynnid felly, meddai, ' ennill ymlyniad y pendefigion Cymreig wrth yr iaith Gymraeg, iaith wreiddiol Dysg a Phrotestaniaeth' ; dyma, meddai, ' ateb y dyneiddwyr Cymraeg i Ddeddf Uno 1536 '. Damcaniaeth go newydd, ac ni welaf pa fodd y gellir ei gwrthod.

(iv) *Agwedd y dyneiddwyr at gerdd dafod.* Yma eto y mae'r dyneiddwyr Cymreig yn hollol wahanol i'w cymheiriaid yn Lloegr a Ffrainc. Eu tuedd hwy ydoedd ymwadu'n llwyr â dulliau a mesurau beirdd yr Oesoedd Canol, oesoedd y tywyllwch, a dilyn y patrymau a geid yng ngweithiau'r awduron clasurol, Groeg a Lladin. Ond yr oedd canu'r beirdd Cymraeg o ddyddiau Taliesin ymlaen yn ganu ' clasurol ' ; ceid yn eu gweithiau gelfyddyd a oedd yn llawn mor odidog â dim a welid yn llenyddiaethau Groeg a Rhufain. Sylwer ar a ddywaid Edmwnd Prys yn ei ymryson â Wiliam Cynwal. Er ei fod yn moli'r ddysg newydd, dyma a ddywaid :

Profais wau, pêr wefus wawd,
Prif ieithoedd, prawf o wythwawd,
Ni phrofais dan ffurfafen
Gwe mor gaeth â'r Gymraeg wen.

Ac y mae'n gosod yr hen feirdd Cymraeg ochr yn ochr â beirdd Groeg a Rhufain :

Llyfr awen Duw, llên fy llaw
Llawn feithrin, llyna f'athraw,
A'm gwnaeth i a'm gnith awen,
Yn gryn brydydd, llywydd llên.
A gweled gwaith, blaeniaith blaid,
Hynod wŷr, hen awduriaid,
Horas wych, eirias ei waith,
Homer, Ofydd, mawr afiaith,
Guto enwog, gytunwaisg,
A Thudur brau, awdur braisg.

Felly, eu dyletswydd hwy oedd cyhoeddi llyfrau i'w disgrifio. Fel yr oedd Syr John Prys a Humphrey Lhuyd a'r Dr. David Powel yn cyhoeddi llyfrau Lladin a Saesneg ar hanes Cymru, felly y mae Siôn Dafydd Rhys am ' ossod perpheithrwydh ac odidawgrwydh eych Hiaith chwi a' 'ch petheu i 'olwc holli Eurôpa mywn Iaith gyphrêdin i bawb', hynny yw, yn Lladin. Oherwydd gramadeg Lladin a geir ganddo ef gyda darnau o Gymraeg yma a thraw. O wneuthur hynny, byddai ysgolheigion gwledydd eraill yn synnu at gelfyddyd ddigymar y prydyddion, ac yn ymroi i ddysgu'r Gymraeg. Yn y dull hwn, hyderai y gellid gweled yr iaith yn cymryd ei lle fel un o ieithoedd dysg, y ddysg newydd, ochr yn ochr â'r Eidaleg a'r Ffrangeg a'r Saesneg, ac ysgolheigion yn ymroi i'w meistroli. Dyna ddyhead y dyneiddwyr, a dylid cofio mai uchelwr a hanesydd, Syr Edward Stradling o Sain Dunwyd, a anogodd Siôn Dafydd Rhys i gyhoeddi ei Ramadeg, ac a dalodd yr holl gostau. Gwyddom iddo ei roi i foneddigion Cymreig llys y Tuduriaid yn Llundain. Ond eto, nid oeddynt yn fodlon ar gyflwr barddoniaeth yng Nghymru. Gwelent yr hen gynildeb yn diflannu, a'r gelfyddyd yn dirywio, a phenceirddiaid yn marw heb adael ar eu hôl na chelfyddyd na dyn celfydd. Ac yn bwysicach fyth, gwelent y beirdd yn glynu wrth feddwl a dulliau'r Oesoedd Canol, ac na wnaent un ymdrech i ddeall y ddysg newydd nac i ganu cerddi tebyg i'r rhai a genid yn yr oes honno yng ngwledydd eraill Gorllewin Ewrob. ' Ac wrth hynn ', meddai Siôn Dafydd Rhys, ' y gelhir canbhod bhôd er ys hîr dalm o amser bhai mawr arr ' Brydydhion a' Chymreigydhion Cymry o barth distriwiad ac agheu yr iaith.'

Yn y cysylltiad hwn, dylid cyfeirio at amryw bwyntiau.

(*a*) Y modd yr edrychai'r beirdd ar y gelfyddyd fel rhywbeth a berthynai iddynt hwy eu hunain, ar eu hamharodrwydd i egluro'r cyfrinion ac i gynorthwyo gwŷr megis Siôn Dafydd Rhys a fynnai gyhoeddi llyfrau ar y pwnc, a hefyd ar y modd y cadwent eu llyfrau rhag pawb ond hwy eu hunain a'u disgyblion, ac ar y modd yr oeddynt yn fodlon ar yr hen ddulliau o ledaenu eu gweithiau, sef trwy eu copïo mewn llawysgrifau a datgeiniaid yn eu datgan, heb feddwl am yr argraffwasg a ddefnyddid ym mhob gwlad arall yng Ngorllewin Ewrob. ' Canys cadw a' chudhio a 'notaynt y rhei hynn', meddai Siôn Dafydd Rhys am y beirdd, ' ac erailh hebyd eu lhybhreu a' 'i gwybodaetheu mywn cistieu a' lhéoedh dirgel . . . ac hyd na bei undyn yn gybhrannol o dhim o'r a bhei yndhynt ; ac hyd na dhelei dhim lhwydhiant idhynt, na dim elw o honynt . . . A' 'r Prydydhion o'i rhann hwynteu (er mwyn gwaethu arr y gwaethabh) o bydhei o dhamchwain gann ryw rai o honynt dhim cynhildeb, na chywreindeb, a'r ny bei gann erailh o'i cedymdeithion ; hynny olh a gadwent yn rhîn odhiwrth Brydydhion erailh, ac odhiwrth bawb heb law hynny . . . A' phann bhei meirw y ' Prydydhion hynny, yna yr aei y tegwch hynny igyd i'r pridh, ynn y lhe ny bei byth sôn am dano. Hyd ynn y diwedh, ny ' adâwyd na chelbhydhyd ynn eu plîth, na dyn celbhydh a bhei gwiw sôn amdano : ac hyd wrth hîr dhilyn y gamwedh honno, y tynnassant ac y lhusgassant euhûnain y Prydydhion alhan o bôb teilyghdod ac urdhas.' Cyfeiria William Salesbury at yr un peth yn ei lythyr annerch at Ruffudd Hiraethog ' ac eraill oei Gelfyddyd ', sydd ar ddechrau ei lyfr ar Retoreg. Ni allai fod gan y beirdd unrhyw gydymdeimlad â syniad yr oes, fod barddoniaeth yn gelfyddyd y gallai'r gŵr llys a phob dyn dysgedig ymarfer â hi. Nid oedd neb yn fardd oni pherthynai i'w hurdd hwy, oni chawsai ei urddo'n rheolaidd, ac oni wyddai'r holl draddodiadau barddol Cymreig. Daw hyn i'r golwg yn glir yn yr ymryson a fu rhwng Wiliam Cynwal (*m.* 1587) ac Edmwnd Prys, Archddiacon Meirionnydd, un o'r dogfennau pwysicaf wrth drafod hynt y Dadeni yng Nghymru. Dyma yn fyr hanes yr ymryson. Gyrrodd Prys gywydd at Wiliam Cynwal i ofyn am fwa yn rhodd i Rys Wyn. Canodd Wiliam Cynwal gywydd i wrthod. Atebodd Edmwnd Prys, a chanasant saith gywydd yr un, un bob yn ail. Yna canasant bob un dri. Canodd Edmwnd Prys naw cywydd a Wiliam Cynwal naw. Yna dechreuodd Edmwnd Prys ganu saith ar hugain, ond bu Cynwal farw cyn iddo orffen yr unfed ar bymtheg. Canodd farwnad i Wiliam Cynwal.

Troes yr ymryson hwn yn ddadl ynglŷn â dysg y beirdd, Wiliam Cynwal yn cynrychioli hen ddiwylliant traddodiadol y beirdd Cymraeg, a Prys yn cynrychioli'r ddysg newydd. Un o'r pethau cyntaf a ddaw i'r golwg yw hyn, fod Wiliam Cynwal yn edrych ar farddoniaeth fel rhywbeth a berthynai i'r beirdd proffesyddol. Offeiriad oedd Edmwnd Prys ac nid bardd. Rhaid i bawb lynu wrth ei grefft, a dyma a ddywaid :

Drwg y gwna crydd, o bydd barn,
Siciwd gwawd, sieced gadarn ;
Y llyn Prys, llawn y prisiwyd,
Gweithia'r iawn, pregethwr wyd.

Pregethwr wyd, pleidiwr plwyf,
Parod ddadl, prydydd ydwyf . . .
Duw ordeiniodd, drud anian,
Bybyr rodd, i bawb ei ran.
I ti y rhoed, hëwr iaith,
Iawn bregethu, brig wythiaith ;
Rhoed i minnau, rhad mynych,
Rhwydd yw y swydd, rhodd sy wych,
Prydyddwr parod oeddwn,
Pennod hardd, yn y pwynt hwn.

Ni ellid bardd, meddai, onid oedd wedi etifeddu holl ddysg y beirdd Cymraeg, onid oedd wedi cael gradd mewn Eisteddfod neu mewn neithior, ac wedi cael hawl i fyw ar ei gelfyddyd :

Disgybl, rym dewisgwbl wraidd,
Pynciau urddas pencerddaidd,
Oeddwn, gwn ddiunig wedd,
Ymlaen cyn ugain mlynedd.

Ni wneid pencerdd gloywgerdd glod,
Bost addfwyn heb Eisteddfod.

Meddai Edmwnd Prys drachefn :

Ni ad fy nghâr dihareb
Ond un art hynod i neb,
Fo wna'n gaeth wybodaeth byd,
Rugl foddion o'r gelfyddyd,
Ni fyn i lên fanwl wau
Barddoniaeth beraidd enau.

Ni allai'r Dyneiddwyr dderbyn hyn. Nid rhywbeth i arbenigwyr oedd barddoniaeth ond i bawb, ac yn union ar ôl y dyfyniad uchod, dywaid :

Petrarch, bu batriarch byd,
Pand hardd a hoewfardd hefyd ?

Yn nes ymlaen sonia am *Twli.* A chyfeiria at feirdd eraill o Gymry nad oeddynt yn feirdd proffesyddol, megis Syr Dafydd Maenan a Syr Owain ap Gwilym—dau offeiriad, ac meddai :

Plant ydym, planed hoywdeg,
O'r un tad a cheraint teg :

Pob celfyddyd unfryd fraint,
O sai gwir, y sy geraint,
A phawb sydd, a phob swyddau,
Drwy'i gilydd, fel gwŷdd yn gwau.

Felly, nid rhywbeth a berthynai i'r beirdd eu hunain ydoedd y ddysg farddol, eithr celfyddyd y gallai pob gŵr o ddysg ymarfer â hi. Ond, meddai Wiliam Cynwal, ' llyfr yw d'athraw '.

Gwelir, felly, paham yr ymroes rhai o'r dyneiddwyr i gyhoeddi ' llyfrau ' y gallai pawb a fynnai ymgydnabod â chelfyddyd y beirdd eu defnyddio. Dyma rai ohonynt :

(i) *Gramadeg Cymraeg* Gruffydd Robert. Ceir pedair rhan, sef (i) ' Iaụnscrifenyḍiaeth ' ; (ii) Ffurfiant—' Cyfiachyḍiaeth ' ; (iii) Disgrifiad o'r Cynganeddion ; (iv) Disgrifiad o'r Pedwar Mesur ar Hugain. Cyhoeddwyd y rhan gyntaf ym Milan yn 1567, yr ail wedi 1584, a'r lleill rywbryd rhwng 1584 a 1594 (yn ôl pob tebyg). Ceir hefyd ddwy ran arall y gellir edrych arnynt fel math o atodiadau, sef (v) Casgliad o gerddi Cymraeg o'i waith ei hun, a chywyddau gan Ddafydd ap Gwilym, Tudur Aled, Gruffudd Hiraethog, Siôn Cent, Siôn Tudur, etc., y casgliad cyntaf o gerddi Cymraeg a argraffwyd, a (vi) Dechrau cyfeithiad Cymraeg o'r ' De Senectute ' (Cicero).

(ii) *Gramadeg* Siôn Dafydd Rhys (1592). Cynnwys hwn ddisgrifiad o'r iaith, ac o'r gynghanedd a'r mesurau, a'r pethau eraill a ddysgid gan yr athrawon barddol.

(iii) *Bardhoniaeth, neu brydydhiaeth, y llyfr kyntaf*, gan Wiliam Midleton (1593). Ymdriniaeth seml â'r cymeriadau, y cynganeddion a'r Pedwar Mesur ar Hugain.

(iv) Llyfr (nas cyhoeddwyd) yn llaw Thomas Prys o Blas Iolyn (*m.* 1634), un o gyfeillion Wiliam Midleton. Fe'i ceir yn ei law ef ei hun (yn ôl pob tebyg) mewn llawysgrif yn yr Amgueddfa Brydeinig (BM 14872). Dyma'r teitl arwyddocaol : ' Barddoniaith ne brydyddiaith a myfyrdod Thmas Prys Escquier o ran dyscg i fonneddigion Kymrv a fo awynyddgar a gwllysgar i ddysgv kannv kerdd Gamberaeg '.

Dyna'r pedwar gramadeg sy'n trafod cerdd dafod. Gwelsom i Siôn Dafydd Rhys gyfansoddi ei ramadeg ef yn Lladin, ond dyry'r disgrifiadau a dynasai o ramadegau'r penceirddiaid yn Gymraeg. Felly, yr oedd ganddo ddau amcan. Yn gyntaf, fel y gwelsom eisoes, yr oedd am ddangos i ysgolheigion gwledydd eraill odidowgrwydd celfyddyd cerdd dafod. Ac yn ail, yr oedd am roi llyfr i'r Cymry hynny nad oeddynt feirdd proffesyddol a fynnai gyfansoddi barddoniaeth Gymraeg. Ond llyfr digon anfoddhaol ydyw. Y mae'n eglur nad oedd Siôn Dafydd Rhys yn feistr ar gerdd dafod, ac felly, ni wnaeth ddim namyn rhoddi'r disgrifiadau a'r rheolau a geir yng ngramadegau'r beirdd, a hynny heb eu deall yn iawn. [A'r peth mwyaf diddorol ynglŷn â'i waith ydyw ei fod weithiau'n dyfynnu o lawysgrifau sydd wedi diflannu.] Ac nid llyfr i ddisgyblion ydyw gramadeg y beirdd—yr oedd gan yr athro ei ddulliau ei hun o roi hyfforddiant llafar—eithr llyfr a gynhwysai ddisgrifiadau moel. Ond er hynny, y mae Gramadeg Siôn Dafydd Rhys yn rhoddi inni syniad am awydd y dyneiddwyr i gyhoeddi llyfrau i ddisgrifio celfyddyd barddoniaeth Gymraeg.

Y mae llyfrau Wiliam Midleton a Thomas Prys yn fwy diddorol. Gweler y rhagymadrodd[1] i lyfr Wiliam Midleton lle y dangosir ei fod yng ngwasanaeth Iarll Penfro, fod Henri Herbert, yr Iarll, wedi priodi Mary, chwaer Syr Philip Sidney, un o'r enghreifftiau mwyaf nodedig o foneddigion llengar y Dadeni yn Lloegr, a'i fod gyda Sidney yn yr Iseldiroedd yn 1586, pan laddwyd ef mewn brwydr. Felly, ceisiodd yntau gyfansoddi llyfr i hyfforddi'r Cymry yng nghelfyddyd y beirdd Cymraeg fel y gellid cynhyrchu'r un math o fywyd llenyddol ymhlith y boneddigion ag a welsai yn Lloegr. Dywaid yn ei lythyr annerch ar y dechrau fod Siôn Dafydd Rhys wedi disgrifio'r gelfyddyd farddol yn fanwl, ac felly, ei fod yntau am ' dhysgû im Kydwladwyr y Fordh nesaf, i ganú kerdh dafawd '. Nid yw ef yn ymhél â seiniau'r iaith ac â'r rhannau ymadrodd, eithr yn hytrach, y mae'n cyfyngu ei sylw i'r pethau hynny yr oedd yn rhaid i'r sawl a fynnai ddefnyddio'r Pedwar Mesur ar Hugain eu meistroli, y cymeriadau, odli a phroestio, y gynghanedd a'r mesurau. Dyma'r ' llyfr Kyntaf ', meddai ar y ddalen deitl, oherwydd y mae'n eglur ei fod yn 1593 yn bwriadu parhau'r drafodaeth. Ond nid dilyn llyfrau'r beirdd a wnâi Wiliam Midleton, fel y gwnaeth Siôn Dafydd Rhys. Y mae ef

[1] Hynny yw, rhagymadrodd G. J. Williams i'w adargraffiad o *Barddoniaeth neu Brydyddiaeth* Wiliam Midleton, 1930.

yn llunio ei ddisgrifiadau ei hun, ac yn ceisio symleiddio'r cyfan. Felly, llyfr defnyddiol ydoedd ei waith ef i ddysgu prif hanfodion y gelfyddyd i foneddigion Cymru, fel y gallent ganu i'w difyrru eu hunain fel y gwnâi eu cymheiriaid mewn gwledydd eraill. Nid eu dysgu i ganu'n ' bencerddïaidd '. Os mynni wneuthur hynny, meddai wrth annerch y Cymro ' awenydhgar' ' rhaid yt fedru kymraeg dhilediaith, ymoralw ar athrawon, darllain ag ysgrifennu llawer or hengerdh ar newydh y rhain a dheuelli yn y dwned a henwais '. Dyna hefyd amcan Thomas Prys—dysgu ei gyd-foneddigion i gyfansoddi cerddi Cymraeg—ond y mae ef yn glynu'n llawer manylach wrth lyfr cerddwriaeth y beirdd.

Ond y pwysicaf o'r gramadegau hyn ydyw'r un a gyhoeddodd Gruffydd Robert. Er mwyn deall ei bwysigrwydd, dylid cyfeirio eto at ddulliau'r beirdd o hyfforddi eu disgyblion yng nghelfyddyd cerdd dafod. Ar dafod leferydd y dysgai'r penceirddiaid, ac ni cheir yn y gramadegau a gyfansoddasant, neu'r llyfrau cerddwriaeth, fel y gelwid hwy, mo'r manylion yr oedd yn rhaid i'r disgyblion eu meistroli yn ysgolion y beirdd. Ni byddai hyd yn oed yr adrannau llawnaf yng ngramadegau'r beirdd o ryw lawer o ddefnydd i'r disgybl oni byddai athro wrth law i'w hegluro. Cymerwn yr adran ar y gynghanedd yn y copi o'r gramadeg—y pum llyfr cerddwriaeth, fel y gelwid ef yn yr unfed ganrif ar bymtheg. Fel y dywaid yr Athro Thomas Parry amdano : ' Nid yw'r manylu diddiwedd am y gynghanedd ond rhan, megis y dwned, o'r hyn y disgwylid i fardd ei wybod, nid er mwyn iddo fedru ysgrifennu Cymraeg, cynganeddol nac arall, ond er mwyn iddo ymgymhwyso i fod yn aelod o urdd y beirdd.'[1] Rhoddir enghreifftiau o'r Pedwar Mesur ar Hugain a disgrifiad byr o bob un ohonynt, ond nid ymdrinnir â'r modd i'w defnyddio. Gwyddai Gruffydd Robert am ddulliau'r penceirddiaid o hyfforddi eu disgyblion, oherwydd dywaid Gr. ar d. [207][2] 'ond gu̥ell i'r cymru geissio ad̦ysg ar dafod laferyd̦ gen y prydyd̦ion sy'n i mysg, a chenn fagod o u̥yr Boned̦igion, syd̦ gyfaru̥yd̦ yn y cynghaned̦au, na discu̥il gennymi adrybed̦ meu̥n scrifen.' Ond meddai Mo. ' Pe dysgai'r prydyd̦ion yn rhou̥iog, i bau̥b, a d̦elai attynt, mi a

[1]Twf y Gynghanedd ' *Trans. Cymm.* (1936), 159.
[2] O argraffiad G. J. Williams o *Ramadeg* Gruffydd Robert, 1939.

ḍoedụnn gidachụi. Ond am i bod nhụy yn cadụ i celfyḍid yn ḍirgel, heb i damleụychu i neb, oḍieithr, i ryụ ḍyscybl, a dyngo, na ḍysco moni i neb araḷ, ne i ymbeḷ ụr bonheḍig, a aḍaụo ar i onestrụyḍ, i chadu yn gyfrinachol, rhaid i ryụ ḍyn araḷ i honni, ai gossod aḷḷan, os mynnir i thanu, dros ụyneb y ụlad ai chyfrannu i baụb ai chụennychai mal y gaḷḷo pob gụr dysgedig, duụiol, aụenyḍus, gael cyfrụyḍid, i ụneuthur cannigion, a choụyḍau, santeiḍiol, a rhinụeḍol, gụiụ i hystyr, molianus i ḍuụ, hyles i'r enaid, a difarn yngolụg y byd.' Ni cheir gosodiad cliriach na hwn yng ngweithiau'r dyneiddwyr Cymraeg o'r gwahaniaeth hanfodol rhwng eu safbwynt hwy a safbwynt y beirdd ar y pwnc hwn.

Felly, aeth ef ati i gyfansoddi llawlyfr i gymryd lle'r athro fel y gallai pawb ymarfer â'r gelfyddyd. Nid disgrifiadau moel o'r amrywiol gynganeddion ac o'r gynghanedd a geir ganddo eithr y math o hyfforddiant a gâi'r disgybl yn yr ysgolion barddol. Er enghraifft, dangosir yn fanwl sut y dylid odli a phroestio, sut yr oedd y cytseiniaid yn cyfateb, a sut i gymhwyso'r rheolau. Ac yr oedd cynllun y llyfr, sef ymddiddan rhwng Gruffydd a Morys, yr athro a'r disgybl, yn help i gyflawni hyn oll. Gwneir i Morys gyfeirio at eithriadau neu at bynciau anodd, ac yna bydd yn cyfansoddi llinellau gwallus, fel y gallai Gruffydd egluro'r gwallau arferol yng ngwaith disgyblion. Gwelir, felly, fod y gramadeg hwn yn wahanol, nid yn unig i lyfrau cerddwriaeth y beirdd, ond hefyd i Ramadeg Siôn Dafydd Rhys (lle ni cheir namyn dyfyniadau o lyfrau cerddwriaeth y beirdd) ac i Ramadeg Wiliam Midleton (lle ni wneir namyn symleiddio cynnwys y llyfrau hynny).

Ond eto, rhaid cofio, er mor bwysig yw Gruffydd Robert, fel beirniad llenyddol ac fel lladmerydd y ddysg newydd, mai ef, o'r holl ddyneiddwyr a ymddiddorai yn nysg y beirdd, a wyddai leiaf am y ddysg farddol. Dywaid weithiau iddo ymgynghori â'r beirdd—hynny yw, cyn iddo adael Cymru—a phrawf englynion a ganodd cyn 1565 [yn llyfr Ficer Woking] ei fod wedi astudio'r gynghanedd a'r mesurau yn ei ieuenctid, eto ceir digon o brofion mai ychydig iawn a wyddai am gerdd dafod. A phan aeth ati i lunio ei ddosbarth ar y gynghanedd a'r mesurau, nid oedd ganddo o'i flaen namyn copi o'r llyfrau cerddwriaeth a gynhwysai enghreifftiau o bob un o'r pedwar mesur ar hugain, enwau'r beiau gwaharddedig (oherwydd y mae'n cyfaddef na ŵyr beth oedd y beiau hynny), a nifer o gywyddau. Disgrifia'r enghreifftiau hynny o'r mesurau (gan wneuthur llawer o gamgymeriadau), a dadansodda'r cynganeddion a welsai yn y cywyddau. Felly, fel llyfr ar gerdd dafod draddodiadol y beirdd, llyfr tra anfoddhaol ydyw. Heblaw hyn, ni wyddai ddim am yr awdl fel ffurf lenyddol, na dim am weithiau'r Cynfeirdd a'r Gogynfeirdd. Yn hyn o beth, y mae'n gwbl wahanol i'r dyneiddwyr eraill. Yr oeddynt hwy yn byw yng Nghymru, yn casglu'r hen lawysgrifau ac yn eu hastudio, yn awdurdodau ar y traddodiad llenyddol Cymraeg ac yn edrych ar hwnnw fel rhywbeth a oedd yn llawn mor urddasol â thraddodiadau Groeg a Rhufain. Y mae Gruffydd Robert, ar y llaw arall, yn gwawdio syniad y beirdd am urddas a theilyngdod eu llenyddiaeth hwy. Yn hyn o beth, fel y cawn weled yn nes ymlaen, y mae Gruffydd Robert yn ymdebygu i'w gymheiriaid yn Lloegr ac yn Ffrainc.

(*b*) Eu hagwedd at y mesurau. Yn gyntaf oll, dylid cofio na byddai'r penceirddiaid yn arddel namyn y pedwar mesur ar hugain, sef y rheini a alwyd yn yr unfed ganrif ar bymtheg gan Ruffydd Robert yn 'fesurau caeth' mewn gwrthgyferbyniad i'r rheini a alwyd ganddo yn 'fesurau rhyddion'. Cyn belled ag y gwyddom, Einion Offeiriad a'u trefnodd yn bedwar ar hugain, a hynny tua 1320. Yn y rhain, ceir :

(i) Y mesurau a geir yn awdlau'r Gogynfeirdd, mesurau'r penceirddiaid. Lluniodd Einion dri mesur newydd i gael y rhif yn bedwar ar hugain.

(ii) Englynion, sef y rhai unodl a'r rhai proest. Defnyddid y rhan fwyaf o'r rhain gan y penceirddiaid yng nghyfnod y Gogynfeirdd, nid mewn awdlau, ond yn gyfresi. Ond cynhwysir hefyd englyn milwr a'r englyn penfyr, ac ni ddefnyddid y rheini gan y Gogynfeirdd. Fe'u cynhwyswyd am fod yr Hengerdd (neu'r Hen Ganu) yn rhan o addysg y beirdd.

(iii) Mesurau'r beirdd teulu a'r glêr. Dyma'r cywyddau, sef y cywyddau deuair (hirion a byrion), y cywydd llosgyrnog, a'r awdl-gywydd. Bu'r olaf unwaith (7 + 7 gydag odl gyrch) yn un o fesurau'r pencerdd ; ceir enghraifft yng ngwaith Taliesin (Marwnad Owain), ac yng nghanu Meilyr, y cyntaf o'r Gogynfeirdd. Ond wedi hynny, diflannodd, a daw i'r golwg nesaf yng Ngramadeg Einion Offeiriad, ac yno fe'i rhestrir gyda'r cywyddau, yr hyn a ddengys mai un o fesurau'r bardd teulu neu'r glêr ydyw. Perthyn un o'r englynion hefyd i'r dosbarth hwn, sef yr englyn unodl cyrch :

Hunyδ hirloyw'i hystlys,
Gwymp 'i llun yn 'i llaesgrys,
Gwynlliw ewyn gwendon iawn
O δwfr eigiawn pan δyfrys.

Yr englyn hwn, meddir mewn un copi o Ramadeg Einion Offeiriad 'a berthyn ar deuluwr diwladeiδ i ganu, ac ni pherthyn ar brydyδ ymyrru arnaw rag 'i howsed'. Hynny yw, un o fesurau'r bardd teulu. Sylwer, felly, ar y rheswm paham y rhennir y pedwar mesur ar hugain yn dri dosbarth, sef awdlau, cywyddau, ac englynion. Paham pedwar ar hugain ?

Ond yn y bedwaredd ganrif ar ddeg gwnaethpwyd y cywydd deuair hirion yn fesur pencerddïaidd, ond ni ddefnyddiwyd y mesurau teuluaidd eraill. Yn Eisteddfod Caerfyrddin yn y bymthegfed ganrif, ad-drefnwyd y mesurau gan Ddafydd ab Edmwnd. Cadwyd y rhaniad—awdlau, cywyddau ac englynion, ond

(i) Bwriwyd allan yr englynion o'r hen ganiad, a luniwyd dau fesur newydd i gymryd eu lle yn nosbarth yr awdlau, sef gorchest beirdd a chadwynfyr, mesurau anodd, cymhleth, a luniwyd, nid i'w defnyddio, ond i fod yn brawf ar feistrolaeth y disgybl ar fesurau cerdd dafod.

(ii) Gwnaethpwyd mesurau'r bardd teulu a'r glêr [gweler uchod] yn fesurau pencerddïaidd, hynny yw, eu cynganeddu. Cymhwyswyd at y cywydd deuair fyrion reol aceniad y cywydd deuair hirion :

Dewr hil, fil fur,
Didarf Dudur.

Felly gyda'r mesurau eraill, megis yr englyn unodl cyrch.

Ond ni wnaethpwyd odid ddim defnydd o'r mesurau hynny. Mewn awdlau yn y cyfnod hwn, ceid cyfres o englynion ar y dechrau, naill ai'n unodl neu gyda chyrch gymeriad, ac yna yr ‘ awdl ’ sef un neu ragor o’r mesurau awdl yn unodl. Ac ni cheir y rhan fwyaf o’r mesurau namyn mewn awdlau enghreifftiol, lle y ceir un pennill o bob un o’r mesurau. A dylid cofio hefyd mai yn yr awdlau enghreifftiol y dechreuwyd cynnwys y cywyddau mewn awdl. Eto, byddai’n rhaid i’r disgybl feistroli’r holl fesurau—y pedwar ar hugain—cyn cael yr hawl i fyw ar ei gelfyddyd. A dyma’r unig fath o ganu a gydnabyddid gan y penceirddiaid.

Ond fe geid math arall o ganu. Gwelwyd mai mesurau’r bardd teulu a’r glêr ydoedd yr englyn unodl cyrch a’r awdl-gywydd a’r cywydd deuair hirion (neu’r traethodl, canys dyna ei enw, yn ôl pob tebyg, cyn ei wneuthur yn fesur caeth), a’r cywydd deuair fyrion a’r cywydd llosgyrnog ar y dechrau, ac i’r cywydd deuair hirion ennill ei blwyf fel mesur pencerddïaidd yn y bedwaredd ganrif ar ddeg. Ond er gwneuthur y lleill hefyd yn fesurau pencerddïaidd yn y bymthegfed ganrif, yn yr ad-drefniad a wnaeth Dafydd ab Edmwnd, eto ni wnaethpwyd odid ddim deunydd ohonynt namyn mewn awdlau enghreifftiol. Er hynny, y mae’n gwbl eglur fod y ‘ glêr ’, y ‘ bobl annhechnennig ’ y sonia Gruffydd Robert amdanynt, wedi parhau i ddefnyddio’r rhain a mesurau eraill (gan gynnwys y mesur a elwir mewn cyfnod diweddarach yn fesur Clidro) ar hyd y canrifoedd, canu digynghanedd, a dyma’r canu a ddatblygodd yn ganu rhydd, hynny yw, yn ganu acennol. Ni chadwyd odid ddim o’r canu hwn yn y llawysgrifau, ac felly, nid hawdd olrhain hanes ei ddatblygiad.

Ond y mae un peth yn eglur, sef mai’r Deau ydoedd meithrinfa’r canu hwn. Gweled hynny, yn ddiamau, a barodd i Iolo Morganwg honni fod gan feirdd ei dalaith ef gyfundrefn fydryddol wahanol i’r un a geid yng Ngwynedd, sef y pedwar mesur ar hugain fel y maent yn llyfrau Einion Offeiriad a Dafydd Ddu ac fel yr ad-drefnwyd hwy gan Ddafydd ab Edmwnd yng Nghaerfyrddin. Aeth ef ati i ffugio’r dosbarth hwnnw ar y mesurau, a galw ei lyfr yn ‘ Gyfrinach Beirdd Ynys Prydain ’, a dododd y ‘ ddyri ’, sef y canu rhydd (neu’r ‘ canu cyfacen ’, fel y galwai ef) fel un o’r pedwar ‘ ansawdd ’ ar hugain. [Dylid cofio nad pedwar ‘ mesur ’ ar hugain a geid ganddo ef, eithr pedwar ‘ ansawdd ’ ar hugain, ac wrth ‘ ansawdd ’ golygai ‘ math o fesur ’.] Ond nid oes amheuaeth na ffynnai'r canu digynghanedd ar yr hen fesurau a nodwyd uchod yn y Deau trwy'r Oesoedd Canol. Ceir rhai enghreifftiau ohono yn y bymthegfed ganrif gan feirdd o gyffiniau Brycheiniog a Chaerfyrddin a Gorllewin Morgannwg, yn enwedig ar ' fesur Clidro ', er enghraifft. :

Pwy sy well na Rhys
O haearn ac emys,
A dur ar ei grys, un lliw â'r grisial ?
O bydd a fynno ddyfod
I'r maes yn ei arfod,
E newidia ag e ddyrnod oni êl y gwayw yn ddarnau.

Dyma'r mesur ' cyhydedd hir ' yn llyfrau'r penceirddiaid, ond mesur y ' glêr ' ydyw yma—digynghanedd, ac eithrio'r glec, gydag aceniad sy'n tueddu i fod yn rheolaidd.

Ond yng ngwaith cwndidwyr Morgannwg y ceir peth o'r deunydd mwyaf gwerthfawr sydd gennym i olrhain hanes y canu rhydd. Nid yw ' cwndid ' yn ddim ond enw arall ar ' garol ', ond defnyddiai beirdd Morgannwg y mesurau hyn nid yn unig i ganu carolau a cherddi duwiol, ond hefyd i foli boneddigion—hynny yw, testun y pencerdd. Canwyd y rhai cynharaf sydd ar glawr heddiw yn hanner cyntaf yr unfed ganrif ar bymtheg. A'r peth mwyaf diddorol a welir wrth eu hastudio yw hyn, mai'r ddau fesur mwyaf poblogaidd ganddynt ydyw'r awdl-gywydd a'r cywydd deuair fyrion, er enghraifft :

O'r ieuenctid, clywch fy nghwyn,
    A phob dyn mwyn cyneddfus,
A'm llef ar dduw tri ac un,
    Lle'dd wyf yn ddyn anhapus.

Neu hwn :

Fy mrodyr, clywch,
bydded gennywch
Eiriau doethion
Brenin Salmon ;
Os cewch chwi hwy
Yn safadwy,
Nid hawdd un tro
Iwch dramgwyddo.

Ond y mesur mwyaf poblogaidd ym Morgannwg (er na cheir ef yn y cwndidau) ydoedd yr un a alwyd gan Einion Offeiriad yn ' englyn unodl cyrch ', ac oherwydd hynny, fe'i galwyd fel mesur rhydd yn ' Driban Morgannwg '. Dyma enghraifft ohono fel y ceir ef mewn cerdd frud gan Domas ab Ieuan ap Rhys :

> Gwrandewch bob un o'r Cymry
> Ar Fyrddin Fawr yn traethu
> Beth a ddaw o dda a drwg
> Ar Sir Forgannwg trwyddi.

Felly, fe geid yng nghyfnod y Dyneiddwyr ddau fath o ganu, sef y canu pencerddïaidd (lle y ceid y pedwar mesur ar hugain a chynghanedd gyflawn) a'r canu a oedd wedi ei gadw gan y beirdd teulu a'r glêr, canu digynghanedd, a dueddai i ddatblygu'n ganu rhithmig gydag aceniad rheolaidd, hynny yw, yn ganu rhydd. Glynai'r beirdd swyddogol wrth yr hen ganu pencerddïaidd (ac eithrio ambell un ym Morgannwg, lle y gwelir clerwr megis Tomas ab Ieuan ap Rhys yn canu cwndidau wrth foli boneddigion), ond erbyn diwedd yr unfed ganrif ar bymtheg, gwelir rhai ohonynt yn canu cerddi digynghanedd ar fesurau'r ' glêr ' neu ar fesurau a ddaeth i Gymru o Loegr—cerddi duwiol, cerddi digrif a cherddi serch. Ond nid oedd hen ragfarn y penceirddiaid yn erbyn y canu digynghanedd wedi diflannu, oherwydd ni welir yr un pencerdd yn y cyfnod hwn yn defnyddio'r mesurau wrth ganu cerddi o fawl i foneddigion neu farwnadau. Yn awr, ynteu, pa beth oedd agwedd y dyneiddwyr at y mesurau ? Dylid ystyried pedwar enw yn y cysylltiad hwn, Siôn Dafydd Rhys, Wiliam Midleton, Edmwnd Prys a Gruffydd Robert. Ni wna Siôn Dafydd Rhys namyn disgrifio'r pedwar mesur ar hugain, a gellid tybied mai meistroli'r hen gelfyddyd a ddylai fod yn brif amcan y beirdd Cymraeg. Y mae agwedd Wiliam Midleton ychydig yn wahanol. Y pedwar mesur ar hugain a gaiff sylw ganddo yntau hefyd, ond y mae am eu symleiddio fel y gallai pob gŵr bonheddig ganu cerddi. A'r mesurau caeth a ddefnyddiodd wrth fydryddu'r Salmau. Nid yw'n cyfeirio at y canu rhydd. Ni ellir casglu dim, wrth ddarllen y cywyddau ymryson, beth oedd barn Edmwnd Prys, ond dylid cofio ei fod yn moli celfyddyd yr hen feirdd, ac mai un o'r prif gwynion sydd ganddo yn erbyn Wiliam Cynwal a'i gymheiriaid yw eu diffyg meistrolaeth ar gerdd dafod. A chywyddau yw ei gyfansoddiadau ef bron i gyd, ac eithrio dwy neu dair o gerddi rhydd (ar ddelw cerddi Saesneg) a'i gyfieithiad o'r Salmau. A dyry yn ei lythyr annerch ar ddechrau ei gyfieithiad dri rheswm dros ddefnyddio'r mesurau rhyddion :

(i) Na ellid cyfleu'r Salmau mewn mesurau ' cyn gaethed ' ag ydoedd y pedwar ar hugain.

(ii) Salmau i'w canu mewn cynulleidfa oeddynt, ac ni allai ond un ' ganu Cywydd neu Awdl '.

(iii) ' Pob Plant, Gweinidogion, a Phobl annysgedig, a ddysgant Bennill o Garol, lle ni allai ond Ysgolhaig ddysgu Cywydd, neu Gerdd gyfarwydd arall.'

Felly, mesurau defnyddiol i'r cyffredin ydoedd y mesurau rhyddion, ond i ganu dysg, rhaid wrth y pedwar mesur ar hugain—gellid bwrw mai dyna safbwynt Edmwnd Prys.

Gwelir yma eto fod gwahaniaeth hanfodol rhwng safbwynt y Dyneiddwyr Cymreig a'u cymheiriaid yn Ffrainc a Lloegr. Yr oedd y rheini am ymwadu â mesurau a dulliau'r Oesoedd Canol. Er enghraifft, y mae'r beirniad Ffrangeg, Du Bellay, yn annog beirdd Ffrainc i ddilyn mesurau ac arddull barddoniaeth Groeg a Rhufain. Ac y mae beirdd Lloegr yn gwneuthur yr un peth ac yn derbyn mesurau'r Eidalwyr (megis y soned). Ond teimlai'r Dyneiddwyr Cymreig fod gan Gymru gelfyddyd farddol y gellid ymfalchïo ynddi, a chelfyddyd a oedd yn llawn mor urddasol ag eiddo Groeg a Rhufain. Gwelir hynny'n glir, nid yn unig yn llythyr annerch Siôn Dafydd Rhys ar ddechrau ei Ramadeg, ac yng nghywyddau Edmwnd Prys, ond hefyd yn *Defensio* Syr John Prys. Ond y mae safbwynt Gruffydd Robert yn lled wahanol. Gwelsom eisoes mai ychydig a wyddai ef, mewn gwirionedd, am y traddodiad Cymraeg, a chan ei fod wedi bwrw blynyddoedd lawer yng nghanol Dyneiddwyr yr Eidal, heb unwaith ddychwelyd i Gymru, nid rhyfedd fod ei syniadau ef yn dra gwahanol i eiddo Syr John Prys a Siôn Dafydd Rhys ac Edmwnd Prys. Sonia'n bur ddiystyrllyd am y beirdd, a pheth ofer iddo ef ydoedd eu cymharu â hen bryddion Groeg a Rhufain ac â gwŷr y ddysg newydd mewn gwledydd eraill. ' Canys,' meddai, ' er bod enụ a son maụr am fagod o feirḍ hen trụy gymru, hynny à fu, yn fụy o eissiau gụyr cyfanḍysc, odidaụg a diḍiphig meụn gụybodaeth ag ieithoeḍ, nog o herụyḍ i rhagoriaeth nhụy, a brenin fyḍ vnlygeidiog ymysc deiḷḷion.' Maent hwy, meddai Morys, ' yn tybied na ḍylid fyth cyphlybu na groegụyr na ḷadinụyr i benceirḍiaid yr hen gymru.' Sonia yn nes ymlaen am y gwŷr cyfanddysg mewn mydr Groeg a Lladin yn ymbosio â'r beirdd Cymraeg.

Er hynny, y mae ei Ramadeg yn disgrifio'r pedwar mesur ar hugain. Ni fynnai ef ymwadu'n llwyr â chelfyddyd a ffurfiau llenyddol yr Oesoedd Canol, ac y mae'n cymryd y pedwar mesur ar hugain a'r gynghanedd fel rhan o'r traddodiad llenyddol y dylid ei feithrin yng Nghymru. Ond nid ar y gelfyddyd y dyry ef bwys, eithr ar ddysg, ac ar yr hyn a fynegir. Oherwydd hynny, ni thybia ef y dylid glynu wrth y manion hynny a gâi gymaint sylw gan y beirdd, y cymeriadau a'r odlau dwbl, a'r rheolau manwl ynglŷn â ffurf y mesurau, ac felly, dengys y gellir amrywio ffurf y mesurau, a chanu'n symlach. Wedi rhoi enghreifftiau o hynny, dywaid : ' ef a eḷḷir ụrth yrhain, ụneuthur rhai eraiḷ, os mynnai ụyr coụraint. . . i ḷunio, ai dychmygu, megis y gụnaeth, y rhai cyntaf a ddychmygoḍ, y messurau uchod.'

Ond yn bwysicach fyth,—ac yma, y mae'n sefyll yn hollol ar ei ben ei hun,—gwêl na thâl y mesurau hyn ddim o mynnai'r beirdd Cymraeg (fel y dylent yng nghyfnod y Dadeni) ganu arwrgerddi a'r amrywiol ffurfiau eraill ar farddoniaeth a geid yng ngweithiau'r Groegwyr a'r Lladinwyr a hefyd yr Eidalwyr o gyfnod Dante ymlaen. Gwelodd mai moli a dyfalu oedd swydd yr hen feirdd Cymraeg, a mesurau cymwys i hynny'n unig ydoedd y pedwar ar hugain. Gwelodd fod cân hir fel yr Iliad neu'r Aeneid neu Ddwyfol Gân Dante yn amhosibl yn y mesurau caeth. [Ef yw'r cyntaf i ddefnyddio'r gair ' mesurau *caeth* ']. Ni ellid eu defnyddio, meddai, wrth ' draethu yn gyfanbarth ryụ ḍefnyḍ hir, amlbarth, ne scrifennu meụn mydr ystori o hir amser ', ' rhag mor gaeth ydynt.' Felly, awgryma y dylai'r beirdd Cymraeg wneuthur dau beth :

(i) Derbyn mesurau Eidaleg—cypledau odledig o naw neu wyth neu saith neu chwe sillaf, a hynny'n ddigynghanedd. Felly, mewn cerdd hir, ni ddylid cael cynghanedd.

(ii) Defnyddio'r mesurau *rhydd*. Ef yw'r cyntaf i ddefnyddio'r term hwn am fesurau'r ' bobl annhechnennig ' a ganai garolau neu gwndidau ar wyliau arbennig (meddai), ac ef yw'r gramadegydd Cymraeg cyntaf i'w disgrifio, ac i awgrymu y gellid eu harfer. Yn anffodus, daw'r ymdriniaeth hon ar ddiwedd y bedwaredd ran, ac y mae tudalennau ar goll. Ni chafodd awgrymiadau Gruffydd Robert ddim dylanwad ar y beirdd Cymraeg, oherwydd nid yw'n debyg fod odid neb ohonynt wedi gweled Rhan III a IV o'r Gramadeg, lle yr ymdrinnir â cherdd dafod.

(*c*) Fod y dyneiddwyr yn canfod fod y beirdd Cymraeg wedi dirywio, na chanfyddid yn eu gwaith mo'r ddysg farddol a'r feistrolaeth ar y gelfyddyd a ganfyddid gynt. Dywaid William Salesbury yn ei lythyr at Ruffudd Hiraethog ei fod yn gweled yr iaith ' yn kychwyn ar dramgwydd ', ac na welai neb namyn Gruffudd ei hun yn ' hiraethoc am gyweir yr Jaith '. Edrychai'r dyneiddwyr ar Ruffudd fel yr olaf o'r penceirddiaid mawr. Daw hyn yn amlwg yng nghywyddau ymryson Edmwnd Prys â Wiliam Cynwal. Nid yn unig y mae Prys yn beirniadu Cynwal am nad oedd ganddo mo ddysg newydd yr ysgolion, ac am ei fod yn glynu wrth ddulliau meddwl a chwedlau'r Oesoedd Canol, ond hefyd am ei fod wedi colli'r hen feistrolaeth. Sonia yntau am Ruffudd Hiraethog :

> Gruffudd oedd ddedwydd wawdwr,
> Nid yw'n y gerdd ond un gŵr :
> Nid iawn lais un edn o lwyn,
> Yn ei gân a wna gwanwyn.

Meddai drachefn :

> Edrych wawdoedd, drych ydynt,
> Eurwydd a gwaith y beirdd gynt.

Yr hyn a'i gwnaeth ef yn fardd ydoedd *darllen* gweithiau'r henfeirdd :

> A gweled gwaith, blaeniaith blaid,
> Hynod wŷr, hen awduriaid ;
> Horas wych, eirias ei waith ,
> Homer, Ofydd, mawr afiaith ;
> Guto enwog, gytunwaisg,

A Thudur brau, awdur braisg,
Pob pencerddwawd, nid gwawd gam,
Etholawl, nid gwaith Wiliam.

Ond yr ymosodiad chwyrnaf ydyw hwnnw a geir yn llythyr annerch Morris Kyffin ar ddechrau ei gyfieithiad o lyfr yr Esgob Jewel, *Deffynniad Ffydd Eglwys Loegr*. Digon llesg oedd cyflwr yr iaith Gymraeg, meddai, cyn i'r Esgob Morgan gyhoeddi ei gyfieithiad o'r Beibl, pryd na cheid clywed ond cerddi maswedd ' ai ynte rhyw fath arall ar wawd ofer heb na dysc, na dawn, na deunydd ynddi.' A dywaid Siôn Dafydd Rhys yn y llythyr annerch ar ddechrau ei Ramadeg fod y beirdd wrth gadw eu celfyddyd yn gyfrinach wedi colli eu dysg. 'Hyd ynn y diwedh, ny 'adâwyd na chelbhydhyd ynn eu plîth, na dyn celbhydh a bhei gwiw sôn amdano.'

(*ch*) Bod y beirdd yn ' canu celwydd '. Cyfeiria Gruffydd Robert at y celwydd a'r ' gụeiniaeth, a'r serthẹd y mae'r prydyḍion, didysg, dilythr, a diyspryd da, yn i ganu fynychaf, y dyḍ syḍ heḍiụ ', hynny yw, yn y cywyddau mawl a'r marwnadau. Sonia Edmwnd Prys am y ' ddwy awen ', y naill a gafwyd drwy'r Ysbryd Glân ar y Sulgwyn, a'r ail, yr awen gelwyddog:

Wrth edrych, araith hydrefn,
Hanes y wlad hon sy' lefn,
Gwaith Myrddin goeth a mawrddadl,
A Thaliesin ddoethfin ddadl,
Awen y rhain o enw rhydd,
Yn y gwaelod sy'n gelwydd.

Hynny yw, cytunai â Siôn Cent, ac nid rhyfedd bod Gruffydd Robert yn ymroi i'w ganmol. Dangosodd Mr. Saunders Lewis arwyddocâd y ddadl a fu rhwng Siôn Cent a Rhys Goch Eryri ar y pwnc y hwn.[1] ' Y celwydd hanfodol yn y traddodiad llenyddol Cymraeg ', meddai Mr. Lewis, ' oedd yr athrawiaeth fod y *species* yn sylweddau a'r Ideâu yn " bethau "—' moli'r patrymau tragwyddol. Perthynai Siôn Cent, meddai, i ysgol Roger Bacon, a gredai mai gwrthrychau unigol yn y byd sy'n agored i'n synhwyrau sy'n sylweddau. Felly, meddai Siôn Cent, ' Ystad bardd astudio byd ', sylwadaeth wyddonol ar y byd, disgrifio pethau a dynion fel yr oeddynt. Dyma hefyd

1 *Braslun o Hanes Llenyddiaeth Gymraeg* (1932), 95-114.

athroniaeth y Dadeni, yr athroniaeth a greodd wyddoniaeth ddiweddar. Ond ni chafodd Siôn Cent ddilynwyr, eithr, meddai Mr. Lewis : ' Pan ddaeth y Dadeni Dysg i Gymru yn yr unfed ganrif ar bymtheg, gwelodd Gruffudd Robert ac Edmwnd Prys hadau barddoniaeth newydd yng ngwaith Siôn Cent, barddoniaeth a gydweddai ag amcanion llenyddol deffroad eu hoes hwy.'

(*d*) Ond bydd agwedd y dyneiddwyr at y beirdd yn amrywio yn ôl eu hargyhoeddiadau crefyddol. Y mae Morris Kyffin yn ymosod arnynt oherwydd eu bod yn cynnwys chwedlau Pabyddol yn eu cerddi, ' gan hynodi i'r bobl ryw hen chwedl, neu goel gwrach ar gwrr y barth ; a hynny wedi ei dynny allan (y rhan fwyaf) o lyfr y Myneich celwyddog gynt, yr hwn a elwid *Legenda aurea*, ag a ellir ei alw *Traethawd y Celwyddeu* ', hynny yw, bucheddau'r seintiau. Ond nid felly Gruffydd Robert. Un o'i amcanion ef, wrth geisio hyfforddi ieuenctid Cymru yn y cynganeddion a'r mesurau ydyw ei gwneuthur yn bosibl iddynt, fel y dywaid, ganu cerddi crefyddol o amrywiol fathau, gan gynnwys ' bucheddau saint '. Hynny yw, i wella cyflwr moesol y wlad, ac yn arbennig i hyrwyddo'r Hen Ffydd Gatholig. Rhaid inni, felly, edrych ar ei Ramadeg fel un o lyfrau'r ' Gwrth-ddiwygiad '. Gwelir, wrth hyn, nad oes gysondeb yn agwedd y dyneiddwyr ar bwnc y canu crefyddol.

(*dd*) Ond y maent yn gwbl unfarn ar y pwnc pwysicaf oll, sef y dylai'r beirdd Cymraeg, cyn gallu cymryd eu lle ochr yn ochr â llenorion eraill cyfnod y Dadeni, ymgydnabod â dysg yr ysgolion, ymwadu â dulliau meddwl yr Oesoedd Canol, a dyfod, fel y dywaid Gruffydd Robert, yn ' wŷr cyfanddysg'. Dyna un o'r pethau pwysicaf a welir yng nghywyddau ymryson Edmwnd Prys â Wiliam Cynwal. Nid perffeithrwydd ymadrodd —delfryd y penceirddiaid—mohoni bellach, eithr dysg :

Ffoledd, drwy anoff helynt,
I saer gwych fesur y gwynt.

Ceisiwch ddysg, meddai, o'r ' ysgolion ', o'r prifysgolion, lle y darllenid gweithiau beirdd a philosophyddion a haneswyr Groeg a Rhufain :

Casewch wag iaith, ceisiwch hon,
Rwysg alwad o'r ysgolion.

Y mae'n egluro paham y mae'n ymroi i ganu ei gywyddau. Gweled diffyg dysg Wiliam Cynwal, a lynai wrth ddulliau meddwl y Canol Oesoedd, a hen chwedlau :

> I gael achos, glos glwyswaith,
> I ganu dysg yn dy iaith.

Ac meddai mewn man arall :

> Nid prifardd, eurfardd araith,
> Ond sydd Philsoffydd ffel iaith.

Nid chwedlau'r Oesoedd Canol a ddarllenai ef ond Ewclid, a gweithiau athronwyr a'r cosmograffyddion [taith Mawndfil]. Nid hen draddodiad, ond llyfrau. Ac felly, nid rhyfedd ei fod droeon yn cyfeirio at Salesbury, y patrwm o ddyneiddiwr, meistr ar lu o ieithoedd, gŵr a wyddai bopeth am ddysg Groeg a Rhufain :

> Ni thebygwn hwn, hoywner,
> A chywir glod, i chwi'r glêr . . .
> Eithr i ni, Athrawon Art.

Ond efallai mai'r ddogfen fwyaf diddorol sy'n ymwneuthur â'r pwnc hwn ydyw llythyr a sgrifennodd Siôn Dafydd Rhys at y beirdd Cymraeg yn 1597[1], llythyr yn cynghori'r beirdd ac yn eu hamddiffyn rhag ymosodiad Morris Kyffin yn *Deffynniad Ffydd Eglwys Loegr* (1595). Gwelsom ei fod yn dywedyd na cheid ganddynt namyn cerddi maswedd, neu ryw 'fath arall ar wawd ofer heb na dysc, na dawn, na deunydd ynddi.' Y mae Siôn Dafydd Rhys yn eu canmol fel 'Prydyddion uchelfraint', gwŷr dysgedig, a gwŷr y dylid eu noddi a rhoi iddynt yr un safle â gwŷr dysgedig mewn gwledydd eraill yng nghyfnod y Dadeni. Y mae'n eu hannog i argraffu eu hen lawysgrifau a'u gweithiau hwy eu hunain. Ond rhaid iddynt ddod yn gyfarwydd â dysg yr oes, a swm a sylwedd ei gyngor ydyw iddynt geisio eu defnyddiau gan y diwinyddion a'r athronwyr a'r haneswyr a'r mathemategwyr a'r gwyddonwyr. Nid oes un gangen o ddysg na ddylai'r bardd ymgydnabod â hi. Dyma, yn ddiamau, y ddogfen a ddengys gliriaf beth oedd dyhead y dyneiddwyr Cymraeg—gweled beirdd Cymru yn cymryd eu lle ochr yn ochr â beirdd Lloegr a Ffrainc, yn canu arwrgerddi,

[1]Cyhoeddwyd gan G. J. Williams yn *Efrydiau Catholig*, IV (1949), 5-11, ac adargraffwyd yn *Rhyddiaith Gymraeg*, II (1956), 155-60.

cerddi hanes o amrywiol fathau, cerddi athronyddol, etc. Nid yw'r un ohonynt, er hynny, yn cyfeirio at y ddrama.

(v) *Astudiaethau ieithyddol y dyneiddwyr*

(*a*) Soniais eisoes mai un o amcanion y dyneiddwyr oedd dwyn dysg i lys y Tywysog fel y byddai'n eiddo i'r uchelwyr a'u gwragedd, i'w meibion a'u merched. Manylu ar hyn a wneir yn llyfr Castiglione, *Il Cortegiano*. Yr oedd yn rhaid i'r gŵr llys fedru siarad a sgrifennu'n gain ac yn gelfydd. Yr oedd yn rhaid ffurfio iaith lafar urddasol, a sicrhau rheolau ynglŷn â chywirdeb. Gwyddent i'r Gymraeg fod er dyddiau Taliesin yn iaith llys, ac mai'r beirdd oedd ceidwaid yr iaith. Wel, un o'u hamcanion hwy oedd cyhoeddi llyfrau i ddisgrifio'r iaith hon, ac i'w chymhwyso i gyfarfod â'r gofynion a wneid arni yn yr oes honno. Sylwer ar deitl rhan gyntaf Gramadeg Gruffydd Robert : ' Dosparth Byrr ar y rhann gyntaf i ramadeg cymraeg ḷe cair ḷauer o bynciau anhepcor i vn a chu̥enychai na doedyd y gymraeg yn ḍilediaith, nai scrifennu'n iau̥n.' Dyma bwnc a gaiff sylw gan y Dr. John Davies yn ei Ramadeg yntau (1621), fel y caf ddangos yn fanylach yn nes ymlaen wrth drafod y gramadegau. Er enghraifft, bydd yn condemnio'n llym lygriadau tafodieithol fel pethau y dylid eu hosgoi. Er enghraifft, sonia am y terfyniad *-iff* (trydydd person unigol Presennol Mynegol) ' quae numquam sine indignatione audio.' A chondemnio *-ws* y deheudir, a ffurfiau fel *buo*, *eutho*, *dywad*, etc.

Siarad a sgrifennu'n gain ac yn gelfydd, dyna ddelfryd y gwŷr hyn, ceisio rhoddi i'r ieithoedd diweddar yr un urddas ag a berthynai i awduron Groeg a Rhufain. Felly, celfyddyd y rhoid pwys arbennig arni ydoedd rhetoreg, neu, a defnyddio'r gair Cymraeg a arferid gan y Cymry, *Ffraethineb*—celfyddyd addurno ymadrodd. Cafwyd cnwd o lyfrau ar y pwnc hwn ym mhob gwlad yng Ngorllewin Ewrob. ' Hon ', meddai Henri Perri, ' sy vn o lawbhorwynnion gwir dhoethineb, hon sy arglwydhes a rheoledicbherch ar weithredoedh olh wyr y byd.' Y mae'n eglur fod rhetoreg yn bwnc a ddysgid yn ysgolion y beirdd yn yr Oesoedd Canol, er na cheir odid ddim ar y pwnc yn y llyfr cerddwriaeth. Yr enw a roed ar y gwŷr a ddysgai'r pwnc oedd yr areithwyr, ac ' areithiau ' oedd yr enw ar eu hymarferiadau. Ond gellid tybied bod yr areithwyr wedi diflannu cyn yr unfed ganrif ar bymtheg, oherwydd dywaid William Salesbury mewn llythyr a yrrodd at Ruffudd Hiraethog, llythyr sy'n fath o ragymadrodd i'w lyfr ar retoreg, mai'r prydyddion oedd penseiri yr iaith, ' yn enwedic *er pan ddarvu am yr araithorion*.' Felly, tybiai Salesbury mai'r gwasanaeth pennaf a allai ef ei wneuthur i ddysg Gymraeg ydoedd troi llyfr rhetoreg o'r Lladin i'r Gymraeg, a thynnu enghreifftiau o'r gwahanol ffigurau ymadrodd o weithiau'r beirdd. Derbyniwyd ef gan y beirdd, ac o'r cyfnod hwn ymlaen fe'i cynhwyswyd yn y llyfr cerddwriaeth. Ond y llyfr Cymraeg pwysicaf ar y gelfyddyd hon ydoedd yr un a gyhoeddwyd gan Henri Perri yn 1595, *Egluryn Phraethineb*, llyfr llawer llawnach na'r un a luniasai Salesbury. Nid oes dim yn dangos yn well agwedd y dyneiddwyr at yr iaith, a'u hawydd i'w gwneuthur yn iaith llys, yn iaith dysg, ac yn iaith mor urddasol ag ieithoedd eraill Gorllewin Ewrob, na llythyr Perri at ' y Bonedhigion, Periglorion a'r Prydydhion ' Cymreig, llythyr sy'n enghraifft wych o'r math o iaith flodeuog, hedegog a edmygid yn yr oes honno :

> Y dhywedhu, chwchwi bhonedhigion Periglorion, vchelwyr Prydydhion, ac erailh, adolwyn ydhwybh er mwyn cobhadwriaeth henabhieit, er mwyn pwylhedh gwybodaeth er mwyn mawl eich rhieni, er mwyn ceidwad gwroliaeth, er mwyn braint y Brytannieit, er mwyn diorsedh anwybydhiaeth, er gwarth i'r gelynnion, ac er mwyn Duw ; cannorthwywch, jaith y Cymbru, trwssiwch, a diwelhwch, yngystal drwy i chwi 'obrwyo gwyr dyscedic, iw chasclu'n lhwyr rhac dileith anialawg ; ei chynnal yn lew, drwy obhal anhepwedh ; a'i hardhu'n bholiannus, a phob cybhrwydhyd gorbhubhiawc [*sic*]. Ac hebhyd drwy i chwi (bhonedhion) scribhennu yndhi y nailh at y lalh . . . O's hynny a 'wnewch gobeithia [*sic*] y dehelhwch mor dhir ichwi gybhadnabod a'r lhybhryn yma, tuagat gaphael gwir phraethineb.

Dyma eto, ŵr a fynnai weld yr iaith Gymraeg yn cymryd ei lle fel iaith bwysig, a gellid tybied mai dyna ddymuniad y gwŷr bonheddig a gyfansoddodd farddoniaeth, Ladin a Saesneg a Chymraeg—cerddi o fawl i'r llyfr, a osodwyd ar y dechrau. Dylem gofio am hyn wrth geisio penderfynu agwedd y boneddigion Cymraeg at yr iaith yn yr oes honno. Cytunent â'r Tuduriaid y dylid cael un iaith swyddogol trwy'r deyrnas, ond credent y dylid cadw'r Gymraeg fel iaith feunyddiol y Cymry, ac y dylai'r dyneiddwyr ei gwneuthur yn iaith dysg, yn iaith urddasol y gallai'r dysgedigion a'r beirdd a'r llenorion a'r boneddigion ei defnyddio. O gofio am hynny, gellir egluro'r ddau lyfr hyn ar retoreg o waith William Salesbury a Henri Perri.

(*b*) Ac yn ail, a dyma'r hyn a oedd yn poeni gwŷr y Dadeni ym mhob gwlad, yr oedd yn rhaid iddynt gyfoethogi'r ieithoedd diweddar er mwyn eu gwneuthur yn gyfryngau addas i ymdrin â phob celfyddyd, a hefyd—a dyma'r hyn a boenai'r Protestaniaid—i gymryd lle'r Lladin fel iaith crefydd. Gellir canfod hyn yn Lloegr, lle y mae'r llenorion yn benthyca geiriau o'r Lladin a'r Ffrangeg a'r Eidaleg, geiriau sydd wedi cymryd eu lle yng ngeirfa'r Saesneg. Llunient eiriau newydd—cyfansoddeiriau—ac y maent yn edfryd hen eiriau allan o arfer, geiriau a welsai ysgolheigion yn nhestunau Saesneg Canol. Nid oedd y sefyllfa yn hollol debyg yng Nghymru. Yr oedd astudio geirfa'r iaith lenyddol yn rhan hanfodol o'r addysg a gyflwynid yn ysgolion y beirdd. Disgwylid i'r disgyblion ddysgu rhestri ohonynt. A cheir yn y llawysgrifau gopïau o'r rhestri hyn. A byddai penceirddiaid, megis Gwilym Tew yn y bymthegfed ganrif, yn astudio geirfa'r hen destunau. Ac yn bwysicach fyth i'n pwrpas ni yn awr, gwelwn un o benceirddiaid yr unfed ganrif ar bymtheg, sef Gruffudd Hiraethog, yn myned ati i droi'r geirfâu barddol hyn yn Eiriadur, y geiriau yn nhrefn yr *abiec*, a llinellau wedi eu tynnu o weithiau'r penceirddiaid fel enghreifftiau. Fe'i ceir yn Llawysgrif Peniarth 230. Gwelir, felly, fod astudiaeth eiriadurol yn rhan o ddysg y beirdd Cymraeg, a bod dyfynnu enghreifftiau—datblygiad go ddiweddar mewn gwledydd eraill—yn hen beth yng Nghymru.

Ac yma, efallai y byddai'n well imi droi o'r neilltu am ychydig i drafod lle Gruffudd Hiraethog yn hanes ysgolheictod Cymraeg cyfnod y Dadeni. Gwyddom amdano fel y pencerdd enwocaf yn y Gogledd wedi dyddiau Tudur Aled, fel athro Wiliam Llŷn ac eraill, ac fel un o'r awdurdodau ar achau ac arfau bonedd, ond ychydig o sylw a gafodd hyd yn hyn fel yr unig un o'r penceirddiaid a fynnai hyrwyddo'r dyneiddwyr. Gwyddom am ei gyfeillgarwch â William Salesbury ; ef a roes iddo'r diarhebion a geir yn *Oll Synnwyr pen Kembero ygyd.* Ef a'u casglodd, ac a'u trefnodd, megis y trefnodd eirfâu'r beirdd, a llunio geiriadur. Y mae hyn oll yn awgrymu ei fod ef yn ymdeimlo â'r dylanwadau newydd a oedd yn cyniwair yn Ewrob yn yr unfed ganrif ar bymtheg, a'i fod yn casglu'r pethau hyn i'w cyhoeddi. Gwrandawer ar a ddywaid William Salesbury amdano yn y llythyr a yrrodd ato gyda'i draethawd ar Retoreg :

> gan dy welet ti, Gruffydd, dy hun mor hiraethoc am gyweir yr Jaith ac ydd wyt (mal y dyweit y llatinveirdd am Atlas) yn kymryt gormodd baich ar dy ysgwydd vnigawl, nid amgen nath vod yn keisio ymhel o yma ac o yackw am pop hen kwrach o lyfyr brycheulyd ei ddarllen ac ei chwiliaw drostaw, er cahel peth kymporth tu ac at gynnal yr iaith sydd yn kychwyn ar dramgwydd : Je, ni atei tosturi anveidrawl ymy dy adael dy hvn yn vnic y sefyll y dan vaich mor athrwm, anid, hyd y gwasanaythei egwander vy nerth am harial, estyn vy esgwydd y dan yr vn baich y gyd ar lluddedic ysgwydd daudy.

Sonia yn nes ymlaen am ' dy draserch at yr Jaith'. Oherwydd Gruffudd Hiraethog ydyw'r unig bencerdd, cyn belled ag y gwn i, sy'n dadlau hawliau'r Gymraeg yn null y dyneiddwyr. Dyma fel y mae'n annerch y darllenydd ar ddechrau ei gasgliad o ddiarhebion (Llawysgrif Llanstephan 52)—oherwydd yr oedd ef ei hun, y mae'n eglur, yn bwriadu ei gyhoeddi, hyd yn oed petai Salesbury heb wneuthur hynny drosto[1] : ' Och Dduw mor angharedig ag mor anatiriol vydd llawer o Genedl gymrv ag yn enwedig y rain a elont allan o derfynav i ganedig ddaiaren ai gwlad . . . Er na chwbwl ddyskodd iaith arall ni chroiw ddowaid iaith i wlad i hun ar hyn a ddoetto mor llediaith vloesk lygredig Ar ol iaith estronawl . . . Ag velly pa anghara-digrwydd fwy ar ddyn no gyrrv i fam gnawdawl allan oi dy A lletyvv Estrones didras yn i lle.' A dylid cofio fod Gruffudd Hiraethog wedi marw cyn i Ruffydd Robert gyhoeddi ymosodiad cyffelyb ar y Cymry Seisnigaidd ar ddechrau ei Ramadeg. Heblaw hyn, casglodd ynghyd o lawysgrifau Cymraeg ddarnau o ryddiaith ac o farddoniaeth i ddifyrru boneddigion Cymru

[1] Ceir y llythyr, wedi ei godi o Peniarth 155, yn *Rhyddiaith Gymraeg*, 1 (1954), 60-1. A hefyd yn *Rhagymadroddion* (Gol. Garfield H. Hughes), x-xi.

pan faent oddi cartref, a'i alw yn ' Lloegr Drigiant ddifyrrwch bryttanaidd gymro ', gyda rhagair sy'n awgrymu ei fod yn bwriadu ei gyhoeddi. Y mae'n eglur, felly, fod o leiaf un o'r penceirddiaid yn cydymdeimlo ag amcanion y dyneiddwyr. Heblaw hyn, credaf mai ef biau'r unig gopi llawn sydd gennym o lyfrau cerddwriaeth y beirdd, sef hwnnw sydd yn llaw Simwnt Fychan, disgybl Gruffudd Hiraethog. Y mae'n eglur iddo fyned ati i roi trefn derfynol ar ddysg y beirdd, gan ychwanegu'r llyfr Rhetoreg a sgrifenasai William Salesbury. A fwriadai ei gyhoeddi ?

Felly, yr oedd geirfa'r iaith lenyddol wedi bod yn bwnc pwysig yng ngolwg y beirdd ar hyd y canrifoedd. Rhaid cofio bod yn eu gweithiau eiriau llenyddol a oedd wedi diflannu o'r iaith lafar, ac na allai neb iawn ddeall yr awdlau a'r cywyddau onid oedd yn gyfarwydd â'r geirfâu hynny. Ond yr oedd gan y dyneiddwyr, fel y dywedais eisoes, broblem arall a'u poenai. Ni ellid trafod y gwahanol gelfyddydau yn Gymraeg, ac ni ellid troi'r clasuron Lladin a Groeg i'r Gymraeg—a dylem gofio o hyd mai dyna un o'r pethau pwysicaf yn eu golwg—heb gael geirfa gymwys. A gellir sylwi wrth fyned heibio fod gennym rai enghreifftiau o wŷr yn ceisio datrys y broblem hon cyn yr unfed ganrif ar bymtheg. Er enghraifft, cymerwn y *Llyfr Arfau* a drowd o'r Lladin a'r Ffrangeg i'r Gymraeg yn y bymthegfed ganrif gan ŵr o'r enw Siôn Trefor. Myn yr Athro E. J. Jones yn ei argraffiad o'r llyfr hwnnw mai'r Esgob Ieuan Trefor, Esgob Llanelwy yng nghyfnod Owain Glyndŵr, a gŵr a folwyd gan Iolo Goch, ydoedd.[1] Pa un bynnag, yr ydym yn sicr ei gyfieithu cyn canol y bymthegfed ganrif, a dyma a ddywaid : ' Wrth hynny mi a ymkenais droi o Ladin a Ffrangec mewn iaith Gymraec . . . ac am vod iaith Gymraec mor anaml na cheffir ohoni ddigon o eirieu perthynol i'r gwaith newydd hwnn, rraid yw ymwest ar ieithau eraill lle bo hi diffygiol, megys ydd ym mewn petheu eraill, ac y mae pob iaith ar i gilydd.' Sylw go ddiddorol, o gofio ei fod yn perthyn i'r bymthegfed ganrif.

Pa fodd y ceisiodd y dyneiddwyr Cymreig ddatrys y broblem hon ? Dyma un o'r agweddau mwyaf diddorol ar eu gwaith. Yn gyntaf, aethant ati i astudio'r Hen Ganu, a gweithiau'r

[1] *Medieval Heraldry* (Caerdydd, 1943), xxvii ff.

Gogynfeirdd a'r cywyddwyr, ac yn arbennig y testunau rhyddiaith, y Cyfreithiau, y Mabinogion a'r Rhamantau, y Brutiau, Chwedlau Siarlymaen, y testunau crefyddol, megis yr Elucidarium, Cysegrlan Fuchedd, a llu o destunau cyffelyb. Soniais eisoes am y modd y cymerwyd llawer iawn o hen lawysgrifau'r Deau i Ogledd Cymru yn yr unfed ganrif ar bymtheg, ac am y cylch hwnnw o ysgolheigion a geid yn Nyffryn Clwyd a'r cyffiniau a'u copïai ac a'u hastudiai. Ac un o'r pethau a wnaent ydoedd tynnu'r hen eiriau ansathredig a geid ynddynt, a cheisio eu hegluro yng ngoleuni'r cyd-destun, neu wrth ymgynghori â'r gwreiddiol pan fai'r testun Cymraeg yn gyfieithiad. Pwy oedd y gwŷr hyn ? Gwŷr digon di-sôn-amdanynt erbyn hyn, lawer ohonynt, megis Richard Langford o Drefalun ym Maelor, a Roger Morris o Goed-y-talwrn yn Llanfair Dyffryn Clwyd, a gwŷr enwocach, megis David Powel o Riwabon, Henry Salesbury, y meddyg a'r gramadegydd o Ddolbeleidr, William Salesbury, Syr Thomas Wiliems o Drefriw yn Nyffryn Conwy, Henri Perri o Sir y Fflint, John Jones o'r Gellilyfdy yn Ysgeifiog yn Sir y Fflint, ac yn olaf, y Dr. John Davies o Fallwyd, oherwydd nid oes fodd inni egluro ei waith ef fel geiriadurwr a gramadegydd heb gofio ei eni yn Llanferres a'i fod yn adnabod y cylch hwn o ysgolheigion. Wrth ddarllen llawysgrifau'r gwŷr hyn, gellir teimlo peth o'r hyn a deimlent hwy; yr elwch a'r ias a deimla'r darganfyddwr wrth ganfod testunau newydd yn llawn o eiriau diddorol. Yr un ymdeimlad ag a gafodd Goronwy Owen pan ddarganfu weithiau'r Gogynfeirdd, neu Ieuan Fardd pan gafodd afael ar y Gododdin, neu Syr John Rhŷs a Syr John Morris-Jones pan ddechreuasant astudio hanes yr iaith Gymraeg. Elwch y darganfyddwr a ganfyddir yn eu llawysgrifau.

Er hynny, y ddau enw pwysicaf yn y cysylltiad hwn ydyw Syr Thomas Wiliems o Drefriw a'r Dr. John Davies. Ni cheir gwell enghraifft o frwdfrydedd y cylch hwn na'r cyntaf, a anghofiodd am ei ddyletswyddau fel curad a meddyg ac fel penteulu wrth lunio ei Eiriadur Lladin-Cymraeg. Sylwer mai ar gyfer ysgolheigion a boneddigion y bwriedir ef. Y mae'r un peth yn wir am Eiriadur Cymraeg-Lladin a Lladin-Cymraeg y Dr. John Davies (er mai Geiriadur Lladin-Cymraeg Syr Thomas Wiliems sydd ganddo). Ac y mae'r ddau yn egluro eu hamcanion yn eu llythyrau annerch :

(i) Geiriadur yn gwbl hanfodol, fel y dywedai Syr Thomas Wiliems 'y gadw'r iaith einom . . . yn dragyvyth, er dig a mefl i Sudhas a holh elynion y loewiaith Vrytanaec.' Yma, gwelir ysbryd gwladgarol y dyneiddwyr.

(ii) Er mwyn sefydlu'r iaith fel iaith dysg. 'Canys', meddai Syr Thomas Wiliems, 'nyd yw'n anwybot y neb a synhwyr yn ei benn mor anhepcor, mor gyfreidiol a gwerthuawr yw'r swlht ar anwyldlws yma, nys gelhir ei gyngwerthydhio, yr trebelyt areithwyr, yr precethwyr huawdlion, ag y gyfieithwyr tradoethion pob celuydhyt arbenic or gywoethoc latiniaith yr geindec Gymraec einom.' Hynny yw, i hyrwyddo crefydd ac i'r rhai a fynnai gyfieithu'r clasuron. Ac yn y cysylltiad hwn, efallai y dylwn gyfeirio at gyfieithiad William Salesbury o'r Testament Newydd. Efallai fod tuedd weithiau i roi gormod clod iddo am a gyflawnodd wrth droi dadleuon anodd Epistolau Paul i'r Gymraeg. Oherwydd cafodd ef yr holl dermau technegol—neu o'r hyn lleiaf, y rhan fwyaf ohonynt—yn y testunau Lladin a drowd i'r Gymraeg yn yr Oesoedd Canol, hynny yw, y testunau hynny a geir yn Llyfr Ancr Llanddewibrefi. Y mae hyn yn wir hefyd am lawer o'r cyfieithiadau a gyhoeddwyd yn yr unfed ganrif ar bymtheg a hanner cyntaf yr ail ar bymtheg. Felly, cafodd yr astudiaeth hon o'r hen destunau gryn ddylanwad ar ryddieithwyr y cyfnod yma.

(iii) Er mwyn hyrwyddo ysgolheictod Cymraeg, oherwydd nid oedd modd darllen yr hen lenyddiaeth heb gymorth Geiriadur. 'Nys galhwn,' meddai Syr Thomas Wiliems, 'hepcor heniaith y Brytanieit or cynvyt o herwydd ei bot yn dra angenrheitiol er mwyn deualhu'r hen lyurae Chronic, ag ereill hen awdurieit, yr hen veirdh ar prydydhion dyscedic, scriuenedic yn y rhestr ou henweu'n nechreu'r lhyuer hwn.'

Dyna sut y ceisiai'r dyneiddwyr a oedd yng Nghymru gyfoethogi geirfa'r iaith. Ond nid dyna ddull Gruffydd Robert. Fel y dywedais eisoes, gellir bwrw mai ychydig a wyddai ef am yr hen iaith lenyddol, a pha un bynnag, nid oedd ganddo yn yr Eidal, pan ddechreuodd fyfyrio ar y gwaith o gymhwyso'r Gymraeg fel iaith dysg, namyn casgliad bychan o gywyddau.

Felly, nid llunio geiriadur a wnaeth ef, eithr cyfansoddi gramadeg, ac un o nodweddion amlycaf yr ail ran ydyw'r cyfarwyddiadau a roir sut i lunio geiriau newydd yn Gymraeg, a sut i fenthyca geiriau o ieithoedd eraill. Dengys sut y llunnir cyfansoddeiriau yn y Gymraeg, a manylir ar rym rhagddodiadau ac ôl-ddodiadau. Llunia eiriau fel *cyfiachyḍiaeth* am ' ffurfiant ', *cyfanadl*, *cyfloscwrn*, *cyfodli*, *cynghaeliad*. Yna benthycir yn helaeth o'r Lladin ; megis *dogfen* ; *eggụalyḍion*<*aequalis* ; *gụithifen*< *ụictima*. Ac y mae'n defnyddio'r ffurfiau hyn yn ei Ramadeg, ac yn enwedig yn ei gyfieithiad o lyfr Cicero, *De Senectute*. Fel y dywedais eisoes, ni châi Gruffydd Robert gyfle i astudio geirfa'r hen iaith lenyddol. Ond credaf y gellir maentumio hefyd ei fod ef, megis llu o ddyneiddwyr yn Lloegr, yn credu mai da o beth oedd benthyca o'r Lladin, oherwydd y bri a oedd ar y clasuron yn yr oes honno. Mynnai eraill yno y dylid defnyddio hen eiriau Saesneg, ac ymosodid yn ffyrnig ar yr ' ynkehorne termes ' fel y gelwid y geiriau gwneud. Ond eto, daeth y rhain yn rhan hanfodol o eirfa'r iaith Saesneg, megis *fact*, *explain*, *paradox*, *exact*, etc. A gwelir Gruffydd Robert yn tynnu geiriau o'r Lladin, a geiriau cyfaddas yn yr iaith eisoes, megis *gwerryḍ*<*guerra* (=milwr) ; *transladu*<*translatus* (=cyfieithu) ; *yspressu*<*expressus* (=mynegi). Edrych y geiriau hyn yn rhyfedd inni heddiw, ond eto, petaent wedi cymryd eu lle yng ngeirfa'r Gymraeg, ni byddent un tipyn yn rhyfeddach nag ydyw *fact*, *exact* etc. Ni chafodd Gruffydd Robert neb i'w ddilyn, ac eithrio rhai o Gatholiciaid y Cyfandir ; yn wir, nid yw'n debyg i lawer o lenorion Cymru weled yr ail ran, lle yr ymdrinnir â'r pwnc.

Fel y dywedais, un o amcanion y dyneiddwyr wrth roi cymaint sylw i eirfa'r iaith ydoedd ei gwneud yn bosibl i'r Cymry gyfieithu'r clasuron i'r Gymraeg. Yn Lloegr a Ffrainc yr oedd y cyfieithu hwn yn un o brif nodweddion yr oes. Gŵyr pawb ohonoch a fu'n astudio hanes llenyddiaeth Saesneg am y dylanwad mawr a gafodd y rhain, cyfieithiadau o weithiau'r prif awduron Lladin a Groeg, ar fywyd diwylliannol a llenyddiaeth Lloegr. Dyhead y dyneiddwyr oedd gweld y Cymry hwythau'n cyflawni'r un gwasanaeth i'w gwlad. Ond ni wnaethpwyd odid ddim. Dechreuodd Gruffydd Robert gyfieithu'r *De Senectute*, ac fe'i cyhoeddodd er dangos sut y dylid trin yr hen glasuron. Ond ni chafodd odid neb i'w ddilyn. Dywedid gynt fod Siôn Dafydd Rhys wedi cyfieithu *Metaphiseg* Aristoteles, a bod y llawysgrif yn Llyfrgell Coleg Iesu.[1] Ceir hefyd rai manion di-bwys yn y llawysgrifau. Er cymaint awydd y dyneiddwyr i gynhyrchu cyfieithwyr hyfedr, eto, ni chyhoeddwyd namyn cyfieithiadau o lyfrau crefyddol, naill ai i hyrwyddo Protestaniaeth, neu ynteu, i hyrwyddo'r Diwygiad Catholig. Mewn gwirionedd, nid yw'n debyg y ceid digon o gefnogaeth ymhlith boneddigion Cymru. Pe rhoent swllt yr un, meddai Siôn Dafydd Rhys, gellid llenwi'r wlad o lyfrau ar bob cangen o ddysg. A gwaith diddorol—ond ofer—ydyw ceisio dychmygu pa fywyd newydd a geid yng Nghymru yn yr ail ganrif ar bymtheg petai gweithiau Homer a Fersil a Horas a Livy a Cicero a Tacitus, a dramâu'r Groegiaid wedi cael eu troi i'r Gymraeg. Pa ddylanwad a gawsai hyn ar y gyfundrefn farddol? Gwaith ofer, y mae'n wir, yw breuddwydio am hyn oll, ond eto, dyma freuddwyd Gruffydd Robert a rhai o'r dyneiddwyr eraill.

(*c*) Ac yn olaf, nid yn unig astudiwyd geirfa'r iaith, ond hefyd rhoddwyd sylw i *ramadeg*. Felly cawn gyfres o ramadegau y gellir eu galw'n ' Ramadegau'r Dadeni '. Cyhoeddwyd amryw ohonynt, ac y mae rhai eraill yn aros o hyd mewn llawysgrifau.

(i) *William Salesbury*. Y mae'n eglur fod William Salesbury wedi rhoi cryn sylw i'r iaith, ond ni chyhoeddodd ramadeg. Eto yn 1550 cyhoeddodd lyfr tra diddorol, sef *A briefe and a playne introduction, teachyng how to pronounce the letters in the British tong*, hynny yw, llyfr i hyfforddi'r Saeson sut i ynganu seiniau'r Gymraeg. Y mae hwn yn bwysig am ddau reswm. Yn gyntaf, dyma'r traethawd seinegol cyntaf yng Nghymru. Ni cheid dim ar hyn yn llyfrau cerddwriaeth y beirdd, oherwydd llyfrau i ddysgu pobl i odli ac i broestio ac i gynganeddu oedd y rheini. Ac yn ail, dechreuir ymdrin mewn ffordd go elfennol â'r Elfen Ladin; *u̯*->*gw̯*-, *x*>*s*, *b*>*v*, etc. Ac wrth gwrs, y mae ei ymgais i

[1] Dywed Siôn Dafydd Rhys yn y cyflwyniad Lladin i Syr Edward Stradling ar ddechrau ei *Ramadeg* ei fod yn bwriadu cyflwyno traethawd Cymraeg ar Fetaffiseg iddo hefyd. Gw. W. J. Gruffydd, *Llenyddiaeth Cymru. Rhyddiaith* o 1540 *hyd* 1660 (Wrecsam, 1926), 157.

ddangos tarddiad y geiriau a ddaethai o'r Lladin yn ei Destament Newydd, e.e., *antempic*, *tempor*, *popul*, a degau o enghreifftiau cyffelyb yn dangos yn glir iddo roi sylw mawr i'r pwnc. A gwelir yma hefyd ei fod wedi darganfod egwyddor go bwysig, sef fod seiniau'n newid, a bod rheolau ynglŷn â'r newid hwn. Dyma bwnc y manylir arno yn helaeth yn llyfr Gruffydd Robert.

(ii) *Gramadeg Gruffydd Robert.* Soniais eisoes am Rannau III a IV sy'n trafod Cerdd Dafod. Yn y ddwy ran gyntaf, ymdrinia â seiniau'r iaith ac â ffurfiant. Pwysigrwydd y gwaith hwn yn fyr yw hyn. Dyma'r ymgais gyntaf i ddisgrifio'r iaith. Dywaid ef ei hun mai ef yw'r cyntaf, oherwydd yr oedd yn gweled yn glir mai gramadeg Lladin a oedd gan y beirdd. Ac yn bwysicach fyth, dyma ymgais i roi trefn ar yr iaith fel y gellid cael safonau priodol wrth argraffu llyfrau, ac y mae'n manylu'n barhaus ar y modd y dylid troi brawddegau Lladin i'r Gymraeg. Ceir ganddo ddadansoddiad craff—craff iawn ar brydiau—a gwelodd lu o bethau am y waith gyntaf. Ond y mae un peth ar ôl, a pheth go bwysig, sef ni wyddai odid ddim am safonau'r hen iaith lenyddol. Gramadeg diddorol a newydd iawn, yn dangos dawn ryfeddol i ddadansoddi. Ond fel disgrifiad o'r iaith lenyddol, yr iaith y dylai'r dyneiddwyr ei choledd a'i meithrin, y mae'n dra diffygiol. A heblaw hyn, dyma'r unig ramadeg Cymraeg sydd ar yr un pryd yn llenyddiaeth.

(iii) *Siôn Dafydd Rhys.* Er cymaint awydd y gŵr hwn i hyrwyddo dysg Gymraeg, ac er ei fod yn dra chyfarwydd â chynnwys y llawysgrifau Cymraeg, eto, ni pherthyn dim pwysigrwydd i'r adrannau hynny o'i ramadeg ef sy'n trafod yr iaith. Mewn gwirionedd, nid oedd ganddo ben at iaith, dim gallu i ddadansoddi ac i ganfod yr hyn sy'n bwysig ac yn arwyddocaol ; ni eill ganfod, fel y gwnaeth Gruffydd Robert, nad gramadeg Cymraeg a geid yn llyfrau cerddwriaeth y beirdd eithr crynodeb anghelfydd o ramadegau Lladin yr Oesoedd Canol gyda'r enghreifftiau wedi eu tynnu o'r Lladin. A'r gramadeg Lladin sy'n gormesu arno yntau, ac efallai mai'r disgrifiad gorau o'i waith ydyw geiriau'r Athro Thomas Parry—' stomp Ladinllyd ', neu yn iaith y Deau—' cawl Lladinaidd '. Er hynny, ceir ganddo rai manion pwysig, megis yr hyn a ddywaid am *i* gron, sain a glywid hyd yn ddiweddar ym Morgannwg. Y mae'r adran ar fydryddiaeth hefyd yn bwysig. Nid oedd ef ei hun yn awdurdod ar y pwnc, ond dyry ddyfyniadau o destunau sydd wedi diflannu.

(iv) *Henry Salesbury*, y meddyg o Ddolbeleidr, *Grammatica Britannica* (1593). Gramadeg arall diddorol, heb fod yn un pwysig. Gwaith oriau hamdden pan oedd yr awdur yn ceisio adennill ei nerth ar ôl hir salwch yn ei gartref yn Nolbeleidr. Gramadeg i foneddigion ac ysgolheigion wedi ei sgrifennu'n Lladin, ac y mae'n ddiddorol oherwydd ei fod yn dangos eiddgarwch boneddigion di-sôn-amdanynt yn y cyfnod hwn i hyrwyddo astudiaethau Cymraeg. Ond ychydig a ŵyr am yr iaith lenyddol, er ei fod yn dyfynnu o gywyddau'r penceirdd-iaid. A ffurfiau tafodieithol a geir ganddo yn aml ddigon, a dyna paham y mae'r gramadeg yn haeddu astudiaeth heddiw. Soniwyd llawer am Gymraeg llafar safonol yr hen uchelwyr Cymreig, a maentumiwyd fod y dosbarth hwn trwy Gymru benbaladr yn ei defnyddio. Ac felly, mai rhywbeth a ddat-blygodd wedi'r chwalfa a fu yn yr unfed ganrif ar bymtheg ydyw'r tafodieithoedd. Ni chredaf fod hyn yn wir, credaf fod y gwahaniaethau tafodieithol yn myned yn ôl i'r cyfnodau cynharaf. Ond eto, credaf fod rhyw fath o Gymraeg llafar safonol hefyd yng nghyfnod y penceirddiaid, a bod y beirdd a'u noddwyr yn ei defnyddio. Felly, cawn yn y gramadeg hwn ryw syniad am yr iaith a ddefnyddiai un o brif deulu-oedd y Gogledd, sef y Salbrïaid. Dyna paham y tybiaf y byddai'n werth ei adargraffu. Ni cheir heddiw ond rhyw dri chopi ohono.

(v) Dyna ramadegau'r unfed ganrif ar bymtheg. Er cymaint sylw a roddwyd i'r llawysgrifau, er cymaint o ddi-ddordeb a gymerid yn y diwylliant barddol, er cymaint o gopïo a fu ar weithiau'r cywyddwyr, eto ni welir odid ddim o ôl yr astudiaeth hon yn y gramadegau. Ni chafwyd dim a allai roi syniad am yr hen iaith lenyddol, nac am safonau'r penceirddiaid. Ond fe'i cafwyd yn 1621 pan gyhoeddwyd Gramadeg y Dr. John Davies o Fallwyd, coron y Dadeni yng Nghymru. Ni ellir egluro'r gwaith hwn heb wybod am ei yrfa. Dywedais eisoes iddo gael ei eni yn Llanferres yng ngwlad yr ysgolheigion a gasglai lawysgrifau Cymraeg ac a'u hastudiai. Aeth i Ysgol Ramadeg Rhuthun, a dywaid ef yn ei ragair i'w Eiriadur (1632) mai wrth draed yr Esgob William Morgan, ' y Gamaliel hwnnw, y cefais fy addysgu a'm dwyn i fyny '. Heblaw hynny, dywaid yn ei ragair i'w Ramadeg fod a fynnai â'r ddau argraffiad o'r Beibl Cymraeg, sef Beibl yr Esgob Morgan 1588 a'r Beibl awdurdodedig 1620. Gŵyr pawb mai ef a olygodd yr olaf, ond y mae'r gosodiad ynglŷn â Beibl 1588 yn anodd ei egluro. Yn wir, dywaid gŵr o'r enw Thomas Morris o'r Drewen mewn llythyr a yrrodd at y Dr. Davies iddo " ddwywaith gyfieuthyr Beibl yn gymraeg '. Nid oedd ond un ar hugain oed yn y cyfnod hwnnw. Dyma broblem go ddiddorol. Gwyddys mai'r ddau beth pwysig ynglŷn â Beibl yr Esgob Morgan ydyw i'r gŵr hwnnw ddewis yr iaith lenyddol fel y cedwid hi gan y penceirddiaid, ac iddo ymwrthod â chais y dyneiddwyr i newid orgraff y Gymraeg, ac iddo lynu wrth yr orgraff a geid yn llyfrau'r beirdd. Yn hyn o beth—hynny yw, yr orgraff—âi yn erbyn y rhan fwyaf o'r dyneiddwyr, y rhai a geisiai, megis eu cymheiriaid mewn gwledydd eraill, awgrymu dulliau newydd o ddynodi *ll*, *dd*, *w* a llawer o seiniau eraill. Paham y glynodd yr Esgob Morgan wrth yr hen orgraff, a'i throsglwyddo i lenorion y cyfnodau dilynol ? A oedd a fynnai'r Dr. John Davies â hyn ? A oedd ei gynefindra â'r hen lawysgrifau wedi ei argyhoeddi na ddylid ymyrryd â'r orgraff draddodiadol ? Anodd tybied hynny, ac yntau yn fachgen ifanc un ar hugain oed. Eto, dylid sylwi ei fod yn ei Ramadeg yn ymosod ar ymgais y dyneiddwyr eraill, Syr John Prys, a Gruffydd Robert a Syr Thomas Wiliems a Siôn Dafydd Rhys a Henry Salesbury a Henri Perri i ddiwygio'r orgraff. ' Sed omnes inanem ', meddai, hynny yw ' Y maent oll yn ofer '.

Aeth i Rydychen, a datblygu'n ysgolhaig clasurol enwog, ac yn feistr ar ieithoedd eraill, megis yr Hebraeg. Graddiodd yn 1594. Ond pa beth fu ei hanes wedi hynny, nis gwn, hyd nes iddo gael bywoliaeth Mallwyd yn 1604. Ond y mae un peth yn eglur, iddo yn y cyfnod hwn ymroi i astudio'r iaith. Dywaid ef ei hun yn ei ragair i'w Ramadeg iddo fwrw dros ddeng mlynedd ar hugain wrth y gwaith hwn. Gwyddom dri pheth y dylem eu cofio'n barhaus wrth astudio ei yrfa fel ysgolhaig :

(*a*) Dengys ei lawysgrifau iddo gopïo'r llawysgrifau a oedd gan ei gyfeillion yn Nyffryn Clwyd a'r cyffiniau. Gwelwn ef yn cael benthyg eu llyfrau, ac yn ymgynghori â'r beirdd. Yn ei gyfnod ef, pan oedd yr ysgolheigion a fu wrthi'n casglu llawysgrifau yn marw, a'u disgynyddion yn chwalu eu casgliadau, llwyddodd Robert Vaughan o'r Hengwrt i gael gafael ar y rhan fwyaf o'r prif drysorau, a chan fod y Dr. John Davies yn gâr iddo, yr oedd ganddo, felly, lyfrgell Gymraeg yn ei ymyl. Nid oes namyn rhyw naw milltir o Fallwyd i Ddolgellau. Heblaw hyn, gwyddai ysgolheigion Cymraeg erbyn hyn am y llawysgrifau pwysig a geid trwy Gymru—yr oedd John Jones o'r Gellilyfdy a Robert Vaughan wedi llunio rhestri ohonynt—a gwelir y Dr. John Davies yn 1634 yn cael benthyg Llyfr Coch Hergest gan Syr Lewis Mawnsel o Fargam ym Morgannwg. Felly, gwelwch fod y Dr. John Davies wedi cael llawer gwell cyfle na'r ysgolheigion eraill. Yr oedd gwaith y casglu wedi ei orffen, yr oedd y llawysgrifau pwysicaf gyda'i gilydd yn Nyffryn Clwyd, ac wedi hynny yn yr Hengwrt, yr oedd gwŷr fel Syr Thomas Wiliems wedi bod wrthi'n meistroli geirfa'r iaith.

(*b*) Bu ef wrthi ar hyd ei oes yn copïo'r hen lenyddiaeth, a bu ganddo ddau neu dri o gynorthwywyr. Dengys y copïau hyn—y mae'r rhan fwyaf ohonynt heddiw yng nghasgliad yr Hengwrt yn y Llyfrgell Genedlaethol—mai paratoi ar gyfer y Geiriadur a'r Gramadeg a wnâi, a cheir marciau ar gyfer geiriau a ffurfiau a chypledau. Ond sylwir mai barddoniaeth a gâi'r sylw pennaf—yr Hen Ganu a'r Gogynfeirdd a'r Cywyddwyr—ac nid rhyddiaith. Dyma bwnc go bwysig, fel y cawn sylwi yn nes ymlaen.

(*c*) Yn y cyfnod tywyll yn ei hanes, rhwng 1594 a 1604, bu yn Neheudir Cymru. Nid oes un amheuaeth ynglŷn â hyn, oherwydd dywaid yn ei ragair i'w Ramadeg ei fod wedi byw yng Ngogledd Cymru, yng Nghanolbarth ac yn Neheudir Cymru. Y mae hyn oll yn ddiddorol am ddau reswm. Credaf fod a fynnai ef â throsglwyddo rhai o lyfrau'r Deau i'r Hengwrt. Ac yn ail, gwyddai am nodweddion pob tafodiaith, pwynt go bwysig, fel y cawn weld yn y man wrth drafod y Gramadeg.

Ysgrifennodd y Gramadeg yn Lladin, oherwydd nid gramadeg defnyddiol ydoedd megis Gramadeg Gruffydd Robert, eithr llyfr i'r ysgolhaig ; i ysgolheigion gwledydd eraill, a hefyd i offeiriaid a boneddigion Cymru. ' Llyfr cyfraith y iaith iawn ' —dyna yw'r gramadeg, ymgais i ddisgrifio iaith y traddodiad llenyddol. Felly, dyry gryn sylw i lygriadau tafodieithol, a dyma paham yr eglura yn y rhagair iddo fod yn byw ym mhob rhan o Gymru ' ac ni bûm ', meddai, ' heb sylwi ar nodweddion y tafodieithoedd.' Y mae'r gramadeg yn llawn o sylwadau ar ffurfiau *Demetae*, sef pob rhan o'r Deheudir ; *ou* am *au* yn *dou* ; *wh-* am *chw-* ; *iddi* am *i'w* ; defnyddio *mor* o flaen ffurfiau cyfartal yr ansoddair yn *-ed* ; *hyn* a *hynny* ar ôl ffurfiau unigol ; a ffurfiau fel *eutho* am *euthum* etc. Dyma, felly, yr ymdriniaeth gynharaf, ar wahân i rai sylwadau gan Ruffydd Robert, â nodweddion y gwahanol dafodieithoedd. Ond amcan y Dr. John Davies wrth wneuthur hyn ydyw dangos beth sy'n Gymraeg cywir.

Oherwydd yr hyn a geir ganddo ydyw disgrifiad llawn o'r iaith lenyddol, hanes yr orgraff, dadansoddiad o'r ffurfiau a geid yng ngwaith y beirdd, gyda llu o enghreifftiau wedi eu tynnu o weithiau'r beirdd, ac adran hynod o dreiddgar ar gystrawen. Dyma'r ymgais gyntaf i neb wneuthur hyn, a rhaid dywedyd bod ganddo ddawn ryfeddol i ddadansoddi ffurfiau'r iaith. Ac o gofio hynny, dyma yn ddiamau y gamp fwyaf a gyflawnodd gramadegydd o Gymro erioed. Fel y dywedodd Syr John Morris-Jones yn ei ragair i'w Ramadeg ef : ' the author's analysis of the Modern literary language is final ; he has left to his successors only the correction and amplification of detail.' Fel y dywedais, dyma gampwaith cyfnod y Dadeni yng Nghymru.

Ond er hynny, dylid sylwi'n arbennig ar un peth. Iaith barddoniaeth ydyw'r ' iaith iawn ', yr iaith fel y ceir hi yng nghanu'r Gogynfeirdd a phenceirddiaid cyfnod y Cywydd. Dywaid yn ei ragair mai'r beirdd oedd ceidwaid yr iaith, a dyma'r iaith a dderbyniwyd gan gyfieithwyr y Beibl. Yn y Geiriadur, bydd y Dr. John Davies yn dyfynnu o destunau rhyddiaith yr Oesoedd Canol, o'r Rhamantau a'r Brutiau a'r Cyfreithiau, ond nid felly yn y Gramadeg. Ac felly, cawn ynddo rai pethau sy'n edrych yn rhyfedd iawn. Er enghraifft : *yr iaith*—ond yn y Deau *y iaith*—eto, dyna ffurf Cymraeg Canol.

yr (geiryn berfol)—ond yn y Deau *ydd*—eto, dyna ffurf Cymraeg Canol.

na—ond yn y Deau *no*, *nog*—eto, dyna ffurf Cymraeg Canol.

ych—ond yn y Deau *ywch*—eto, dyna ffurf Cymraeg Canol.

ws—' vulgo Demetarum '—nid oedd y beirdd a'r areithwyr wedi beiddio ei ddefnyddio.

-y (terfyniad ail berson unigol mynegol presennol) yn y Deau, ond - *i* yn gywir.

Dywedodd—amrywiadau *dywawd* a *dywad* a *dyfod*.

ganddaw—ffurf gywir, ond rhyddid i'r beirdd ddefnyddio *gantaw*. Eto, ni ddywaid mai *ganthaw* a *gantaw* yw'r hen ffurfiau.

-*odd* yw'r terfyniad berfol cywir, ond rhyddid i'r beirdd ddefnyddio -*awdd*.

Felly, fel gramadeg hanesyddol, gwaith anfoddhaol iawn ydyw, a rhaid aros, mewn gwirionedd hyd 1913, pan gyhoeddwyd Gramadeg Syr John Morris-Jones, cyn cyflenwi'r diffyg hwn. Ond paham na bai'r Dr. John Davies wedi sylwi ar y ffurfiau a geir yn nhestunau rhyddiaith yr Oesoedd Canol ? Gwyddai amdanynt, a dyfynna ohonynt yn ei Eiriadur. Ond nid dyna ' Lyfr cyfraith y iaith iawn '. Y beirdd oedd ceidwaid yr iaith lenyddol, fel y dywaid y Dr. John Davies yn ei ragair. Felly, nid oedd dim yn iawn onis ceid gan y beirdd. [A dyna mewn gwirionedd safbwynt Syr John Morris-Jones.] Ac fel iaith y Deau yr edrychid ar Gymraeg testunau rhyddiaith yr Oesoedd Canol, ac felly gwelir paham y dyry'r Dr. Davies ffurfiau fel *ydd*, *no*, *ywch* a *dywawd* fel pethau a geid yn iaith y Deau. Ac i'm tyb i, dyna paham y datblygodd y syniad yn yr unfed ganrif ar bymtheg mai yn y Gogledd—yn iaith y traddodiad barddol—y ceid y Cymraeg gorau. Gwelir y syniad yn llyfr Humphrey Lhuyd, y *Commentariolum*, a gyhoeddwyd yn 1572, lle y dywedir mai yng Ngwynedd y ceid yr iaith orau, ond am iaith y Deau, hi (a dyfynnu'r cyfieithiad Saesneg) ydoedd y ' coarsest, by cause it hath greatest affinitie with strange tongues.' Hynny yw, tybid bod dyfodiad y Normaniaid gyda'r Saeson a'u dilynodd, wedi difwyno'r iaith. Ac yn y ganrif nesaf, gwelir llenorion y Deau yn ailadrodd hyn. Stephen Hughes, er enghraifft, yn ymddiheuro oherwydd ei Gymraeg gwael, oherwydd meddai, Gwynedd yw cartref yr iaith iawn.

Ac yr ydych yn cofio am sylwadau Goronwy Owen am iaith Morgannwg. Mewn gwirionedd, ni chafodd iaith y Deau amddiffynnydd hyd ddyddiau Iolo Morganwg.

Y mae hwn yn bwnc go bwysig. Dywedais eisoes mai yn y Deau y cafwyd y rhan fwyaf o lawer o'r hen lawysgrifau yn yr unfed ganrif ar bymtheg. Mynnai Iolo hefyd mai yn y Deau yr ysgrifennwyd y rhan fwyaf o lawer o'r hen destunau rhyddiaith —hynny yw, yn y Canol Oesoedd—ac mai ychydig iawn ohonynt a ysgrifennwyd yn y Gogledd, ar wahân i ambell un, megis Llyfr Du'r Waun, y copi cynharaf o'r Cyfreithiau yn Gymraeg. Credaf fod iaith y testunau yn tueddu i awgrymu mai yng Ngheredigion ac Ystrad Tywi a Gorllewin Morgannwg y sgrifennwyd hwy. Anaml y ceir enwau awduron a chyfieithwyr —ar wahân i ambell enghraifft, megis Madog ap Selyf—mynach yn Ystrad Fflur, efallai, a droes Gronicl Turpin (un o chwedlau Siarlymaen) o'r Lladin i'r Gymraeg, a Syr Dafydd Fychan o Forgannwg a droes Ffordd y Brawd Odrig i'r Gymraeg yn hanner cyntaf y bymthegfed ganrif. Pa un bynnag, y mae'r iaith yn bendant yn awgrymu mai yno y sgrifennwyd y Mabinogion, ac y cyfieithwyd y rhyddiaith grefyddol, a thestunau, megis Chwedlau Siarlymaen, Bown o Hamptwn, Chwedlau'r Greal a Brut y Brenhinoedd, i'r Gymraeg. Pwnc anodd yw seilio casgliadau ar yr iaith, a hynny am ddau reswm : (i) am na wyddom ddigon am nodweddion y tafodieithoedd. Rhaid inni yn ystod y blynyddoedd nesaf hyn wneuthur ymchwiliad manwl i nodweddion seiniau'r iaith ym mhob tafodiaith, ac yna llunio geirfa pob tafodiaith, fel y gallom weled ym mha ran o Gymru y defnyddir rhyw air arbennig neu ffurf ar air [e.e. *paun* a *pawin*]—hynny yw, mapiau i ddangos y ffurfiau a ddefnyddir ym mhob ardal. (ii) Ac yn ail, pwnc llawer anos, ond pwnc nas gellir dechrau arno nes bôm wedi gorffen astudio'r tafodieithoedd fel y maent heddiw, sef astudio hanes y tafodieithoedd. Wedi gwneuthur hyn, gellir setlo llawer o broblemau—e.e. *paun* yn Llyfr Gwyn Rhydderch, a *pawin* yn y Llyfr Coch ; a ddefnyddid *-ws* ac *-wys* yn rhywle heblaw Morgannwg a Gwent a'r cyffiniau yn yr Oesoedd Canol ?

Pa un bynnag, y mae'n eglur fod y Dr. John Davies yn edrych ar Gymraeg yr hen ryddiaith fel Cymraeg y Deau. A daw hyn â ni at bwynt go ddiddorol. Fe barhaodd y traddodiad rhyddiaith hwn ym Morgannwg hyd ddiwedd yr unfed ganrif ar bymtheg. Gwelir yno gyfieithwyr rhwng 1550 a 1600 yn troi llyfrau Saesneg i'r Gymraeg, ac yn defnyddio'r un iaith ag yn yr hen ryddiaith, iaith lefn, fywiog, naturiol, heb ynddi'r urddas a gafwyd gan gyfieithwyr y Beibl. Y mae'n llawn o ffurfiau fel *ydd*, *nog*, a'r hen ffurfiau berfol yn *-awdd*, *-is*, *-es*, *-as*, a *dywawd*. A chedwid yr hen reolau ynglŷn â threiglo. Ond diflannodd yr olaf o'r awduron hyn tua dechrau'r ail ganrif ar bymtheg, a phan gyhoeddodd gŵr o Forgannwg, Edward James, ei gyfieithiad o'r Homilïau yn 1606—gwaith a awgrymwyd iddo yn ddilys ddigon gan yr Esgob Morgan pan oedd y gŵr hwnnw'n Esgob Llandaf—defnyddiodd iaith y Beibl Cymraeg, a seiliwyd ar iaith y beirdd. A sylwch mai ychydig iawn o ryddieithwyr a gododd o'r Deau yn yr ail ganrif ar bymtheg a'r ddeunawfed, cyfnod go ryfeddol yn hanes cyfieithu i'r Gymraeg yn y Gogledd, a'r unig ffigur gwir bwysig a welir yn y Deau ydyw Theophilus Evans.

Bu'r Dr. John Davies farw yn 1644, a dyna ddiwedd cyfnod gweithgarwch y Dyneiddwyr Cymreig. Credaf fod y gosodiad hwn yn iawn. Y mae'n wir fod gwŷr fel Robert Vaughan o'r Hengwrt a William Maurice o Gefn-y-braich yn casglu llawysgrifau, ac yn astudio hanes Cymru a hynafiaethau wedi hynny, a bod Charles Edwards yntau yn astudio hanes Cymru (ac yn cyhoeddi pedair pennod ar y pwnc yn ei lyfr, *Y Ffydd Ddiffuant*), ac yn ceisio dangos cysylltiad y Gymraeg â'r Hebraeg. Y mae'n wir fod llawer o gopïwyr yma a thraw yn y Gogledd a'r Deau yn copïo'r hen lawysgrifau, yr hyn a ddengys na ddarfu'r diddordeb yng nghynhyrchion y cyfnodau blaenorol. Gellir cyfeirio hefyd at y gwŷr a ymrôi i gyfieithu. Yma efallai y gwelir dylanwad y dyneiddwyr, oherwydd Geiriadur y Dr. John Davies a fyddai wrth benelin pob un o'r cyfieithwyr hyn. Y mae'n sicr i Ramadeg a Geiriadur y Dr. John Davies gael cryn ddylanwad ar Gymraeg yr offeiriaid yn yr ail ganrif ar bymtheg, a hyn, yn ogystal â'r patrwm a geid yn y Beibl, sy'n egluro'r Cymraeg rhagorol a geir yn y cyfieithiadau. Ond wedi dywedyd hynyna, rhaid cofio :

(i) Na lwyddodd y dyneiddwyr i greu yng Nghymru y bywyd llenyddol a welent yng ngwledydd eraill Gorllewin Ewrob. Ni cheisiodd neb fyned ati i ganu arwrgerddi tebyg i'r rhai a genid yn yr Eidal, nac i gyfansoddi dramâu. Nid aeth neb ati i gyfieithu'r clasuron Groeg a Lladin i'r Gymraeg, nac i sgrifennu llyfrau ar yr holl gelfyddydau yr ymddiddorai'r dyneiddwyr ynddynt. Ac ni allodd y Gymraeg gymryd ei lle fel iaith llys yn Llys Cymru a'r Gororau, a hyd yn oed yng nghartrefi'r boneddigion, yr oedd diddordeb yn yr iaith yn myned yn llai y naill genhedlaeth ar ôl y llall. Ceisiodd y dyneiddwyr wrthweithio dylanwad y Ddeddf Uno, ond yn ofer.

(ii) Soniais uchod am y llawysgrifau a gopïwyd yn yr ail ganrif ar bymtheg. Y mae'n wir fod llawer o gopïo, ond cywyddau a cherddi rhydd yw cynnwys y rhan fwyaf ohonynt. Yr oedd yr hen lenyddiaeth, gweithiau'r Cynfeirdd a'r Gogynfeirdd a rhyddiaith yr Oesoedd Canol yn llyfrgelloedd yr Hengwrt ac yng Nghefn-y-braich, ac ni chafodd y rheini odid ddim sylw yn y ganrif hon wedi marw'r Dr. John Davies. Ni welir neb—ar wahân i William Maurice—yn myned ati i'w hastudio, ac i ychwanegu at y gwaith a wnaethai'r dyneiddwyr. Neb. Mewn gwirionedd, nid oedd Taliesin a Myrddin ac Aneirin a Gwalchmai a Chynddelw yn ddim ond enwau i wŷr y cyfnod hwn. Soniai'r beirdd amdanynt yn eu cerddi weithiau, ond ni wyddent odid ddim amdanynt. Y mae anwybodaeth gwŷr a gymerai ryw gymaint o ddiddordeb yn y pynciau hyn yn rhywbeth sy'n ein synnu. Er enghraifft, cymerwn Humphrey Humphreys, Esgob Bangor yn niwedd y ganrif, y gŵr y cyflwynodd Ellis Wynne ei lyfr, *Rheol Buchedd Sanctaidd*, iddo. Cymro da, a ymddiddorai yn llenyddiaeth Cymru, a geisiai gasglu llawysgrifau, ond eto, fe'i gwelwn yn sgrifennu at ei gyfeillion i ofyn pa fath o gyfansoddiad ydoedd y Mabinogion, iddo glywed llawer am y gwaith hwn, ond na chyfarfu â neb erioed a wyddai ddim amdano. Nid oedd gan y cyffredin yn yr oes hon syniad o fath yn y byd am y cyfoeth o hen lenyddiaeth a gedwid yn yr Hengwrt ac yng Nghefn-y-braich. Dyna paham yr oedd cyhoeddi catalog byr o gynnwys y llawysgrifau yn llyfr Edward Lhuyd, yr *Archæologia Britannica*, yn 1707, yn ddigwyddiad mor bwysig yn hanes dysg Gymraeg. Dyma ffaith go bwysig wrth astudio hanes gweithgarwch Lewis Morris ac Ieuan Fardd a'u cyfeillion yn y deunawfed ganrif.

(iii) Ni chyhoeddwyd yr un llyfr pwysig yn ymwneuthur â'r iaith wedi marw'r Dr. John Davies. Nid oedd neb yn astudio'r iaith fel y gwnaethai'r dyneiddwyr. Collwyd y diddordeb ysgolheigaidd a welwyd yng nghyfnod y dyneiddwyr. Yr unig eiriadur a gyhoeddwyd ydoedd Geiriadur Cymraeg-Saesneg Thomas Jones yr Almanaciwr yn 1688, ac nid oedd ef yn ysgolhaig o fath yn y byd. Ni wna ddim namyn cyfieithu Geiriadur y Dr. Davies fel y gallai'r Cymry ddeall y geiriau ansathredig a geid yn y llyfrau crefyddol a gyhoeddid yn ystod y blynyddoedd hynny.

(iv) Ni chafodd y dyneiddwyr ddylanwad o fath yn y byd ar y beirdd, ac eithrio Gruffudd Hiraethog. Er cymaint a wnaeth Gruffydd Robert a Salesbury a Siôn Dafydd Rhys ac Edmwnd Prys i'w hannog i dderbyn dulliau newydd ac i ymgydnabod â dysg yr ysgolion, gellir bwrw na chawsant effaith o fath yn y byd arnynt. Parhaent i rygnu ar yr hen destunau yn yr hen ddull, a'u gwybodaeth am yr iaith lenyddol a'r hen eirfa, yn myned yn llai y naill genhedlaeth ar ôl y llall. Gwelir yr hen feistrolaeth ar y gelfyddyd yn diflannu. Ac nid oedd bywyd llenyddol Cymreig, fel a fu yng nghyfnod y canu caeth. Erbyn hyn, nid oedd odid ddim cysylltiad rhwng beirdd y Deau a beirdd y Gogledd. Ar eu teithiau clera nid aent lawer ymhellach na chyffiniau eu talaith.

Felly, golwg ddigalon a oedd ar bethau tua diwedd yr ail ganrif ar bymtheg. Petai Cymro deallus yn y cyfnod hwnnw yn dechrau myfyrio ar hynt dysg Gymraeg, diau y byddai'n edrych ar Oes y Dyneiddwyr fel math o Haf Bach Mihangel yn hanes bywyd diwylliannol Cymru. Yr oedd urdd y beirdd yn marw, a'r wybodaeth a fuasai ganddynt gynt bron diflannu, a neb yn ymboeni i astudio hanes yr iaith ac i ddarllen yr hen destunau. Ond yn y cyfnod hwn aeth Cymro ifanc o'r enw Edward Lhuyd i Rydychen, ac yno daeth i adnabod cylch o ysgolheigion a astudiai Hen Saesneg, a geisiai egluro cysylltiad y gwahanol ieithoedd Tiwtonaidd â'i gilydd, a luniai gatalogiau o gynnwys y llyfrgelloedd, fel y gellid cael syniad am y deunydd a oedd ar glawr, ac a ymrôi i gyhoeddi cynnwys y llawysgrifau. Penderfynodd yntau gyflawni'r un gwasanaeth i Gymru, ac fel y gŵyr pawb ohonoch, dyna ddechrau cyfnod newydd yn hanes dysg Gymraeg. Ac felly, gan ddilynwyr Edward Lhuyd yn y ddeunawfed ganrif y gwelwyd sylweddoli llawer o freudd-wydion yr hen ddyneiddwyr, ond onibai am eu gwaith hwy, ni byddai llafur Lhuyd a'i ddilynwyr yn bosibl.

III

RHAI AGWEDDAU AR HANES YSGOLHEICTOD CYMRAEG A HANES LLENYDDIAETH GYMRAEG YN Y DDEUNAWFED GANRIF GAN GYNNWYS HANES YR EISTEDDFOD A'R ORSEDD HYD AT 1858

Er mwyn deall mudiadau'r ddeunawfed ganrif a gwaith ysgolheigion Cymraeg a llenorion y cyfnod, dylid cofio tri pheth :

(i) Ni wnaeth yr argraffwasg odid ddim hyd yn hyn i hyrwyddo llenyddiaeth Gymraeg. Y mae'n wir argraffu rhai Gramadegau Cymraeg, megis Gramadeg Gruffydd Robert yn 1567—? , Gramadeg Siôn Dafydd Rhys yn 1592, Gramadeg Henry Salesbury a Llyfr Barddoniaeth Wiliam Midleton yn 1593, *Eglvryn Phraethineb* Henri Perri yn 1595, a Gramadeg y Dr. John Davies yn 1621, a bod Geiriaduron Cymraeg wedi eu cyhoeddi gan William Salesbury yn 1547, gan y Dr. John Davies yn 1632, a chan Thomas Jones yn 1688; eto, ac eithrio'r rhain, ni wnaeth yr argraffwasg odid ddim i hyrwyddo dysg Gymraeg a llenyddiaeth Gymraeg. Llyfrau crefyddol a argraffwyd, llyfrau i hyrwyddo'r Diwygiad Protestannaidd, neu'r Gwrth-ddiwygiad neu'r Diwygiad Piwritanaidd neu i wella cyflwr Cymru yn foesol, megis y llyfrau a gyhoeddwyd gan Thomas Gouge, Stephen Hughes a Charles Edwards yn hanner olaf yr ail ganrif ar bymtheg. Yr unig lyfr sy'n ymwneuthur yn uniongyrchol â chelfyddyd llenyddiaeth ar wahân i'r Gramadegau y cyfeiriwyd atynt, yn arbennig Gruffydd Robert, ydyw llyfr Henri Perri, *Eglvryn Phraethineb* 1595, llyfr yn ymdrin â chelfyddyd rhetoreg, y ffigurau ymadrodd, lle y ceir dyfyniadau helaeth o weithiau'r beirdd Cymraeg. Ar wahân i hynny, ni wnaethpwyd odid ddim ymgais i gyhoeddi llenyddiaeth y Canol Oesoedd, nac ychwaith i gyhoeddi gwaith y beirdd a flodeuai yn y cyfnod hwn, megis Gruffudd Hiraethog, Wiliam Llŷn, Simwnt Fychan, Siôn Phylip, Siôn Tudur, etc., ar wahân i'r casgliad byr hwnnw o gywyddau a gyhoeddwyd gan Ruffydd Robert fel rhan o'i Ramadeg. Argraffwyd Salmau Cân Wiliam Midleton, Edward Kyffin ac Edmwnd Prys a chaniadau'r

Ficer Prichard oherwydd eu gwerth crefyddol. Ac felly, hawdd gweled mai amherffaith ddigon oedd gwybodaeth y Cymro cyffredin yn yr ail ganrif ar bymtheg, hyd yn oed lawer o'r rhai hynny a gymerai wir ddiddordeb yn y pwnc, am hanes llenyddiaeth Gymraeg. Er enghraifft, gwelwn yr Esgob Humphrey Humphreys a fu'n esgob Bangor ac wedi hynny'n esgob Henffordd yn niwedd yr ail ganrif ar bymtheg a dechrau'r ddeunawfed, y gŵr y mae Ellis Wynne o'r Las Ynys yn cyflwyno ei lyfr, *Rheol Buchedd Sanctaidd*, iddo yn 1701, yr esgob olaf a oedd yn deilwng o Richard Davies a William Morgan. Gwelwn y gŵr hwn yn dywedyd mewn llythyr at gyfaill ei fod wedi clywed sôn am y Mabinogion, ond na chawsai olwg arnynt, ac na wyddai ddim am eu cynnwys. Ac y mae pawb sydd wedi darllen llythyrau'r Morrisiaid a llythyrau Goronwy Owen ac Ieuan Brydydd Hir yn gwybod fel y mae gwŷr y ddeunawfed ganrif yn cael trafferth i gael gafael, er enghraifft, ar weithiau'r Gogynfeirdd, a Goronwy Owen yn llawenhau o weled eu hawdlau mewn llawysgrif, ac Ieuan Brydydd Hir yn cael rhyw syndod digyffelyb wrth weled y Gododdin am y waith gyntaf.

(ii) Dylem gofio mai mewn llawysgrifau y cedwid llenyddiaeth Gymraeg. Nid wyf am ymdrin â hanes llawysgrifau Cymraeg yn y Canol Oesoedd, ond dymunwn gyfeirio at y ffaith fod llawer o lawysgrifau'r Canol Oesoedd wedi eu diogelu yn yr unfed ganrif ar bymtheg gan wŷr a geisiai, fel y gwnâi ysgolheigion gwledydd eraill yng nghyfnod y Dadeni, gasglu a diogelu hen lawysgrifau. Hynny yw, dechreuwyd edrych ar hen bethau fel trysorau. Diamau bod llawer ohonynt wedi diflannu, rhai efallai a gynhwysai ragor o waith y Cynfeirdd, neu chwedlau tebyg i'r Mabinogion, oherwydd nid oes dim yn amlycach wrth astudio hanes llenyddiaeth Gymraeg na hyn, sef nad yw'r hyn a ddiogelwyd namyn cyfran fechan o'r llên a oedd ar gael yn y cyfnod canol.

Yn y cysylltiad hwn y mae'n ddiddorol sylwi ar y modd dibris yr edrychai'r gwŷr bonheddig yn yr unfed ganrif ar bymtheg ar y llawysgrifau hynny a gynhwysai'r llenyddiaeth a fuasai'n hyfrydwch i'w hynafiaid. Meddai Siôn Dafydd Rhys :

> 'Onyd gwedy agheu a' marwôlaeth eu ceidweid, dhybhod o'r lhybhreu hynn drwy dhrwc dhilaith a' thyghhedbhen, i dhwylo Plantos o'i rhwygo, ag i 'wneuthur babîod o hon-

ynt; neu at Siopwragêdhos i dhodi lhyssieusioppeu yndhynt; neu ynteu at Deilwrieit, i 'wneuthur dulhbhesurau dilhâdos a' hwynt: hyd nadd oes nemor o'r petheu odidoccabh ynn y Gymráec (wrth hynn o gamwedh) heb eu hanrheithio a' 'i dibha yn lhwyr.'

Neu gwrandewch ar awdur *Y Drych Cristianogawl* (1585) yn traethu :

> 'Ydd wyf hefyd ar hyd y llyfr yma or gwaith oddef (h.y. o bwrpas) ag o bwrpas yn amgenu ag yn amrywio ansawdd a modd yr yscrifenn ar orthographi neu'r iawn-scrifen[yddiaeth] yn y geirieu, megis a phras yr ymadrodd hefyd scatfydd y gallei lawer dybied taw o annwybod y damchweiniassei hynny oll i mi; nyd felly, canys gwnn yn brifdha y modh y gnottaynt gynt yr hen bobl o scrifennu ag adrodd eu historiæ, eu Cyfreithæ, eu cerdd dafawd, eu meddyginaethæ, a llawer o eraill bithæ mewn membrwn a chrwyn hyfrod : mal y mae llawer or llyfræ hynn etto in plith ni oi gweled, cyd bwynt lawer hefyd wedy myned ar golh a chwedy eu difa yn llwyr.'

Dengys yr awdur hwn hefyd fod effaith deddfau'r Tuduriaid i'w canfod yn llawer cynharach nag a dybir yn gyffredin, oherwydd diddorol sylwi arno yn dywedyd :

> 'Ac fal i mae r Cymbry ymhell oddiwrth ddaioni, felly y mae r bonheddigion ag eraill yn ysgluso ag yn diystyru r iaith gymraec : Am fod y rhann fwyaf o r bonheddigion heb fedru na darllain nag yscrifennu cymbraeg. Y peth sydd gywilydd iddynt : A hyn sydd yn peri ir Saeson dybieid a doydyd fod yr iaith yn salw, yn wael, ag yn ddiphrwyth ddiberth, heb dalu dim : Am eu bod yn gweled y bonnedhigion Cymbreig heb roi pris arnei: . . . . Hefyd chwi a gewch rai o r Cymry mor ddiflas ag mor ddibris ddigywilydd, ag iddynt ar ol bod vn flwyddyn yn Lhoegr, gymeryd arnynt ollwng eu Cymraeg dros gof, cyn dyscu Saesneg ddim cyful i dda. Y coegni ar mursendod hyn yn y Cymry sy yn peri ir Saeson dybied na thal yr iaith ddim, am fod ar y Cymry gywilydd yn dywedyd eu hiaith i hunain: A hynny a wnaeth ir iaith golhi a bod wedy ei chymyscu ai llygru a Saesneg.'

Dylem gofio un peth arall yn y cysylltiad hwn, sef mai

traddodiad llafar oedd y traddodiad llenyddol Cymraeg i raddau helaeth, a diamau fod llawer o chwedlau ac o gerddi wedi diflannu pan fu farw'r cyfarwydd a'r datgeiniad olaf. Ond cyn belled ag y mae a fynnom â llawysgrifau, diddorol sylwi mai yn Neheudir Cymru, ac yn fwyaf arbennig ym Morgannwg a Brycheiniog a'r cyffiniau, y ceid y rhan fwyaf o'r hen rai yn hanner cyntaf yr unfed ganrif ar bymtheg. Yno yr oedd Llyfr Du Caerfyrddin, Llyfr Aneirin, efallai Lyfr Taliesin, Llyfr Ancr Llanddewibrefi, Llyfr Coch Hergest, Llawysgrif hynaf y Saint Greal, a Llawysgrif hynaf Sieffre o Fynwy. A'r enw pwysig yn y cysylltiad hwn ydyw Syr John Prys, gŵr bonheddig o Sir Frycheiniog, a gyhoeddodd y llyfr Cymraeg cyntaf, sef *Yny lhyvyr hwnn* yn 1546, a'r gŵr—a dyna sy'n ddiddorol i ni yn awr—a fu'n cynorthwyo ei gâr, Thomas Cromwell, i ymchwilio i gyflwr y mynachlogydd. Ond, heb ymhelaethu ar hyn, gallwn ddywedyd bod y rhan fwyaf o'r llawysgrifau wedi eu cymryd i'r Gogledd ychydig wedi canol y ganrif—gan bwy a phaham nis gwn—ond cawn hwy yn Nyffryn Clwyd a'r cyffiniau tua 1570, yr ardal bwysicaf yng Nghymru yn y cyfnod hwnnw, cyn belled ag y mae a fynnom â hanes y diwylliant Cymreig. Cawn wŷr bonheddig fel Richard Langford o Drefalun, Jasper Griffith, offeiriad yn Rhuthun, Roger Morris o Goed-y-talwrn yn Llanfair Dyffryn Clwyd ac eraill yn eu casglu ac yn eu copïo ac yn eu hastudio. A diogelwyd y rhan fwyaf o gasgliadau'r gwŷr hyn yn hanner cyntaf yr ail ganrif ar bymtheg pan ddaethant yn eiddo gŵr bonheddig a oedd yn byw yn Hengwrt yn ymyl Dolgellau, sef Robert Vaughan. Bu'r casgliad hwn yn eiddo teulu'r Hengwrt am ddwy ganrif, a chan fod y teulu yn edrych arno fel y peth a roddai ryw arbenigrwydd iddynt, fe'i cadwyd yn weddol gyfan. Yn y ganrif ddiwethaf trosglwyddwyd ef i Beniarth yn ymyl Tywyn, Meirionnydd, ac oddi yno daeth yn y ganrif hon i'r Llyfrgell Genedlaethol, a dyna yn ddiamau brif drysor y Llyfrgell honno. Ceir casgliadau eraill llai pwysig gan deulu Mostyn, gan deulu Cors-y-gedol, gan William Maurice o Lansilin yn Sir Ddinbych (casgliad a losgwyd, y rhan fwyaf ohono, pan aeth Plas Wynnstay ar dân tua chanol y ganrif ddiwethaf), a chan lawer o deuluoedd eraill.

Dylem gofio un peth arall ynglŷn â'r llawysgrifau. Dywedasom na wnaeth yr argraffwasg ryw lawer i hyrwyddo llenyddiaeth Gymraeg cyn y ddeunawfed ganrif. Ond er hynny, parhawyd i ledaenu llenyddiaeth yn yr hen ddull. Byddai'r datgeiniaid yn crwydro'r wlad ac yn canu gweithiau'r beirdd ; byddai'r beirdd a'r boneddigion llengar yn copïo casgliadau o ryddiaith ac o farddoniaeth, ac yn dangos y casgliadau hynny i'w cyfeillion ac yn rhoddi eu benthyg. Yr oedd y beirdd ar eu teithiau clera yn rhoddi copïau o gywyddau ac awdlau i'w noddwyr ac i'w cyd-feirdd, ac y mae'n rhyfedd sylwi gyflymed y byddai cywydd newydd o'r gogledd yn ymddangos yng nghasgliadau copïwyr y Deau, hynny yw, cywyddau'r penceirddiaid mawr megis Gruffudd Hiraethog a Wiliam Llŷn. Er enghraifft, cawn gan Lywelyn Siôn o Drelales ym Morgannwg, copïwr a fu farw tua 1620, gasgliad helaeth o gywyddau ac o awdlau y byddai'n eu copïo i foneddigion Morgannwg, ac y mae llawer iawn ohonynt yn waith cyfoeswyr o Ogledd Cymru. Yr oedd Llywelyn Siôn yn gopïwr wrth ei grefft, dosbarth diddorol iawn na wyddom ryw lawer amdano. Yn wir, wrth ddarllen llawysgrifau hanner olaf yr unfed ganrif ar bymtheg a rhai hanner cyntaf yr ail ar bymtheg, gellir canfod rhyw ynni ac egni rhyfeddol, a hynny yn y cyfnod pan oedd llenyddiaeth yn dirywio a nifer y beirdd yn myned yn llai ac yn llai oherwydd diflannu o'u noddwyr. Yn y cyfnod hwn yr ysgrifennwyd y rhan fwyaf o'r casgliadau o ryddiaith ac o farddoniaeth sydd yn ein llyfrgelloedd cyhoeddus, hynny yw rhwng 1550 a 1700.

(iii) Yr wyf am gyfeirio at ddatblygiad y mudiad y gellir ei alw, er nad yw'n enw cwbl foddhaol, yn 'fudiad hynafiaethol'. Ystyr hynny yw datblygiad diddordeb mewn hen bethau, mewn hen lawysgrifau, yn hanes a hynafiaethau Cymru, yn hanes llenyddiaeth Gymraeg, a hefyd yn yr iaith Gymraeg. Gellir olrhain y mudiad hwn yn ôl i'r unfed ganrif ar bymtheg, ac y mae'n un o ganlyniadau naturiol y Dadeni Dysg. Gwelir ar gyfandir Ewrob ac yn Lloegr ymgais i chwilio am hen lawysgrifau a chreiriau o bob math, a chais i'w hastudio. Er enghraifft, cymerwn John Leland (c. 1506-1552) a gafodd gomisiwn gan Harri VIII i wasanaethu fel hynafiaethydd y brenin i chwilio am lawysgrifau ac i nodi creiriau hanesyddol yn Lloegr a Chymru. Teithiodd trwy Gymru a Lloegr, a dengys y nodiadau a gyhoeddwyd ymhell wedi ei farw, y diddordeb mawr a gymerai mewn hynafiaethau ac mewn hanes. Ar ei ôl daeth William Camden (1551-1623), awdur *Britannia* (1586), y gwaith ar hynafiaethau a hen hanes Ynys Prydain, ac un o'r llyfrau pwysicaf wrth astudio hanes astudiaethau hynafiaethol. Efe oedd un o'r rhai cyntaf i sylweddoli nad oedd fodd astudio hen hanes Ynys Prydain a Gâl heb wybod yr ieithoedd Celtaidd. Cawn enwau llawer o Gymry hefyd yn gwneuthur gwaith tebyg : er enghraifft Syr John Prys, gŵr y cyfeiriais ato o'r blaen, awdur *Historiæ Brytannicæ Defensio* (1573), a Humphrey Lhuyd o Ddinbych (1527-1568), gŵr a ysgrifennodd ar hynafiaethau Môn a'r ' Derwyddon ' ac a luniodd Hanes Cymru wedi ei seilio ar yr hen groniclau, Brut y Tywysogion, yn arbennig. Ynglŷn â'r gair *derwyddon*, nis gelwir yn dderwyddon yn y cyfnod hwnnw ; *drudion* ydyw'r gair, er enghraifft, gan Wiliam Midleton. Y mae'n bosibl fy mod yn camgymryd, ond cyn belled ag y gallaf gasglu, y Dr. John Davies, neu efallai Syr Thomas Wiliems, ydoedd y cyntaf i dybied mai'r gair Cymraeg am *druid* ydyw ' derwydd '. O'r hyn lleiaf, ceir ' druides ' gan y Dr. Davies yn ei Eiriadur, 1632, dan y gair ' derwyddon '. Ar ôl Humphrey Lhuyd daw David Powel (1552-1598), uchelwr a fu'n offeiriad yn Rhiwabon, a gwblhaodd waith Lhuyd ar hanes Cymru ac a'i cyhoeddodd yn 1584, *The Historie of Cambria*, un o ffynonellau llyfrau ar hanes Cymru hyd yn gymharol ddiweddar. Ar eu hôl yn yr ail ganrif ar bymtheg daw Robert Vaughan o Hengwrt, y gŵr a ddiogelodd y llawysgrifau, a oedd hefyd yn gryn awdurdod ar hanes a hynafiaethau Cymru.

Hanes a hynafiaethau oedd pynciau arbennig y gwŷr y soniais amdanynt. Ond yr iaith a'i llenyddiaeth oedd prif ddiddordeb eraill. Er enghraifft, y gwŷr da hynny y cyfeiriais atynt a oedd yn byw yn Nyffryn Clwyd a'r cyffiniau yn yr unfed ganrif ar bymtheg, oherwydd nid casglu llawysgrifau yn unig a wnaent, eithr eu hastudio, ac yn arbennig astudio'r iaith. Cawn wŷr fel Richard Langford a Roger Morris yn casglu geiriau a thermau o destunau Cymraeg y cyfnod canol. A gwelir Siôn Dafydd Rhys yn bwrw blynyddoedd i gasglu ysgrifau a oedd yn ymwneuthur â chelfyddyd y beirdd ac â'r iaith, ac yn cyhoeddi cyfrol ar y pwnc yn 1592. Ond efallai mai'r ddau enw pwysicaf yn y cysylltiad hwn ydyw Syr Thomas Wiliems o Drefriw a'r Dr. John Davies o Fallwyd. Meddyg a chiwrad fu Syr Thomas Wiliems, ond treuliodd ei oes (c. 1545–c. 1622) yn copïo cynnwys hen lawysgrifau, ac yn llunio Geiriadur Lladin-Cymraeg, geiriadur wedi ei seilio ar astudiaeth drylwyr o'r hen lenyddiaeth, hynny yw, egluro geiriau ag enghreifftiau ohonynt mewn rhyddiaith neu yng ngweithiau'r beirdd. Ond dylid cofio nad ef oedd y cyntaf i wneuthur hyn, oherwydd cawn fod penceirddiaid cyn ei ddydd ef yn llunio geirfâu ac yn dyfynnu llinellau o weithiau'r beirdd fel enghreifftiau. Bu Syr Thomas Wiliems farw cyn cyhoeddi ei waith, ac nis argraffwyd o gwbl. Ond cyflawnwyd yr un gorchwyl gan y Dr. John Davies, offeiriad Mallwyd. Y peth cyntaf i sylwi arno ydyw ei eni tua 1567 yn Llanferres yn Sir Ddinbych, ac y mae'n sicr ei fod yn gyfarwydd â'r cylch hwnnw o lenorion ac ysgolheigion a drigai yn Nyffryn Clwyd a'r cyffiniau, a dyna a enynnodd ei ddiddordeb yn llên Cymru ac mewn pynciau Cymreig. Daeth yn brif awdurdod ei ddydd ar yr iaith lenyddol, yr iaith fel y cedwid hi yn ei phurdeb o'r naill genhedlaeth i'r llall gan y beirdd, a chyhoeddodd Ramadeg yn ei disgrifio yn 1621, llyfr sy'n cynnwys dadansoddiad terfynol o iaith y beirdd. Ond iaith y beirdd yn unig. Ni sylwa bron ar ddim ond gwaith y Cynfeirdd, i raddau, ond yn arbennig y Gogynfeirdd a'r Cywyddwyr. Y mae'n eglur iddo ddarllen rhyddiaith yr Oesoedd Canol yn Llyfr Gwyn Rhydderch yn Hengwrt, ac yn Llyfr Coch Hergest, a fu ganddo ar fenthyg. Ond nid ystyriai fod yr un awdurdod dros y pethau hyn ag oedd dros ffurfiau a chystrawennau'r beirdd. A phan gyfeiria at ffurfiau a geir mewn rhyddiaith (megis *ydd* am *yr*, *no* a *nog* am *na* a *nag*), sonia amdanynt fel pethau a nodweddai iaith y Deau. Gwyddai'r Dr. John Davies, y mae'n debyg, mai o'r Deau y daeth corff rhyddiaith yr Oesoedd Canol, o'r hyn lleiaf, y llyfrau lle cadwyd y llenyddiaeth honno. Ac yn 1632 cyhoeddodd ei Eiriadur, ond cafodd lawer o ddeunydd ar gyfer hwnnw o'r Geiriadur a adawodd Syr Thomas Wiliems ar ei ôl. Ac y mae'r Geiriadur hwn yn parhau yn ei werth hyd heddiw.

Ond wedi amser y Dr. John Davies, a fu farw yn 1644, gellid tybied mai trai a fu yn hanes astudiaethau Cymraeg. O'r cyfnod hwnnw hyd ddiwedd y ganrif ni chyhoeddwyd un llyfr sy'n dangos fod y gwaith a gychwynnwyd gan ysgolheigion yr unfed ganrif ar bymtheg yn cael ei barhau. Y mae'n wir fod Thomas Jones yr Almanaciwr wedi ceisio ennyn diddordeb y werin mewn llenyddiaeth ac wedi cyhoeddi Geiriadur yn 1688 wedi ei seilio ar waith y Dr. John Davies ; eto cyn belled ag y mae a fynnom ag ysgolheictod, nid oes i'r gwaith hwn arwyddocâd o fath yn y byd. Ond tua diwedd y ganrif ceir cyfnod newydd yn dechrau, cyfnod a gychwynnwyd gan Edward Lhuyd, ac nid oes fodd inni iawn ddeall y ddeunawfed ganrif yng Nghymru heb fanylu arno ef ac ar ei waith.

Ond nid oes fodd inni ddeall gwaith Lhuyd heb wybod rhyw ychydig am hanes ysgolheictod Lloegr yn hanner olaf yr ail ganrif ar bymtheg, cyfnod tra disglair ar lawer ystyr, oherwydd wedi iddo ddyfod i gysylltiad ag ysgolheigion Lloegr yn Rhydychen y dechreuodd Lhuyd ar waith mawr ei fywyd. Cyfeiriwyd eisoes at y mudiad hynafiaethol yn yr unfed ganrif ar bymtheg, cyfnod Leland a Chamden yn Lloegr, a Syr John Prys a Humphrey Lhuyd yng Nghymru. Yn yr ail ganrif ar bymtheg gwelir ysgolheigion yn dechrau edrych ar y pwnc o safbwynt newydd, gan gredu mai gwaith cyntaf haneswyr ydyw casglu'r defnyddiau, ac yn arbennig, cyhoeddi casgliadau cywir a chyflawn o'r deunydd a geid mewn llawysgrifau a hen gofnodion, cyfraniad pwysicaf ysgolheigion y cyfnod hwn. Rhoddid pwys ar ymchwiliadau lleol, ' local topographical investigation ', gan chwilio'n arbennig am arysgrifau, ac arferion gwlad a llên gwerin, pethau na roddid odid ddim pris arnynt yn y cyfnod blaenorol. Yr oedd cylch diddordeb llawer o'r ysgolheigion hyn yn ehangach ac yn cynnwys yr hyn a elwid yn ' Natural History ', sef gwyddoniaeth, ymchwiliad i bynciau fel llysieueg, daeareg, anianeg, cemeg, etc. Canolfan y mudiad hwn yn Lloegr ydoedd Rhydychen, a hynny'n gyntaf oherwydd bod Llyfrgell Bodley, a agorwyd yn 1602, yn cynnwys casgliad enfawr o lawysgrifau o bob math, a chofier bod hyn ganrif a hanner cyn agor Llyfrgell yr Amgueddfa Brydeinig yn 1753. Ac yn ail, yr oedd yn Rhydychen sefydliad digon anghyffredin yn y cyfnod hwnnw, sef Amgueddfa, a sefydlwyd gan ŵr o'r enw Elias Ashmole yn 1682, amgueddfa a gynhwysai greiriau o bob math. Nid rhyfedd, felly, fod cynifer o ysgolheigion rhagorol wedi eu magu yn Rhydychen yn y cyfnod hwn ;

gwŷr fel Syr William Dugdale a osododd yn ei *Antiquities of Warwickshire* safon newydd ynglŷn â chywirdeb a manylder a dulliau ymchwilio wrth ymdrin â hanes lleol ; a gwŷr fel Anthony Wood, hanesydd Prifysgol Rhydychen, a Thomas Hearne, is-geidwad yn Llyfrgell Bodley ac un o gyfeillion Lhuyd, a Robert Plot. Plot oedd ceidwad cyntaf Amgueddfa Ashmole a'r gŵr a roddes swydd is-geidwad i Lhuyd. Ysgrifennodd *Natural History* siroedd Rhydychen a Stafford, ac y mae'n ddiddorol inni sylwi, o gofio am a wnaeth Lhuyd yn ddiweddarach, fod Plot wedi trefnu taith trwy Loegr a Chymru ' for the discovery and recording of antiquities, customs and natural and artificial curiosities'. Gŵr arall a berthynai i'r cylch hwn ydoedd y Dr. William Wotton, ysgolhaig a ddysgodd Gymraeg ac a geisiodd wneuthur i lên Cymru yr hyn a wnâi ei gyfeillion i lên Lloegr, sef argraffu hen destunau, oherwydd paratoes argraffiad o *Cyfreithjeu Hywel Dda* (1730), a gyhoeddwyd wedi ei farw gan Moses Williams, gŵr y byddaf yn sôn amdano yn nes ymlaen. Dyma'r ymgais gyntaf i gyhoeddi hen destun Cymraeg mewn dull ysgolheigaidd.

Dylid cyfeirio at un pwynt arall. Teimlai'r ysgolheigion hyn mai un o'r prif anghenion, od oedd eu hymchwiliadau i fod yn drylwyr, ydoedd catalog o gynnwys y prif lyfrgelloedd fel y gallai'r casglyddion wybod am y deunydd y dylid ei gyhoeddi. Aethpwyd ati i groniclo cynnwys y llawysgrifau, a chyhoeddwyd catalog amhrisiadwy o gynnwys prif lawysgrifau Lloegr yn 1697, a diddorol sylwi mai'r gŵr a wnaeth fwyaf ydoedd Humphrey Wanley, un o brif gyfeillion Lhuyd.

Edward Lhuyd

Dyna a âi ymlaen yn Rhydychen pan ddaeth Lhuyd yno. Nid oes a fynnom yn awr â hanes Edward Lhuyd rhagor na dywedyd ei eni yn Llanfordaf yn ymyl Croesoswallt yn 1660, ac iddo fyned i Rydychen yn 1682, ac iddo ddyfod i gysylltiad â'r gŵr y cyfeiriais ato gynnau, sef y Dr. Robert Plot, ceidwad Amgueddfa Ashmole, amgueddfa a sefydlwyd, fel y gwelsom, y flwyddyn yr aeth Lhuyd i Rydychen. Dyna sut y dechreuodd ymhyfrydu yn y pynciau y cymerai Plot a'i gyfeillion gymaint o ddiddordeb ynddynt, sef gwyddoniaeth, ' Natural History ' a hynafiaethau. Gwnaethpwyd ef yn gynorthwywr i Plot, ac wedi i'r gŵr hwnnw ymddiswyddo yn 1690, cafodd ei le fel ceidwad yr Amgueddfa, a dyna fu ei waith hyd ei farw yn ŵr cymharol ifanc yn 1709.

Yn awr, y pwynt pwysig i'w gofio ydyw hwn, fod Lhuyd wedi ceisio gwneuthur i Gymru a'r gwledydd Celtaidd eraill, sef Llydaw, Cernyw, Iwerddon a Sgotland, yr hyn a wnâi ysgolheigion Rhydychen i Loegr, sef disgrifio eu nodweddion daearyddol, eu llysieueg, eu daeareg, eu hynafiaethau (gan gynnwys hen olion o bob math, yn gylchoedd cerrig, beddfeini, cestyll, mynachlogydd, arysgrifau, etc., eu croniclau, a phob math o ddogfennau a geid yn y llawysgrifau, y rhai a fai'n taflu goleuni ar hanes, yn ogystal ag ieithoedd y gwledydd Celtaidd, er gweled pa oleuni a daflai'r rheini ar yr hanes. Ac er mwyn cyflawni'r gwaith hwn, gwnaeth ddau beth :

(i) Dilyn y cynllun y bwriadasai ei bennaeth, y Dr. Robert Plot, ei ddilyn, sef teithio i chwilio am hynafiaethau, a llawysgrifau, a hen olion o bob math, ac i astudio daeareg, llysieueg, anianeg, etc. Llwyddodd Lhuyd i gael llawer o'i gyfeillion a boneddigion Cymru gyfrannu at gostau'r teithio trwy Gymru, Cernyw, Sgotland ac Iwerddon. Heblaw hyn, gyrrodd daflen yn cynnwys nifer o gwestiynau i bob plwyf yng Nghymru, cwestiynau yn ymwneuthur â hynafiaethau, llysieueg, daeareg, hen goelion a llawysgrifau, etc.

(ii) Gan fod y gwaith hwn yn ormod i un dyn ei gyflawni penderfynodd hyfforddi nifer o Gymry ieuainc yn y gwaith fel y gallent ei gynorthwyo ef, a pharhau'r gwaith wedi ei amser ef ; yn wir bwriadai sefydlu ysgol Geltaidd yn Rhydychen i wneuthur yr un math o waith ag a gyflawnid gan ysgolheigion Lloegr, gan bwysleisio gwaith ymchwil, cywirdeb a dull gwyddonol o weithio. Pan ddeuai Cymry ieuainc addawol i'r Brifysgol, llwyddai Lhuyd i gael gafael arnynt a rhoi iddynt swydd ' sub-librarian ' yn Amgueddfa Ashmole, neu swydd ' under-keeper '. Ychydig a wn am ddau o'r bechgyn hyn, sef William Jones a Robert Wyn, ond gwyddys mwy am y ddau arall, sef David Parry, gŵr o Sir Aberteifi a allai, meddai gwŷr a'i hadwaenai, gwblhau gwaith Lhuyd, onibai am feddwdod, a Moses Williams, gŵr arall o Sir Aberteifi, y caf sôn amdano yn nes ymlaen, oherwydd efô a geisiodd gyflawni rhai o fwriadau Lhuyd yn hanner cyntaf y ddeunawfed ganrif.

Nid oes amser yn awr i olrhain hanes Lhuyd a'i gynorthwywyr yn teithio trwy Gymru, Iwerddon, Sgotland, Cernyw a Llydaw; digon yw dywedyd bod Lhuyd, wedi iddo ddychwelyd i Rydychen yn 1701 (wedi bod i ffwrdd am ysbeidiau maith am gyfnod o bum mlynedd), wedi myned ati i roddi trefn ar y deunydd a gasglasai. Ac yn y flwyddyn 1707 ymddangosodd y gyfrol gyntaf a eilw yn *Archæologia Britannica*, un o'r llyfrau pwysicaf yn ddiamau yn hanes ysgolheictod Celtaidd. Dylwn efallai egluro yn y fan hon mai dyma'r unig gyfrol a gyhoeddwyd, oherwydd bu Lhuyd farw yn sydyn yn 1709 ; gwasgarwyd ei lawysgrifau oherwydd rhyw anghaffael yn Rhydychen, ac ni roddwyd gwybod hyd heddiw beth yn hollol oedd nodwedd yr holl ddeunydd a gasglasai Lhuyd. Bu'r diweddar Mr. Richard Ellis yn gweithio ar Lhuyd a'i lawysgrifau am flynyddoedd, ond bu yntau farw ysywaeth cyn cyhoeddi dim ond un ysgrif neu ddwy ar y pwnc.[1]

Geilw Lhuyd ei gyfrol gyntaf yn ' glossography ' oherwydd mai ymdrin â'r ieithoedd Celtaidd a wneir ; ysgol Geltaidd nid ysgol Gymraeg oedd yn ei fryd. Rhaid cofio o hyd am yr ysgolheigion Saesneg a adwaenai Lhuyd yn Rhydychen, Robert Plot, Thomas Hearne, Humphrey Wanley, awdurdod pennaf ei ddydd ar hanes llawysgrifau'r Saeson, ac yn bennaf George Hickes, ysgolhaig enwog yr ieithoedd Tiwtonig. Gallwn ddywedyd fod cyfrol y ' glossography ' yn bwysig o ddau gyfeiriad :

(i) Dyma'r ymgais gyntaf i egluro mewn dull gwyddonol gysylltiad yr ieithoedd Celtaidd â'i gilydd. Wrth gwrs nid efô oedd y cyntaf i awgrymu'r cysylltiad. Y cyntaf i wneuthur hynny oedd George Buchanan (1506-1582), Ysgotyn, athro ym Mhrifysgol St. Andrews. Astudiodd dystiolaeth yr awduron clasurol ynglŷn â hen drigolion yr Ynys hon, a'r cysylltiad a oedd rhyngddynt â hen drigolion Gâl, a chasglodd eu bod oll wedi hanfod o'r un cyff, sef y bobl a elwid gan yr awduron clasurol yn *Celtae*. Efô oedd y cyntaf i gysylltu'r Cymry a'r

[1] 'Some Incidents in the Life of Edward Lhuyd,' *Trans. Cymm.*, 1906-7, ysgrif a gyhoeddwyd eilwaith yn *Life and Letters of Edward Lhwyd*, Cyf. XIV o'r gyfres *Early Science in Oxford*, gol. R. T. Gunther, 1945.

Gwyddelod â'r Celtiaid. Ac er mwyn ategu ei ddamcaniaeth, dechreuodd astudio'r ieithoedd yn gymharol. Mewn gair, gellir dywedyd mai ef oedd y cyntaf i amcanu at gysylltu'r ieithoedd Celtaidd â'i gilydd, a hynny yn ei lyfr ar 'Hanes Ysgotland', a gyhoeddodd yn 1582. Yr oedd Dr. Davies yn dyfynnu geiriau Llydaweg yn ei Eiriadur, a bu Boxhorn, ysgolhaig o'r Iseldiroedd tua chanol yr ail ganrif ar bymtheg, yn ceisio egluro geiriau Galeg trwy gyfrwng y Gymraeg. Ac yn ei lyfr ar hanes y Galiaid, 1654, cyhoeddodd Eiriadur Cymraeg-Lladin y Dr. Davies yn ei grynswth, ac eithrio'r dyfyniadau o weithiau'r beirdd a roddir fel enghreifftiau. Ond nid oedd neb wedi myned ati i ddysgu'r ieithoedd yn drylwyr a'u hastudio mewn dull gwyddonol. Dylid egluro hefyd nad diddordeb mewn iaith, fel y cyfryw, a oedd gan Lhuyd—peth a ddatblygodd yn ddiweddarach ydoedd hynny—eithr diddordeb mewn astudiaeth o'r ieithoedd Celtaidd fel cyfrwng i egluro hanes cyntefig Ynysoedd Prydain. Dywed ar ddechrau ei lyfr :

> Having engaged to Add some Account of our *British* Antiquities to what had been publish'd by others ; Nothing after some Consideration, seem'd more proper to begin with, than an Essay of tracing out the Original Language, beyond what had been hitherto attempted ; nor any means likelier to prove Effectual therein, than the adding an Account of the Ancient Languages of *Scotland* and *Ireland* and the other Dialects of the *British* [oherwydd tybia Lhuyd, fel y gŵyr pawb sydd wedi darllen *Drych y Prif Oesoedd*, lle y mae Theophilus Evans yn dilyn Lhuyd yn ffyddlon, hynny yw yn ail argraffiad 1740, mai'r Gwyddelod oedd trigolion cyntaf yr ynys hon, ac mai Cymraeg wedi ei llygru ac wedi ei chymysgu ag ieithoedd Sbaen etc. ydyw'r Wyddeleg] . . . . The Inducement I had, was no other than a seeming Probability that such an Essay might in this Curious Age, contribute not a little towards a Clearer Notion of the First Planters of the Three Kingdoms, and a better Understanding of our Ancient Names of Persons and Places . . . . Another Prospect was, that such a Work would be an Acceptable Service, to all that are Curious in the Antiquities of the Ancient *Gauls* ; whose Language will I presume, upon a diligent Examination, be found to be in a great measure

retriev'd in the Second Title of this Volume, or *Comparative Vocabulary.*

Felly dysgodd y Llydaweg, yr Wyddeleg a'r Gernyweg, yr hon oedd yn y cyfnod hwnnw yn iaith fyw; a chan fod Lhuyd wedi clywed pobl yn siarad Cernyweg, y mae ei ddisgrifiad o'r iaith yn yr *Archæologia Britannica* yn hynod werthfawr i ni heddiw. Ac y mae'n cymharu geiriau'r ieithoedd Celtaidd, er mwyn penderfynu tebyg i beth oedd iaith y Celtiaid. Sylwer ar a ddywed yn y darn a ddyfynnwyd am iaith y Galiaid : ' whose Language will I presume, upon a diligent Examination, be found to be in a great measure retriev'd in the Second Title of this Volume, or *Comparative Vocabulary* '. Felly, dyma ddechrau cymharu'r ieithoedd Celtaidd mewn dull gwyddonol. Heblaw hyn, cymharu seiniau'r ieithoedd Celtaidd â seiniau'r ieithoedd Tiwtonaidd a'r Lladin a'r Roeg, etc. Hynny yw, y mae'n ymbalfalu i ddarganfod y dulliau a arweiniodd ieithegwyr yn hanner cyntaf y bedwaredd ganrif ar bymtheg i ganfod fod nifer o ieithoedd Asia a'r rhan fwyaf o ieithoedd Ewrob wedi hanfod o'r un famiaith. Y mae'r adran hon o ddiddordeb arbennig i'r sawl sy'n astudio hanes gwyddor Ieitheg, oherwydd gwelir Lhuyd yn ceisio darganfod y dulliau a ddilynwyd gan ieithegwyr mawr yr Almaen yn y ganrif ddiwethaf. Ac y mae'n bwysig inni sylwi iddo ddarganfod yr egwyddor fod iaith yn datblygu ac yn newid. Gwelodd, er enghraifft, fod *p* yn y Gymraeg a'r Llydaweg yn cyfateb i *c* yn yr Wyddeleg ; a bod *c* yn y Lladin a'r Gelteg yn cyfateb i *h* yn yr ieithoedd Tiwtonaidd. Gosododd sylfeini gwyddor ieitheg, ond ysywaeth, ni chafodd neb i'w ddilyn gyda'r gwaith hwn, ac ni sylweddolodd gwŷr y ddeunawfed ganrif yng Nghymru bwysigrwydd yr egwyddor a ddarganfuasai.

Cyn belled ag y mae a fynnom ag astudiaeth o'r iaith Gymraeg, ni ellir cymharu'r llyfr o ran pwysigrwydd â Gramadeg y Dr. John Davies. Nid oedd gan Lhuyd wybodaeth fanwl gywir y Dr. Davies am waith y penceirddiaid, ac yn wir nid yw'n deg inni ddisgwyl hynny ganddo, oherwydd nid dyna ei briod faes. Ond ceir yn y llyfr un datblygiad pwysig. Hyd yn hyn, y gweithiau a geir yn llawysgrifau'r Oesoedd Canol a'r cyfnod diweddar cynnar a gawsai eu hastudio gan ysgolheigion. Er enghraifft, Cymraeg y Gogynfeirdd, ac yn arbennig Cymraeg beirdd cyfnod y cywydd yw maes y Dr. Davies. Ond canfu Lhuyd fod gennym enghreifftiau o'r iaith yn perthyn i gyfnod cynharach, a bod honno'n lled wahanol i iaith y cyfnod canol a'r cyfnod diweddar cynnar. Yr oedd Lhuyd yn gyfaill i Humphrey Wanley a oedd yn astudio llawysgrifau Hen Saesneg (*Anglo-Saxon*), a thrwyddo ef daeth i wybod am lawysgrifau yn cynnwys Cymraeg, llawysgrifau a ysgrifennwyd yn yr un cyfnod â'r rhai Hen Saesneg. Gwelodd Lyfr St. Chad yn Lichfield a'r darnau Cymraeg ar ymylon y dail ; gwelodd y llawysgrifau Lladin hynny yn Rhydychen, y rhai sy'n cynnwys glosau Cymraeg. Pan oedd yng Nghaergrawnt darganfu lawysgrif Juvencus sy'n cynnwys glosau Cymraeg yn ogystal ag englynion, yr enghreifftiau cynharaf sydd gennym o farddoniaeth mewn llawysgrif. Sylweddolodd bwysigrwydd y pethau hyn i'r sawl a geisiai olrhain hanes yr iaith, ac argraffodd ddarnau ohonynt yn yr *Archæologia Britannica* ; ond ni ddaeth neb ar ei ôl i gymryd sylw ohonynt a'u hastudio. Yn wir, ni welodd neb eu pwysigrwydd wedi ei ddydd ef nes i'r Ellmynwyr, Zeuss ac eraill, ddechrau astudio'r ieithoedd Celtaidd yn y ganrif ddiwethaf.

Dyna rai pethau i ddangos pwysigrwydd llyfr Lhuyd wrth olrhain hanes astudiaeth o'r iaith Gymraeg a'r ieithoedd Celtaidd. Ond fel y dywedais, ni chododd neb i barhau ei waith yn y cyfeiriad hwn, ac i ychwanegu ato. Ond enynnodd ddiddordeb yn yr ieithoedd Celtaidd, a cheir gweled ei ddylanwad yn nes ymlaen ar waith gwŷr fel Lewis Morris.

(ii) Dyna'r rheswm cyntaf paham y mae'r *Archæologia Britannica* yn llyfr pwysig. Ond y mae'r llyfr yn bwysig o gyfeiriad arall ; ac wrth astudio hanes ysgolheictod Cymraeg yn y ddeunawfed ganrif, dyma'r ochr bwysicaf. Soniwyd eisoes am hanes y llawysgrifau Cymraeg ac am y modd y diogelwyd hwy gan foneddigion ac ysgolheigion Cymru yn yr unfed ganrif ar bymtheg a'r ail ar bymtheg, a hefyd at y ffaith na wyddai'r cyffredin, a hyd yn oed Gymry llengar, ryw lawer am eu cynnwys, gan eu bod wedi eu gwasgar ar hyd a lled y wlad mewn llyfrgelloedd preifat. Gwelai Lhuyd ei gyfeillion yn Rhydychen yn ceisio rhoddi trefn ar lawysgrifau Lloegr ac yn cyhoeddi catalog o'u cynnwys. Penderfynodd yntau wneuthur yr unrhyw wasanaeth i Gymru. Pan aeth gyda'i gynorthwywyr ar ei daith trwy Gymru, chwiliai am lawysgrifau, ceisiai gael caniatâd i fyned trwy'r casgliadau pwysicaf. Methodd â chael caniatâd i weled llyfrgell Hengwrt a Llanfordaf, ond cafodd fenthyg catalog mewn llawysgrif. Casglodd hefyd lawer o lawysgrifau ar hyd a lled y wlad, llawysgrifau y gwasgarwyd llawer ohonynt wedi ei farw. Ac felly cawn yn yr *Archæologia Britannica* gatalog o gynnwys llawysgrifau Cymru ; — catalog digon amherffaith, y mae'n wir, oherwydd gwelsom na chafodd na'r amser na'r cyfleustra i gyflawni'r gwaith yn briodol. Er hynny, ni ellir rhoddi gormod pris arno, oherwydd dyma am y waith gyntaf argraffu rhywbeth i roddi syniad i ysgolheigion a llenorion Cymru am y corff o lenyddiaeth a oedd ar gael yn llyfrgelloedd y wlad. Felly, dyma bennod bwysig iawn yn hanes ysgolheictod Cymraeg.

Manylais ar waith Lhuyd am mai efô ydyw tad ysgolheigion Cymraeg y ddeunawfed ganrif, ei waith ef a'u hysbrydolodd, ac efô a ddangosodd iddynt sut i weithio. Dywedais fod Lhuyd wedi marw yn 1709, ddwy flynedd ar ôl cyhoeddi rhan gyntaf ei waith, a chyn llwyddo i drefnu'r deunydd a gasglasai ar gyfer yr ail gyfrol, cyfrol y bwriadai iddi ymwneuthur â hanes ac â hynafiaethau'r gwledydd Celtaidd. Gwasgarwyd ei bapurau, ac er bod ganddo, fel y gwelsom, ysgolheigion ieuainc yn ei gynorthwyo, ni wnaethant odid ddim i gyflawni bwriadau eu meistr. Ac eithrio un ohonynt, sef Moses Williams.

Ond cyn mynd ymlaen dylwn gyfeirio at ddau beth. Yn gyntaf, mai'r dull a gymeraf wrth geisio olrhain hanes ysgolheictod Cymraeg yn y ddeunawfed ganrif ydyw ymdrin â llafur y gwŷr a ganlyn, sef Moses Williams, Lewis Morris o Fôn, gan gynnwys gwaith Cymdeithas Cymmrodorion Llundain, Ieuan Brydydd Hir, neu fel y galwai ef ei hun, Ieuan Fardd ac Offeiriad, ac arweinwyr Cymdeithas Gwyneddigion Llundain, sef Owain Myfyr, William Owen [-Pughe], Edward Jones, Bardd y Brenin, ac Iolo Morganwg. Oherwydd er nad oedd gysylltiad uniongyrchol rhwng y gŵr olaf a Chymdeithas y Gwyneddigion, eto bydd yn hwylus inni ei gynnwys yn y dosbarth hwn. Ac yn ail, fy mod yn gorfod cyfyngu'r ymdriniaeth i raddau helaeth i'r deunydd sydd wedi ei argraffu, peth digon anfoddhaol, gan fod llawer iawn o gyfraniadau pwysicaf

Moses Williams a Lewis Morris ac yn arbennig Ieuan Fardd yn aros o hyd heb eu cyhoeddi. Ac ni ellir egluro llawer o'r hyn sydd o hyd yn dywyll ynglŷn â'u hanes heb fyned yn ofalus trwy'r llawysgrifau a adawsant ar eu hôl.

Moses Williams (1685-1742)

Yr oedd Moses Williams yn fab i Samuel Williams, rheithor Llangynllo a Llandyfrïog yn ymyl Castell Newydd Emlyn. Yr oedd ei dad, Samuel Williams, yn ymddiddori mewn dysg Gymraeg, ac nid ei dad yn unig, ond llawer o wŷr eraill yn y cyffiniau hynny, sef y wlad y magwyd Theophilus Evans ynddi. Oherwydd nid oes fodd inni ddeall gwaith Theophilus yn sgrifennu *Drych y Prif Oesoedd* heb wybod am y bywyd llenyddol hwn yn Neau Sir Aberteifi a'r cylchoedd yn nechrau'r ddeunawfed ganrif. Felly, magwyd Moses Williams mewn gwlad lle y ceid o hyd lenorion a ymddiddorai yn yr hen ddysg Gymreig. Ond daeth dylanwad arall ar fywyd Moses Williams, sef dylanwad Edward Lhuyd. Aeth i Rydychen yn 1705, a phan oedd yn fyfyriwr bu'n cynorthwyo Lhuyd i drefnu ei ddefnyddiau. Graddiodd yn 1708, ac wedi graddio, cafodd ei urddo'n offeiriad. Bu yn Llanwenog, a Defynnog yn Sir Frycheiniog. Wedi hynny, yn 1732, aeth i Loegr, a bu farw yn Bridgwater yn 1742. Dyna yn fyr hanes ei fywyd. Ond ei brif ddiddordeb oedd parhau'r gwaith a gychwynnwyd gan Lhuyd. Ychydig o ddiddordeb a gymerai mewn hynafiaethau ac mewn iaith, er y dywedir iddo baratoi Gramadeg a Geiriadur Cymraeg. Dywed Theophilus Evans yn ei argraffiad cyntaf o *Ddrych yr Prif Oesoedd* (1716), wrth sôn am y rhai hynny a fu'n astudio'r iaith : ' Ac yr awr-hon y mae'r Parchedig Mr. *Moses Williams*, B.A., trwy lafurus boen a diwydrwydd wedi chwilio allan berffeithrwydd y cwbl, a'r y sydd bosibl i gael y ffordd honno : Canys mi allaf ddywedyd yn hŷ, na fydd wiw i neb ddisgwyl am ychwaneg o berffeithrwydd mywn Geir-lyfr a Gramadeg, nag y fydd yn y gwaith y mae efe yn ei osod allan ' (t. 117). Ni chyhoeddodd na'r Geirlyfr na'r Gramadeg. Astudio'r llawysgrifau fu gwaith mawr ei fywyd. Aeth casgliadau Lhuyd, o'r hyn lleiaf y rhan fwyaf ohonynt, o'i gyrraedd, wedi i Sebright,[1] gŵr bonheddig o Sais, eu prynu a'u claddu allan o gyrraedd ysgolheigion Cymru yn ei lyfrgell ym mherfeddion Lloegr, ond ymroes Moses Williams i gasglu ynghyd bopeth a geid yn y llawysgrifau. Ac fel y dywedais, dyna waith mawr ei fywyd, er iddo gael amser i gyfieithu ac i gyhoeddi llyfrau duwiol er hyrwyddo mudiad y Gymdeithas er Lledaenu Gwybodaeth Gristnogol ac i olygu argraffiad o'r Beibl Cymraeg dros y Gymdeithas honno yn 1718. Ac yn y cysylltiad hwn y mae'n ddiddorol sylwi iddo yn 1717 gyhoeddi rhestr o'r holl lyfrau Cymraeg a oedd wedi eu hargraffu o 1546 hyd 1717. Dyma'r ymgais gyntaf i gyhoeddi rhestr o lyfrau Cymraeg, ac felly, gellir edrych ar Moses Williams fel un o'r llyfryddwyr cyntaf yng Nghymru. Gwnaeth hyn fel y gallai gwŷr y Gymdeithas er Lledaenu Gwybodaeth Gristnogol wybod pa lyfrau a oedd eisoes yn yr iaith, llyfrau y gallent hwythau eu hailargraffu. Heblaw hyn, gwnâi Moses Williams yr un gwasanaeth i lyfryddiaeth Gymraeg ag a wnâi ysgolheigion Lloegr yn y cyfnod hwnnw i lyfryddiaeth Saesneg.

Fel y dywedais, ymroes Moses Williams i gasglu ynghyd bopeth a geid yn y llawysgrifau, y llawysgrifau a geid yn Hengwrt, yn Wynnstay, Cloddaith, Mostyn, yn Rhydychen, ac ar hyd a lled Cymru yn nhai'r boneddigion. Bu ei dad a'i gyfaill o Lanllawddog, Iaco ab Dewi, copïwr wrth ei grefft yn ôl pob tebyg, a gŵr hynod ddiddorol, yn copïo drosto. Ac fe wyddai, fel un o ddisgyblion Lhuyd ac fel cyfaill i rai o brif ysgolheigion Lloegr, fwy am ddyletswyddau copïwr a golygydd na neb a fu o'i flaen yng Nghymru, oherwydd y mae gan amlaf yn rhoddi'r hen destunau yn hollol fel y maent, nid eu troi a'u newid a'u diwygio fel y gwnâi llawer o'r hen gopïwyr, a'u sgrifennu yn orgraff eu cyfnod hwy eu hunain. Er enghraifft, ceir ganddo gopi o Lyfr Aneirin a wnaeth yn Hengwrt yn 1728, sy'n dilyn y llawysgrif wreiddiol, lythyren am lythyren, a llinell am linell, a thudalen am dudalen, hynny yw, yn null argraffiadau'r Dr. Gwenogvryn Evans. Ac y mae ganddo gopïau o'r Mabinogion, y Rhamantau, y Brutiau, y Cyfreithiau, y Trioedd, a thestunau rhyddiaith eraill y Canol Oesoedd megis Chwedleu Seith Doethon Rufein etc., a chredaf ei bod yn eglur iddo eu paratoi ar gyfer y wasg. Mae gennym brawf o hyn. Gwelir mewn llyfr

[1]Syr Thomas Sebright, Beechwood, Hertfordshire.

a gyhoeddodd gŵr o'r enw William Baxter (ysgolhaig o gyfaill iddo) yn 1719, sef *Glossarium Antiquitatum Britannicarum*[1], hysbysiad gan Moses Williams, fel y prawf nodiadau a geir yn ei lawysgrifau er nad enwir mohono yn yr hysbysiad, yn dywedyd:

> There is preparing for the Press a Collection of Writings in the Welsh Tongue, to the beginning of the Sixteenth Century, to be printed in Several Volumes .... at Five Shillings a Volume.

Ond ni chyhoeddwyd cynifer ag un gyfrol. Yr unig bethau a oedd yn ffrwyth ymchwil Moses Williams a ddaeth o'r wasg ydoedd *Repertorium Poeticum*, 1726, lle y rhoddir llinellau cyntaf awdlau a chywyddau'r beirdd yn nhrefn yr egwyddor, a *Cyfreithjeu Hywel Dda* yn 1730. Nid Moses Williams ei hun a ddug allan y *Cyfreithjeu* eithr y Dr. William Wotton, Sais a ddysgasai Gymraeg, ond diamau mai oherwydd i Moses Williams fwrw blynyddoedd i astudio geirfa'r Cyfreithiau y llwyddodd Wotton i gynhyrchu cystal gwaith. Bu Wotton farw yn 1726, a Moses Williams a ofalodd am ei argraffu etc.

Ni ellir llai na meddwl mai'r ddwy anffawd fawr a ddigwyddodd i ddysg Gymraeg yn y ddeunawfed ganrif ydoedd yn gyntaf, marw cynnar Lhuyd cyn medru sefydlu ysgol o ysgolheigion Celtaidd yn Rhydychen, ac yn ail, methu o Moses Williams â chyflawni a fwriadodd, sef cyhoeddi cynnwys y llawysgrifau. Oherwydd hyn gorfu i'r ysgolheigion a'u dilynodd, fel Lewis Morris, Ieuan Fardd ac Iolo Morganwg, wneud yr un gwaith, ac ymbalfalu yn y niwl, a phan argraffwyd ein hen lenyddiaeth tua diwedd y ganrif, gwnaethpwyd hynny pan oedd dysg Gymraeg wedi dirywio, a chan olygyddion anonest na feddent gydwybod yr ysgolhaig wrth drin hen ddeunydd.

Paham ynteu na lwyddodd Moses Williams ? Yn gyntaf oll, dylid dywedyd bod Moses Williams, fel Ieuan Brydydd Hir yn nes ymlaen, yn Gymro tanbaid. Y mae yn rhai o'i lyfrau yn pregethu hawliau'r Gymraeg. Yn wir, y mae'n eglur ei fod yn ormod o Gymro i foddio awdurdodau'r Eglwys yng Nghymru, yn y cyfnod pan ddechreuwyd penodi Saeson di-Gymraeg yn esgobion, a phan dybiai'r rheini mai gorau peth i'r wlad fyddai difodi'r Gymraeg. Nid oedd ganddynt unrhyw wrthwynebiad

[1]Gw. t. 27 uchod.

i gyhoeddi llyfrau duwiol i'r werin bobl yn Gymraeg—yn wir, gwelent fod hynny'n gwbl angenrheidiol od oeddynt am hyrwyddo crefydd a moesau da, ond ni fynnent weled neb yn ceisio pregethu hawliau'r iaith ac yn ceisio creu diddordeb yn yr iaith trwy argraffu llenyddiaeth yr Oesoedd Canol. Felly, ni chafodd Moses Williams odid ddim cefnogaeth, a dywedir mai gelyniaeth uchel swyddogion yr Eglwys a barodd iddo ymadael â Chymru ac ymsefydlu yn Lloegr. Dyna un rheswm. Ac yn ail, dylid cofio nad oedd yng Nghymru yn y cyfnod hwn ddosbarth o bobl a fyddai'n debyg o gefnogi gwaith o'r fath. Yn Lloegr, cefnogid yr ysgolheigion gan ddwy brifysgol, gan gymdeithasau dysgedig a chan ddysgedigion y brifddinas a boneddigion y deyrnas. Ond ni cheid dim tebyg yng Nghymru. Yr oedd y boneddigion, y rhan fwyaf ohonynt, wedi eu seisnigeiddio, ac er iddynt gynorthwyo Lhuyd yn ei ymchwiliadau, eto bu cryn rwgnach pan ddeallwyd mai'r ieithoedd Celtaidd ydoedd pwnc y gyfrol gyntaf ac nid hanes a hynafiaethau. Ychydig iawn ohonynt a gymerai ddiddordeb yn llenyddiaeth Cymru. Nid oedd prifysgol yng Nghymru, a'r unig sefydliad addysgol o'r nodwedd yma a ddaliai unrhyw fath o berthynas â Chymru ydoedd Coleg yr Iesu yn Rhydychen ; a cheir bod athrawon a chymrodyr a myfyrwyr y Coleg yn cymryd rhyw gymaint o ddiddordeb mewn pynciau Cymraeg ac yn tanysgrifio at lyfrau Cymraeg yn y ddeunawfed ganrif. A chymerai llawer o offeiriaid, hwythau, ddiddordeb mewn llyfrau ysgolheigaidd Cymraeg er gwaethaf yr ' Esgobion Eingl '. Ond nid digon y rhain mewn nifer i gefnogi anturiaeth debyg i'r un a oedd ym mryd Moses Williams. Ac felly, arhosodd ei gasgliadau mewn llawysgrifau, a cheir hwy heddiw yng nghasgliad Llansteffan yn y Llyfrgell Genedlaethol.

Lewis Morris o Fôn, a'r Cymmrodorion

Nid wyf am fanylu ar fywyd Lewis Morris rhagor na dywedyd ei eni yn 1701 ac iddo farw yn 1765, a bod ganddo ddau frawd, William Morris, swyddog yn y dollfa yng Nghaergybi, a Richard Morris, swyddog yn Swyddfa'r Llynges yn Llundain, a bod llythyrau'r tri brawd hyn, at ei gilydd, yn taflu goleuni llachar ar fywyd yng Nghymru yn y ddeunawfed ganrif. Gwyddom ei fod yn ffigur pwysig yn hanes y deffroad llenyddol yn y ganrif honno, ei fod yn un o feirdd y deffroad ac yn gyfaill i Oronwy Owen, Ieuan Brydydd Hir ac Edward Richard a bod y rheini yn edrych arno fel eu hathro a'u cyfarwyddwr, ond nid oes a fynnom â hynny yn awr. Fel ysgolhaig, gellir edrych arno fel un o ddilynwyr Lhuyd, oherwydd cymerai ddiddordeb yn yr iaith, mewn llawysgrifau Cymraeg, yn hanes llenyddiaeth Gymraeg, ac mewn hanes a hynafiaethau ; a hefyd fel Lhuyd, mewn gwyddoniaeth, sef daeareg, llysieueg ac anianeg. Yn wir, gellir dywedyd bod ei ddiddordebau yn rhy eang, ac oherwydd hynny iddo fethu â chyflawni gwaith gofalus mewn un gangen. Heblaw hynny, dylem gofio mai yn oriau hamdden prin dyn busnes yr astudiai'r pynciau y cyfeiriais atynt, oherwydd dyn busnes oedd yn gyntaf dim, yn gwneud map o draethau Cymru dros y Morlys, yn edrych ar ôl tiroedd y brenin yn Sir Aberteifi, yn gweithio gweithfeydd plwm yn y sir honno ac yn chwilio'n eiddgar am swyddi eraill dan y llywodraeth, ac yn cweryla â thirfeddianwyr Sir Aberteifi. Bywyd helbulus, llawn trafferthion, ac o gofio hynny, ni allwn ond synnu iddo gyflawni cymaint o waith fel ysgolhaig a llenor a bardd.

Yn gyntaf oll, gwelwn iddo geisio cyflawni'r un gwaith â Moses Williams, ac er mwyn gwneuthur hynny'n rhad, oherwydd gwelai nad oedd obaith iddo gael cefnogaeth y boneddigion a'r gwŷr ariannog, prynodd argraffwasg a dechreuodd argraffu llyfrau yng Nghaergybi, yr argraffwasg gyntaf yng Ngogledd Cymru. Ac yn 1735, dechreuodd gyhoeddi detholion o'r hen lenyddiaeth, sef *Tlysau yr Hen Oesoedd*, yn cynnwys cywyddau, darnau o drioedd, rhai areithiau a manion eraill, pethau gweddol boblogaidd, gan dybied y gallai ennill yr un cyhoedd ag a enillasai Thomas Jones yr Almanaciwr a Siôn Rhydderch, y cyhoedd a garai gerddi poblogaidd, ac areithiau yn null Richard Parry, hynny yw, i ennill clust y werin lawen. Ond methiant fu'r ymgais, ac nid ymddangosodd ond un tudalen ar bymtheg. Cawn weled yn nes ymlaen iddo geisio gwneuthur y gwaith hwn trwy gyfrwng Cymdeithas y Cymmrodorion.

Ond fel Edward Lhuyd, efallai mai ei brif ddiddordeb ydoedd hanes Prydain, a bu'n cynorthwyo rhai o haneswyr Lloegr, ac yn wir, efallai mai yn y maes hwn y ceir ei gyfraniad pwysicaf. Ceir digon o brofion iddo ymweled â phrif lyfrgelloedd y Gogledd, sef Hengwrt, Cors-y-gedol, etc., a chasglodd ef ei hun lawer o hen lawysgrifau. Gan ei fod yn gyfarwydd â'r hen lawysgrifau Cymraeg, gwelodd ei bod yn anhepgorol i'r hanesydd, cyn dechrau ysgrifennu hanes yr ynys hon yn yr hen amser, ddarllen croniclau Cymraeg, ac yn arbennig waith y Cynfeirdd. Y mae'n pwysleisio hyn yn ei lythyrau a'i ysgrifeniadau eraill. Y mae'n wir fod ganddo syniadau cwbl gyfeiliornus megis tybied ei fod wedi darganfod y brut Cymreig a oedd o flaen Sieffre o Fynwy, a brut a alwai yn Frut Tysilio oherwydd honni mai gwaith y Sant, Tysilio, ydoedd, sant a oedd yn byw yn y seithfed ganrif, a seiliai lawer o'i ddamcaniaethau ar y brut hwn. Wrth gwrs, nid yw'r brut a eilw yn Frut Tysilio yn ddim namyn peth cymharol ddiweddar, fersiwn wedi gadael allan lawer o bethau a geir gan Sieffre, er bod rhai pobl hyd yn oed heddiw yn tueddu i feddwl bod rhywbeth i'w ddywedyd dros farn Lewis Morris. Ac fel y rhan fwyaf o hynafiaethwyr y cyfnod, yr oedd pwnc y derwyddon yn tueddu i ormesu ar ei feddwl, pwnc y caf sôn amdano yn nes ymlaen. A choleddai syniadau hollol anghywir ynglŷn â datblygiad iaith ac ynglŷn â hanes yr iaith Gymraeg, syniadau a gawsai o wahanol ffynonellau, megis o waith y Llydawr Pezron, gwaith y caf sôn amdano eto.

Bu'n gweithio yn ystod y pymtheng mlynedd diwethaf o'i oes i gyflawni peth o'r gwaith y bwriadasai Lhuyd ei gynnwys yn yr ail gyfrol, sef ymdriniaeth â hanes y Celtiaid. Y mae pawb a ddarllenodd lythyrau'r Morrisiaid wedi gweled llu o gyfeiriadau at y gwaith hwn. Fe'i galwai *Celtic Remains : or the Ancient Celtic Empire described in the English Tongue. Being a Biographical, Critical, Historical, Etymological, Chronological and Geographical Collection of Celtic Materials towards a British History of Ancient Times.* Nis cyhoeddodd, ond tybiai ei gyfoeswyr fod y llyfr yn orchestwaith.[1] Ceisiodd Gwallter Mechain ei gyhoeddi tua diwedd y ganrif, ond am ryw reswm nid ymddangosodd. Ni ddaeth allan o'r wasg hyd 1878 pan olygwyd ef gan Silvan Evans, a hynny yn null gwŷr y ganrif ddiwethaf, sef nid o'r llawysgrif wreiddiol sydd yn yr Amgueddfa Brydeinig eithr o gopi

[1]Ceir nodyn cynhwysfawr gan G. J. Williams ar y *Celtic Remains* yn *Llythyrau at Ddafydd Jones o Drefriw* (1943), 30-32.

nai Lewis Morris, mab Richard Morris. Ni cheir yma namyn y rhan gyntaf, ac erys yr ail o hyd mewn llawysgrif. Math o *onomasticon* ydyw'r rhan a gyhoeddwyd, sef rhestr o'r enwau priod ac o enwau lleoedd a ddigwydd yn y croniclau Cymraeg ac yng ngweithiau'r beirdd, gwaith digon defnyddiol hyd heddiw. Ei bwysigrwydd ydyw ei fod yn ffrwyth astudiaeth weddol fanwl o'r llawysgrifau, ac yn hynny o beth, y mae'n well na dim a oedd wedi ei wneuthur cyn hynny. Dyna gyfraniad arbennig Lewis Morris. Nid oedd yn ysgolhaig clasurol, nid oedd ganddo wybodaeth Lhuyd o'r ieithoedd Celtaidd, nid oedd wedi deall egwyddorion ieithyddol Lhuyd, ond fe wyddai fwy na neb yn ei oes, ac eithrio Ieuan Brydydd Hir, am gynnwys y llawysgrifau Cymraeg.

Ond efallai mai'r gwaith pwysicaf a gyflawnodd Lewis Morris a'i frodyr ydoedd sefydlu cymdeithas i noddi ymchwiliadau i hanes Cymru ac i hanes llenyddiaeth Gymraeg, sef Cymdeithas y Cymmrodorion, yn Llundain. Nid oes amser i fanylu ar gychwyn y Gymdeithas hon, ond gellir dywedyd mai'r gŵr a oedd wrth y llyw o'r cychwyn cyntaf oedd Richard Morris, ond fe brawf llythyrau'r cyfnod mai'r gŵr a'i cyfarwyddai oedd ei frawd Lewis. Eu hamcan oedd sefydlu cymdeithas debyg i'r clybiau llenyddol a oedd mor boblogaidd yn Llundain yn y cyfnod hwn. Fe'i sefydlwyd ym mis Medi 1751 ac fe drefnwyd i gyfarfod ar y nos Fercher gyntaf ym mhob mis mewn tafarn gyfleus. Rhoddir amcanion y gymdeithas yn y llyfr *Gosodedigaethau Anrhydeddus Gymdeithas y Cymmrodorion* a gyhoeddwyd yn 1755, llyfryn y mae ôl llaw Lewis Morris i'w ganfod yn weddol eglur ynddo. Dywedir mai ' ymgeleddu a diwyllio'r Frutaniaith, a chwilio allan Hynafiaeth ' ydoedd yr amcan pennaf mewn golwg, a chyn belled ag y gellid gwneuthur hynny, disgwylid i'r aelodau ymdrin â'r materion hynny yn yr iaith Gymraeg. Sefydlwyd llyfrgell ac amgueddfa i'r Gymdeithas, a gofynnwyd i'r llyfrgellydd brynu un copi o bob llyfr Cymraeg y gallai ddyfod o hyd iddo, a llawysgrifau, a llyfrau Saesneg a fai'n ymwneuthur â hynafiaethau Prydain. Golygid gohebu â dysgedigion, ac ymdrin â'r gohebiaethau hyn yn y cyfarfodydd. ' The Society also propose to print all the scarce and valuable *antient British Manuscripts*, with Notes Critical and Explanatory : To which End, the Possessors thereof are desired to communicate the same, that they may be preserved from being lost to the World.' 'And a Printer and Bookseller to the Society shall be appointed, for the better carrying on the said Publications.' Rhoir hefyd restr o 'Gyffredinol Byngciau o Bethau i'w hystyried a thraethu am danynt (ym mhlith eraill) yng Nghyfeillach Cymdeithas y Cymmrodorion,' o dan y penawdau 'Hynafiaeth', 'Barddoniaeth a'r Iaith Gymraeg', 'Defodau ac arferion presennol y Cymru', 'Philosophyddiaeth Anianol', 'Gorchwyliaethau Llaw (*Manufactures*),' 'Ymofyniadau ynghylch y Byd Anweledig' (sef llên gwerin, oherwydd yr oedd Lewis Morris fel Twm o'r Nant yn credu yn y cyfryw bethau, megis canhwyllau cyrff, drychiolaethau, ysbrydion, etc.).

Y mae'n edrych yn rhaglen ysgolheigaidd a phwysig, ond rhaid dywedyd na chyflawnodd y Gymdeithas hon odid ddim, o'r hyn lleiaf, cyn belled ag y mae a fynnom â'r 'pyngciau cyffredinol' uchod a'r gohebu â dysgedigion ac â chymdeithasau dysgedig. Y gwirionedd yw hwn, nad oedd odid neb o'r aelodau yn gymwys i roi barn o fath yn y byd arnynt. Dywed Lewis Morris, a oedd yn Llundain ar y pryd, mewn llythyr a anfonodd at ei frawd William yn 1757: 'Nid oes ymysg y Cymrodorion yma neb a fedr ond prin ddarllen.' Cymry llawen yn cael cyfle i gyfarfod unwaith bob mis i ymddiddan ac i gyd-yfed. Gallwn ddyfynnu eto a ddywed Lewis Morris am ei frawd Richard, llywydd y Gymdeithas: 'I am afraid that foolish meeting of Cymmrodorion will make an end of him, for he stays there till one, two, three or four in the morning, and sometimes comes as far as his door (or has done it), and there sleeps till the watch awake him, or did use to sleep drunk on the vault for four or five hours and afterwards cough for a month.' Ac ni wnaethpwyd dim ynglŷn â chyhoeddi trafodion y Gymdeithas.

Ond er hyn oll yr oedd sefydlu'r Gymdeithas hon yn ddigwyddiad lled bwysig. Dyma o'r diwedd ganolfan i fywyd diwylliannol Cymru. Dyma ddechrau sefydlu cymdeithasau i noddi'r iaith Gymraeg, a llenyddiaeth Gymraeg, ac ymchwiliadau i hanes Cymru, ac ohoni y tarddodd y cymdeithasau a wnaeth gymaint yn y cyfeiriad hwn tua diwedd y ddeunawfed ganrif a thrwy'r bedwaredd ar bymtheg. Yr oedd yn rhyw fath o gefn hefyd i'r gwŷr hynny a geisiai gyhoeddi barddoniaeth Gymraeg yn y cyfnod hwn, gwŷr fel Dafydd Jones o Drefriw (a roddai C.C. ' Cymdeithas y Cymmrodorion ' fel gradd ar ôl ei enw ar wyneb-ddalen ei lyfrau) ; a Huw Jones o Langwm a Rhys Jones o'r Blaenau. Un o'r llyfrau pwysicaf a gyhoeddwyd y pryd hwn ydoedd *Gorchestion Beirdd Cymru* (1773) gan Rhys Jones, casgliad mawr o brif weithiau beirdd cyfnod y cywydd, a cheir bod Richard Morris wedi prynu hanner can copi ' for the use of the Cymmrodorion Society '. Heblaw hyn, cawn weled yn nes ymlaen mai'r Gymdeithas hon a ddechreuodd gynnig gwobrau am ddarnau o farddoniaeth ac a gychwynnodd y mudiad a ddatblygodd wedi hynny yn Eisteddfod y bedwaredd ganrif ar bymtheg.

Ieuan Fardd (1731-1788)

Nid oes gennyf amser i ymdrin yn fanwl â chyfraniad Evan Evans, Ieuan Brydydd Hir, neu fel y galwai ef ei hun, Ieuan Fardd ac Offeiriad. Disgybl i Edward Richard yn Ystradmeurig, bu yn Rhydychen, urddwyd ef yn offeiriad, a bwriodd ei oes yn gurad mewn gwahanol fannau yn Lloegr a Chymru, ac yn crwydro'r wlad yn myned o lyfrgell i lyfrgell ac yn byw i raddau ar garedigrwydd cyfeillion. Daeth yn fore i gysylltiad â Lewis Morris, ac efô a enynnodd yn Ieuan Fardd y diddordeb angerddol hwnnw mewn astudiaethau Cymreig. Bwriodd ei oes yn crwydro o lyfrgell i lyfrgell yn copïo popeth y deuai ar ei draws, a chredaf fod ganddo wybodaeth fanylach am gynnwys y llawysgrifau Cymraeg na neb a fu o'i flaen. Ceisiodd gael gan foneddigion Cymru, gan awdurdodau Coleg yr Iesu, gan Gymdeithas Cymmrodorion Llundain, ei gynorthwyo i gyhoeddi'r deunydd a gasglasai. Wedi ei farw aeth ei lawysgrifau yn eiddo Paul Panton o'r Plas Gwyn ym Môn, ac ohonynt y cafodd gwŷr y Gwyneddigion lawer o ddeunydd ar gyfer y *Myvyrian Archaiology*, fel y caf egluro eto. Yn wir, y mae darllen llythyrau Ieuan Brydydd Hir at wahanol foneddigion yn egluro pwysigrwydd y deunydd a gasglasai yn waith digon diflas—ysgolhaig mawr yn sgrifennu at wŷr na chymerent odid ddim diddordeb yn y pwnc.

Oherwydd yr oedd Ieuan yn ysgolhaig mawr, yr ysgolhaig

Cymraeg mwyaf yn y ddeunawfed ganrif, oherwydd, cyn belled ag y mae llenyddiaeth Gymraeg a'r iaith Gymraeg yn bod, yr oedd yn fwy nag Edward Lhuyd. Profir hyn yn eglur gan yr un llyfr ysgolheigaidd a gyhoeddodd, sef *Some Specimens of the Poetry of the Antient Welsh Bards* (1764). Teitl y rhan gyntaf ydyw hwn, rhan sy'n cynnwys cyfieithiadau Saesneg o rai o awdlau'r Gogynfeirdd ; yn yr ail, ceir traethawd Lladin ar y beirdd, *De Bardis Dissertatio* ; yn y drydedd, yr awdlau Cymraeg y rhoddwyd cyfieithiad ohonynt yn y rhan gyntaf. Y mae'n wir fod eraill fel Goronwy Owen wedi ceisio egluro rhai o weithiau'r Gogynfeirdd (a gwneuthur hynny, fel y gwelir yn llythyrau Goronwy Owen, yn rhyfeddol o dda) ond dyma'r ymgais drefnus gyntaf i ddehongli awdlau anodd a thywyll beirdd cyfnod y tywysogion. Rhaid inni gofio nad oedd gan Ieuan odid ddim offer at y gwaith ac eithrio Gramadeg a Geiriadur y Dr. John Davies; nid oedd dim wedi ei gyhoeddi er y cyfnod hwnnw a fyddai o'r help lleiaf wrth ddarllen yr hen farddoniaeth. Cyfeiria at hyn yn ei ragair at y Cymry o flaen y drydedd ran :

> ' i mae'n rhaid addef hefyd eu bod yn anhawdd afrifed eu deongli, o herwydd eu bod yn llawn o eiriau sydd yr awron wedi myned ar gyfrgoll : ac nid ydynt wedi eu heglurhau mewn un Geiriadur argraphedig nac ysgrifenedig a welais i. Ir oedd yr Athraw hynod o *Fallwyd*, yr hwn a astudiodd yr Iaith, er lles cyffredin y wlad, dros holl ddyddiau ei einioes, yn methu eu deongli. Ac ni wnaeth y dysgedig Mr. *Edward Llwyd* o'r *Musaeum*, gamp yn y byd yn y perwyl yma, er ei fod yn gydnabyddus â holl geinciau prifiaith *Prydain.* Ac yn ddiau o'r achos yma, nid oedd genyfi ddim ond ymbalfalu am ystyr a synwyr y Beirdd, mewnllawer man, oddiwrth flaen ac ol. Ir wyf yn rhyfeddu'n ddirfawr am rai o'r *Cymry* sydd yn haeru fod gwaith *Taliesin*, ai gydoesiaid *Aneurin Gwawdrydd*, *Llywarch Hen*, a *Merddin Wyllt*, yn hawdd eu deall. Yn ddiau nid wyf i yn deall mo honynt, ac i mae'r rhai dysgedicaf yn yr Iaith, y to heddyw, yn addef yr un peth . . . . Hyn a barodd i mi beidio â chyfieithu chwaneg o honynt y tro yma, rhag ofn imi, trwy fy anwybodaeth, wneuthur cam â hwynt.'

Dyna eiriau myfyriwr gonest, didwyll. Ac y mae'r nodwedd

yma i'w chanfod yn eglurach o gofio am a gymhellodd Ieuan i gyhoeddi cyfieithiadau, sef gwaith Saeson yn haeru nad oedd gan y Cymry hen lenyddiaeth o fath yn y byd. Yn y cyfnod hwn gwelwyd llawer o ddadlau ynglŷn â llenyddiaeth y gwledydd Celtaidd. Oherwydd yn 1760 a 1762 cyhoeddodd James Macpherson gyfieithiadau Saesneg o gerddi y dywedai i hen fardd Gaeleg o'r enw Ossian eu cyfansoddi ddeuddeg cant a rhagor o flynyddoedd cyn hynny, a bu dadlau ffyrnig ynglŷn â dilysrwydd y gwaith, a chyhoeddai llawer o feirniaid yn haerllug eu gwala nad oedd gan y Celtiaid hen lenyddiaeth o fath yn y byd. A'r peth sy'n synnu Ieuan ydyw hyn, fod Macpherson wedi llwyddo i ddeall cerddi mor hynafol, a'u cyfieithu mor ddidrafferth, ac yn ei ragymadrodd Cymraeg y mae'n awgrymu mai ffugwaith ydyw.

Dyma, felly, ddechrau astudiaeth drefnus o'r hen farddoniaeth, maes na chafodd odid ddim sylw hyd yn hyn. Ond ysywaeth, ni chododd neb ar ei ôl a allai barhau'r gwaith nes dechrau astudio'r iaith Gymraeg mewn dull gwyddonol yn hanner olaf y ganrif ddiwethaf.

Y Gwyneddigion

Cyfeiriasom eisoes at Gymdeithas Cymmrodorion Llundain. Yn y flwyddyn 1770 penderfynodd rhai o'r aelodau ifainc ffurfio cymdeithas arall, a fyddai'n fath o adain aswy i'r Cymmrodorion, gan nad oedd y gymdeithas barchus honno yn rhoddi sylw i ganu penillion gyda'r tannau. Efallai eu bod hefyd yn teimlo nad oedd y Cymmrodorion yn ddigon Cymreig eu hysbryd, nad oedd eu cyfarfodydd yn ddigon cartrefol. Beth bynnag, ffurfiwyd y Gymdeithas newydd yn 1770, ac fe'i galwyd yn Gymdeithas y Gwyneddigion. Ar y dechrau cyntaf cyfyngwyd yr aelodaeth i wŷr a hanoedd o Wynedd—neu Ogledd Cymru, fel y deallent hwy'r gair—ond yn y man, derbyniwyd aelodau o bob rhan o Gymru. A dyma'r Gymdeithas Gymreig bwysicaf a fu yn Llundain erioed. Parhaodd am tua phedwar ugain mlynedd, ac yn ystod y cyfnod hwnnw, llwyddodd i gyflawni llawer o fwriadau Moses Williams, Lewis Morris ac Ieuan Fardd, ac i gychwyn mudiadau a gafodd ddylanwad arhosol ar fywyd llenyddol Cymru. Ond cyn manylu ar y gwaith a gyflawnodd y Gwyneddigion, byddai'n well inni yn gyntaf roi ychydig o hanes yr aelodau pwysicaf, oherwydd, megis yn hanes y rhan fwyaf o gymdeithasau eraill, gellir priodoli ei gweithgarwch i ryw bedwar neu bump o aelodau.

Yn gyntaf, un o sylfaenwyr y Gymdeithas, sef Owen Jones, Owain Myfyr, gŵr o Lanfihangel Glyn Myfyr yn Sir Ddinbych. Daeth i Lundain yn brentis o gwrier, ac ymhen y rhawg, daeth yn ŵr cyfoethog. Ar wahân i'w fusnes, ei brif ddiddordeb oedd llenyddiaeth Gymraeg, ac ymunodd â'r Cymmrodorion. Ni ellir dywedyd iddo gymryd diddordeb deallus yn y pynciau hynny yr ymddiddorai Cymdeithasau Llundain ynddynt, ond eto, sôn amdanynt oedd ei hoff waith yn ei oriau hamdden. A'r peth pwysig yw hyn, ei fod yn fodlon gwario ei gyfoeth er hyrwyddo mudiadau Cymraeg. Fel y dywedasom, efô oedd sylfaenydd y Gwyneddigion, a hyd ei farw yn 1814, yr oedd ei air ef yn ddeddf yn ei gweithrediadau.

Ac yn ail, William Owen, neu fel y galwai ei hun yn nes ymlaen wedi cael etifeddiaeth yn Sir Ddinbych, William Owen [-Pughe] (1759-1835). Fe'i ganed yn Llanfihangel y Pennant yn Sir Feirionnydd, ac yna symudodd ei rieni i Egryn rhwng Abermo a Harlech. Cafodd ei addysg mewn athrofa yn Altrincham ger Manceinion, a daeth yn feistr ar yr iaith Saesneg a medru ei sgrifennu yn rhwydd ac yn ddidrafferth. Yn 1776 aeth i Lundain, ac yno y bu'n byw am dros ddeng mlynedd ar hugain. Ni ddywedir yn ei gofiant gan y Parch. T. Mordaf Pierce (1914) pa beth oedd ei waith, ond y mae'n eglur mai cadw ysgol i ferched oedd ei waith yn ystod y cyfnod a dreuliodd yn Llundain. Wedi bod yn Llundain am chwe blynedd, cyfarfu â rhai o aelodau'r Gwyneddigion, ac yn 1783 fe'i derbyniwyd yn aelod o'r Gymdeithas. Ac o'r flwyddyn honno ymlaen, yr iaith Gymraeg a llenyddiaeth Gymraeg fu ei brif ddiddordeb, ac yn herwydd ei waith, daethpwyd i'w ystyried yn awdurdod, yn wir, y prif awdurdod, ar y pynciau hynny, a pha beth bynnag a feddyliom amdano, gorfydd arnom roi sylw arbennig iddo, oherwydd ni chafodd neb fwy o ddylanwad ar ramadegwyr Cymraeg ac ar orgraff y Gymraeg yn y bedwaredd ganrif ar bymtheg na William Owen [-Pughe].

Gŵr arall a dderbyniwyd yn aelod yn yr un flwyddyn â

William Owen [-Pughe] ydoedd Edward Jones a elwid yn Fardd y Brenin (1752-1824). Hanoedd o deulu o gerddorion yn Llandderfel yn Sir Feirionnydd, ac etifeddasai lawer o'r wybodaeth draddodiadol a geid o hyd yn y ddeunawfed ganrif ymhlith y telynorion a'r ffidleriaid gwlad, gwŷr y gwylmabsantau a'r twmpath chwarae a'r pebyll, dosbarth a ddifodwyd gan y Diwygiad Methodistaidd. Yn 1783 cafodd ei wneuthur yn fardd ac yn delynor i Dywysog Cymru, er nad oedd y swydd hon yn golygu cyflog o fath yn y byd. Cyhoeddodd amryw gyfrolau yn ymdrin â cherddoriaeth Cymru ac â'r drefn a oedd ar y beirdd a'r telynorion a'r crythorion a'r datgeiniaid yng Nghymru yn yr hen amser, llyfrau fel *Musical and Poetical Relicks of the Welsh Bards* (1784, 1794 etc.), a'r *Bardic Museum* (1802), llyfrau a gafodd ddylanwad mawr, nid yn unig fel cyfraniad pwysig i hanes llenyddiaeth Gymraeg, ond hefyd ar y Mudiad Eisteddfodol y caf sôn amdano yn nes ymlaen.

Gŵr arall a fu'n cydweithio â'r Gwyneddigion, er na bu yn aelod ohoni ond ar ysbeidiau pan oedd yn ymweled â Llundain ydoedd Edward Williams, Iolo Morganwg (1747-1826). Nid yw'n rhan o'm gwaith i yn awr ymdrin â'r gŵr hwn, eithr gellir dywedyd mai ef oedd y gŵr mwyaf amryddawn, dysgedig a galluog ohonynt i gyd. Er mai ym Morgannwg y bwriodd y rhan fwyaf o'i oes, eto mewn cysylltiad â'r Gwyneddigion y cyflawnodd y rhan fwyaf o'i waith, ac nid oes fodd ei egluro heb wybod am eu gweithgarwch hwy. Pan oedd yn eu cwmni hwy y daeth i wybod am fudiadau llenyddol ac ysgolheigaidd y ddeunawfed ganrif, a'u dylanwad hwy sy'n cyfrif i raddau helaeth am y pethau rhyfedd a gyflawnodd.

Gellir ymdrin â gwaith y Gwyneddigion o dri chyfeiriad :

(i) Cyhoeddi'r llawysgrifau Cymraeg.
(ii) Llafur ieithyddol y Dr. William Owen [-Pughe].
(iii) Yr Eisteddfod a'r Orsedd.

(i) *Cyhoeddi'r Llawysgrifau Cymraeg*

Gwelsom eisoes wrth roddi hanes ysgolheigion Cymraeg y ddeunawfed ganrif, Moses Williams, Lewis Morris ac Ieuan Fardd, eu bod yn sylweddoli mai'r prif waith y dylent ei wneuthur er hyrwyddo astudiaethau Cymraeg ydoedd cyhoeddi cynnwys y llawysgrifau. Gwelsom iddynt fethu â gwneuthur odid ddim oherwydd na cheid yng Nghymru ddosbarth a deimlai ddigon o ddiddordeb yn y pwnc i'w cefnogi, er bod Moses Williams ac Ieuan Fardd wedi bwrw eu hoes i gasglu defnyddiau. Er sefydlu Cymdeithas y Cymmrodorion yn 1751 gyda'r amcan o hyrwyddo hyn, eto ni chyflawnwyd odid ddim ar wahân i gefnogi gwŷr fel Rhys Jones o'r Blaenau. Felly, penderfynodd y Gwyneddigion, neu'n hytrach Owain Myfyr a dau neu dri o'i gyfeillion, fyned ymlaen â'r gwaith. Ac yr oedd y peth yn bosibl yn awr, yn gyntaf gan fod casgliadau'r Morrisiaid ganddynt yn Llundain, oherwydd wedi marw Richard Morris, hen lywydd y Cymmrodorion, aethai llawysgrifau Lewis a William Morris i Lyfrgell y Gymdeithas honno yn yr Ysgol Elusennol a gadwai Cymry Llundain yn Gray's Inn Road, ac yno yr oeddynt o hyd, er i Gymdeithas y Cymmrodorion farw yn 1787. Ac yn ail, aeth casgliad mawr Ieuan Fardd yn eiddo i Paul Panton o'r Plas Gwyn yn Sir Fôn wedi i Ieuan farw yn 1788, ac yr oedd Panton yn gwbl fodlon i roddi benthyg unrhyw ran o'r casgliad i Owain Myfyr. Ac yn drydydd, yr oedd Owain Myfyr ei hun, gŵr gweddol gefnog fel y dywedwyd o'r blaen, yn barod i ddwyn y gost. Yn 1787 dechreuasant ar y gwaith trwy benderfynu gwneud casgliad cyflawn o waith Dafydd ap Gwilym, casgliad a gyhoeddwyd yn 1789 dan olygiaeth Owain Myfyr a William Owen [-Pughe]. Cawsant eu deunydd yn llawysgrifau William a Lewis Morris. Y mae'r gwaith hwn yn ddefnyddiol hyd heddiw, gan ei fod yn cynnwys llu o gywyddau nas argraffwyd yn unman arall, ac y mae'n argraffiad digon teilwng er gwaethaf y rhagymadrodd sy'n cynnwys chwedlau di-sail am Ddafydd, ac er gwaethaf y cywyddau hynny a ffugiodd Iolo Morganwg.[1] Yn 1792 cyhoeddwyd gwaith Llywarch Hen gyda chyfieithiad gan William Owen [-Pughe]. Erbyn hyn yr oedd gweithgarwch y Gwyneddigion a'r Eisteddfodau y dechreuwyd eu cynnal yn 1789 yn dechrau creu bywyd llenyddol yng Nghymru, yn enwedig yn y Gogledd, ac yn ennyn diddordeb yr offeiriaid a'r boneddigion. Dechreuodd noddi llenyddiaeth Gymraeg ac ymchwiliadau

[1]Am ddadansoddiad o'r argraffiad, gw. T. Parry, '*Barddoniaeth Dafydd ab Gwilym* 1789', *Journal of the Welsh Bibliographical Society*, viii (4), July 1957, 189-99.

Cymreig ddyfod yn gamp fonheddig. Gwelir hyn yn y ffaith mai yn y cyfnod yma y dechreuodd cylchgronau Cymraeg ffynnu, er mai'r bywyd gwleidyddol a'r bywyd crefyddol a gynhyrchodd y cylchgronau cyntaf. Yn 1795 cafodd cyhoeddwr yn Llundain ddigon o gefnogaeth i gychwyn cyfrol flynyddol yn ymwneuthur â hanes a hynafiaethau a llenyddiaeth Cymru, ac i dalu i ŵr am ei golygu ; honno ydoedd y *Cambrian Register* a ddaeth allan yn 1795 a 1796, ac yn 1818. Teimlodd y Gwyneddigion y gallent yn awr fentro i gyhoeddi casgliad gweddol gyflawn o'n hen lenyddiaeth, ac addawodd Owain Myfyr ddwyn y gost. Hysbyswyd y bwriad hwn yn 1798 (eithr heb enwi Owain Myfyr) a dywedwyd bod Gwallter Mechain, Llywelyn Lloyd, ficer Caerwys, Dafydd Ddu Eryri, Richard Fenton o Abergwaun, Iolo Morganwg a William Owen [-Pughe] wedi eu dewis i drefnu'r defnyddiau, a gellid tybied eu bod yn amcanu cyhoeddi llawer o gyfrolau : 'it is intended that one volume of the work shall be ready at the commencement, and at the conclusion of each session of Parliament, yearly, till the work shall be compleated.'[1] Ond er enwi'r gwŷr hyn, disgynnodd pwys y gwaith ar ddau ohonynt, sef William Owen [-Pughe] ac Iolo Morganwg. William Owen [-Pughe] a drefnodd y deunydd a gasglasai'r Morrisiaid ac Ieuan Fardd, fel y dengys y copïau sydd heddiw yn yr Amgueddfa Brydeinig. Efô a gymharodd y gwahanol gopïau gan nodi'r amrywiadau. Gwaith Iolo oedd ymweled â llyfrgelloedd Cymru i gymharu copïau ac i gopïo pethau nad oeddynt yng nghasgliadau'r Morrisiaid ac Ieuan Fardd, a thalwyd iddo am y gwaith hwn gan Owain Myfyr. Gwyddom hanes cyfraniad Iolo, oherwydd y mae'r llythyrau a anfonai at Owain Myfyr a William Owen [-Pughe] yn rhoddi cyfrif o'i oruchwyliaeth ar gael heddiw yn yr Amgueddfa Brydeinig. Llythyrau diddorol yn llawn o sylwadau gwreiddiol, o ragfarnau ac o newyddion preifat ynglŷn â llenorion a beirdd y Gogledd, megis Twm o'r Nant (' a scoundrel ') a Dafydd Ddu Eryri (' dyn twyllodrus a lleidr llyfrau '). Yn ystod Haf a Hydref 1799 aeth i Hafod yn Sir Aberteifi, lle yr oedd casgliad Johnes (sydd heddiw yn Llyfrgell

[1] Am drafodaeth lawnach, gw. G. J. Williams, ' Hanes Cyhoeddi'r Myvyrian Archaiology', *Journal of the Welsh Bibliographical Society*, x(1), December 1966, 2-12.

Rydd Caerdydd), i Hengwrt a thrwy Sir Ddinbych (lle y bu'n ymweld â Thwm o'r Nant) a Sir Gaernarfon i Sir Fôn i weled llawysgrifau Ieuan Fardd yn y Plas Gwyn, i drefnu pa rai ohonynt y dylid eu gyrru i Lundain. Ac felly, wedi gweithio caled am ddwy flynedd cyhoeddwyd y gyfrol gyntaf yn 1801, ac fe'i galwyd, o ran parch i Owain Myfyr, y gŵr a ddug y gost, *Myvyrian Archaiology*, cyfrol sy'n cynnwys gwaith y Cynfeirdd a'r Gogynfeirdd. Daeth yr ail allan yn yr un flwyddyn, ac y mae'n cynnwys casgliad o'r Brutiau, Brut y Brenhinoedd, Brut y Tywysogion, Brut Aberpergwm, etc. Ni ddaeth y drydedd allan hyd 1807, ac y mae honno'n cynnwys y Trioedd, y diarhebion a chopi o'r cyfreithiau. Ond ni chyhoeddwyd hanner y deunydd a gasglwyd. Talodd Owain Myfyr i Hugh Maurice, ei nai, am gopïo gwaith beirdd cyfnod y cywydd, ac y mae copïau'r gŵr hwnnw yn llenwi dros hanner cant o lyfrau yn yr Amgueddfa Brydeinig heddiw. Ac oherwydd i Owain Myfyr fethu â chyflawni'r bwriad hwn, ceir mai amherffaith ddigon oedd gwybodaeth llenorion ac ysgolheigion Cymru am waith beirdd cyfnod y cywydd trwy'r ganrif ddiwethaf, fel y dengys llyfrau Gweirydd ap Rhys a'r Parchedig J. C. Morrice. A hyd yn oed heddiw, er bod gennym gasgliadau o waith beirdd fel Iolo Goch a'i gyfoeswyr a Dafydd ab Edmwnd, Dafydd Nanmor, Ieuan Deulwyn, Tudur Aled a Wiliam Llŷn, eto nid oes gennym argraffiadau o waith beirdd mawr fel Iorwerth Fynglwyd, Lewis Morgannwg, Gruffudd Hiraethog, etc., etc.

Beth am y *Myvyrian Archaiology* ? Er nad oedd y Golygyddion yn ofalus i gael gafael ar y copïau cynharaf, ac er iddynt yn yr ail a'r drydedd gyfrol gyhoeddi llawer o ffugiadau Iolo Morganwg (megis Brut Aberpergwm a Brut Ieuan Brechfa a llawer o'r hyn a elwir yn Ddoethineb Catwg Ddoeth), eto y mae'n llawer gwell gwaith nag a ddisgwylid gan wŷr fel William Owen [-Pughe], yn enwedig y gyfrol gyntaf, cyfrol sy'n angenrheidiol i'r ysgolhaig Cymraeg hyd heddiw. Petai Moses Williams neu Ieuan Fardd wedi llwyddo i wneuthur y gorchwyl, cawsem yn ddiamau lawer amgenach argraffiad, ond eto, bu cyhoeddi'r cyfrolau hyn yn sylfaen i ysgolheictod Cymraeg yn y ganrif ddiwethaf. Byddai llyfr fel *The Literature of the Kymry* gan Thomas Stephens, Merthyr, yn gwbl amhosibl petai'r cyfrolau hyn heb ymddangos.

(ii) *Llafur ieithyddol y Dr. William Owen* [*-Pughe*]

Fel y gŵyr pawb ohonoch adwaenir y Dr. William Owen [-Pughe] yn gyffredin, nid fel prif olygydd y *Myvyrian Archaiology*, ond fel awdur Gramadeg Cymraeg a Geiriadur Cymraeg, a diamau mai dyma, ar un olwg, ei waith pwysicaf, oherwydd cafodd y llyfrau hyn ddylanwad mawr ar ramadegwyr Cymraeg trwy'r ganrif ddiwethaf, a hefyd ar orgraff y Gymraeg, un o'r pynciau y bu mwyaf o ddadlau arno yn y ganrif honno. Dechreuodd gyhoeddi ei Eiriadur Cymraeg-Saesneg yn rhannau yn 1793, ac ymddangosodd y gwaith cyflawn yn ddwy gyfrol yn 1803. Cafwyd hefyd, fel rhan o'r Geiriadur, *A Grammar of the Welsh Language*, ac yn 1808 cyhoeddodd Ramadeg wedi ei sgrifennu'n Gymraeg, sef *Cadòedigaet yr Iait Ċybraeg*.

Cymerwn y Geiriadur i ddechrau. Cyfeiriais eisoes at Eiriaduron Syr Thomas Wiliems o Drefriw a'r Dr. John Davies. Geiriadur y Dr. Davies oedd sail y geiriaduron a gyhoeddwyd wedi hynny, er enghraifft, un Thomas Jones yr Almanaciwr (1688), a geiriadur Saesneg-Cymraeg Siôn Rhydderch (1725)—y geiriadur Saesneg-Cymraeg cyntaf—yn ogystal â Geiriadur Cymraeg-Saesneg Thomas Richards, curad Llangrallo ym Mro Morgannwg, a gyhoeddwyd yn 1753. Dylid sylwi'n arbennig ar yr olaf, oherwydd dyma yn ddiamau, y pwysicaf o'r rhai a ddilynodd y Dr. Davies, ac i'r bobl sydd heb wybod Lladin, gwna'r tro yn lle un y Dr. Davies. Cynnwys hefyd ychwanegiadau o lyfr Edward Lhuyd, ac yn arbennig, eiriau wedi eu tynnu o dafodiaith Morgannwg. Darfu i hynny gythruddo'r Morrisiaid a Goronwy Owen : 'what has Glam[organ] words to do with Welsh', meddai Goronwy yn ei ddull snobyddol. Yn hyn o beth, yr oedd Richards, mewn ffordd, o flaen ei oes. Yr oedd llunio geiriaduron Cymraeg yn waith digon poblogaidd yn y ddeunawfed ganrif, a hynny i raddau, oherwydd bod cymaint o gyfieithu llyfrau o'r Saesneg i'r Gymraeg, yn enwedig llyfrau crefyddol, ac oherwydd bod llyfrau ar wahanol bynciau yn cael eu cyfansoddi yn y cyfnodau hyn. Cawn ŵr o'r enw William Gambold (1672-1728), offeiriad yn Sir Benfro, yn llunio geiriadur mawr Saesneg-Cymraeg, gydag enghreifftiau o wahanol ystyron geiriau mewn gwahanol gysylltiadau, geiriadur y methodd â'i gyhoeddi, ond a geir heddiw yng nghasgliad llawysgrifau Llansteffan yn y Llyfrgell Genedlaethol, Llsgr. 189. Bu'r llawysgrif yn eiddo offeiriad yn Llandochau'r Bont-faen ym Mro Morgannwg, John Walters (1721-1797), ac fe'i defnyddiwyd gan y gŵr hwnnw fel sylfaen y Geiriadur Saesneg-Cymraeg mwyaf o ddigon a gyhoeddwyd hyd hynny. Dechreuwyd ei gyhoeddi yn y Bont-faen yn 1770 ac fe'i gorffennwyd yn Llundain yn 1794. Y mae hwn yn llyfr defnyddiol hyd heddiw, a cheir ynddo lawer o eiriau newydd (megis y gair *geiriadur* ei hun) a enillodd eu lle yn yr iaith yn y cyfnod dilynol. Dyma sylfaen Geiriadur Saesneg-Cymraeg Silvan Evans (1852-58), yn wir, gwaith Walters ydyw cyfran lled helaeth ohono, er na chyfeiria Silvan Evans at hynny.

Heblaw hyn, dylem gofio yn y cyfnod hwn am y mudiad i lunio geiriaduron, fel y gwelir Dr. Johnson yn Lloegr yn llunio geiriadur Saesneg (1755), a'r clod a gafodd am hynny. Ac felly, pan ymunodd William Owen [-Pughe] â'r Gwyneddigion a dyfod i gysylltiad â gwŷr a etifeddasai amcanion ysgolheigion y ddeunawfed ganrif, a gweled cyfoeth llenyddiaeth Gymraeg yn llawysgrifau'r Morrisiaid a oedd yn y cyfnod hwn yn Llyfrgell y Cymmrodorion, daeth i'w fryd yntau astudio'r llenyddiaeth yma a llunio geiriadur a fyddai'n cynnwys y geiriau a geid ynddi. Dywed yn ei ragymadrodd i'r Geiriadur :

> ' Then ' meddai am y flwyddyn 1782, ' it was that chance threw me in the way of Robert Hughes (Robin Ddu o Fôn), the poet and judicious critic : and whose death, I have to lament, occurred on the 27th day of February, 1785. He introduced me to Mr. Owen Jones, and other founders of the Gwynezigion Society ; when I was astonished by discovering their treasures of British Manuscripts, of which I did not know before, that we had one in the whole metropolis. This gave new energy to my particular pursuits ; and laid the foundation for this dictionary, besides opening various sources of information towards completing it.'

Felly, bu tuag ugain mlynedd wrth y gwaith, yn darllen llawysgrifau a llyfrau ac yn trefnu'r deunydd a gasglasai. Y peth cyntaf y sylwodd pawb arno ydoedd maint y geiriadur ; cynhwysai gan mil o eiriau, ac ni chynhwysai un y Dr. Johnson namyn tua thrigain mil. Ac yn ail, sylwodd pawb ar y cyfnewidiadau a wnaeth yn orgraff y Gymraeg, yn enwedig y llythrennau newydd megis *z* am *dd*, ac *ç* (c â chynffon iddi) yn lle *ch*, *v* am *f* ac un *f* am *ff*. Cafodd ei feirniadu'n llym am ymyrryd â'r llythrennau gan feirdd a llenorion ac offeiriaid trwy Gymru benbaladr, er mai ychydig a dibwys oedd nifer y cyfnewidiadau a wnaethai wrth y rhai sydd yn llyfr 1808 *Cadôedigaeṫ yr Iaiṫ Ċyḃraeg.* Beth bynnag, creodd hyn gryn ragfarn yn erbyn y Geiriadur, fel y gwelir yn llythyrau'r cyfnod. Ychydig a'i beirniadodd am gyfnewidiadau pwysicach yn yr orgraff, peth a gafodd ddylanwad ar ramadegwyr a llenorion Cymru am ddegau o flynyddoedd wedi hynny.

O astudio'r Geiriadur yn onest, gwelir bod William Owen [-Pughe] wedi cyflawni cryn orchest. Er ei fod wedi newid orgraff y Gymraeg, er ei fod wedi llunio llu o eiriau newydd (a rhai ohonynt wedi dyfod yn rhan o'r iaith wedi hynny, megis y gair *ffaith*), ac er bod awdlau a phryddestau'r ganrif ddiwethaf, lawer ohonynt, wedi eu dinistrio oherwydd cynnwys geiriau gwneuthur Owen [-Pughe], er enghraifft, rhai o weithiau Dewi Wyn o Eifion, ac er bod ei ymgais i egluro tarddiad geiriau yn gwbl anghywir, ac wedi ei sylfaenu ar egwyddor hollol gyfeiliornus, ac er iddo gasglu fel enghreifftiau o bethau fel ffugiadau Iolo Morganwg, eto, er gwaethaf hyn oll, y mae'n Eiriadur eithriadol o bwysig. Yn gyntaf oll, dylid cofio mai geiriau a geir yng ngweithiau beirdd cyfnod y cywydd ac mewn peth o ryddiaith y Canol Oesoedd a eglurir gan y Dr. John Davies, er ei fod weithiau yn cyfeirio at farddoniaeth hŷn ; ond yma ceir casgliad llawer llawnach o'r hen eiriau ansathredig a ddigwydd yng ngweithiau'r Cynfeirdd a'r Gogynfeirdd, a dyfyniadau o'u gweithiau, a chais go dda i gyfieithu'r dyfyniadau hynny, pethau digon anodd fel y gŵyr pawb sydd wedi ceisio eu darllen. Y mae arnaf ofn fod y drwg a wnaeth Owen [-Pughe] mewn cyfeiriadau eraill wedi peri inni golli golwg ar hyn, ac ar yr help dirfawr a roddes y Geiriadur i ysgolheigion Cymraeg y ganrif ddiwethaf.

Beth am y Gramadeg a'i ymgais i ddiwygio orgraff y Gymraeg ? Er mwyn egluro ei waith yn y cyfeiriad hwn, rhaid cyfeirio'n fyr at y syniadau a oedd gan ramadegwyr ac ieithyddion y cyfnod blaenorol am ddatblygiad iaith ac am hanes yr iaith Gymraeg. Dylid cofio i ddechrau fod pawb bron a fu'n ymdrin â hanes datblygiad iaith cyn y cyfnod hwn yn credu mai'r sylfaen y dylid adeiladu arno ydoedd yr hanes a roir yn y Beibl yn Llyfr Genesis. Hynny yw, fod disgynyddion Adda yn siarad iaith arbennig ac i'r iaith honno gael ei chymysgu wrth adeiladu Tŵr Babel, a bod pob iaith ar wyneb y ddaear wedi hanfod o un o'r ieithoedd a siaredid wedi'r cymysgu, y mam-ieithoedd, neu'r ' cardinal languages ' fel y gelwid hwy. Tybiai llawer mai'r Hebraeg oedd yr iaith a siaredid cyn cymysgu'r ieithoedd yn Nhŵr Babel ; tybiai eraill mai hi oedd yr iaith a gadwodd fwyaf o elfennau'r famiaith gyntefig wedi'r cymysgu. Dechreuodd syniad ddatblygu yn yr unfed ganrif ar bymtheg a'r ail ar bymtheg fod y Gymraeg yn un o'r 'cardinal languages', ac felly fod cysylltiad agos rhyngddi a'r Hebraeg a mamieith-oedd eraill. Gwelir y syniad hwn yn rhagymadroddion Lladin y Dr. John Davies i'w Eiriadur a'i Ramadeg. Dyma a ddywed :

> I'm tyb i, y mae'r iaith hon (sef y Gymraeg), o gadewir imi ffurfio fy marn fy hun, o nodwedd mor wahanol i'r holl ieithoedd Ewropeaidd a Gorllewinol, o'r hyn lleiaf, fel y mae'r ieithoedd hynny yn y cyfnod hwn ac fel y buont am oesoedd lawer, ag nad oes unrhyw reswm o fath yn y byd dros dybied ei bod wedi hanfod o un ohonynt. Ac yr wyf yn cytuno â'r rheini sy'n tybied ei bod yn un o ieith-oedd Babel. Credaf ei bod yn un o'r mamieithoedd dwyreiniol, neu o'r hyn lleiaf iddi ddeillio'n uniongyrchol o un ohonynt. A chredaf fod yr iaith Gymraeg yn cytuno'n agos iawn â'r ieithoedd dwyreiniol yn ei geiriau a'i hymadroddion a'i chystrawen ac yn ei ffurfiad a'r modd y cynhyrchir ei seiniau.

A gŵyr pawb a welodd Eiriadur y Dr. Davies fel y mae'n dyfynnu geiriau Hebraeg i ddangos eu cytundeb â geiriau Cymraeg. Dyma'r syniad a ffynnai trwy'r ail ganrif ar bymtheg. Er enghraifft, cawn Charles Edwards yn ei lyfr, *Hanes y Ffydd*, yn dywedyd ar ddechrau ei bennod bwysig ar hanes y Ffydd ymhlith y Cymry (Arg. 1677, t. 150) :

> Diammau fod ein Cenedl ni er ys hir amser wedi gwlad-ychu yn yr ynys hon, a thebygol ei dyfod ar y cyntaf oddiwrth wledydd y dwyrein, gan fod cymaint carenydd rhwng ein iaith ni ag ieithoedd y parthau hynny. Mae ei llefariad yn aml fel yr Hebraeg yn dyfod oddiwrth gyffin-

iau y galon, o wraidd y geneu, ac nid fel y Saesonaeg oddiar flaen y tafod.

A cheir ganddo bennod (Pennod 31) yn ceisio profi bod ‘ cryn swrn o iaith y patrieirc[h] a’r prophwydi Sanctaidd yn y Gymraeg etto’. Dyry restr o eiriau Hebraeg sydd yn y Gymraeg, a dywed :

> Tybia’r dyscedig mai’r Hebraeg ydoedd yr vnig dafodiaith ym mhlith dynion o ddechreuad y bŷd hyd y cymyscedd yn Babel . . . . Ac maï’r iaith barchedig hon a lefarodd y dynion cyntaf cyn pechu, ac ym mha vn yr yscrifenwyd cymmaint o’r yscrythyrau yw mam y Gymraeg, ac mai’r Chaldaeg yw ei chwaer gelli ddeall wrth a ganlyn (h.y. y rhestr), yn ddiau wrth ystudio arnynt mi a ryfeddais ac a lawenychais weled geiriau fy ’ngwlâd mewn ieithoedd dieithr ydoedd mor oedranus ac anrhydeddus. Geiriau Groeg, Ladin, a Saesneg a hurddwyd ir Gymraeg ar flaen cleddyf, neu a ollyngwyd i mewn gyd a chwt masnach a dysceidiaeth, tra yw cyfansod[d]iad yr ieithoedd hynny yn anhebygol iddi. Ond y mae’r Hebraeg yn ollawl vn brŷd a gwêdd â hi.

A gwyddom am ddull byw Theophilus Evans o gyfleu’r ddamcaniaeth hon [arg. 1740, tt. 6-7] :

> [6] Nid oedd ond *un* Dafod-leferydd o’r blaen drwy yr Byd mawr, (sef yr *Hebraeg* yn ddilys ddigon,) Eithr y Ddaear, ag oedd cyn hynny *o un jaith ac o un Ymadrodd*, a glywai ei
> [7] Thrigolion ynawr yn siarad *deuddeg Iaith a thri-ugain* ; canys i gynnifer a hynny y mae hên Hanesion yn mynegi ddarfod cymmyscu y *fam-jaith* yr *Hebraeg* . . . . Ac yn y Terfysc mawr hwnnw, llawen jawn a fyddai gan un gyfarfod a’r Sawl a fai’n deall eu gilydd ; A hwy a dramwyent yma ac accw, nes cael un arall ; ac felly *bob un ac un*, i ddyfod ynghyd oll, ac aros gyda’i gilydd yn gynnifer Pentwrr ar wahan, y sawl ag oeddent o’r *un Dafodiaith*. A phwy oedd yn siarad *Cymraeg* y dybiwch chwi y pryd hwnnw, ond *Gomer* mab hynaf *Japhet*, ap *Noah*, etc., etc. . . . . . ap *Adda*, ap *Duw*.

Oherwydd tybid mai Gomer oedd tad y Cymry, syniad cyffredin yn llyfrau’r cyfnod ; ‘ canys,’ meddai Theophilus Evans, ‘nid oes ond y *Dim* lleiaf rhwng *Cymro* a *Gomero*, fel y gall un dyn, ie a *hanner llygad* ganfod ar yr olwg gyntaf'. 'Gwaith afreidiol ydyw profi peth mor eglur,' meddai.

Ond cyn i Theophilus Evans gyhoeddi ei lyfr, *Drych y Prif Oesoedd*, ymddangosasai dau lyfr a gafodd ddylanwad mawr ar ysgolheigion. Yn gyntaf, llyfr Lhuyd, *Archæologia Britannica* (1707). Nid yw Lhuyd yn ymhél â hanes tarddiad y Gymraeg a'i chysylltiad â'r Hebraeg, eithr yn hytrach â chysylltiad y Gymraeg ag ieithoedd Celtaidd eraill a chysylltiad yr ieithoedd hynny ag ieithoedd eraill Ewrob. Ac yn ail, *The Rise and Fall of States and Empires ; or the Antiquities of Nations, more particularly of the Celtae or Gauls.* Gwaith offeiriad o Lydawr o'r enw Paul Pezron ydyw'r gyfrol hon. Ysgrifennwyd hi yn Ffrangeg yn nechrau'r ddeunawfed ganrif, a chyfieithwyd hi i'r Saesneg gan ryw D. Jones a'i chyhoeddi yn 1706. Fel y dywedais, cafodd ddylanwad mawr ar ysgolheigion, a chawn weled llawer fel Theophilus Evans yn sôn o hyd ac o hyd am 'Pezron ddysgedig'.

Ymgais yw llyfr Pezron i olrhain hanes y Celtiaid. Dywed iddo ddarllen gweithiau awduron clasurol Groeg a Rhufain yn ogystal â gweithiau gwŷr fel Josephus ac eraill, ac iddo ganfod pethau na sylwodd neb arnynt cyn hynny. Y mae'n dilyn Josephus ac eraill trwy dybied mai disgynyddion Gomer, mab hynaf Japhet, oedd y Celtiaid, ac mai'r enw cyntaf a roid arnynt ydoedd y Gomariaid, enw a gawsant wedi ymsefydlu yn Asia Leiaf—yna iddynt ddyfod yn feistri ar Roeg a rhannau helaeth o gyfandir Ewrob. Yna galwasant eu hunain yn Titans, a buont yn feistri ar y gwledydd hynny am gannoedd o flynyddoedd. Yn wir, cymaint oedd eu bri fel y darfu i'r Groegiaid a'r Rhufeiniaid mewn canrifoedd ar ôl hynny edrych arnynt fel duwiau. Titaniaid oedd Saturn, Jupiter, etc., ond nid duwiau fel y tybiai'r Groegiaid a'r Rhufeiniaid eithr brenhinoedd nerthol. Enw arall arnynt oedd y Cimbri a'r Cimmeriaid, ac yn nes ymlaen galwasant eu hunain yn Geltiaid a Galiaid. Ac medd Pezron, ceir iaith y bobl hyn gan y Llydawiaid a'r Cymry, iaith wedi ei chadw yn ei phurdeb cysefin. Ac felly, gan fod y Titaniaid yn feistri Ewrob am gannoedd o flynyddoedd, ceir bod llu o eiriau Celtaidd yn yr iaith Roeg, yn y Lladin ac yn yr ieithoedd Tiwtonaidd. Darganfu Pezron ddeuddeg cant o eiriau Celtaidd yn y Lladin, ac wyth cant yng Ngroeg.

Dyna ddamcaniaeth Pezron, a derbyniwyd hi, wedi ei newid, gan y gwŷr mwyaf cyfrifol. Er enghraifft, gweler rhagymadrodd Lewis Morris i'r *Celtic Remains*, lle y cais ddangos mai'r Cymry a gadwodd iaith y Celtiaid yn ei phurdeb :

> 'That the present Cambro-British or Welsh language is for the most part the ancient Celtic tongue, once spoke by the Gauls and Britains, with a little mixture in it of the Latin brought into it by an intercourse with the Romans, and by the teachers of the Christian religion since, but that those Latin words are for the most part distinguishable from the Celtic.'

Gwelir yn eglur wrth ymgais Lewis Morris i egluro geiriau hen Gelteg nad oedd ganddo syniad am ddatblygiad iaith ; tybiai fod yr iaith Gymraeg wedi aros heb newid o'r cyfnod mwyaf cyntefig. Er enghraifft, tybiai mai ystyr *Titan* oedd ' tŷ tân ' ' house of fire ', gan eu bod yn addoli'r haul ; mai gair Cymraeg oedd *winter* a'i fod wedi deillio o ' gwynt oer '. Gwelir llu o'r tarddiadau hyn yn y llythyrau a anfonodd at ei frodyr.

Ac felly, trwy'r ddeunawfed ganrif ymgasglai rhyw ramant o gwmpas yr iaith Gymraeg ; yr oedd yn hen iaith, yn wir, yn un o'r ieithoedd hynaf yn Ewrob, ac yn chwaer iaith neu'n ferch uniongyrchol i'r Hebraeg. A thua chanol y ganrif, aethpwyd ymhellach fyth, a dechreuwyd honni mai hi oedd yr iaith a roddai inni'r syniad cliriaf am famiaith gyntefig dynoliaeth, cliriach o lawer nag a roddai astudio'r Hebraeg. Er mwyn egluro hyn dylid dywedyd fod nodwedd y famiaith gyntefig a siaredid cyn cymysgu'r ieithoedd ym Mabel yn bwnc y byddai athronwyr yn hoffi ymdrin ag ef ; hynny yw, ymdrinient ag ef fel pwnc athronyddol ac nid fel pwnc ieithyddol. Credai Locke, er enghraifft, mai seiniau syml ydoedd, ' it consisted only of mere arbitrary sounds, without any connection with nature'. Credai eraill bod egwyddorion arbennig yn penderfynu ystyr y seiniau hyn. ' The language, spoken by the primeval race of mankind, must have been of a more simple and more fixed character than any now known to the world. It is probable, that it consisted, at first, only of a few elementary sounds, spontaneously flowing from certain natural principles.' A'r ddamcaniaeth a ddechreuodd ffynnu yn hanner olaf y ddeunawfed ganrif oedd hon, mai'r iaith Gymraeg, fel yr iaith Geltaidd a gadwyd yn ei phurdeb cysefin, oedd wedi cadw ystyr arbennig y seiniau cyntefig hyn, ac felly, mai hi oedd disgynnydd uniongyrchol y famiaith gyntefig. Ceir Cymro o'r enw Rowland Jones yn credu hyn ac yn sgrifennu llyfrau i egluro'r ddamcaniaeth. Gŵr o Lanbedrog ydoedd, a ganed ef yn 1722 a bu farw yn 1774. Yr oedd yn fargyfreithiwr yn Llundain. Pa beth bynnag am ei waith fel bargyfreithiwr, gellir dywedyd mai efô oedd y ffolaf o ddigon o'r gwŷr a goleddai'r ddamcaniaeth hon. Dadansoddodd yr iaith Gymraeg er darganfod ystyron gwreiddeiriau'r famiaith, ac ysgrifennodd lyfr i egluro geiriau Saesneg a Lladin a Groeg yng ngoleuni'r ystyron a gedwid o hyd yn y Gymraeg. Enw'r llyfr yw *The Origin of Language and Nations*, a chyhoeddwyd ef yn 1764. Er enghraifft, ceir yn y gair *coffin* dri gair gwreiddiol *cau-fi-in* (to shut me in), *porchell* yn cynnwys *ap-'r-och-il* ' the offspring of the hog race ' ; *porcus* yn cynnwys *ap-'r-och* ' the offspring of the hog ' ; ac ystyr *rumour* ydyw *rhu-mawr* ' a great roaring '. Ysgrifennodd gwŷr eraill mwy synhwyrol na Rowland Jones lyfrau tebyg. Ac nid ym Mhrydain yn unig, eithr yn Ffrainc hefyd, lle y mae gwŷr Llydaw yn ceisio gwneuthur yr un peth. Y mae gŵr o'r enw Le Brigant (1720-1804) yn cyhoeddi mewn cylchgronau yn 1767 a 1768 ei fod wedi darganfod y famiaith gyntefig. ' Y mae'r famiaith gyntefig wedi ei chadw hyd heddiw ' meddai, ' gan ddisgynyddion mab hynaf Japhet. Rhoddwyd yr iaith hon i Adda, yna i Noah, ac yna gan Noa i Japhet a chan Japhet i Gomer, yr hwn a'i trosglwyddodd i'w ddisgynyddion Y Gomariaid neu'r Celtiaid neu'r Brythoniaid.'

Felly, dyna'r syniadau a goleddid gan lawer yn y cyfnod pan ddechreuodd William Owen [-Pughe] gymryd diddordeb yn yr iaith Gymraeg, ac y mae'n eglur iddo ef eu llyncu yn ddihalen. Dylid cofio un peth arall hefyd, fod gan y gwŷr yma syniadau arbennig ynglŷn â datblygiad y gwahanol rannau ymadrodd, a thybid mai dyletswydd gramadegydd oedd, nid disgrifio'r iaith fel y mae, fel y ceir hi mewn llyfrau ac ar lafar, eithr ei disgrifio yn unol â'r damcaniaethau hyn ; ei gwneuthur yn fwy perffaith, a dileu pethau sy'n afreolaidd. ' The chief business of grammars ', meddai Rowland Jones, ' is to aid and supply defects and imperfections in languages.'

Ac felly, y mae Gramadeg William Owen [-Pughe] yn wahanol i bob Gramadeg Cymraeg a ymddangosodd o'i flaen. Ond cyn manylu ar hynny, dylid dywedyd bod yr awdur wedi astudio'r hen lenyddiaeth wrth baratoi'r gwaith. Dyry enghreifftiau lu, yn enwedig o awdlau'r Gogynfeirdd, gyda chyfieithiadau, a phair hynny i'r Gramadeg edrych yn llawer gwerthfawrocach gwaith nag ydyw mewn gwirionedd. Y mae hefyd yn manylu ar orgraff gwahanol gyfnodau, adran ddigon defnyddiol i'r sawl a fynnai astudio'r hen lawysgrifau ; a cheir ymdriniaeth ddigon defnyddiol ar dreigliadau cysteiniaid dechreuol. Yr hyn sy'n andwyo'r Gramadeg ydyw ymgais William Owen [-Pughe] i drin yr iaith yn unol â'r damcaniaethau hynny y cyfeiriwyd atynt. Gwelir hyn yn arbennig yn yr adran ar y ferf, adran a gafodd ddylanwad ar bron holl ramadegwyr hanner cyntaf y ganrif ddiwethaf. Dyma a ddywed (gan ddyfynnu o'i lyfr *Cadwedigaeth yr Iaith Gymraeg*, sy'n gyfieithiad i raddau o Ramadeg 1803 : t. 42.)

> Er mwyn deall ansawdd perwyddiaid (oherwydd dyna'r term a ddefnyddiai am ferf, term a gafodd yng nghopi Iolo Morganwg o Ramadeg Einion Offeiriad) yn gyffredinawl, dylid ystyriaw y rhai cysefin, à ydynt sail yr holl berwyddiaid ereill ; canys, os edrychir yn fanwl, gwelir mai y perwyddiaid cysefin, *wedi eu dodi yn derfyniadau wrth enwau*, y sydd yn lluniaw y perwyddiaid ereill, yn mhob modd ac amser.
>
> Arddengys yn y perwyddiaid cysefin dri phrifansawdd: y cyntaf à arwydda ymmod yn unig (h.y. symud) ; yr ail, bod amser ; y trydydd, bod dynweddiad (being of person).

Hynny yw, tybia, fel y gwnâi damcaniaethwyr eraill yn y cyfnod hwn, mai'r berfau cysefin (h.y., yn y famiaith gyntefig) ydoedd y berfau sy'n golygu ' symud ' ac yn golygu ' bod ', hynny yw, yn Gymraeg, y ferf *myned* a'r ferf *bod*. Lluniwyd y berfau eraill oll o enwau, trwy ychwanegu'r berfau cysefin fel terfyniadau. Felly, er mwyn egluro'r pwynt yn fanwl, dyry restr o'r berfau cysefin :

> (t. 42 yn *Cadwedigaeth yr Iaith Gymraeg*)
> au, addu, athu, aethu, elu, myned.
> bod, bu, bi, bydd.
> yw, ydyw, ydi, oes.

oedd, ydoedd.
sy, sydd.
mae, ys, ydys.

Hynny yw, y mae'n cymryd holl stemiau'r ferf *myned*, sef *a*, *add* (addwyf), *ath* (athwyf), *aeth*, ac *el*, ac ychwanega atynt derfyniad berfenwol, sef *u*. Nid yw o wahaniaeth na cheir y ffurfiau hynny—rhaid ysgrifennu gramadeg i gydymffurfio â'r ddamcaniaeth. A chan ei fod yn credu mai'r berfau cysefin ydoedd terfyniadau'r berfau eraill, y rhai a luniwyd o enwau, dyry *carwyf* fel ffurf bresennol mynegol (a dilynwyd ef gan ramadegwyr y ganrif ddiwethaf, nes bod llawer iawn o ysgrifenwyr y ganrif ddiwethaf yn eu defnyddio fel ffurfiau presennol mynegol); ac yn waeth fyth, dyry *carwyd* fel yr ail berson unigol, *caryw* fel y trydydd unigol, a *carym*, *carych* a *carynt* yn y lluosog. Oherwydd dyletswydd gramadegydd ydoedd gwneuthur yr iaith yn berffaith, ' to aid and supply defects and imperfections in languages'. Yr oedd wedi darllen gweithiau'r Gogynfeirdd a beirdd cyfnod y cywydd a rhyddiaith y cyfnod canol yn ofalus wrth baratoi ei Ramadeg, ac wrth hel deunydd ar gyfer y *Myvyrian Archaiology*, eithr nid disgrifio'r iaith a welsai yn y gweithiau hynny ydoedd gwaith Owen [-Pughe] eithr llunio gramadeg yn unol â'r damcaniaethau a goleddid yn y cyfnod hwnnw.

Ond nid yn unig hynny. Ymyrrodd ag orgraff y Gymraeg. Dilynodd Siôn Dafydd Rhys ac Edward Lhuyd trwy ddyfeisio llythrennau newydd yn lle'r llythrennau dwbl, *dd* ac *ch* etc., sef *z* am *dd*, *ç* (*c* â chynffon) am *ch*, *f* am *ff*, a *v* am *f*, ac yn ei lyfr *Cadwedigaeth yr Iaith Gymraeg*, aeth ymhellach fyth. Eithr ni chafodd neb i'w ddilyn, a gorfu iddo yntau cyn diwedd ei oes, yn ei ail argraffiad o'r Geiriadur (1832), ymwadu â hwy. Eithr cafodd ei syniadau newydd am sillafu ddylanwad ar bron holl ramadegwyr y bedwaredd ganrif ar bymtheg ac ar y rhan fwyaf o'r llenorion, nes gwneuthur orgraff y Gymraeg yn bwnc dadlau trwy'r ganrif. Y peth cyntaf y dylid ei gofio yw ei fod, fel y dywedais eisoes, yn credu mai prif arbenigrwydd yr iaith Gymraeg ydyw ei bod yn cynnwys mwy na'r un iaith arall o seiniau cyntefig, y ' primitive words ', ac y dylid sillafu geiriau Cymraeg i ddangos tarddiad y geiriau. Dyma a ddywed yn *Cadwedigaeth yr Iaith Gymraeg* (1808), t. 12 :

> Geiriau o un sain gysefin, megys *am*, *da*, *ir*, ac ereill gyfryw, ynt ddefnydd yr holl eiriau cyfansoddawl y sydd yn yr iaith Gymraeg. Y geiriau o ddull nesaf i gyntefigion fal hyn á ddaw o gyfansoddi dau neu dri o honynt yn nghyd: megys *tâd*, *mam*, *gwynt*, *gwan*, *llais*, *tant*, *traeth*, a llawer ereill ; a chyd na byddo tro ar y llafar, nid yw y geiriau cyfansoddawl hyn ond o un hyd amser eu sain ag ydyw y cyntefigion ; a sill yw yr enw priawd arnynt. Lliaws o eiriau mân, tebyg iddynt hwy, mal cymalau mewn aelawd á fyddant yn sillau i luniaw geiriau hirion : megys, *daioni*, *gogoniant*, *goresgynwr*, *tragywyddoldeb*, a llaweroedd ereill.
>
> Harddwch yr iaith yw bod ei geiriau yn dangaws ei defnydd cysefin yn amlwg ; a chan hyny iawn yw ysgrifenu pob gair yn null ei ddefnydd, heb na mwy na llai o lythyrenau nog à fyddo yn ei rânau cysefin ar wahan, rhag cuddiaw ei ddechreuad neu ei darddiad.

Dyna chwyldroi orgraff y Gymraeg. Hyd yn hyn dyblid *n* ac *r* (ac *m* a llythrennau eraill weithiau) mewn geiriau fel *pennau*, *torri*, *hynny*, etc., a byddai'r rhan fwyaf o ysgrifenwyr Cymraeg yn gwneuthur hyn yn rheolaidd. Ond, meddai William Owen [-Pughe], ' these are common inadvertencies of orthography'. Er enghraifft, cymerwn y gair *pen*. Daw o *py*+*en*, dau air cysefin neu gyntefig, ac felly dylid sgrifennu *pen*, a'r hyn sydd yn y lluosog ydyw *pen*+*au*. Daw *tòri* (gydag acen) o *tòr*, a *tòr* o *ty*+*or*, felly dylid sgrifennu *tòri* i ddangos *ty*+*or*+*i*; daw *glàn* o *llan*, o *lly*+*an*, felly ni ddylid rhoddi ond un *n* er dangos y ffurfiad cysefin : daw *hỳny* o *hyn*, a *hyn* o *hwn* a *hwn* o *hy*+*wn*, etc., etc.

Daw'r egwyddor hon i'r golwg mewn cyfeiriadau eraill. Er enghraifft, cymerwn y gair *Cymro* a *Cymraeg*. Dyna ffurf y geiriau hyn erioed, ond yn yr unfed ganrif ar bymtheg pan ysgrifennid weithiau *Kambero* neu *Kembero* (megis yn nheitl llyfr William Salesbury *Oll Synnwyr pen Kembero ygyd*) a *Kamberaeg*, o dybied, gyda Sieffre o Fynwy, fod cenedl y Cymry wedi deillio o ŵr o'r enw Camber. Ond mynnai William Owen [-Pughe] sgrifennu *Cynmro* a *Cynmraeg* (a gorfu i Forgan John Rhys alw ei gylchgrawn yn 1793 yn *Gylchgrawn Cynmraeg*). Paham ? Am fod y gair *Cymro* wedi deillio o *cyn*+*bro* a *cyn* yn air cyntefig. Ni ddylid treiglo mewn achos tebyg i hwn, ac am yr un rheswm dylid sgrifennu *yn Mangor*, *yn Nghaerdydd*, etc. Nid oes amser yn awr i ddangos fel y troes *diben* yn *dyben*, *diddorol* yn *dyddorol*, etc., etc., i gyd i gydymffurfio â'i ddamcaniaethau ynglŷn â'r geiriau cysefin.

Oherwydd y dylanwad a gafodd ei waith ar ramadegwyr ac ar ysgrifenwyr Cymraeg yn y ganrif ddiwethaf, aeth enw William Owen [-Pughe] yn anathema yn y cyfnod diweddar. Erbyn hyn, y mae'r drwg a wnaeth wedi ei ddad-wneuthur ; y mae ei ffurfiau gwneuthur wedi diflannu o'n llenyddiaeth, mae orgraff y Gymraeg wedi ei sefydlu, ac felly, gallwn heddiw sôn amdano mewn gwaed oer. Y gwirionedd yw hyn : —bu'n anffodus yn ei gyfnod, cyfnod pan goleddid syniadau cwbl gyfeiliornus ynglŷn â datblygiad iaith a phan gredid mai dilyn y damcaniaethau hyn oedd swydd gramadegwr, ac nid disgrifio'r iaith fel y gwelid hi mewn gwahanol gyfnodau. Dylem gofio iddo weithio'n galed, yn gyntaf, i baratoi'r deunydd ar gyfer y *Myvyrian Archaiology* ac ar gyfer y *Geiriadur*, a bod pob ysgolhaig a'i dilynodd o dan ddyled drom iddo am y ddau wasanaeth hyn. Dyma'r pethau y dylem gofio amdanynt heddiw ymhen can mlynedd ar ôl ei farw.

(*iii*) *Yr Eisteddfod a'r Orsedd*

Ac yn nesaf, deuwn at ochr arall ar weithgarwch y Gwyneddigion, sef dechrau'r Eisteddfod ddiweddar ; ac y mae'n iawn inni gysylltu â'r mudiad hwnnw gychwyniad yr Orsedd, oherwydd pan oedd mewn cysylltiad â'r Gymdeithas yn Llundain y dechreuodd Iolo Morganwg gynnal cyfarfodydd a alwai'n Orseddau.

Er mai sefydliad diweddar yw'r Eisteddfod fel y gwyddom ni amdani, eto, gellir dywedyd fod y pethau hynny a wnaeth yr Eisteddfod ddiweddar yn bosibl, yn myned yn ôl, o leiaf, i ddechrau'r Oesoedd Canol, ac efallai, i'r cyfnod blaenorol. Er mwyn egluro hyn, dylem gofio fod y beirdd a'r telynorion a'r crythorion a'r datgeiniaid, y gwŷr a âi o gwmpas tai uchelwyr Cymru yn yr Oesoedd Canol, yn ffurfio Urdd ac iddi reolau caeth. Fel yr oedd crefftwyr eraill yn ymffurfio'n urddau, felly, y mae'r beirdd a'r cerddorion yn gwneuthur yr un peth. Ac os mynnai neb fod yn fardd neu'n delynor neu'n grythor neu'n ddatgeiniad, a chael hawl i fyw ar ei gelfyddyd, i fyned o gwmpas y wlad i ddiddori uchelwyr ar y tair gŵyl arbennig, y Pasg a'r Sulgwyn a'r Nadolig, ac ar neithiorau plant yr uchelwyr, a chael tâl arbennig am hynny, yr oedd yn rhaid iddynt fodloni'r athrawon, penaethiaid y gelfyddyd, eu bod wedi meistroli eu crefft. Onibai am hynny, ceid pob math ar oferddyn yn ymwthio i dai'r boneddigion. Felly, un o'r pethau a wnâi uchelwyr Cymru ydoedd gofalu bod gan y beirdd a'r cerddorion reolau arbennig ynglŷn â hyn, eu bod yn llunio rheolau caeth, a'u bod yn rhoi trwyddedau yn dangos graddau'r sawl a âi o gwmpas y wlad i glera. Dyna amcan yr Eisteddfodau a gynhaliwyd yng Nghaerfyrddin gan Ruffudd ap Nicolas tua chanol y bymthegfed ganrif, ac yng Nghaerwys yn yr unfed ganrif ar bymtheg. Ond nid oes dim sy'n hanfodol Gymreig yn y cyfarfodydd hyn. Ceid cyfarfodydd tebyg yn Lloegr, oherwydd cyn cyfnod argraffu llyfrau a phan oedd mwyafrif yr uchelwyr yn gymharol anllythrennog, yr oedd y cerddorion a'r gwŷr eraill a âi o gwmpas i'w difyrru yn y llysoedd yn elfen bwysig mewn cymdeithas, ac felly, gofelid na châi neb ond pobl gymwys hawl i fyw yn y dull hwn.

Gwrandewch ar y Comisiwn a roddwyd gan y Frenhines Elisabeth i foneddigion y Gogledd i gynnal Eisteddfod yng Nghaerwys yn y flwyddyn 1568 (neu 1567) :

> Wheras it is come to the knowledge of the Lorde President and other our said Cunsaill in our marches of wales that vagraunt and idle persons naming theim selfes mynstrelles Rithmers and Barthes, are lately growen into such an intollerable multitude within the principalitie of north wales, that not only gentlemen and other by theire shameles disorders are oftentymes disquieted in theire habitacions/But also thexpert mynstrelles and musicions in tonge and Coñyng therby much discouraged to travail in thexercise and practize of theire knowledges and also not a litle hyndred in theire Lyvinges and prefermentes. The refourmacion wherof and the putting of those people in order the said Lorde President and Counsaill have thought verey necessarye and knowing you to be men both of wysdome and vpright dealing and also of Experience and good Knowledg in the scyence / have apounted and aucthorized you to be Commissyoners for that purpose/ And forasmuch as our said Counsaill of late travayling in

> some parte of the said principalitie had perfect vnderstanding by credible report that thaccustomed place for thexecucion of the like Commissyon / hath bene heretofore at Cayroes in our Countie of fflynt, and that william mostyn Esquior and his auncestors have had the gyfte and bestowing of the sylver harpe appertayning to the Cheff of that facultie / and that a yeares warning at the least hath bene acustomed to be geaven of thassembly / and execucion of the like Commissyon. Our said Counsaill have therfore apoyntcd thexecucion of this Commissyon to be at the said towne of Cayroes the monday next after the feast of the blessed Trynitee which shalbe in the yeare of our Lorde god / 1568.

Felly, cyfarfod swyddogol ydoedd, yr uchelwyr a'r beirdd a'r cerddorion ynddo. Ac yn y cyfarfod rhoddid Cadair Arian, Tafod Arian, Telyn Arian, a Chrwth Arian i benaethiaid y gwahanol gelfyddydau, a cheid rheolau ynglŷn â rhoi trefn ar y beirdd, trefn ar y mesurau a gwneud y gynghanedd yn gaethach, a rheolau hefyd ynglŷn â'r tâl a roddid iddynt. Yr oeddynt hefyd yn trafod ymarweddiad y beirdd, sef pa bryd y dylent ymweled â'r tai, a pha nifer, a pha bethau yn hollol a ddylai'r disgyblion eu gwybod cyn cael graddau. Pan na byddai Eisteddfod, rhoddid graddau mewn neithiorau.

Ond daeth terfyn ar hyn oll yn yr ail ganrif ar bymtheg. Darfu am yr hen ddull Cymreig o fyw. Collodd yr uchelwyr eu diddordeb yn y beirdd a'u traddodiadau, ac yn yr oes newydd, nid oedd le mwyach i'r beirdd a'r cerddorion mewn cymdeithas. Wrth gwrs, rhaid cofio na ddigwyddodd hyn ar unwaith ; yr hyn a welwn ydyw nifer y beirdd a'r cerddorion yn mynd yn llai o un genhedlaeth i'r llall, ac nid oedd galw mwyach am gyfarfodydd i roi trefn arnynt, ac felly, bu farw'r hen Eisteddfod yn yr unfed ganrif ar bymtheg. Ond yr oedd y beirdd yn para i glera ym Morgannwg a Sir Aberteifi beth bynnag, ond nid oedd angen eisteddfod arnynt.

Ond ceid hefyd, yn yr hen gyfnod, gyfarfodydd answyddogol, sef nifer o feirdd yn cyfarfod â'i gilydd yn nhai'r uchelwyr i ganu englynion ar destunau penodedig a roddid ar y pryd, a'r uchelwr a rhyw bencerdd efallai, yn beirniadu. Cawn gyfeiriad at un cyfarfod felly tua diwedd yr unfed ganrif ar bymtheg yn

Llandaf yn nhŷ Canghellor yr Esgobaeth, offeiriad o'r enw William Evans—' canu ar wawd am y feistrolaeth '. A digon tebyg y ceid cystadlaethau tebyg yn nhai'r uchelwyr pan fyddai'r beirdd yn casglu ynghyd ar y gwyliau.

Un o'r datblygiadau diddorol yn y ddeunawfed ganrif ydoedd fod rhai mân feirdd wedi edfryd y cyfarfodydd cystadleuol hyn a'u galw'n ' eisteddfodau '—rhoddi iddynt yr enw a roid gynt ar gyfarfodydd swyddogol a gynhelid dan gomisiwn brenhinol. Ni wn pwy a ddechreuodd edfryd y cyfarfodydd hyn oherwydd nid oes gyfeiriad sicr (cyn belled ag y gwn i ar hyn o bryd) atynt yn yr ail ganrif ar bymtheg. Gwelais yn un o lawysgrifau Iolo Morganwg fod a fynnai'r gŵr da hwnnw, yr Esgob Humphrey Humphreys o Fangor a Henffordd, â'r mudiad, ac iddo annog y beirdd i sefydlu cyfarfodydd. Ni chefais unrhyw braw fod hyn yn wir. Y cyfarfod cyntaf y gellir bod yn sicr ohono ydyw hwnnw a gynhaliwyd ym Machynlleth yn 1701 neu 1702. Dywedir yn Almanac Thomas Jones am 1701 :

> Amrŷw o Brydyddion Sir Drefaldwŷn, Sir Aberteifi, a Sir Feirionedd, a ymgyttŷnasant, i ymgyfarfod ar y 24 Dŷdd o Fis *Mehefin*, 1701 yn Nhrêf *Machynlleth*, . . . A rhain oll a ymgŷttŷnasant i'r ymgyfarfod hwn, a ddymunasant arnaf gyhoeddi yn yr Almanacc hwn, eu bôd hwŷ yn ewŷllysio i bôb Prydŷdd, a chantor celfŷddgar drwŷ Gymru, eu cyfarfod, iw cynnorthwŷo yn y gymeracth honno, ar y Dŷdd, ac yn y Drêf a henwŷd uchod.

Ac yn Almanac 1706, dywedir :

> Bydded Yspys i Brydoddion rhodd-fawr, Arwydd-feirdd, Herodron, Darllenyddion, Athrawon, Cerddorion ac eraill, Fod Eisteddfod Awdurdodawl y Prydyddion, wedi ei threfnu iw chynnal yn Machgynlleth yn Sir Drefaldwyn, ar y 24 dydd o fis Mehefin, Ano Dom. 1706. Drwy Lafur a Gofal D.M. [sef Dafydd Manuel.]

Ceir hysbysiadau tebyg yn yr Almanaciau trwy'r ddeunawfed ganrif, yn ogystal â hanes y gweithrediadau. Gellir sylwi yn gyntaf mai yn Siroedd Trefaldwyn a Meirionnydd a Dinbych ac Aberteifi y cynhelid y rhan fwyaf ohonynt. Yn ail, mai mân feirdd y siroedd hynny a ymddiddorai ynddynt, ac mai'r mân feirdd hynny, megis Dafydd Manuel, gŵr o Drefeglwys yn Sir Drefaldwyn, a gwŷr yr Almanaciau, megis Thomas Jones a Siôn Rhydderch ac wedi hynny Siôn Cain, etc., a'u trefnai, ac y mae'r englynion etc., a gyhoeddwyd wrth roi hanes yr Eisteddfodau yn yr Almanaciau yn gwbl ddiwerth. Eu pwysigrwydd yw, eu bod yn dangos y diddordeb a gymerid o hyd yng ngherdd dafod. I'r pwrpas hwn, bu cyhoeddi *Grammadeg Cymraeg* Siôn Rhydderch yn 1728 yn ddigwyddiad pwysig, oherwydd ystyrid ef fel testun-lyfr i'r sawl a fynnai feistroli'r gelfyddyd, ac yn arbennig i ddysgu'r pethau y rhoddai'r mân feirdd yma gymaint pwys arno wrth ymdrechu am y feistrolaeth yn yr Eisteddfodau, sef y ' gorchestion ', megis englyn ag odl gudd, englyn ar yr un gytsain, englyn heb gytsain, englyn â'r hyn a elwid yn ' gynghanedd bencerddïaidd ', sef â chynghanedd gymhleth, neu gywydd ' ar groes gynghanedd rywiog ' i'w ganu ' wyneb yngwrthwyneb ', er enghraifft :

Cur y sy fawr, cerais ferch,
Cryd oerfawr, cariad eurferch.

Nid oedd a fynnai beirdd mawr y deffroad llenyddol â hwy o gwbl, Lewis Morris a Goronwy Owen ac Ieuan Fardd, er bod gennym brawf i Oronwy Owen fod mewn un Eisteddfod. Yn wir, edrychent ar feirdd yr Eisteddfodau fel ' beirdd bol clawdd '—gweler cyfeiriadau Goronwy Owen at Elisa Gowper a'i gymheiriaid. Yr unig un o feirdd pwysig y ganrif a fu'n ymhél â hwy ydoedd William Wynn o Langynhafal, yr hwn a wasanaethai weithiau fel beirniad.

Er mwyn egluro trefn y cyfarfodydd hyn, byddai'n werth dyfynnu'r cyfarwyddiadau a roir yng *Ngrammadeg Cymraeg* Siôn Rhydderch (1728), oherwydd y mae'n eglur mai disgrifio'r drefn a ffynnai yn y cyfnod hwnnw a wneir :

> Pan Ymgydgyfarfyddo'r gynnulleidfa ynghyd, yn ôl Rhybudd neu Wysiad Rhagflaenol, i ryw Drêf Arbennig neu Bentref, y mae'nt hwy'n gyntaf i ddewis Deuddeg o Wyr deallus yn yr Iaith *Gymraeg*, ac nid yn hynny yn Unig, eithr hefyd mewn Prydyddiaeth, a Barddoniaeth, ac Arwydd farddoniaeth, os bydd y cyfryw iw cael yn Farnwyr, y rhai hynny sy 'i roddi Testun i'r Beirdd i Ganu arno, naill ai mewn Englynion Unodl union, Cywydd, neu ryw un o'r

> pedwar Mesur ar hugain, ac nid mewn Dyri, Carol, neu ryw wael Gerddi, y rhai na fu wiw gan y Prif Feirdd gynt gymmaint a'i crybwyll, o herwydd nad oes Rheolau perthynasol iddynt. A'r Barnwyr sydd i Orchymmyn iddynt na Chanont Dduchan na Gogangerdd y naill i'r llall ; a rhoddi iddynt amser Cymmhesur i wneuthur bob un o honynt ei Englyn neu Gywydd, neu'r peth a welont hwy'n gymmwys. Y Cwest hyn sydd i dderbyn Henwau Cynnifer ac a fyddo yn bresennol, o'r Beirdd ar feder Canu, fel y gallont eu galw bob un wrth ei Enw mewn Trefn i'r Gadair, i ddatcan eu Cerdd ; a Chynnifer o'r Beirdd a gollo'r Gadair, sydd i addef hynny, mewn Papur, ai Draddodi i'r Prifardd, neu'r hwn a Ynnillo'r Gadair, ar Beirdd hynny a gollo, sydd i Yfed Iechyd y Prifardd ; ac i roddi bob un o honynt Chwecheiniog yn yr Odart i'r Prif Fardd.
>
> A hwnnw y fydd Pennadur arnynt, oni bydd iddynt hwythau ynnill mewn Eisteddfodau eraill.

Ni wn ai ymadrodd ffigurol ai peidio ydoedd ' ynnill y gadair ', ond pa un bynnag am hynny, dechreuwyd rhoddi cadeiriau derw sylweddol wedi i'r Gwyneddigion ad-drefnu'r Eisteddfod tua diwedd y ganrif, fel y caf egluro yn nes ymlaen.

Felly, dyma'r cyfarfodydd a droes y Gwyneddigion yn Eisteddfod fel y gwyddom ni amdani. Ond cyn manylu ar hynny, dylid cyfeirio yn gyntaf at un peth arall. Yn y flwyddyn 1780 cawn Gymdeithas y Cymmrodorion yn dechrau gwneuthur peth a ddaeth yn un o brif nodweddion yr Eisteddfod ddiweddar, sef yn cynnig gwobrau am ddarn maith o farddoniaeth, ac am ymchwil i hanes llenyddiaeth Gymraeg. Hynny yw, yn dilyn esiampl sefydliadau yn Lloegr a gynigiai dlysau am farddoniaeth ; er enghraifft, Prifysgol Rhydychen. Ceir mewn llawysgrif yn yr Amgueddfa Brydeinig rybudd i'r ' beirdd Cymraeg ' yn llaw Owain Myfyr, yr hwn oedd ar y pryd yn un o Ysgrifenyddion y Cymmrodorion (er ei fod hefyd yn y cyfnod hwnnw yn un o brif hyrwyddwyr y Gwyneddigion), yn eu hysbysu bod y Cymmrodorion yn cynnig ' bath arian ' i'r bardd a ddanfonai iddynt y farwnad orau i Richard Morris (brawd Lewis Morris), yr hwn a fuasai farw yn 1779, ac yn cynnig ' bath aur ' am y cyfieithiad gorau mewn rhyddiaith Saesneg o gân Aneirin, y Gododdin, gyda hanes y frwydr, a nodiadau ar y dynion a'r lleoedd a enwir yn y gân. Ni wn a dderbyniwyd cyfieithiadau, ond y mae hanes y marwnadau i'w weled yn llawysgrifau Owain Myfyr. Derbyniwyd amryw gyfansoddiadau gan wŷr fel Jonathan Hughes o Langollen, Dafydd Ionawr, Siôn Ceiriog a Richard Jones o Drefdraeth yn Sir Fôn. Penodwyd beirniaid, a phenderfynwyd mai awdl gynganeddol Richard Jones o Drefdraeth oedd yr orau ; ond wedi hynny, gwrthryfelodd amryw yn erbyn y dyfarniad hwn, a mynnid rhoddi'r wobr i awdl ddigynghanedd Siôn Ceiriog, un o golofnau'r Gwyneddigion. Cafodd yntau yr hyn a elwir yn ' honorary medal '. Ceir copïau o'r ddwy awdl hyn yn llawysgrifau Owain Myfyr, a dylid sylwi mai dyma'r enghreifftiau cynharaf sydd gennym o ' awdl ' ac o ' bryddest ' eisteddfodol. Cawn sylwi ar y pwynt hwn yn nes ymlaen.

Felly, dyma ddechrau oes cystadlu yng Nghymru. Tua'r un cyfnod, dechreuodd haneswyr gymryd diddordeb yn Eisteddfod y beirdd, ac yn y drefn a roddid ar y beirdd yn yr hen amser. Yr oedd ' Eisteddfodau'r Prydyddion ' yn un o'r pynciau y sonnir amdanynt yng *Ngosodedigaethau'r* Cymmrodorion fel pethau y dylid eu hystyried a thraethu arnynt yng ' nghyfeillach y Gymdeithas '. Ac yn 1778 cyhoeddodd Thomas Pennant o Sir Fflint, un o aelodau gohebol amlycaf y Gymdeithas, gyfrol gyntaf ei lyfr enwog *Tours in Wales*, ac ynddo hanes Eisteddfodau Caerwys yn yr unfed ganrif ar bymtheg, gyda manylion am y tlysau a roddid i'r beirdd a'r telynorion a'r crythorion a'r datgeiniaid. Ac yn 1784 cawn y gŵr hwnnw y cyfeiriais ato fel un o aelodau pwysicaf Cymdeithas y Gwyneddigion, Edward Jones, Bardd y Brenin a thelynor Tywysog Cymru, yn cyhoeddi argraffiad cyntaf ei lyfr, *The Musical and Poetical Relicks of the Welsh Bards*, ac yn rhoddi yn ei ragymadrodd maith hanes manwl am y beirdd a'r cerddorion yn yr hen amser, ac am Eisteddfodau Caerwys. Felly, nid rhyfedd i'r syniad dyfu yn y cyfnod hwn (pan oedd astudio hen hanes yn bwnc mor boblogaidd a rhamantus) y dylid, o mynnid cefnogi beirdd a cherddorion Cymru, yr hyn oedd yn un o brif amcanion Cymdeithasau Llundain, edfryd yr hen sefydliad, a'i ddefnyddio i gyrraedd yr amcanion hynny.

Dyna'r sefyllfa yn 1789. Yn nechrau'r flwyddyn honno, cynhaliodd mân feirdd Powys a'r cyffiniau un o'r mân Eisteddfodau a alwasom o'r blaen yn ' Eisteddfodau'r Almanaciau ', yn Llangollen. Un o hyrwyddwyr yr Eisteddfod honno oedd Thomas Jones, gŵr o Glocaenog yn ymyl Rhuthun, a oedd ar y pryd yn *exciseman* (neu, fel y dywedai ef, yn ' gyllidydd ') yng Nghorwen, a chan ei bwysiced yn hanes y mudiad hwn, dylid rhoddi ychydig o'i hanes, oherwydd nid oes gyfeiriad ato yn y geiriaduron bywgraffyddol. Yr oedd pedwar gŵr gweddol amlwg yn dwyn yr enw Thomas Jones yn y cyfnod hwn, sef y Methodist o Ddinbych, y curad o Creaton (a ffrind Thomas Charles o'r Bala), y Bardd Cloff o Lundain a'r gŵr yr ydym yn sôn amdano yn awr. Dywed Gwallter Mechain, yr hwn a'i hadwaenai yn dda, ei fod yn gyfarwydd â thair celfyddyd, sef barddoniaeth, arluniaeth a cherddoriaeth, ond nid yw'n debyg ei fod yn feistr ar un ohonynt. Yr oedd ganddo, er hynny, un gynneddf nid oes fodd rhoddi gormod o bris arni, sef awydd angerddol i hyrwyddo'r celfyddydau yng Nghymru, awydd a welir yn eglur yn y llythyrau a anfonai at ei gyfeillion. Efô, fel y caf ddangos yn nes ymlaen, a drefnodd Eisteddfodau'r Gwyneddigion, a thra bu ef wrth y llyw, cynhelid yr ŵyl yn flynyddol. Ond yn 1795 gwelodd awdurdodau Llundain yn dda ei symud o Ogledd Cymru i Fryste, ac yn y gymdogaeth honno y bu'n bwrw'r gweddill o'i oes, ymhell o Gymru a heb gysylltiad â'r bywyd a garai gymaint. ' Och y fi'n awr,' meddai, mewn llythyr a anfonodd at Edward Charles yn 1797, ' nid oes obaith imi weled na Chaerwys [lle y cynhaliwyd gŵyl 1798] nac un Eisteddfod yn rhagor; bellach rhaid im foddloni i ganu ffarwel i Gymru ac i'r Eisteddfodau hefyd.'

Dywed Gwallter Mechain mai Thomas Jones a feddyliodd am yr Eisteddfod fel cyfrwng i'r Gwyneddigion i noddi beirdd a llenorion Cymru, ac y mae ef ei hun yn dywedyd yr un peth mewn llythyr a anfonodd at Edward Charles yn 1810 : 'I have the vanity to say that I was the first Man that thought of reviving the Eisteddfod. It had engaged my thoughts from the age of 14 to my 26th year. Had not the Gwyneddigion granted my request (which was in the form of a Petition in 1789) the Eisteddfod might for what I know have remained dormant to this day.' Myn Edward Jones, Bardd y Brenin, yn ei lyfrau ar gerddoriaeth, mai ei awydd ef i gefnogi cerddorion Cymru a oedd y tu ôl i'r mudiad, ond y mae'n gwbl eglur, o ddarllen llythyrau'r cyfnod yng nghasgliadau Owain Myfyr mai Thomas Jones biau'r clod am drefnu'r Eisteddfod.

Yn union ar ôl y cyfarfod hwn yn Llangollen, sef tua dechrau 1789, ysgrifennodd at Gymry Llundain, gan mai Cymdeithas y Gwyneddigion ydoedd canolfan bywyd llenyddol Cymru, yn enwedig gan fod barddoniaeth a chanu gyda'r tannau yn ddau o'r prif byncíau yr ymdrinid â hwy yn y cyfarfodydd, gan dybio mai eu dyletswydd hwy ydoedd noddi mudiad o'r fath, a dyna sut y daeth i gysylltiad â Bardd y Brenin ac ag aelodau eraill y Gymdeithas. Cytunodd y Gymdeithas i noddi'r Eisteddfod fel cyfrwng i hyrwyddo llenyddiaeth a cherddorion, fel y dengys ateb William Owen [-Pughe]—llythyr sy'n ddogfen bwysig yn hanes yr Eisteddfod[1].—Awgrymir (1) Trefnu Eisteddfod flynyddol; (2) Cynnig gwobr o ariandlws (cadair arian yr hen ddull) am awdl—a hynny gan fod y Gymdeithas wedi etifeddu syniadau Goronwy Owen a'r Morrisiaid—a chael gwŷr cyfarwydd (sef Cymdeithas y Gwyneddigion) i feirniadu'r cyfansoddiadau, yn unol â'r safonau sefydlog y credid ynddynt gan feirniaid y ganrif honno. Gellid parhau i ganu englynion ar y pryd yn yr hen ddull, ond diflannu yn raddol a wnaeth yr arfer hon yn nes ymlaen. (3) Rhoddi ariandlws arall (telyn arian yr hen ddull) i'r datgeiniad gyda'r tannau. (4) Cynnig gwobrau am draethodau. (5) Trefnu'r Eisteddfod yn fan cyfarfod i feirdd a thelynorion Cymru, lle y gallent gyfarfod i ymdrin â materion a oedd yn dal cysylltiad â'u celfyddydau. 'Geill rhai honni,' meddai William Owen [-Pughe] yn ei lythyr fel Cofiadur y Gwyneddigion, 'mai nid felly arferion Barddoniaidd gynt. Cofied y cyfryw fod dirfawr ragoriaeth rhwng cyflwr Beirdd y cynamseroedd a Beirdd yr oes hon, sydd yn llwyr ddinoddiant ; heb ddim iw hannog i addurno'r Awen ond eu hunain hoffder iddi ; nid felly y lleill ; hwy a lochid dan Lywodraith y wlad, fal nad oedd raid iddynt ymofalu ynghylch eraill berwylion i wyro eu tueddfryd mewn unrhyw fodd.'

Dylid cofio i ddechrau nad oedd yn fudiad cenedlaethol. Canolfan y mudiad oedd y wlad rhwng y Bala a Dolgellau a Chorwen a Dinbych, hynny yw, Sir Ddinbych a rhannau o

[1]Cyhoeddwyd y llythyr, ynghyd â sylwadau manwl G. J. Williams arno, yn *Llên Cymru,* 1, 31-4, Gw. hefyd ei ysgrif 'Eisteddfodau'r Gwyneddigion', *Y Llenor,* xiv, 11-22, xv, 88-96.

Feirionnydd, ond deuai beirdd a cherddorion o bob rhan o Ogledd Cymru i'r Eisteddfod, ond nid oedd a fynnai Deheudir Cymru â'r mudiad o gwbl. Ymledu a wnaeth y mudiad i'r Deau yn ddiweddarach, ac y mae'n ddiddorol sylwi, fel y ceisiaf egluro yn nes ymlaen, mai math o ymgais i dynnu'r gwynt o hwyliau pobl y Gogledd oedd yr Orsedd a gychwynnwyd gan Iolo Morganwg tua'r un cyfnod, ymgais i ddangos eu bod hwy ym Morgannwg wedi cadw hen sefydliad llenyddol y Cymry yn ei burdeb cysefin, ac mai'r hen sefydliad hwnnw wedi llygru a barheid yn y Gogledd.

Cynhaliwyd Eisteddfod yng Nghorwen ym mis Mai 1789. Thomas Jones a'i trefnodd, a thrwy ei ynni yn sgrifennu at y Gwyneddigion ac yn gyrru ateb y Gwyneddigion at foneddigion ac offeiriaid Meirionnydd a Dinbych a'r Fflint, daeth llu o'r bobl hynny ynghyd. Felly, yn gyntaf, dyma'r Eisteddfod yn dyfod yn gyfarfod cyhoeddus, ac yn bwysicach fyth, yn gyfarfod ffasiynol. Oherwydd y dylanwad a oedd gan Gymdeithas y Gwyneddigion, daeth hyrwyddo Eisteddfodau yn gamp fonheddig. Cyhoeddwyd ynddi y byddai'r Gwyneddigion yn gyfrifol am y trefniadau o hyn ymlaen, eu bod yn cynnig ariandlws i'r bardd a ganai'r awdl orau, a'u bod yn cynnig gwobr am awdl ar y pwnc 'Ystyriaeth ar Oes Dyn' erbyn yr Eisteddfod nesaf, sef yr un a gynhaliwyd yn y Bala ym mis Medi. Mewn gwirionedd, rhyw fath o arbraw oedd Eisteddfod mis Mai yng Nghorwen ; yr Eisteddfod hon ym mis Medi oedd y gyntaf a oedd yn briodol o dan nawdd Cymdeithas y Gwyneddigion.

Felly, dyma ddyddiad eithriadol o bwysig yn hanes llenyddiaeth Cymru. Yn gyntaf, dyma ddechrau edrych ar yr Eisteddfod fel rhyw fath o ganolfan i'r bywyd llenyddol. Cynhaliodd y Gwyneddigion Eisteddfod yn flynyddol am rai blynyddoedd, ac yr oedd beirdd y Gogledd yn cyfarfod â'i gilydd yno yn rheolaidd ac yn ymdrin â'u celfyddyd ; mewn gair, crewyd bywyd llenyddol, peth a barhaodd i ddatblygu nes i'r mudiad ledu i'r Deau, a sefydlu Cymdeithas Daleithiol yn Nyfed yn 1818 gyda'r amcan arbennig o ehangu cylch gwasanaeth yr Eisteddfod, a gwnaethpwyd hynny yng Nghaerfyrddin yn 1819. Ac yn ail, sefydlu'r Awdl fel y ffurf lenyddol bwysicaf. Awdl, cân faith yn y mesurau caeth, oedd y math o gân y dylai beirdd Cymru ei meithrin, yn ôl barn y Gwyneddigion, syniad a gawsant drwy'r Cymmrodorion gan Oronwy Owen a'i gymheiriaid. Dywed Mr. Saunders Lewis mai ' cyflawni'r awydd am gerdd arwrol ' oedd eu hamcan,[1] ac ategir hynny gan y llythyrau a anfonodd Owain Myfyr a'i gyfeillion at Thomas Jones, y gŵr a drefnai'r Eisteddfodau cynnar. Hwy mewn ffordd a benderfynodd ffurf yr awdl ddiweddar. Er mwyn egluro hyn, dylwn ddywedyd mai ffurf gyffredin yr awdl o'r bymthegfed ganrif hyd yr unfed ganrif ar bymtheg ydoedd nifer o englynion ar y dechrau (a'r rheini'n gyngogion neu'n unodl) ac yna'r gweddill ar un o'r awdl-fesurau gan gynnal yr un odl. Ond canai rhai beirdd yr hyn a elwir yn ' awdl enghreifftiol ' (hynny yw, awdl yn cynnwys enghraifft o bob un o'r pedwar mesur ar hugain), gan gynnwys y cywyddau, ond yn y math hwn, cynhelid yr un odl yn yr awdl-fesurau. Erbyn dechrau'r ddeunawfed ganrif, ni feddai'r beirdd mo'r wybodaeth fanwl a oedd gan eu rhagflaenwyr, a gwelir hynny'n amlwg yn awdlau'r cyfnod. Er enghraifft, bardd o Langatwg, Castell Nedd, sef Rhys Morgan, yn canu awdl enghreifftiol i'w rhoi yng *Ngrammadeg* Siôn Rhydderch yn 1728, ac yn defnyddio odlau gwahanol yn y penillion a roir fel enghreifftiau o'r awdl-fesurau. Peth arall, dyry Siôn Rhydderch chwech o'r awdlau enghreifftiol hyn yn ei *Rammadeg*, ac felly, gan mai'r llyfr hwnnw oedd yr awdurdod ymhlith y beirdd yn y ddeunawfed ganrif, nid rhyfedd gweled y beirdd yn edrych ar awdl enghreifftiol fel cynllun normal awdl. A phan gynigiodd y Cymmrodorion wobr am Farwnad i Richard Morris, ceir iddynt ei rhoi i Richard Jones o Drefdraeth am awdl enghreifftiol, ond heb gynnal yr un odl yn yr awdl-fesurau. Ond os yw'r copi sydd gennym yn iawn, gadawodd allan rai o'r mesurau ; a dyna ddatblygiad go bwysig. Dyna'r sefyllfa pan gynigiodd y Gwyneddigion wobr am awdl ar ' Ystyriaeth ar Oes Dyn '. Derbyniasant ym mis Awst 1789 ddeuddeg o gyfansoddiadau, ac y mae pedwar ohonynt ar glawr heddiw, sef gwaith Rhys Jones o'r Blaenau, Twm o'r Nant, Dafydd Ddu a Gwallter Mechain. Cywydd byr yn yr hen ddull sydd gan Rhys Jones, ac felly fe'i bwriwyd o'r neilltu rhagblaen. Awdlau enghreifftiol sydd gan y lleill (ond bod Gwallter Mechain wedi

[1] 'Yr Eisteddfod a Beirniadaeth Lenyddol ', *Y Llenor*, iv, 33.

rhoi cywydd maith yn nechrau ei gân) a'r mesurau wedi eu cymysgu blith draphlith, heb gynnal yr un odl. Gwallter Mechain a enillodd, ond eto, nid oedd y math yma o awdl wrth fodd y Gwyneddigion. Fel y gwelsom, etifeddodd y Gwyneddigion syniadau llenyddol Goronwy Owen, a gwydd-och fod y gŵr hwnnw, yn rhai o'i lythyrau, yn sôn yn dra dirmygus am rai o'r mesurau, sef Gorchest y Beirdd, a'r rhupunt byr a'r rhupunt hir. Dyna'n union, felly, syniad y Gymdeithas a feirniadai'r cyfansoddiadau hyn, a rhoddasant gyfarwyddyd i'r beirdd yn Eisteddfod y Bala, sef cyfansoddi awdl enghreifftiol, ddi-drefn, ond bwrw allan y crach fesurau, sef y mesurau byrion, canu ar y lleill blith draphlith, gan ddewis y mesur a fyddai'n gweddu orau i feddwl pob adran o'r awdl. Anogwyd y beirdd i ganu yn y dull hwn yn y dyfodol, ac felly, cawn Ddafydd Ddu Eryri yn ennill am awdl ar 'Ryddid', yn yr Eisteddfod a gynhaliwyd yn Llanelwy yn y flwyddyn ddilynol (1790). Gwnaeth yr un peth yn Eisteddfod Llanrwst yn 1791 pan enillodd am awdl ar ' Wirionedd '. Cyhoeddodd Dafydd Ddu y tair awdl hyn yn llyfryn yn 1791, a defnyddid y llyfr fel patrwm gan feirdd yr Eisteddfod ; fe'u hanogid i astudio cynllun yr awdlau. A dyna sut y daeth yr awdl ddi-drefn, hynny yw, yr awdl enghreifftiol fel yr ad-drefnwyd hi dan gyfarwyddyd y Gwyneddigion, yn ffurf lenyddol sefydlog, a dilynwyd hi gan holl feirdd Eisteddfodol hanner cyntaf y bedwaredd ganrif ar bymtheg, Dewi Wyn, Eben Fardd, Daniel Ddu, Alun, Ieuan Glan Geirionydd, etc.

Yn yr Eisteddfodau hyn hefyd, parhawyd yr hen arfer o roi tlysau i'r beirdd a chychwyn yr arfer o roi cadair dderw i'r prif fardd. Paham cadair ? Y mae'r ateb yn ddigon syml. Yn yr Oesoedd Canol, yr oedd i'r pencerdd gadair iddo ef ei hun yn llys y brenin—ef oedd y ' bardd cadeiriog '. Felly, daeth *cadair* yn arwydd o uchafiaeth y pencerdd ar feirdd y wlad. Ac yn y man, fe roed cadair arian i'r pencerdd i'w gwisgo ar yr ysgwydd chwith, a dyna'r ariandlws a wisgai'r pencerdd, yn union fel y gwisgai pencerdd o delynor y ' delyn arian ', etc. Y mae'n sicr fod cystadlaethau ynglŷn â hyn. Ac wedi i'r gyfun-drefn farddol ddirywio, parhawyd i sôn am y bardd a enillodd ym mân eisteddfodau'r ddeunawfed ganrif yn ' gadeirfardd ', ac fe'i rhoed i eistedd yn y gadair. Pan gychwynnodd Eisteddfodau'r Gwyneddigion, rhoed tlysau eilwaith i'r beirdd, cadair arian, a thelyn arian i'r telynor (er bod cryn amrywio ar hyn). Ac yna fe ddechreuwyd yn 1789 roi cadair dderw i'r bardd, ac yn 1794, y mae gwŷr Dolgellau yn rhoi dwy o gadeiriau, un i fardd yr awdl a'r llall i'r bardd a enillai am ganu ar destunau a roid ar y pryd. Felly, cyn belled ag y gwn i, dyma ddechrau'r arfer o roi cadair dderw i'r awdlwr buddugol. Yn y ganrif nesaf y dechreuwyd rhoi coron i'r bardd a enillai ar y bryddest, hynny yw, wedi i'r canu rhydd ennill ei le yn y byd eisteddfodol.

Hefyd, fel y cyfeiriais uchod, dyma eisteddfodau a oedd yn gyfarfodydd cyhoeddus poblogaidd. Cawn ddigon o gyfeiriadau sut yr oedd hyn oll yn creu cryn ferw yn y Gogledd, a'r offeiriaid yn arbennig yn eu cefnogi. Ac nid yn unig hynny. Yn yr Eisteddfod gyntaf a drefnwyd gan y Gwyneddigion, yr un a gynhaliwyd yn Neuadd y Dref yn y Bala yn 1789, dyma Twm o'r Nant yn dod â'i gwmni yno i chwarae anterliwt, a pharhau am ddau neu dri diwrnod wedi hynny, yr hyn sy'n dangos y bywyd newydd a oedd yn dechrau trawsffurfio hen eisteddfod farddol y mân feirdd. Felly, nid yn y ganrif hon y dechreuwyd cysylltu'r ddrama a'r eisteddfod. A cheid canu a gweiddi a meddwi a phob math o firi. Pa beth a feddyliai Thomas Charles am hyn oll, nis gwn ! Ac yr oedd William Jones o Langadfan am droi'r mudiad yn un cenedlaethol. Fel y cyfeiriwyd yn barod, eisteddfodau'n perthyn i'r Gogledd, ac i siroedd Dinbych, Fflint a Meirionnydd, ydoedd y rhain, a thybiai William Jones y dylid eu cynnal ym mhob rhan o Gymru, y De yn ogystal â'r Gogledd. Ond wedi cynnwrf y cyfnod cynnar, ni bu llawer o lewyrch arno. Anaml y cynhelid eisteddfodau mawr wedi'r cyfnod hwnnw am ryw bymtheng mlynedd, ac onibai i fudiad arall gychwyn yn 1818, y mae'n gwbl bosibl y byddai'r eisteddfod newydd hon wedi marw, ac na byddai iddi le o gwbl yn hanes bywyd llenyddol Cymru yn y ganrif ddiwethaf.

Ond cyn trafod hynny, dylid cyfeirio at fudiad arall a gychwynnodd yn y cyfnod hwn ac a ddaeth yn rhan anhepgor o'r Eisteddfod ddiweddar, sef Gorsedd y Beirdd. Yn y Deheudir y cychwynnodd y mudiad hwn, a datblygodd mewn modd rhyfeddol iawn. Er mwyn egluro hyn, dylid cofio mai un o'r pynciau yr ymddiddorai haneswyr a hynafiaethwyr a llenorion y ddeunawfed ganrif fwyaf ynddo, ydoedd Derwyddiaeth. Tybid y gellid olrhain traddodiadau llenyddol Cymru yn ôl i'r cyfnod cyn Crist, ac mai'r Derwyddon, offeiriaid, beirdd a llenorion y cyfnod hwnnw, yn ôl yr hanesion a adroddai Cesar, etc., amdanynt, ydoedd hynafiaid y beirdd Cymraeg. Cysylltid y Derwyddon â'r cromlechau a'r cylchoedd cerrig, megis Stonehenge ac Avebury, ag addoli yn yr awyr agored ac addoli'r haul, ac â'r arferiad o ddysgu eu disgyblion ar dafod leferydd. Apeliai hyn at ymdeimlad sentimental y cyfnod, ac yn wir, cipiodd ddychymyg hynafiaethwyr rhamantus y cyfnod yn Lloegr. Sefydlwyd cymdeithas dderwyddol yn Llundain tua 1780, cymdeithas sy'n fyw o hyd, *The Ancient Society of Druids*, a oedd ac y sydd yn cyfarfod weithiau, yn enwedig ganol haf, yn Stonehenge. A phan oedd beirdd Gwynedd a Phowys yn cynnal eu heisteddfodau yng Nghorwen a'r Bala yn y flwyddyn 1789, dyma syfrdanu cylchoedd llenyddol Cymru oll â'r newydd fod beirdd Morgannwg wedi cadw gafael yn yr hen draddodiadau derwyddol, traddodiadau a anghofiwyd yn llwyr ym mhob rhan arall o Gymru, a bod yno ddau fardd a oedd wedi etifeddu holl gyfrinachau derwyddol beirdd Ynys Prydain, sef Iolo Morganwg ac Edward ab Evan o Aberdâr[1]. Y gŵr a gyhoeddodd hyn oedd Iolo Morganwg ei hun, a dylem ei osod ef ochr yn ochr â Thomas Jones o Gorwen fel dau sefydlydd yr Eisteddfod ddiweddar, oherwydd fe ddaeth traddodiadau derwyddol Morgannwg yn rhan hanfodol o Eisteddfod y ganrif ddiwethaf. Dyma nodweddion newydd yn dod yn rhan o'r mudiad. Gorsedd oedd yr enw ar yr hen domennydd cerrig a geid ar hyd a lled Cymru a gysylltid â'r Derwyddon. Yna, dechreuwyd cynnal cyfarfodydd ar bennau'r bryniau yn yr awyr agored a'u cynnal ar y pedwar ban haul, yr Albanau. Rhoddid tair gradd, Derwydd, Ofydd, a Bardd, a gwahanol liwiau iddynt. Y mae'r Orsedd yn pleidio heddwch, —gweinio'r cleddyf, a cheir symbol o gydraddoldeb, neb yn uwch na'i gilydd. Nid yw hyn i gyd namyn ffugwaith Iolo, plentyn y ddeunawfed ganrif. Etifeddodd draddodiadau derwyddol y cyfnod a breuddwydiai am Forgannwg, a chreodd

[1] *The Gentleman's Magazine*, LIX, rhan 2, 976-7. Gw. G. J. Williams, *Iolo Morganwg*, i, 463-7.

wlad o ramant yn ôl ei fympwy ei hun. Pleidiai heddwch fel y Crynwyr, ac effeithiwyd arno gan syniadau gwŷr y Chwyldro yn Ffrainc, hyn oll i gyd wedi eu gwau i lunio'r gyfundrefn y gwyddom ni amdani—cryn dipyn o her i Eisteddfodau'r Gwyneddigion.

Paham y derbyniwyd yr Orsedd ? Nid oedd safonau ynglŷn â dysg Gymraeg na dim gwybodaeth am gynnwys llawysgrifau etc., yn y cyfnod. Anwybodaeth pobl y Gogledd am draddodiadau Morgannwg, a mwy na dim, yr oedd y gyfundrefn yn ateb i ymdeimlad rhamantaidd y cyfnod, oherwydd yr oedd y Cymry, a hwythau'n credu er yr unfed ganrif ar bymtheg mai traddodiadau derwyddol oedd y traddodiadau barddol Cymraeg, yn dra pharod i gredu hyn oll. Yr oedd sefydliad lliwgar fel hyn yr union beth y gellid ei ddisgwyl gan yr eisteddfodwyr. Ond y mae'n dangos gallu eithriadol Iolo fel ffugiwr, i ŵyrdroi ffeithiau, i newid hen destunau, ac yn profi bod ganddo fwy o wybodaeth am lên Cymru na neb o'i gyfoeswyr.

Aeth i Lundain yn y flwyddyn 1791 a darbwyllodd wŷr y Gwyneddigion, ac nid yn unig hynny, cafodd gan Gymry Llundain gynnal Gorsedd ar Fryn y Briallu ym mis Mehefin 1792, Edward Jones, Bardd y Brenin, William Owen [-Pughe], Dafydd Samwel ac Iolo wrth y llyw, i gael gweld sut drefn a ellid ei chael ar y seremonïau a luniasai. Felly, cafwyd bendith y Gwyneddigion, y gymdeithas yr edrychid arni fel senedd llenorion Cymru. Dyma fynd â'r frwydr i gaerau'r gelyn. Yna, cafodd gan William Owen [-Pughe] gyhoeddi'r holl ddamcaniaethau yn ei lyfr, *The Heroic Elegies . . . of Llywarch Hen* (1792), ac felly dyma bobl y cyfnod yn cysylltu'r cwbl â'r gŵr hwnnw.

Fel hyn y sefydlwyd Gorsedd y Beirdd yn Llundain yn y flwyddyn 1792. Cynhaliwyd gorseddau eraill yno, a phan ddychwelodd Iolo i Gymru yn 1795, parhaodd i gynnal rhai ar fynyddoedd Morgannwg, ar ben mynydd Y Garth yn 1798, ond ni chysylltwyd yr Orsedd â'r Eisteddfod yn y cyfnod hwn. Yn wir, ychydig o fri a fu ar y naill sefydliad a'r llall yn ystod rhyfeloedd Napoleon. Ond wedi sefydlu heddwch yn 1815, dyma'r Orsedd a'r Eisteddfod yn cychwyn ar eu gyrfa fel un o brif nodweddion bywyd llenyddol Cymru a daeth yn un o brif sefydliadau'r genedl.

Er mwyn egluro'r datblygiad, rhaid inni gofio am y dylanwad mawr a gawsai Cymdeithasau Cymraeg Llundain. Gwelwn offeiriaid a boneddigion yn dechrau ymddiddori yn yr iaith Gymraeg, ym mywyd llenyddol Cymru, ac yn dra awyddus i hyrwyddo'r beirdd a'r llenorion. Daeth hyrwyddo'r pethau hyn yn gamp fonheddig. Gwelwn hyn ym mhob rhan o Gymru, yng Ngwent a Morgannwg, siroedd eraill y De ac yn siroedd y Gogledd i gyd—pobl fel Gwallter Mechain, John Jenkins (Ceri), David Richards, Llansilin, Thomas Price (Carnhuanawc), a W. J. Rees (Cascob), a llu eraill o offeiriaid brwdfrydig. A boneddigion, hyd yn oed bobl fel Syr Watkin Williams Wynn, trwy bob rhan o Gymru. A Sais fel yr Esgob Burgess o Dyddewi, a oedd mor gyfrifol â neb am gychwyn yr eisteddfod fawr gyntaf, cam pwysig iawn yn natblygiad yr eisteddfod i fod yn ŵyl wir genedlaethol. Yn y flwyddyn 1818, cynhaliodd yr Esgob Burgess gyfarfod pwysig yng Nghaerfyrddin lle y penderfynwyd sefydlu Cymdeithas Daleithiol i hyrwyddo'r mudiad hwn yn Nyfed—' The Cambrian Society in Dyfed '—ac annog sefydlu cymdeithasau tebyg yng Ngwynedd a Phowys, ac yng Ngwent a Morgannwg. Anodd gorbwysleisio arwyddocâd hyn oll wrth astudio twf bywyd diwylliannol a llenyddol Cymru yn y ganrif ddiwethaf, sicrhau parhad deffroad llenyddol ac ysgolheigaidd y ddeunawfed ganrif. Y ganrif ddiwethaf yw un o'r canrifoedd rhyfeddaf yn hanes y genedl, er bod gwaith y beirniaid yn dilorni cynnyrch llenyddol y cyfnod wedi peri inni golli golwg ar hyn. Ac yn awr, fel y dywedais, wele droi eisteddfod fechan y Gwyneddigion yn ŵyl fawr i barhau am dridiau, ac weithiau am fwy. Ac mewn gwirionedd, ei throi'n ŵyl genedlaethol, oherwydd cynhelid yr Eisteddfod yn olynol yn y pedair talaith, Caerfyrddin [Dyfed] yn 1819, Wrecsam [Powys] yn 1820, Caernarfon [Gwynedd] yn 1821, Aberhonddu [Gwent] yn 1822. A deuai beirdd y gwahanol daleithiau yno. Ceid nid yn unig gystadlu, ond beirniadaethau ar y llwyfan, areithiau ar y llwyfan, pwyllgorau i drefnu cyhoeddi cynhyrchion a llyfrau eraill, a chyngherddau gyda'r nos. Felly, gwelwn ein bod yn awr yn cael llawer o brif nodweddion yr Eisteddfod Genedlaethol fel y syniwn ni amdani. A chyhoeddi cynhyrchion yr ŵyl, megis *Powysion*, a ddaeth allan wedi Eisteddfod Wrecsam yn 1820. Ond, er mai noddi llenyddiaeth Gymraeg ac ysgolheictod

Cymraeg oedd amcan yr Eisteddfodau Taleithiol, ac er y traddodid areithiau gwladgarol yn y cyfarfodydd, eto, mynd yn fwyfwy snobyddol a Seisnig a wnaent, ac yn y man, dyma'r offeiriaid mwyaf Cymraeg eu hysbryd yn dechrau anesmwytho a digalonni oherwydd bod cymaint o Saesneg ar y llwyfan, a gweld y boneddigion yn torheulo ac yn llwyddo i gael aelodau o'r teulu brenhinol i un Eisteddfod. Troi'r Eisteddfod, meddent, yn ŵyl gymdeithasol foneddigaidd. Er hynny, ni pheidiodd yr Eisteddfodau mawr, er colli'r cyffro, a'r olaf o'r Eisteddfodau Taleithiol ydoedd yr un a gynhaliwyd gan Gymdeithas Gwent a Morgannwg yng Nghaerdydd yn 1834. Dylwn ddweud un peth arall. Yn Eisteddfod Caerfyrddin yn 1819, penderfynwyd gwneuthur Gorsedd y Beirdd yn rhan hanfodol o'r Eisteddfodau mawr, er nad oedd yn y cyfnod cynnar hwn namyn cyfrwng i roi graddau, fel y mae o hyd. Fel y cawn weld yn y man, ab Ithel a roes i'r Orsedd le hanfodol a bywydol yn yr Eisteddfod.

Ond y mae un peth y dylem ei gofio, ac y mae hwnnw'n llawn mor bwysig â chynnal Eisteddfodau Taleithiol. Yn yr un cyfnod, dechreuodd canghennau o un arall o gymdeithasau Cymraeg Llundain gael eu sefydlu yng Nghymru, sef Cymdeithas y Cymreigyddion, cymdeithas a gysylltid ag enw Jac Glan-y-Gors a'i gymheiriaid. Cymdeithas lai uchelgeisiol oedd hon, cynnal cyfarfodydd i ddadlau ac i areithio ar byncciau Cymraeg, pynciau'r dydd, pynciau gwleidyddol, etc. Yn y trefi a'r pentrefi ac yn ardaloedd diwydiannol y De y sefydlid y canghennau yng Nghymru, a dilynid yr un drefn ag yn Llundain—dadlau ac areithio, ac yng Nghymru cynhelid eisteddfodau bychain. Yn hanner cyntaf y ganrif ddiwethaf, cyn belled ag y mae a fynnom â bywyd llenyddol y trefi a'r pentrefi, yn arbennig yn yr ardaloedd diwydiannol, dyma'r agwedd bwysicaf ar y miri eisteddfodol. Ceir hanes y rhain yn *Seren Gomer*, cylchgrawn cenedlaethol, ac ym mhapurau newydd lleoedd fel Abertawe a Merthyr Tudful a Bangor, etc., a gwelir yn eglur sut yr ymledodd yr Eisteddfod. Cymraeg oedd iaith y rhain, er bod tuedd i'w Seisnigeiddio. Gwelir fel yr oedd yr Eisteddfod yn cipio dychymyg cenedl, ac y mae hyn yn egluro sut y gwreiddiodd yn naear y genedl Gymreig. Ac yn bwysicach fyth, byddai'r bywyd hwn, yn sgil yr eisteddfodau lleol a gynhelid gan y Cymreigyddion, yn peri sefydlu dosbarthiadau i astudio'r iaith lenyddol ac yn arbennig y mesurau caeth a'r cynganeddion. Hyn sy'n egluro cynnyrch rhyfeddol y wasg Gymraeg yn yr oes honno, cyfrolau lu o farddoniaeth, llyfrau ar gerdd dafod a gramadegau Cymraeg yr oedd galw mawr amdanynt. Rhaid cyfeirio at hyn wrth sôn am y ganrif ddiwethaf. Y cymdeithasau hyn oedd ysgolion Cymraeg yr oes honno. Trafodid pob math o bynciau mewn dadleuon ac mewn traethodau eisteddfodol, ac felly, gellir deall y galw am eiriaduron mawr Saesneg-Cymraeg, a hyn sy'n egluro cyfrolau mawr Caerfallwch a D. Silvan Evans. Y cymdeithasau eisteddfodol sy'n egluro bywyd llenyddol yr oes honno. Dyma sut y sicrhawyd parhad dysg Gymraeg mewn cyfnod pan na roid dim sylw iddi yn yr ysgolion bob dydd a'r ysgolion gramadeg.

Y bwysicaf o'r Cymdeithasau Cymreigyddol hyn ydoedd Cymreigyddion y Fenni, cymdeithas dra phwysig yn hanes twf yr Eisteddfod, a gellir egluro hyn i weledigaeth a brwdfrydedd rhai personau go nodedig, ac yn arbennig, Carnhuanawc ac Arglwyddes Llanover. Cynhaliai'r Gymdeithas Eisteddfod fawr flynyddol am gryn amser, o 1834 am ryw ugain mlynedd. Sêl wladgarol Arglwyddes Llanover sy'n egluro rhai o nodweddion amlycaf yr eisteddfodau hyn—gorymdeithiau mawr lliwgar o gerbydau yn arddangos gwahanol agweddau ar y bywyd Cymraeg, annog pobl i brynu dillad a nwyddau Cymraeg a cheisio cael gwisg genedlaethol. Byddai'n dwyn yno lenorion ac ysgolheigion o wledydd eraill, o'r Almaen a Llydaw yn arbennig, gan ddechrau'r arfer o gysylltu'r Cymry â'u cyd-Geltiaid yn yr Eisteddfod, a byddai yno frwdfrydedd rhyfeddol ymhlith y miloedd a dyrrai i'r Fenni ac i'r Eisteddfod. A rhoi gwobrau da i awduron, megis am lyfr mawr Thomas Stephens, *The Literature of the Kymry*, a fu'n llyfr safonol nes i waith ysgolheigion y Brifysgol ei ddisodli yn y ganrif hon. A thraethodau pwysig ar destunau eraill. Dyma'r Eisteddfod, felly, yn dod yn y ganrif ddiwethaf yn un o brif gynheiliaid dysg Gymraeg. A pharhaodd hynny trwy'r ganrif, canys hi a gynhyrchodd, yn nes ymlaen, lyfrau Gweirydd ap Rhys a Charles Ashton ar hanes llenyddiaeth Gymraeg, a hynny cyn sefydlu Prifysgol i noddi astudiaethau Cymraeg.

Ac yn awr, deuaf at un o'r pynciau pwysicaf yn hanes twf yr Eisteddfod. Un o'r gwŷr a ddaeth i un o Eisteddfodau'r Fenni ydoedd John Williams (ab Ithel), gŵr rhyfedd, gweithiwr diorffwys, a gŵr a gawsai ei ysgwyd gan y dderwyddiaeth ramantaidd y soniais amdani gynnau wrth sôn am Iolo Morganwg. Yr oedd wedi meddwi ar syniadau Iolo am hynafiaeth aruthrol y traddodiadau barddol Cymreig, a hynafiaeth yr Orsedd a fu erioed, meddai, yn rhan hanfodol o'r traddodiadau hynny o'r cychwyn cyntaf, traddodiadau diwylliannol hynaf dynolryw. Yr oedd wedi meddwi ar hyn oll, yr oedd yn feddw gorn, a'i ddyletswydd ef ydoedd gwneuthur a allai i ddangos i'w gydwladwyr ogoniant eu gorffennol, a rhoi i'r Orsedd ei phriod le unwaith eto ym mywyd diwylliannol y Cymry. Felly, rhaid dwyn yr hen Orsedd i fod yn rhan o'r sefydliad eisteddfodol hwn, ac yn wir, i reoli'r sefydliad hwn. Yr Orsedd fyddai'r awdurdod terfynol yn y byd llenyddol Cymreig. Oherwydd bu ab Ithel yn llyfrgell Arglwydd Llanover, lle y cedwid llawysgrifau Iolo, a chafodd wybod y manylion am yr Orsedd fel y lluniwyd hwy gan Iolo ei hun, oherwydd cyfran fechan o'r llawysgrifau hynny a oedd wedi ymddangos cyn hyn. Felly, wedi dychwelyd i'r Gogledd, bu ef a dau gyfaill o offeiriaid yn trefnu i gynnal Eisteddfod, yn ôl y traddodiad derwyddol hwn, Eisteddfod i'r genedl, Eisteddfod Genedlaethol, lle y gallai'r Cymry i gyd gyfarfod i'w chynnal ac edfryd yr hen draddodiadau barddol a derwyddol. Dyma Eisteddfod Llangollen yn 1858, y bwysicaf mewn ffordd yn y ganrif ddiwethaf, ac ar ryw olwg, yr eisteddfod ddigrifaf a rhyfeddaf a gynhaliwyd yng Nghymru erioed. Eto, Eisteddfod a gychwynnodd gyfnod newydd yn hanes bywyd llenyddol y genedl, ac ni ellir deall hanes yr ŵyl, fel y gwyddom ni amdani, heb gofio am hyn oll. Yn Llangollen y cychwynnwyd Eisteddfod y Gwyneddigion yn 1789, a'r Eisteddfod Genedlaethol yn 1858.

Yn gyntaf, daeth miloedd yno o bob rhan o Gymru—trenau rhad ar y ffyrdd haearn, a hysbysebu na welwyd mo'i fath yn hanes yr Eisteddfod cyn hynny. Dyma ddechrau'r hwyl eisteddfodol—torfeydd yn llenwi'r strydoedd, beirdd a llenorion yn cyfarfod ar y strydoedd ac o gwmpas y babell i drafod pynciau llenyddol o bob math. A phasiant yr Orsedd—peth nas cafwyd yn y dull hwn yn y cyfnod blaenorol, oherwydd mynnodd ab Ithel wisgo'r beirdd a'r derwyddon a'r ofyddion mewn gynau gwyn, glas a gwyrdd—gorymdaith liwgar drwy'r strydoedd, dangos yr arwyddion gorseddol a threfnu'r gorseddogion yn rhengoedd ar y llwyfan. Dyma basiantri'r pell ganrifoedd, ac yn sicr ddigon, er bod yr Anghydffurfwyr a rhai o'r ysgolheigion yn beirniadu hyn oll, eto, gwnaeth hyn lawer i gyflyru meddwl y genedl, ac yn y pen draw, ab Ithel a enillodd y dydd, fel y gwŷr pawb ohonom a ŵyr am hanes yr Orsedd yn nyddiau Hwfa Môn a Dyfed a Chadfan i lawr i'n dyddiau ni. Ond yn y dyddiau hynny, yr oedd pawb bron yn credu ein bod yma yn cael pasiantri barddol y genedl o'r cychwyn cyntaf.

Heblaw hyn, cyhoeddwyd yn groyw mai'r Orsedd ydoedd yr awdurdod terfynol ar yr holl bynciau pwysig a oedd yn ymwneuthur â bywyd y genedl. Hi a reolai'r Eisteddfod o hyn ymlaen. Ac er ein bod erbyn hyn yn gwybod ac yn cydnabod mai breuddwyd Iolo yw'r cyfan a ddywedir am le'r Orsedd ym mywyd y genedl, eto, hyd heddiw, yr Orsedd biau'r hawl i gyhoeddi'r ŵyl, ac y mae iddi le arbennig ym mywyd yr Eisteddfod. Ac yn bwysicach fyth, cawsom sefydliad cenedlaethol, ac o hyn ymlaen, yr Eisteddfod Genedlaethol yw'r term a ddefnyddir. O gyfnod yr Eisteddfod hon ymlaen, dyma ganolfan bywyd llenyddol Cymru, ffaith dra phwysig wrth olrhain twf yr ymwybod cenedlaethol. Anodd i ni heddiw, efallai, lwyr sylweddoli'r pwysigrwydd o gael canolfan i'r bywyd Cymreig am y tro cyntaf, lle y gallai'r Cymry gyfarfod fel Cymry unwaith y flwyddyn, a chyd-fyw am wythnos. Yn Ninbych yn 1860, penderfynwyd yn ffurfiol uno Gogledd a Deau, a threfnu bod yr Eisteddfod i'w chynnal yn y Gogledd a'r Deau bob yn ail flwyddyn. Etholwyd Pwyllgor Cenedlaethol a Phwyllgor Gweithiol, y Cyngor, a lluniwyd cyfansoddiad. Felly, sicrhawyd parhad y sefydliad—dibynnu ar Bwyllgor Cenedlaethol ac nid ar bwyllgor lleol. Ond bywyd twmpathog a gafodd y Pwyllgor Cenedlaethol, er bod y sefydliad yn dal i ffynnu nes sefydlu Cymdeithas yr Eisteddfod Genedlaethol yn 1880, Cymdeithas a barhaodd i ffynnu nes ail-lunio'r cyfansoddiad yn ein dyddiau ni.

Ac yn ail, am fod hwn yn sefydliad a oedd yn ymwneuthur â phob agwedd ar fywyd diwylliannol Cymru, dyma sicrhau llwyfan i'r genedl, ac nid rhaid i mi egluro pwysigrwydd hyn yng Nghymru yng nghanol y ganrif ddiwethaf—cyfle i'r Cymry gyfarfod fel Cymry, a chyfle i drafod pob pwnc a oedd yn ymwneuthur â buddiannau'r genedl. Dyna a bwysleisiwyd yn Llangollen gan ab Ithel—yr oedd yr orsedd, meddai ef, yn llys apêl cenedlaethol, lle y gwelid ' the traditional right of the people of this country to assemble together to direct, and control, and advise in matters of importance'. A dyna a ddigwyddodd yn Llangollen—cynnig yn un o gyfarfodydd yr Orsedd godi adeilad ar fryn uchel, yn Llangollen efallai, er cof am Lywelyn ein Llyw Olaf, i wasanaethu fel cartref y bobl a fyddai o hyn ymlaen yn trefnu'r Eisteddfod, yn gartref eisteddfodol, canolfan y byd diwylliannol Cymreig, a hefyd yn Amgueddfa Genedlaethol ac yn Llyfrgell Genedlaethol. Fel y dywedais o'r blaen, yr oedd yr Eisteddfod yn rhoi llwyfan i wŷr mwyaf blaengar y genedl. A dyma un o nodweddion amlycaf yr eisteddfodau cenedlaethol o hynny ymlaen. Trefnodd Syr Hugh Owen yr hyn a elwid yn ' Social Science Section ' lle y darllenid papurau ar bynciau cymdeithasol ac addysgol, a lle y penodwyd pwyllgor i ystyried sut y gellid sicrhau Prifysgol Gymreig. Ac mewn cyfarfod a gynhaliwyd gan y Cymmrodorion yn Eisteddfod Aberdâr yn 1885 y penderfynwyd sefydlu Cymdeithas yr Iaith Gymraeg ' i hyrwyddo ', a defnyddio ei geiriau, ' defnyddiad yr Iaith Gymraeg yn nghyfundrefn addysg Cymru'. Ac felly ymlaen—creu canolfan cenedlaethol— byddaf i'n meddwl mai dyma wasanaeth pennaf yr Eisteddfod yn ail hanner y ganrif ddiwethaf. Y mae'n wir y gellir beirniadu Eisteddfod y cyfnod hwn eto, megis yr hen Eisteddfodau Taleithiol, yn herwydd ei seisnigrwydd, areithiau Saesneg, beirniadaethau Saesneg, trafodaethau Saesneg, mwyafrif y ' llywyddion ' yn ddi-Gymraeg, etc. Ond eto, ni ddylem, yn herwydd hyn, anghofio'r gwasanaeth mawr a gyflawnodd wrth drin a thrafod problemau a phynciau a oedd yn ymwneuthur â bywyd y genedl, a gwneuthur llawer i beri i fudiadau gwir genedlaethol ddod i'r golwg tua diwedd y ganrif.

Ac fel y dywedais o'r blaen, cyn sefydlu Prifysgol ac Adrannau Cymraeg i astudio'r iaith a hanes ein llenyddiaeth a hanes Cymru, cyn sefydlu cyfundrefn addysg, fe lwyddodd yr Eisteddfod i greu diddordeb cyffredinol yn y pynciau hyn, ac i gynhyrchu'r math o lyfrau a gynhyrchir heddiw gan Adrannau Cymraeg y Brifysgol. Nid llyfrau boddhaol, y mae'n wir, yn ôl ein safonau ni heddiw, ond llyfrau a baratoes y ffordd i'r cynnydd rhyfeddol a wnaethpwyd yn y ganrif hon. Soniais am lyfrau Gweirydd ap Rhys a Charles Ashton ar hanes ein llenyddiaeth. Wrth fynd drwy'r cynhyrchion, gwelwn lu o draethodau ar byncian sy'n ymwneuthur â hanes ein llenyddiaeth. Peri i ugeiniau o gystadleuwyr astudio gwahanol agweddau ar y pwnc, traethodau anfoddhaol, ond y diddordeb sy'n bwysig i ni wrth astudio gwasanaeth yr Eisteddfod fel sefydliad i noddi astudiaethau Cymraeg a Chymreig. Cyffroid diddordeb pobl ifainc, yn union fel y cyffroir y diddordeb hwnnw heddiw gan yr Ysgolion Gramadeg, a chan y Brifysgol a sefydlwyd yn 1893. Dylwn hefyd gyfeirio ar un peth go nodedig. Yn 1884, cynhaliwyd yr Eisteddfod Genedlaethol yn Lerpwl, a chynigiwyd gwobr am 'History of Wales for use in Day Schools', pwnc go newydd yn yr oes honno. A phwy a enillodd ? Gŵr ifanc o'r enw Mr. John Edward Lloyd, B.A. Felly, yr Eisteddfod a roes y cyfle cyntaf i'n prif hanesydd i ysgrifennu llyfr ar y pwnc hwn. Gellid rhoi llawer o enghreifftiau eraill o'r math hwn o wasanaeth a gyflawnwyd gan yr Eisteddfod i gadw diddordeb mewn pynciau Cymreig yn fyw, ac i baratoi'r tir ar gyfer y cynhaeaf mawr a welwyd yn hanner cyntaf y ganrif hon.

Ac yr wyf i'n credu mai'r berw eisteddfodol a llenyddol hwn, a hefyd waith y mân gymdeithasau eisteddfodol sy'n egluro un o'r ffeithiau rhyfeddaf a phwysicaf a ganfyddir wrth astudio hanes Cymru yn y ganrif ddiwethaf, ffaith a anwybyddir yn llawer rhy aml wrth roi barn ar y ganrif honno, a ffaith sy'n dangos mawredd y ganrif. Yn y cyfnod a ddilynodd Eisteddfod Llangollen y gwelir y cyfnod mwyaf rhyfeddol yn hanes y fasnach lyfrau yng Nghymru, cyfnod sy'n edrych yn gwbl anesboniadwy i ni heddiw, a ninnau'n gorfod meddwl am bob math o gynlluniau i gadw'r fasnach honno'n fyw. Yn ail hanner y ganrif ddiwethaf, yr oedd modd i gyhoeddwyr Cymreig fel Gee, ac i lawer o gyhoeddwyr Seisnig ac Ysgotaidd, ddwyn allan lyfrau'n ymwneud â hanes Cymru a hanes yr hen fywyd llenyddol, a'r rheini'n costio dwy bunt neu dair. Heddiw, onibai am Wasg y Brifysgol, sy'n barod i golli arian, byddai cyhoeddi llyfrau mawr a chostus o'r nodwedd yma yn llwyr amhosibl wedi cael yn agos i drigain a deg o flynyddoedd o addysg Prifysgol. Dyna'r sefyllfa heddiw. Ond yr oedd yn bosibl yn ail hanner y ganrif ddiwethaf, a chyhoeddwyr yn ymladd am y farchnad Gymreig, ac yn talu i awduron. Gallai gwerin dlawd y ganrif ddiwethaf wneuthur hyn. Cyfeiriaf at lyfrau megis *Hanes y Brytaniaid a'r Cymry* (Gweirydd ap Rhys) ; *Cymru* (Owen Jones) ; *Ceinion Llenyddiaeth Gymreig* ; *Enwogion y Ffydd* ; a Geiriaduron Bywgraffyddol Josiah Thomas Jones ac Isaac Foulkes, sy'n gyfrolau mor drwchus â *Bywgraffiadur Cymreig* y Cymmrodorion yn ein dyddiau ni, na ellid bod wedi ei gyhoeddi onibai am gymorth ariannol o'r tu allan. Anturiaethau masnachol oedd llyfrau Josiah Thomas Jones a Foulkes ac yr oeddynt yn gwbl sicr y byddai'r llyfrau'n talu. A'r *Gwyddoniadur Cymreig* yn ddeg o gyfrolau y bu galw am ddau argraffiad ohono yn ail hanner y ganrif. Ond y ffaith ryfeddaf yw hon. Yn 1870, dyma Thomas Gee yn dwyn allan ail argraffiad o'r casgliad anferth hwnnw o hen lenyddiaeth ein cenedl, y *Myvyrian Archaiology*, gwaith y Cynfeirdd a'r Gogynfeirdd a llawer o ryddiaith yr Oesoedd Canol. Heddiw, wedi i gannoedd lawer o fyfyrwyr fod wrthi'n astudio'r Gymraeg yn y colegau, byddai cyhoeddi'r gwaith hwn fel anturiaeth fasnachol yn gwbl amhosibl. *Ond yr oedd yn bosibl yn* 1870 *cyn agor y colegau a chyn sefydlu'r Brifysgol, a chyn cael cyfundrefn addysg.* Gallai Gee deimlo'n gwbl hyderus wrth gyhoeddi'r gwaith y byddai'n talu, a chofier, talu i Gweirydd ap Rhys am olygu'r argraffiad. Pa fodd y gellir egluro hyn ? Rhaid ystyried llawer agwedd ar y byd Cymreig yn yr oes honno, ond y ffaith bwysig y dylid ei chofio ydyw'r berw eisteddfodol a fu'n nodweddu'r ganrif, yn arbennig wedi Eisteddfod Llangollen, a'r syniadau rhamantaidd am hynafiaeth aruthrol y traddodiadau barddol a derwyddol a gyflwynwyd i'r Cymry, a bywyd rhyfeddol y mân gymdeithasau eisteddfodol yn y trefi a'r pentrefi trwy Gymru o Went i Fôn. Y berw hwn a sicrhaodd barhad y bywyd llenyddol Cymraeg, y bywyd a wnaeth ddeffroad llenyddol a chynnyrch ysgolheigaidd hanner cyntaf y ganrif hon yn bosibl.

Ceisiais, a hynny'n bur amherffaith, roi hanes ac arwyddocâd y gwaith a gyflawnodd yr Eisteddfod. Ni soniais am werth llenyddol y cynhyrchion, oherwydd y mae'r pwnc hwnnw wedi cael digon o sylw gan ein beirniaid. Oherwydd eu barn hwy, bu'n ffasiwn dilorni'r ganrif ddiwethaf. Yn sicr ddigon, y mae'r beirniaid yn iawn am werth llenyddol llawer o'r cynnyrch, ond ni ddylai hynny beri inni golli golwg ar fawredd y ganrif, un o'r canrifoedd rhyfeddaf yn hanes ein cenedl, canrif a welodd gynhyrchu'r bywyd gwerinol rhyfeddaf yng Ngorllewin Ewrob yn y ganrif ddiwethaf. Ac y mae i'r Eisteddfod le amlwg iawn yn y bywyd hwn.

IV

GRUFFYDD ROBERT

Y mae Gruffydd Robert yn un o'r ffigurau pwysicaf yn hanes y Dadeni Dysg yng Nghymru. Ef a gyhoeddodd y Gramadeg Cymraeg cyntaf, a hynny ym Milan yn yr Eidal. Ymddangosodd y rhan gyntaf yn y flwyddyn 1567, a gellir bod yn gwbl sicr fod y rhannau eraill wedi eu cyhoeddi cyn tua 1594. Ar wahân i'r ffaith ein bod yn canfod yn y gwaith hwn ôl dysg y Dadeni, y mae hefyd yn ddarn o lenyddiaeth, ac anaml iawn y gellir dywedyd hyn am unrhyw ramadeg. Ef yw'r meistr Cymraeg cyntaf, a'r mwyaf hefyd, ar arddull arbennig y Dadeni Dysg, yr arddull Giceronaidd. Ysgrifennodd y gramadeg hwn pan oedd ymhell o'i wlad, a chyn belled ag y gellir barnu, ychydig o gopïau a ddaeth i Gymru, ac ychydig o feirdd a llenorion Cymru a gafodd gyfle i'w astudio cyn ei ail-gyhoeddi yn y ganrif ddiwethaf. Gellir dywedyd mai yn ein cyfnod ni y gwelwyd ei bwysigrwydd a'i arwyddocâd.

Credir yn awr mai gŵr o Sir Gaernarfon ydoedd Gruffydd Robert, a bernir ei eni tua 1522—1525. Ni wyddom odid ddim am gyfnod ei ieuenctid, ond a barnu wrth rai cyfeiriadau yn ei Ramadeg, bu'n sgwrsio â'r beirdd am eu celfyddyd, a dechreuodd astudio rhai o'r hen lawysgrifau, er nad oedd mor hyddysg yn y pynciau hyn â rhai o ysgolheigion eraill yr oes honno. Ac nid oedd yn unrhyw fath o awdurdod ar yr hen iaith lenyddol, fel y cawsai ei chadw a'i meithrin gan yr athrawon barddol. Yn ôl pob tebyg, bu ym Mhrifysgol Rhydychen, er na ellir bod yn sicr mai ef yw'r ' Griffin Roberts ' a ymaelododd yng Ngholeg Eglwys Crist yn 1550. Y dyddiad cyntaf y gellir bod yn gwbl sicr ohono wrth geisio olrhain gyrfa Gruffydd Robert yw Hydref 19, 1558, pan wnaethpwyd ef yn Archddiacon Môn. Ond am gyfnod byr yn unig y daliodd y swydd hon, oherwydd bu'r Frenhines Mari farw ryw fis wedi ei benodi. Yr oedd yn un o'r offeiriaid Cymreig a wrthododd gydnabod uchafiaeth y Frenhines Elisabeth yn 1559, a gorfu iddo ef a'i gyfaill Morys Clynnog, gŵr pwysig yn y bywyd eglwysig yn ystod teyrnasiad Mari, a Dr. Thomas Goldwell,

Esgob Llanelwy, ffoi i'r Cyfandir. Arhosodd Morys Clynnog (ac efallai, Gruffydd Robert hefyd), yn Louvain a'r cyffiniau am ryw ddwy flynedd. Yr oedd Louvain yn enwog yn y cyfnod hwn am yr addysg ddiwinyddol a gyfrennid yno, ac efallai mai yma yr enillodd Gruffydd Robert gymaint meistrolaeth ar y pwnc hwnnw ag a barodd i Cardinal Borromeo ei benodi wedi hynny yn Ganon Diwinyddol yn Eglwys Gadeiriol Milan. Pa un bynnag, gwyddom ei fod yn Rhufain yn y flwyddyn 1564 pan oedd yn Gaplan yn yr Ysbyty Seisnig yno. Nid oes fodd penderfynu pa gyhyd yr arhosodd Gruffydd Robert yn y swydd hon, ond gwyddom iddo gael lle rywbryd yn ystod y tair blynedd nesaf yn nheulu un o glerigwyr mwyaf nodedig yr oes, y Cardinal Carlo Borromeo, Archesgob Milan. Pa un bynnag, yr oedd ym Milan yn y flwyddyn 1567, a chyn belled ag y gwyddom, yno y bu ei gartref hyd ddiwedd ei oes, ac yno, yn ôl pob tebyg, y bu farw. Pa bryd y bu hynny, nis gwyddom.

Fel y dywedais eisoes, fe'i penodwyd yn Ganon Diwinyddol yn Eglwys Gadeiriol Milan, ac yr oedd hefyd yn un o gyffeswyr yr Archesgob. Cyfeirir ato yng nghofiant Borromeo gan Guissano, a argraffwyd yn y flwyddyn 1610, fel ' Griffidio Roberti Canonico Theologo del Duomo, che era il suo confessore ordinario '. Cyfeirir ato, ac at ei amrywiol orchwylion mewn llythyrau sydd yn y *Biblioteca Ambrosiana* ym Milan, yn enwedig yn llythyrau Eidaleg ei gyd-Gymro, Dr. Owen Lewis, a wnaethpwyd yn ficer cyffredinol i weithio o dan Borromeo yn y flwyddyn 1580. Ceir yno hefyd ddau lythyr Lladin a yrrodd Gruffydd Robert ei hun at Borromeo. Fel Canon Diwinyddol yr oedd yn rhaid iddo, ar ddyddiau gŵyl, hyfforddi'r bobl yng ngwirioneddau'r Ffydd Gatholig, ac annerch yr offeiriaid bob wythnos ar ryw bwnc diwinyddol. Y mae'r ddau lythyr y cyfeiriais atynt yn ymwneuthur â'r pwnc hwn. Yn yr argraffiad Lladin o gofiant Borromeo a ymddangosodd yn y flwyddyn 1751, dywedir mai oherwydd ' linguae impedimentum ' y gofynnwyd iddo roi'r swydd heibio. Byddai'n rhaid iddo ddefnyddio'r Eidaleg wrth hyfforddi'r bobl gyffredin, ac efallai nad oedd yn rhugl iawn yn yr iaith. Gellir tybied wrth un cyfeiriad fod Borromeo yn fodlon iddo barhau i hyfforddi'r clerigwyr. Awgrymwyd hefyd fod rhyw nam ar ei leferydd yn y cyfnod hwn. Pa un bynnag, ni wyddom pa beth a ddigwyddodd iddo. Bu Borromeo farw yn y flwyddyn 1584 ond arhosodd Gruffydd Robert ym Milan. Yn y flwyddyn 1588, fe'i henwir fel un o'r gwŷr y dylid eu penodi yn Esgobion yn Lloegr a Chymru pe llwyddai ymgyrch fawr yr Armada. Ond ofer fu'r cynllunio hwn. Chwalwyd llynges fawreddog Ysbaen, a gwelodd yr alltudion ar y Cyfandir nad oedd obaith iddynt ddiorseddu'r Frenhines Elisabeth. Arhosodd Gruffydd Robert ym Milan, er na wyddom odid ddim am ei hanes wedi marw Borromeo yn 1584. Cawn y cyfeiriad olaf ato mewn llyfr a gyhoeddwyd ym Milan yn y flwyddyn 1598, lle y dywedir ei fod yn un o'r rhai a'i darllenodd ac a'i cymeradwyodd, ac y mae'n siarad ' pro Illustriss. Archiep '. Ac fel y dywedais ni wyddom pa bryd y bu farw. Eto, gellir barnu iddo aros ym Milan hyd y diwedd, ac mai yn un o eglwysi'r ddinas honno y claddwyd ef.

Cyn belled ag y gellir casglu, nid yw yn ffigur mor bwysig ym mywyd gwleidyddol yr alltudion Prydeinig ar y Cyfandir â'i gyfeillion Morys Clynnog a Dr. Owen Lewis. Fel ysgolhaig a llenor yr enillodd ef ei le ym mywyd Cymru. Yn weddol fuan wedi iddo gyrraedd y Cyfandir, dechreuodd gasglu defnyddiau ar gyfer ysgrifennu Gramadeg Cymraeg a thrafodaeth ar fydryddiaeth, a dywaid mai ef oedd y cyntaf i ddisgrifio ac i ddadansoddi'r iaith ac i roi cyfarwyddiadau i lenorion, i gyfieithwyr ac i feirdd fel y gallent beri i'w hiaith hwy gymryd ei lle, ochr yn ochr ag ieithoedd eraill Gorllewin Ewrob yng nghyfnod y Dadeni Dysg.

Dywedodd rhai na ellir derbyn yr honiad mai ef oedd y cyntaf i ymgymryd â'r gwaith o lunio Gramadeg Cymraeg. Ceir trafodaeth ar yr iaith yng Ngramadeg y Beirdd a gellir olrhain hwn yn ôl i hanner cyntaf y bedwaredd ganrif ar ddeg—yn wir, geill rhannau ohono fynd yn ôl i'r ganrif flaenorol, ac efallai cyn hynny. Gwyddai Gruffydd Robert amdano, ac yr oedd wedi ei ddarllen. Profir hynny'n bendant gan y ffaith ei fod yn defnyddio'r un termau yn aml iawn. Ond sylweddolodd nad Gramadeg Cymraeg mohono, namyn gramadeg a oedd wedi ei seilio, i raddau helaeth iawn ar y gramadeg Lladin a ddefnyddid yn ysgolion yr Eglwys yn yr Oesoedd Canol. Disgrifio'r iaith Ladin a wneir, a chyfieithu'r enghreifftiau i'r Gymraeg. Amcan y rhai a'i lluniodd ydoedd rhoi cyfle i'r beirdd Cymraeg ddysgu celfyddyd gramadeg fel y gallent ennill yr wybodaeth honno a oedd yn sylfaen dysg yn holl wledydd Cred. Gellid, felly, edrych arnynt fel dynion diwylliedig. Y term a ddefnyddient am y gramadeg hwn oedd *dwned* (a ddaw trwy'r Saesneg Canol *donet* o enw'r hen ramadegydd *Donatus*); a phan genid marwnad i un o'r penceirddiaid, pwysleisir y ffaith ei fod yn feistr ar y *dwned*. Fel y dywedais, nid dysgu'r iaith Gymraeg a wneir—yr oedd gan y beirdd eu dulliau arbennig eu hunain i wneuthur hynny. Felly yr oedd Gruffydd Robert yn llygad ei le pan ddywedai nad oedd gan y beirdd proffesyddol ' ffordd yn y byd, nag i ddangos yn fyr ac yn hyffordd yr odidowgrwydd ' a oedd yn yr iaith Gymraeg, nac i'w dadansoddi fel y mae ' gramadegwyr da yn gwneuthur, pawb yn ei iaith ei hun '. Gwelai ef y Ffrancod a'r Eidalwyr a'r Ysbaenwyr yn cyflawni'r gorchwyl hwn, ac felly, dyma yntau'n penderfynu mai un o'i brif ddyletswyddau ydoedd dwyn ei iaith ef ei hun ' i lwybr celfyddyd ', hynny yw, rhoi iddi ei lle priodol ym mywyd y Dadeni Dysg, fel y bai'n gyfrwng i drafod pob pwnc y byddai Dyneiddwyr gwledydd eraill Ewrob yn ymddiddori ynddynt. Dyna paham yr aeth ati, a hynny ymhell o'i wlad, i lunio gramadeg. Ac nid yw'n debyg fod ganddo lawer o lawysgrifau Cymraeg wrth ei benelin. Felly, disgrifiad o'r iaith fyw sydd ganddo, ac nid o'r hen iaith lenyddol fel y cafodd ei meithrin a'i chadw gan y beirdd. Y mae hynny'n egluro'r gwahaniaeth rhwng ei Ramadeg ef a Gramadeg ei gyfoeswr, Dr. John Davies o Fallwyd, a gyhoeddwyd yn y flwyddyn 1621, oherwydd yr hyn a geir gan Dr. John Davies yw dadansoddiad rhyfeddol o feistrolgar o'r iaith lenyddol. Nid Gramadeg i ysgolheigion sydd gan Gruffydd Robert ond gramadeg i lenorion cyfnod y Dadeni. Felly, dyry sylw manwl i'r orgraff er mwyn sicrhau unffurfiaeth a chael safon y byddai pawb yn cytuno â hi, sef, fel y dywaid ' iawnscrifenyddiaeth ', neu, fel y dywaid gramadegwyr cyfoes yr Eidal, ' del correttamente scrivere '. Felly, fel cynifer o ramadegwyr y cyfnod yng Ngorllewin Ewrob, y mae yn ceisio diwygio'r orgraff. Y duedd ym mhob gwlad ydoedd newid orgraff y llawysgrifau a dwyn i mewn lythrennau newydd. A'r peth a boenai'r ysgolheigion Cymraeg ydoedd dyblu'r cyteiniaid i ddynodi un sain, megis ll, dd. Awgrymwyd amryw ddulliau i osgoi hyn, a'r dull a apeliai at Gruffydd Robert ydoedd rhoi dot dan *l* i ddynodi *ll*, dot dan *d* i ddynodi *dd*, a dot dan *u* i ddynodi *w*. Ni chafodd odid neb i'w ddilyn namyn rhai o'i gyd-Gatholiciaid ar y Cyfandir. Hefyd ceir *ph* am *ff* drwodd, ac ni welir *v* yn cynrychioli *f* megis mewn Cymraeg Canol.

Yn adran y gramadeg ar ffurfiant (accidence) gwelir ei ddoniau fel gramadegydd. Ef oedd y Cymro cyntaf i fwrw ymaith ormes y Gramadeg Lladin. Ef oedd y cyntaf i ddweud nad oes ond dwy genedl i enw yn y Gymraeg, nid pump fel y dywedai dwned y beirdd. Nid rhaid sôn am wahanol gyflyrau'r enw yn y Gymraeg fel petai gennym ffurfiau gwahanol. Gwêl mai ystyr ddyfodol sydd i'r ffurfiau berfol a elwir yn bresennol, a bod yn rhaid defnyddio'r ffurfiau cwmpasog i gyfleu'r ystyr honno ; a dywaid mai peth cwbl ynfyd yw sôn am arddodiaid Cymraeg yn cymryd y cyflwr gwrthrychol a'r cyflwr abladol. Nid oes yn y Gymraeg, meddai, na *gerundium* na *supinum*, a gwaith y gramadegydd Cymraeg ydyw dangos sut y dylid eu cyfleu wrth gyfieithu testunau Lladin neu ieithoedd y Cyfandir. A daw hyn â ni at bwynt go bwysig wrth ystyried gwaith Gruffydd Robert. Nid oedd dim y rhoddai gwŷr y cyfnod fwy o bwys arno na chyfieithu testunau Lladin a Groeg. Un o brif orchwylion llenorion yr unfed ganrif ar bymtheg yng ngorllewin Ewrob ydoedd cyfieithu'r llyfrau pwysicaf i'r Eidaleg, Ffrangeg, Saesneg a'r Sbaeneg fel y gallai'r ' scholar gentleman ' eu mwynhau. Ysgrifennwyd llyfrau i ddangos sut y gellir cyfleu ffurfiau a chystrawennau'r Lladin yn yr ieithoedd diweddar. Dyma'r union beth y ceisiodd Gruffydd Robert ei wneuthur yn Gymraeg, oherwydd y mae'n gwbl eglur mai un o'i brif amcanion wrth ysgrifennu'r adran hon ar ffurfiant (gydag ychydig o sylwadau ar gystrawen) ydoedd rhoddi cyfarwydd-iadau cyffelyb i lenorion Cymru. Dylid cofio mai gramadeg defnyddiol wedi ei ysgrifennu yn Gymraeg yw ei eiddo ef. Gramadeg ysgolheigaidd wedi ei ysgrifennu yn Lladin sydd gan Dr. John Davies.

Nid dyna'r cyfan. Ni ellid cyfieithu llyfrau Lladin, ac ni ellid trafod yr holl bynciau yr ymddiddorai'r ' scholar-gentleman ' ynddynt heb gyfoethogi'r iaith; yr oedd yn rhaid ychwanegu at eirfa'r Gymraeg. Dyma broblem y gorfyddai ar lenorion a chyfieithwyr ei hwynebu yn Lloegr ac yn Ffrainc a gwledydd eraill. Felly, y mae Gruffydd Robert yn manylu ar y modd y dylid llunio geiriau newydd, enwau cyfansawdd, berfau o enwau, etc. Yna, y mae yn trafod, am y waith gyntaf yn Gymraeg, sut i lunio enwau cyfansawdd, ac y mae'n manylu ar rym rhagddodiadau ac ôl-ddodiadau. Lluniodd lu o eiriau newydd ond gan na chafodd y rhan fwyaf o lenorion y cyfnod gyfle i ddarllen y gramadeg, ychydig iawn ohonynt a enillodd eu lle yng ngeirfa'r iaith.

Yna, gwelodd fod yn y Gymraeg nifer mawr o eiriau wedi eu benthyca o'r Lladin, a dyma yn ddiau yr adran enwocaf o'r gramadeg. Dylai Cymry'r oes honno, hwythau, fenthyca, ac wrth wneuthur hynny, dylent sylwi ar y modd y triniwyd seiniau'r Lladin yn yr hen amser. Felly, aeth ati i ddadansoddi'r cyfnewidiadau, a dyma'r ymdriniaeth fanwl gyntaf â'r pwnc pwysig hwnnw, yr Elfen Ladin yn y Gymraeg. Gellir, meddai, ganfod fod y seiniau Lladin yn newid yn rheolaidd, a dyma egwyddor sylfaenol ieitheg gymharol. Y mae rhai Cymry wedi honni mai Gruffydd Robert a ganfu'r egwyddor hon, ond nid yw hynny'n iawn. Yr oedd Eidalwyr a Ffrancod wedi trafod datblygiad a seiniau'r Lladin yn eu hieithoedd hwy, ond credaf fod ganddo fwy o ddawn yr ieithegydd i synhwyro'r hyn sy'n bwysig ac yn arwyddocaol ac i roi trefn ar ei ddefnydd nag odid neb o'i gyfoeswyr. Eto, ni chafodd yr adran hon odid ddim sylw yng Nghymru, ac ychydig iawn o'r geiriau Cymraeg a dynnodd o'r Lladin a ddefnyddiwyd gan lenorion eraill. Fel y gŵyr pawb, derbyniwyd llu o eiriau Lladin yn y Saesneg yn y cyfnod hwn, ond nid felly yng Nghymru er gwaethaf ymdrechion Gruffydd Robert. Ni cheisiodd neb ond rhai o'i gyd-Gatholiciaid ddilyn y cyfarwyddiadau sydd ganddo yn ei Ramadeg.

Yna, wedi trin yr iaith yn y dull hwn, aeth ati i drafod mydryddiaeth. Bid sicr, fe geir trafodaeth ar y pwnc hwn yng Ngramadeg y Beirdd, ond y mae'r hyn sydd gan Gruffydd Robert yn gwbl wahanol. Dylwn ddywedyd i ddechrau, ei fod ef, megis yr ysgolheigion Cymraeg eraill yn yr oes honno, yn credu y dylai'r beirdd Cymraeg lynu wrth yr hen fesurau caeth. Nid oeddynt yn credu y dylid ymwadu â chelfyddyd a dulliau'r Oesoedd Canol, megis Dyneiddwyr gwledydd eraill. Eto credai y dylid eu symleiddio fel y gallai boneddigion ac amaturiaid yr oes newydd hon eu defnyddio, nid y beirdd proffesyddol yn unig. Dylid hefyd gadw'r gynghanedd. Ac felly, ceir ganddo ddisgrifiadau manwl o'r amrywiol fesurau ac o'r cynganeddion, nid y disgrifiadau moel a geir yng Ngramadeg y Beirdd. Rhoes ar bapur y math o gyfarwyddiadau a gâi'r disgybl gan athro proffesyddol o fardd, fel y gellid hyfforddi pawb yn yr hen gelfyddyd farddol. Dyna bwysigrwydd yr adran hon o'r gramadeg. Eto, y mae'n rhaid ychwanegu nad oedd yn feistr ar yr hen gelfyddyd farddol a cheir gwallau yma a thraw. Yr hyn a welir yw gŵr deallus yn dadansoddi'r ychydig ddefnyddiau a oedd ganddo wrth ei benelin ym Milan.

Ac nid hynny'n unig. Yr hyn a ddengys gliriaf ei graffter rhyfeddol fel beirniad llenyddol ydyw, iddo weled na ellid defnyddio'r mesurau caeth, yr hen fesurau traddodiadol, wrth ganu cerddi hir, arwrgerddi, megis a geir mewn gwledydd eraill. Ac os oedd y beirdd Cymraeg am gymryd eu lle ochr yn ochr â beirdd gwledydd eraill Gorllewin Ewrob yn yr oes newydd hon, yr oedd yn rhaid iddynt ddefnyddio mesurau eraill. Dywaid y dylent ddefnyddio'r mesurau rhydd neu'r mesurau acennol 'accentual' a ddefnyddid gan fân feirdd Cymru, mesurau nas cydnabyddid gan y beirdd swyddogol, proffesyddol, a dyma'r tro cyntaf i ŵr o ddysg weld posibiliadau'r math hwn o ganu yng Nghymru. Dylid hefyd dderbyn y math o fesurau yr oedd yr Eidalwyr yn eu defnyddio yn eu cerddi hir ac ymwadu'n llwyr â'r cynganeddion. Yn anffodus, y mae'r adran hon ym mhob un o'r copïau sydd ar glawr, yn amherffaith. Efallai ein bod wedi colli trafodaeth bwysig a fyddai o help mawr i ysgolheigion Cymraeg ein dyddiau ni wrth draethu ar hanes datblygiad y mesurau rhydd.

Edrychir ar y ddwy ran arall fel math o atodiadau i'r Gramadeg. Yn y gyntaf ceir casgliad o englynion ac o gywyddau, y casgliad printiedig cynharaf sydd gennym ; ceir englynion a chywyddau o waith Gruffydd Robert ei hun, yn ogystal â chywyddau gan Ddafydd ap Gwilym, Siôn Cent, Gruffudd Hiraethog a'i gyfoeswr, Siôn Tudur. Felly, yr alltud hwn, na chafodd olwg ar Gymru wedi iddo ffoi i'r Cyfandir yn y flwyddyn 1559 a roes i ni'r detholiad printiedig cyntaf o farddoniaeth Gymraeg, gan gynnwys gwaith bardd mwyaf y genedl, Dafydd ap Gwilym.

Yn y rhan arall y cyfeiriais ati, a gyhoeddwyd rywbryd cyn y flwyddyn 1594, ceir dechrau cyfieithiad Cymraeg o *De Senectute* (Cicero). Y mae'n weddol sicr mai Gruffydd Robert ei hun biau'r gwaith hwn. Gwelsom eisoes ei fod yn rhoi pwys arbennig ar gyfieithu testunau Lladin i'r Gymraeg, fod ganddo gyfarwyddiadau yn ei Ramadeg ar y modd y dylid trin brawddegau Lladin, ac yn arbennig ynglŷn â llunio geiriau newydd. Dyna paham yr ymroes i astudio'r Elfen Ladin yn y Gymraeg. Dyma yntau, yn awr, yn myned ati i gyfieithu testun enwog, math o arbrawf, er mwyn dangos i lenorion Cymru sut y dylent drin testunau Lladin.

Ond ni chafodd neb i'w ddilyn, ar wahân i rai o'i gyd-Gatholiciaid a geisiodd ddilyn ei gyfarwyddiadau ynglŷn â'r orgraff a sut i lunio geiriau newydd a benthyca o'r Lladin. Fel y dywedais o'r blaen, gellir tybied na ledaenwyd rhyw lawer o gopïau o'i waith yng Nghymru, ac na chafodd ddim ond ychydig iawn o'r beirdd a'r llenorion gyfle i'w ddarllen. Anghofiwyd ef yn llwyr, ac ofer hollol fu ei holl lafur i gynhyrchu yng Nghymru y math o fywyd llenyddol a welsai mewn gwledydd eraill. Ni cheisiodd neb gyfieithu'r clasuron Groeg a Lladin i'r Gymraeg. Er mor ddiddorol ydyw ei Ramadeg, ac er ei fod yn dangos mawredd Gruffydd Robert fel un o ramadegwyr ac o feirniaid mawr y genedl Gymreig, eto ni chafodd odid ddim dylanwad ar fywyd llenyddol ei wlad. Gellir dywedyd mai yn y ganrif hon y llwyr sylweddolwyd ei bwysigrwydd. Dyma, yn ddiau, drasiedi fawr yn hanes bywyd llenyddol Cymru—llafurio am tua deng mlynedd ar hugain ymhell o'i wlad, heb obaith am ddychwelyd i'w gynefin, gan freuddwydio am ei genedl ef ei hun yn cymryd ei lle ochr yn ochr â chenhedloedd eraill Gorllewin Ewrob yng nghyfnod y Dadeni Dysg.

Cyn gorffen, dylid cyfeirio at un pwynt arall. Yn y cyfnod hwn, yr oedd yr alltudion Catholig yn ceisio trefnu i gyhoeddi llyfrau crefyddol Cymraeg yng Nghymru. Yr ydym yn gwybod i Gruffydd Robert hyrwyddo'r gwaith hwn. Ef a drefnodd i gyhoeddi llyfr ei gyfaill Morys Clynnog, *Athrauaeth Gristnogaul*, ym Milan yn y flwyddyn 1568 a cheir llythyr annerch o'i waith ar y dechrau. Ac yn 1585, cyhoeddwyd llyfr a dadogir ar Gruffydd Robert, a dywedir ar y ddalen deitl mai yn Rouen yn

Ffrainc yr argraffwyd ef. Teitl y llyfr yw *Y Drych Cristianogawl*. Ond wedi ei ddarllen, gwelir mai arddull wahanol iawn a geir yma i arddull Giceronaidd y Gramadeg. Heblaw hyn, nid oedd argraffydd yn Rouen yn dwyn yr enw a geir ar y ddalen deitl. Heblaw hyn, gwelwyd fod gan y Catholiciaid Wasg argraffu ddirgel mewn ogof yn Sir Gaernarfon yn y cyfnod hwn, a cheir cerdd sy'n sôn am argraffu'r *Drych Cristianogawl* yno. Felly, bernir mai celwydd a geir ar y ddalen deitl, nad oedd a fynnai Gruffydd Robert â'r llyfr, ac mai ffug yw'r llythyr annerch a dadogwyd arno. Eto, erys llawer o anawsterau ac ni ellir ysgrifennu hanes y llyfr hwn heb lawer iawn mwy o ymchwil.[1]

Dyma arolwg byr ar fywyd a gwaith un o Gymry mawr yr unfed ganrif ar bymtheg, gŵr a enillodd, yn y ganrif hon, le anrhydeddus iawn yn hanes bywyd llenyddol Cymru yn Oes y Dadeni.

[1]Gw. t. 10 uchod.

V

WILIAM MIDLETON (GWILYM GANOLDREF)[1]

Diamau mai un o feibion mwyaf nodedig Sir Ddinbych yn yr unfed ganrif ar bymtheg ydoedd Wiliam Midleton, neu fel y galwai ef ei hun, Gwilym Ganoldref. Ond dylai pawb ohonom gofio, ac aelodau'r gymdeithas hon yn anad neb, na ellir egluro gyrfa lenyddol gŵr fel Wiliam Midleton, heb wybod rhywbeth am draddodiadau Sir Ddinbych yn y cyfnod hwnnw. Oherwydd credaf mai'r sir hon ydoedd canolfan bywyd diwylliannol Cymru yn yr unfed ganrif ar bymtheg. Nid yn unig fe geid yma gartrefi a fuasai am genedlaethau yn edrych ar y gwaith o noddi'r beirdd fel un o ddyletswyddau pennaf boneddigion Cymru, cartrefi megis Llyweni a Gwenynog a Moelyrch a Bachymbyd a'r Rhiwlas (enwau y mae pawb a ŵyr rywbeth am ein llenyddiaeth yn hen gynefin â hwy, ond fe welid yn ogystal fwy o ddiddordeb yn y diwylliant Cymreig nag mewn odid un rhan arall o Gymru. Er mwyn egluro hyn dylid cofio bod dylanwadau'r Dadeni Dysg yn dechrau treiddio i Gymru yn yr unfed ganrif ar bymtheg. Yn yr Oesoedd Canol celfyddyd yr arbenigwr ydoedd barddoniaeth, ac yng Nghymru beirdd wrth eu crefft ydoedd y prydyddion, a chadwent gyfrinion eu celfyddyd iddynt hwy eu hunain fel na allai neb gystadlu â hwy. Ond yn awr, gwelwn y gŵr bonheddig—yr *amateur*—yn dechrau ymddiddori yng nghelfyddyd barddoniaeth, gwŷr tebyg i Wiliam Midleton, gwŷr yn canu, fel y dywedir, " ar eu bwyd eu hunain ". Ac nid hynny yn unig, eithr fe'u gwelir, megis boneddigion gwledydd eraill, yn dechrau astudio hanes a hynafiaethau a llenyddiaeth eu gwlad. A'r pwynt y carwn i ei bwysleisio yn awr ydyw mai canolfan y mudiad hwn yng Nghymru ydoedd Dyffryn Clwyd a'r cyffiniau. Nid oes gennyf amser heno i fanylu ar yr ysgolheigion Cymraeg a gynhyrchwyd yn y parthau hynny yn yr unfed ganrif ar bymtheg a dechrau'r ail ar bymtheg, ond digon i ni

[1]Darlith a draddodwyd o flaen Cymdeithas Sir Ddinbych yn Llundain yn y Central Y.M.C.A. y 18fed o Fawrth, 1937. Mr. R. O. Jones yn y Gadair. Cyhoeddwyd yn *Handbook* y Gymdeithas (1937-38), 27-41.

ydyw cyfeirio at Humphrey Llwyd o Ddinbych, Wiliam Salesbury (oherwydd y mae ef yn bwysig yn hanes ysgolheictod Cymraeg yn ogystal ag fel cyfieithydd y Testament Newydd), Roger Morris o Goed-y-talwrn yn Llanfair Dyffryn Clwyd, Richard Langford o Drefalun, Jasper Griffith o Ruthyn, Dafydd Jones, Ficer Llanfair Dyffryn Clwyd, Thomas Wiliems o Drefriw (am yr afon â Sir Ddinbych), a'r Dr. John Davies o Fallwyd, y mwyaf ohonynt yn ddiamau. Ni ellir egluro diddordeb y Dr. Davies a'i gyfraniad arbennig i ysgolheictod Cymraeg heb gofio ei eni yn Llanferres ac iddo ddyfod yn fore i gysylltiad â'r cylch hwn o ysgolheigion.

Ni ddisgwylir imi heno ymdrin â'r ysgolheigion hyn, ond dylwn gyfeirio at un gwasanaeth mawr a wnaethant. Er mwyn astudio hanes llenyddiaeth eu gwlad yr oedd yn rhaid iddynt gael gafael ar yr hen lawysgrifau Cymraeg a gynhwysai weithiau ein beirdd o'r chweched ganrif hyd eu cyfnod hwy, ynghyd â rhyddiaith yr Oesoedd Canol. Cartref llawer iawn o'r llawysgrifau hyn ydoedd Deheudir Cymru, ond erbyn tua 1570 cawn fod y rhan fwyaf ohonynt ym meddiant rhai o'r ysgolheigion hyn—er enghraifft, Llyfr Du Caerfyrddin, Llyfr Taliesin, Llyfr Aneirin a Llyfr Gwyn Rhydderch. Anodd egluro pa fodd y daethant i'r Gogledd, ond dylem ddiolch i'r gwŷr y cyfeiriais atynt am eu diogelu mewn cyfnod pan oeddynt mewn perygl o ddiflannu. Copïwyd hwy, a lluniwyd casgliadau helaeth o weithiau'r beirdd, ac felly, y mae gennym heddiw ddefnyddiau i astudio hanes ein llenyddiaeth. Ac wedi dydd yr ysgolheigion hyn aethant i lyfrgell Robert Vaughan o Hengwrt, ac yno y buont hyd y ganrif ddiwethaf. Erbyn heddiw y mae'r llawysgrifau hyn yn y Llyfrgell Genedlaethol. A'r pwnc y carwn i ei bwysleisio yn awr ydyw mai Sir Ddinbych ydoedd canolfan y bywyd diwylliannol hwn yn yr unfed ganrif ar bymtheg.

Ganed Wiliam Midleton tua chanol y ganrif honno. Hyd yn ddiweddar tybiai pawb mai gŵr o dre Ddinbych ydoedd, sef mab Richard Midleton, a brawd Syr Thomas Midleton o Gastell y Waun, a Syr Hugh Midleton, y gŵr a roddodd i ddinas Llundain gyflenwad o ddŵr am y waith gyntaf. Anthony Wood a ddywedodd hynny gyntaf yn ei lyfr ar Brifysgol Rhydychen, llyfr a ymddangosodd yn y flwyddyn 1691, a dilynwyd ef gan haneswyr o'r flwyddyn honno ymlaen. Yn wir, nid hawdd amau Anthony Wood oherwydd yr oedd gan Richard Midleton fab o'r enw Wiliam, ac yr oedd hwnnw'n farsiandwr ac yn gapten. Eithr o edrych ar y llyfr a gyhoeddodd Wiliam Midleton yn y flwyddyn 1593 ar gelfyddyd barddoniaeth Gymraeg, gwelir ei fod yn annerch Thomas Midleton fel *cognatus*, sef " kinsman ", ac awgryma hynny nad ei frawd ydoedd. Ond heb ymhelaethu, gallaf ddywedyd ei bod yn gwbl sicr erbyn hyn mai gŵr o Archwedlog yn Llansannan ydoedd, mab Ffowc Midleton, yr hwn oedd yn frawd i Richard Midleton o Ddinbych. Felly, cefnder Syr Thomas a Syr Hugh ydoedd y Capten Wiliam Midleton. Cartref y teulu ar y dechrau ydoedd Gwenynog ym mhlwyf Henllan. Hen deulu Cymreig ydoedd y Midletoniaid (neu'r Miltyniaid, fel y gelwid hwy gan y beirdd), yn hanfod o Ririd Flaidd, ond eu bod ar un ochr yn disgyn o deulu Midletoniaid Sir Amwythig. Ac fel boneddigion eraill Cymru yn yr unfed ganrif ar bymtheg, yr oeddynt yn hael yn eu croeso i'r beirdd a'r cerddorion pan ddeuai'r rheini heibio iddynt ar eu teithiau. Pan oedd Wiliam Midleton yn fachgen yn ei gartref yn Archwedlog diamau iddo weled beirdd fel Gruffudd Hiraethog a Siôn Tudur, ac efallai Wiliam Llŷn, yn dyfod yno i ganu clodydd y teulu ar y tair gŵyl arbennig, Y Pasg a'r Nadolig a'r Sulgwyn. Heblaw hynny, diau i un o'r beirdd ei hyfforddi yn yr iaith Gymraeg, yr iaith safonol a ddefnyddid gan y boneddigion, a'r iaith lenyddol a gedwid yn ei phurdeb gan y penceirddiaid, a hefyd yng nghelfyddyd cerdd dafod. Diamau iddo feistroli'r gynghanedd a'r pedwar mesur ar hugain yn y cyfnod hwn. Oherwydd er bod y beirdd yn cadw eu crefft yn gyfrinach—dyna ystyr yr ymadrodd " Cyfrinach Beirdd Ynys Prydain "—eto disgwylid iddynt hyfforddi plant eu noddwyr, a dyna paham y gwelir cynifer o'r rheini yn awr yn " canu ar eu bwyd eu hunain ". Dyry Thomas Prys o Blas Iolyn enw Wiliam Midleton ymhlith " y mydrwyr or Brytaniaid ar a oedd ar vnwaith an kyfoes ni yn kanv ar i bwyd i hvnn." Ond efallai mai'r un a gafodd fwyaf o ddylanwad arno yn nhymor ei ieuenctid ydoedd gŵr bonheddig arall o Lansannan, sef Wiliam Salesbury, cyfieithydd y Testament Newydd i'r Gymraeg, gŵr a ymddiddorai yng nghelfyddyd y beirdd ac a gasglai eu gweithiau. Yr oedd rhai ohonom ers tro yn rhyw led amau bod cysylltiad rhwng y ddeuwr enwog hyn, ac mai dylanwad Salesbury a barodd i Midleton ymgymryd â'r gwaith o fydryddu'r Salmau, er na ellid profi hynny. Ond cafodd yr Athro Ifor Williams yn ddiweddar brawf pendant fod y ddau yn gyfeillion. Gwelodd yn Llyfrgell Coleg y Brifysgol ym Mangor lawysgrif yr ysgrifennwyd rhannau ohoni gan Salesbury, ond bu hefyd ym meddiant Wiliam Midleton, a cheir ynddi gerddi yn ei law ef. Dyma'r llawysgrif a adwaenir fel Gwynedd-on 4. Efallai mai'r cyfeillgarwch hwn a droes Midleton yn Brotestant selog, ac efallai mai un o'r pethau mwyaf hynod yn yr hanesion a adroddwyd amdano ydyw ei wneuthur yn Babydd. Credaf mai'r rheswm am hynny ydoedd tybied ei fod yn frawd i Syr Thomas ac i Syr Hugh Midleton, oherwydd yr oedd Wiliam, brawd y ddeuwr hynny, yn byw yn Antwerp, ac yn ôl pob tebyg, yn hyrwyddo cynlluniau'r Ysbaenwyr yn erbyn y Frenhines Elisabeth. Cyfeirir ato'n aml ym mhapurau'r Wladwriaeth fel gŵr a allai arwain llynges y gelyn i Ogledd Cymru i godi gwrthryfel yn y fro honno, ac fel gŵr a gâi ei dalu gan frenin Sbaen. Nid anodd gweled, felly, pa fodd y maentumiwyd bod Capten Wiliam Midleton, y bardd, yn Babydd.

Ni wyddom ddim am ei ieuenctid yn Llansannan ond ei fod yn gyfaill i Wiliam Salesbury ac i'r beirdd hynny, megis Siôn Tudur, a ddeuai heibio i'w gartref. Dywed Anthony Wood yn ei lyfr ar Brifysgol Rhydychen iddo fod yno, ac efallai mai efô ydyw'r Wiliam Midleton a enillodd ei radd yn 1574, ond nid oes fodd teimlo'n sicr ynglŷn â hyn. Beth bynnag, gwyddom ei fod yn 1575 yng ngwasanaeth Iarll Penfro, a dyna'r dyddiad cyntaf y gallwn deimlo'n gwbl sicr ohono wrth olrhain ei hanes. Yn y flwyddyn honno canodd awdl farwnad y ceir copi ohoni yn llawysgrif ei gyfaill, David Johns, Ficer Llanfair Dyffryn Clwyd, a dywedir iddo ei chyfansoddi " yw arglwyddes feistres, Catrin iarlles penfro ". Felly, y mae'n eglur iddo fyned, fel cynifer o feibion ieuangaf uchelwyr Cymru yn y ganrif honno, i wasanaethu un o foneddigion y deyrnas, neb llai na mab Wiliam Herbert, Iarll Penfro. Y mae hyn yn ddiddorol am dri rheswm.

(1) Yr oedd teulu'r Herbertiaid yn eiddgar i hyrwyddo beirdd ac ysgolheigion Cymru. Gwyddom mai i William

Herbert, Iarll Penfro, a fu farw yn 1570, y cyflwynodd Gruffydd Robert ei ramadeg, ac efallai fod y mab, yntau, wedi annog Wiliam Midleton i ysgrifennu gramadeg, oherwydd fel y cawn sylwi yn nes ymlaen, un o'r pethau mwyaf nodedig a gyflawnodd ydoedd cyhoeddi llyfr ar gelfyddyd barddoniaeth Gymraeg.

(2) Fel y gwelsom eisoes, bu Catrin, gwraig Iarll Penfro, farw yn 1575. Yn 1577 priododd Mary, chwaer Syr Philip Sidney, y bardd Saesneg, a dywedir y byddai Syr Philip yn ymweled â'i chwaer ac Iarll Penfro yn eu cartref yn Wilton yn ymyl Salisbury. Fel y gŵyr pawb sy'n gynefin â hanes llenyddiaeth Saesneg yn y cyfnod hwn, y mae Syr Philip Sidney yn enghraifft wych o ŵr bonheddig llengar cyfnod y Dadeni, pan welir yr *amateur* yn dechrau ymddiddori yng nghelfyddyd barddoniaeth. Dyma le Wiliam Midleton, yntau, ym mywyd llenyddol Cymru, ac efallai mai ymgyfeillachu â Syr Philip a barodd iddo feddwl am sgrifennu llyfr i hyfforddi boneddigion Cymru yng nghelfyddyd barddoniaeth Gymraeg, fel y gallent gymryd yr un diddordeb yn llenyddiaeth eu gwlad ag a gymerai boneddigion gwledydd eraill yn eu llenyddiaethau hwy. Cawn ddychwelyd at y pwynt hwn yn nes ymlaen.

(3) Wrth wasanaethu Iarll Penfro daeth i gysylltiad â changhennau eraill teulu'r Herbertiaid, ac yn eu plith y gangen a oedd yn byw yng Nghaerdydd. Gwyddom iddo fwrw peth amser yn y dref honno oddeutu'r flwyddyn 1580, ac yno daeth i adnabod un arall o ffigurau pwysig y cyfnod, sef Siôn Dafydd Rhys, awdur y gramadeg Cymraeg a ymddangosodd yn 1592. Gŵr o Lanfaethlu yn Sir Fôn ydoedd Siôn Dafydd Rhys, a fuasai ym Mhrifysgolion yr Eidal, ac a oedd wedi ymsefydlu fel meddyg yng Nghaerdydd. Ni wn ai siarad â Midleton a barodd i Rhys feddwl am sgrifennu gramadeg Cymraeg, ond y mae'n gwbl eglur fod y naill wedi dylanwadu ar y llall. Profir hynny gan lythyr diddorol iawn a yrrwyd gan Wiliam Midleton at Siôn Dafydd Rhys yn y flwyddyn 1583, llythyr a gedwir heddiw yn Llawysgrif Peniarth 118 yn Llyfrgell Genedlaethol Cymru, a chredaf y byddai'n werth imi ei ddyfynnu fel enghraifft o lythyr a sgrifennwyd gan ŵr bonheddig o Gymro o Sir Ddinbych yn yr unfed ganrif ar bymtheg, ac fel enghraifft o Gymraeg urddasol yr hen bendefigaeth :

> " Annerch a chariat a mynych orchymyn atawch yr annwyl athraw ac at awch Cywely. Dir ywch faddav ymy fy mot mor ddiddarbot nat yscrivennwn attawch cyno hynn. Bit hyspys gennych nat o ddiffyc ewyllys da ich yskevlvsais. hoff iawn yw gennyf a glywais o newyddion y gan Mr. Babington[1] sef i chwi gyfieithv yn gymroaidd y dafulan ferr o grefydd Christ a wnaethai ef y Saesonaeg. Pendefic ywr vicar am ddyscv jddaw ddywedyd cymraeg. hynny oedd reit ymmy pettwn ynghaerdydd, dywedwch wrth y viccar y gwnaf gymeint drostaw yntev os daw ar fy llaw. Gofynnasoch ym pan oeddwn ynghaerdydd (meis y clywsech ereill) ae i briodi Mrs. Watkins y doethwn llwrw fyghefyn. ni feiddiwn atteb ywch y pryt hynny rac fy anwadalet eithyr yn awr y beiddiaf ddywedyd ywch ag y gwnn y siccr nat hynny ydoedd fy mrŷt[2] Newyddyon nyt oes gennyf onyt ysgyfarn yn iaith gernyw yw clust yn iaith ninav. bvch kyhyt y chyrn ae hysgyfarn. y(s)gatfydd oddyna y daeth tarw gwyn ysgyfarllynnig ag ysgyfarnoc clustiog am fod jddi glvstev hirion. fo fydd gennyf drwy gennat dvw y tonyddiaeth yn berffeith erbyn ych gwelwyf nesaf. yddwyf yn gobeithiaw y bydd gennych ithev rvw rann or gramadec gwedy y gwplav. Ewch yn iach gedwch glywet oddiwrthych, a hoffwch bawb a ofno Dvw."

Efallai mai dyma gyfnod hapusaf ei fywyd, y cyfnod pan gâi ymgyfeillachu â Siôn Dafydd Rhys yng Nghaerdydd ac ag Iarll Penfro a Syr Philip Sidney yn Wilton, cyfnod llenydda ac ymdrin â chynlluniau i hyrwyddo llenyddiaeth Gymraeg. Ond daeth i ben tua'r flwyddyn 1585. Yn y flwyddyn honno cawn hanes amdano yn y fyddin a aeth gydag Iarll Leicester i ymladd â'r Ysbaenwyr yn yr Iseldiroedd. Odid nad oedd yng ngwasanaeth Syr Philip Sidney ; yn wir, dywedir ei fod yn dal baner Syr Philip ym mrwydr Zutphen pan laddwyd y gŵr hwnnw. Ceir mewn llawysgrif yng Ngholeg yr Iesu nifer o englynion a ganodd yn yr Iseldiroedd ; er enghraifft, englyn a roddodd i feddwyn o'r enw Wil Siôn fel " passport " iddo fyned yn ôl i Loegr :

[1]Ficer Caerdydd oedd Babington, a bu wedi hynny yn Esgob Llandaf. Dymunaf ddiolch i Mr. Gabriel o Goleg Caerlleon am alw fy sylw at hyn.

[2]Dywed Mr. Gabriel wrthyf fod Mrs. Watkins wedi priodi Babington, y ficer. Cyn belled ag y gwn i, bu Wiliam Midleton farw yn ŵr dibriod.

Swyddogion duon o daw'r drogen,
Er bod drygair iddaw,
Gydewch y gwas i basiaw,
Nid aeth i waeth dros draeth draw.

A barnu wrth a ddywedir mewn cywyddau a ganwyd iddo gan rai o feirdd y cyfnod, enillodd gryn enwogrwydd fel milwr, a diau mai yma y gwnaethpwyd ef yn gapten yn y fyddin. Cawn ei hanes wedyn yn myned gyda'r fyddin a yrrwyd i ymladd yn Portugal yn 1589, flwyddyn ar ôl trechu llynges Ysbaen, ymgyrch aflwyddiannus iawn, er bod Midleton wedi ennill cryn enw iddo ei hun.

Yn awr, ac yntau yn ôl pob tebyg yn tynnu at ei ddeugain oed, y mae fel cynifer o fechgyn ieuainc mentrus y cyfnod, yn gweled mai'r ffordd orau i ddyfod ymlaen, ac i gael y bywyd anturiaethus hwnnw a garai gwŷr oes Elisabeth, ydoedd myned i wasanaethu ei Frenhines ar y môr. Yr oedd llawer o'i gyfeillion o Sir Ddinbych wedi myned i ymladd â'r Ysbaenwyr ar Fôr Iwerydd, ac efallai iddo ymuno â rhai o'r gwŷr hynny. Ond ychydig iawn a wyddom am ei anturiaethau, er bod llawer o'i gyfoeswyr yn sôn am ei ddewrder fel morwr. Dywed ei gyfaill, Siôn Dafydd Rhys, yn y gramadeg a gyhoeddodd yn y flwyddyn 1592, ei fod yn un o'r milwyr dewraf ar fôr a thir. Er hynny, amhosibl darganfod pa wrhydri a gyflawnodd. Cawn ddigon o gyfeiriadau at " Captain Midleton " yng nghofnodion y cyfnod, a hyd yn hyn, tybir mai amdano ef y sonnir. Ond ni welaf pa fodd y gellir profi hynny. Gwn am o leiaf bedwar " Captain Midleton " arall, ac un ohonynt ydoedd brawd Syr Thomas a Syr Hugh Midleton o Ddinbych, gŵr a gâi ei dalu gan lywodracth Ysbaen am gynllwyn i godi gwrthryfel yn erbyn y Frenhines. Oherwydd hynny, nid oes fodd gwybod ai'r bardd ydoedd y "Captain Midleton" y ceir ei hanes yn y stori enwog am y frwydr a ymladdwyd ar y môr yn y flwyddyn 1591, y stori a geir gan Tennyson yn ei faled " The Revenge ". Yr oedd yr Arglwydd Thomas Howard a llongau Prydain yn disgwyl llongau trysor yr Ysbaen wrth ynysoedd yr Azores pan ddaeth rhyw " Captain Midleton " â'r newydd fod llynges fawr yr Ysbaenwyr yn nesáu. Penderfynodd yr Arglwydd Thomas Howard gilio, ond yn herwydd rhyw gamddealltwriaeth, arhosodd llong Syr Richard Grenville, " The Revenge ", a bu'n ymladd â llynges yr Ysbaen am bymtheg awr. Ond cyn belled ag y gwelaf i, ni ellir profi mai'r bardd o Lansannan a ddaeth â'r newydd. Dywed Thomas Pennant hefyd yn ei lyfr, *Tours in Wales*, mai efô a Thomas Prys o Blas Iolyn a rhyw " Capten Koet " oedd y cyntaf i smocio'n gyhoeddus yn Llundain, a bod trigolion wedi tyrru o bob cyfeiriad i rythu arnynt. Dywed awduron diweddarach eu bod wedi cael y baco mewn llong a gymerasant rhwng ynysoedd Canary ac Affrica, ac yna, wedi glanio, i'r tri morwr llawen ymorchestu i smocio er mawr syndod i'r Llundeinwyr. Ni ellir profi bod y stori hon, chwaith, yn wir. Dyma'r unig ffeithiau y gallwn fod yn gwbl sicr ynglŷn â hwy wrth olrhain ei hanes ar y môr :

(i) Iddo orffen cyfieithu'r Salmau, neu'n hytrach eu mydryddu, pan oedd ar fwrdd llong yn India'r Gorllewin yn y flwyddyn 1596. Dywed ef ei hun hynny ar ddiwedd ei gyfieithiad.

(ii) Iddo ganu cywydd rywle ar Fôr Iwerydd i yrru'r " dolphin " yn gennad at ei gefnder, Thomas Wynn o Ddyffryn Aled :

Dywed, gwaith nid ydyw gam,
O'i dylwyth pwy ond Wiliam ?
Miltwn, ni wadwn, ydwyf,
Cyfiawnder ach, cefnder wyf.
Dywed fy mod yn rhodiaw,
Dramawr drin, 'rhyd y môr draw,
Ac yn caffael, mael fy myd,
Heb achwyn i'm byw iechyd.

(iii) Iddo fod ar y môr am flynyddoedd heb ddychwelyd i'r ynys hon. Dywed Thomas Salesbury (gŵr o Sir Ddinbych a gyhoeddodd ei Salmau yn y flwyddyn 1603) na buasai " yn i wlad i hun er ystalm o amser, ag er hyny, ni cholles ef moi Iaith nai gylfydhyd yn y gerdh frutaniaith."

(iv) Iddo farw rywbryd cyn i Thomas Salesbury gyhoeddi'r Salmau yn 1603, oherwydd argraffwyd yn y gyfrol honno " Fawl-Gerdh Farwnad " iddo gan Edward Kyffin, a ddywed iddo farw ar y môr ychydig cyn cyrraedd Prydain :

Wrth dhychwelyd funyd fu o'r eigiawn
Fry agos at lannu :

Aeth i'r nef i gartrefu,
At Dduw mawr gadarnfawr gu.

Ac felly, er ei fod yn ei ddydd yn enwog fel milwr ar fôr a thir, ychydig iawn a wyddom am a gyflawnodd. Ond er hyn oll, y mae'n llawer pwysicach gŵr yn hanes Cymru na'r milwyr a'r morwyr hynny sy'n ffigurau mor lliwgar yn llyfrau ein haneswyr. Oherwydd ceisiodd ef wasanaethu ei genedl ei hun, ac y mae iddo le arbennig yn hanes bywyd diwylliannol ei wlad yn hanner olaf yr unfed ganrif ar bymtheg.

Yn gyntaf oll, y mae'n bwysig yn hanes y mudiad Protestannaidd yng Nghymru. Fel y dywedais eisoes, daeth i gysylltiad â Wiliam Salesbury, y gŵr a gysegrodd ei fywyd i wasanaethu ei genedl trwy gyhoeddi'r Testament Newydd a'r Llyfr Gweddi Gyffredin yn Gymraeg, fel y gallai'r Cymry addoli Duw yn eu hiaith eu hunain. A chredaf mai Salesbury a ddywedodd wrth Wiliam Midleton y dylai yntau ddefnyddio ei ddoniau a'r wybodaeth a gawsai gan hen feirdd ei genedl i hyrwyddo'r ffydd Brotestannaidd yng Nghymru. Felly, aeth ati i fydryddu'r Salmau. Ond fel etifedd yr hen draddodiad barddol Cymreig a diwylliant pendefigaidd yr uchelwyr, defnyddiodd y mesurau caeth a'r arddull arbennig a feithrinid yn ysgolion y penceirddiaid. Oherwydd hynny, ni chafodd y gwaith mo'r derbyniad a ddisgwyliai. Yr oedd y dosbarth a allai fwynhau gwaith o'r fath yn myned yn llai y naill genhedlaeth ar ôl y llall, y boneddigion yn colli eu diddordeb yn llenyddiaeth eu gwlad, a'r beirdd, yn herwydd colli eu noddwyr, yn diflannu. Heblaw hyn nid oedd fodd i'r bobl ganu Salmau Midleton yn yr eglwys. Fel y dywed Maurice Kyffin yn ei ragymadrodd i *Deffynniad Ffydd Eglwys Loegr* (1595) :

> " Gwaith rheidiol iawn fydde troi'r Psalmeu i ganghanedd gymraeg, nid i ganghanedd Englyn, nag Owdl, na Chowydd, nag i fath yn y byd ar gerdd blethedig : herwydd felly ni ellir byth troi na'r Psalmeu, na dim arall yn gywir. Eithr i'r fath fessur a thôn canghanedd ag sydd gymeradwy ymhôb gwlad, a ddiwygwyd drwy dderbynniad discleirdeb yr Efengyl . . . . ; fal y gallo'r bobl ganu y gyd ar vnwaith yn yr Eglwys ; yr hyn beth fydde ddifyrrwch a diddanwch nefawl iddynt yn y llann, a chartref. Am Englyn, neu Owdl, neu Gowydd, e wyr

> pawb nad cynefin ond i vn dyn ar vnwaith ganu'r vn o'r rheini. Heblaw hynny, ni wasnaetha tôn yr vn o honynt i gerdd ysprydol vchelfraint ; a phe gwasnaethe, etto, cabledd mawr yw cymmysc cerdd yr Ysprryd glan yn yr vn donganiad a cherdd faswedd ofer."

Ac felly, pan aeth Edmwnt Prys ati i fydryddu'r Salmau dewisodd ef y mesurau rhydd, ac nid rhaid imi egluro pwysigrwydd y gwaith hwnnw yn hanes crefydd a llenyddiaeth Cymru.

O ddarllen y Salmau hyn, yn ogystal â'r cywyddau a'r awdlau a'r englynion eraill a ganodd, a'u cymharu â gweithiau beirdd mawr ei gyfnod, Wiliam Llŷn, Siôn Tudur, Wiliam Cynwal ac Edmwnt Prys, gorfydd arnom gyfaddef na ddangosant mo'r feistrolaeth ar gelfyddyd cerdd dafod a welir yng ngweithiau gorau'r beirdd y cyfeiriais atynt. Ac yn rhyfedd iawn er ei fod yn adnabod Syr Philip Sidney, ac er iddo (yn ôl pob tebyg) gyfarfod â rhai o lenorion eraill Lloegr yn y cyfnod disglair hwnnw, ni chawsant odid ddim dylanwad arno fel bardd. Nid oedd ganddo mo'r ddawn honno a eill beri i fardd dderbyn ysbrydiaeth o lên gwledydd eraill a chymathu'r elfennau estron hynny â thraddodiad llenyddol ei wlad ei hun.

Felly, nid fel bardd y mae Wiliam Midleton yn bwysig, eithr yn herwydd ei ymgais i hyrwyddo bywyd llenyddol Cymru, i ennyn diddordeb boneddigion ifainc Cymru ym marddoniaeth eu gwlad, i gynhyrchu yng Nghymru yr un math ar fywyd llenyddol ar a welid mewn gwledydd eraill yng nghyfnod y Dadeni. Dyna amcan y llyfryn a gyhoeddodd yn y flwyddyn 1593, *Bardhoniaeth, neu Brydydhiaeth.* Llyfryn bychan ydyw yn cynnwys un ar hugain o dudalennau, ond y mae'n un o'r llyfrau prinnaf yn y Gymraeg. Nid oes ond tri chopi ar glawr heddiw, ac y mae un o'r rheini yn Llyfrgell Huntingdon yn California, un arall yn Llyfrgell Bodley yn Rhydychen, a'r trydydd yn Llyfrgell Salesbury yng Ngholeg y Brifysgol yng Nghaerdydd. Cyhoeddwyd adargraffiad llythrennol ohono gan Wasg Prifysgol Cymru yn 1930. Er mwyn egluro arwyddocâd y gyfrol fechan hon dylwn ddywedyd bod addysg Gymraeg, sef meistrolaeth ar yr iaith lenyddol ac ar gelfyddyd barddoniaeth, yn nwylo'r beirdd swyddogol, ac ni châi neb hyfforddiant trwyadl yn y pynciau hyn ond y disgybl a âi at athro o fardd. Gorfyddai arno yntau addo nas dysgai i neb y tu allan i gylch y beirdd ond i'w noddwyr, sef y boneddigion. Fel y dywedais eisoes, cyfrinach oedd gramadeg yr iaith a chelfyddyd barddoniaeth, a dyna ystyr yr ymadrodd " Cyfrinach Beirdd Ynys Prydain ". Ond yn yr unfed ganrif ar bymtheg dyma rai o'r Cymry a ddaethai o dan ddylanwad bywyd llenyddol cyfnod y Dadeni ac a ymglywsai â'r ynni llenyddol a gyniweiriai trwy wledydd Cred, yn ceisio cynhyrchu yr un math o fywyd llenyddol yng Nghymru. Dyma amcan Gruffydd Robert wrth gyhoeddi Gramadeg Cymraeg ym Milan yn y flwyddyn 1567. Yno, ac yntau'n alltud ac yng nghanol pobl na wyddent ddim am Gymru, gwelir ef yn bwrw blynyddoedd i sgrifennu'r Gramadeg, ac yn ceisio mewn amrywiol ffyrdd i'w yrru i Gymru fel y gallai wneuthur rhywbeth i hyrwyddo bywyd llenyddol ei genedl. Dyna'n hollol a geisiai Wiliam Midleton ei wneuthur. Gwrandewch arno'n annerch " pob athrylithfawr awenydhgar gymro " yn ei Ragymadrodd :

> " Gann dharfod i Dhoctor Sion Dauydh (h.y. ei hen gyfaill, Siôn Dafydd Rhys) gymeryd kymaint o boen, a thrafael yn gweithio gorchwyl mor odidawg, ag yw i dhwned lladin ef (h.y. ei Ramadeg), i dhysgu yr iaith gymraeg : a chida hynny rhoi allan mwy o reolau a samplau nag sydh gann vn prydydh ynghymry, or hen ganiad ar dull nevvydh : a chan dhwedyd o Iul. Cæsar y bydhai y Drudion gynt vgain mlynedh yn dysgû y gelfydhyd honno : Dir i minnau ; os medraf, dhysgu im Kydwladwyr y Fordh nesaf, i ganu kerdh dafawd."

Hynny yw, nid yr addysg fanwl gymhleth a geid gan athrawon yr hen gyfundrefn farddol, eithr hyfforddiant i wŷr deallus a fynnai ganu englynion a chywyddau ac awdlau i'w diddanu eu hunain—dim ond yr elfennau, a'r rheini wedi eu cyfleu mewn dull dyml. Dyma rywbeth hollol newydd yng Nghymru, peth sy'n dangos fel y mae cyfnod yr arbenigwyr yn myned heibio, a chyfnod yr *amateur* yn dechrau. Ond oherwydd effeithiau'r Ddeddf Uno, ofer i raddau helaeth fu ymdrechion gwŷr fel Gruffydd Robert a Wiliam Midleton.

Ond nid cyhoeddi'r llyfryn hwn ar gelfyddyd barddoniaeth ydyw'r unig beth a bair fod Wiliam Midleton yn ffigur mor ddiddorol i ni heddiw. Er mwyn egluro hyn dylwn gyfeirio eto at yr hyn a ddywedais ar y dechrau wrth sôn am y llawysgrifau, sef na wnaeth yr argraffwasg odid ddim yn yr unfed ganrif ar bymtheg i hyrwyddo llenyddiaeth Gymraeg. Ni cheisiwyd argraffu cynnwys yr hen lawysgrifau, nid oedd hyd yn oed feirdd y cyfnod, megis Wiliam Llŷn a Siôn Phylip a Siôn Tudur, yn meddwl am gyhoeddi eu gweithiau. Un rheswm am hyn ydyw bod y boneddigion, yn herwydd y Ddeddf Uno, yn graddol golli pob diddordeb yn llenyddiaeth eu gwlad, ac felly ni cheid cyhoedd a oedd yn barod i brynu llyfrau Cymraeg. Heblaw hynny, nid oedd a fynnai'r beirdd swyddogol—y beirdd a oedd yn byw ar eu celfyddyd—ddim â'r dull newydd hwn o ledaenu llenyddiaeth. Rhywbeth iddynt hwy eu hunain ac i'w noddwyr ydoedd eu gwaith hwy, ac yr oeddynt yn llwyr fodlon ar yr hen ddulliau o ledaenu llenyddiaeth trwy gyfrwng llawysgrifau a'r datgeiniaid a ganai eu cerddi yn neuaddau'r boneddigion. Yn wir, câi llawer ohonynt eu talu am gopïo llawysgrifau, ac felly, tybient fod yr argraffwasg yn effeithio ar eu bywoliaeth hwy. Gellir dywedyd mai tua chanol y ddeunawfed ganrif, fel canlyniad i ymdrechion cyhoeddwyr fel Thomas Jones a Siôn Rhydderch a Durston, y dechreuodd beirdd Cymru edrych ar yr argraffwasg fel eu cyfrwng naturiol i ledaenu eu gweithiau.

Credaf mai Wiliam Midleton ydoedd y bardd Cymraeg cyntaf i geisio argraffu casgliad o'i gerddi, ac fel y dywedais, dyma ffaith arall a bair ei fod yn ffigur mor ddiddorol i ni heddiw. Ychydig dros ddwy flynedd yn ôl, pan oedd Mr. H. W. Garrod, Llyfrgellydd Coleg Merton, Rhydychen, yn datod cloriau llyfr Lladin a argraffwyd yn 1595 ac a rwymwyd tua'r un cyfnod, darganfu ddarn o *sheet* yn cynnwys 16 tudalen o lyfr Gymraeg, ac erbyn chwilio, gwelwyd mai dechrau argraffiad o Salmau Wiliam Midleton ydoedd. Gwelsom eisoes fod Thomas Salesbury wedi argraffu'r Salmau yn Llundain yn y flwyddyn 1603 wedi i'r awdur farw, ond yn awr, dyma brawf fod y gwaith—neu'n hytrach ddarn ohono (oherwydd *Rhann o Psalmæ* ydyw'r geiriau cyntaf ar yr wynebddalen)—wedi ei argraffu cyn hynny. Rhwymwyd y llyfr gan Joseph Barnes, a gwyddys mai efô a argraffodd lyfr Huw Lewis, *Perl mewn Adfyd*, yn 1595. Felly, gellir awgrymu i Midleton roddi'r llyfr i Barnes i'w argraffu cyn iddo ei orffen yn India'r Gorllewin yn 1596. Ac y mae'n cynnwys nid yn unig y Salmau ond hefyd rai o'i gywyddau.[1] Dim ond un casgliad arall o farddoniaeth Gymraeg a gyhoeddwyd yn yr unfed ganrif ar bymtheg (cyn belled ag y gwyddys), sef y detholiad a gyhoeddwyd gan Ruffydd Robert ym Milan, rywbryd cyn diwedd y ganrif, fel math o atodiad i'r Gramadeg. Diddorol sylwi mai'r ddeuwr hyn, y rhai a baratoes ramadegau i hyfforddi eu cydwladwyr yng nghelfyddyd cerdd dafod, i greu bywyd llenyddol yn eu gwlad eu hunain y gellid ei gymharu â'r hyn a welid mewn gwledydd eraill, ydoedd y cyntaf i geisio defnyddio'r argraffwasg fel cyfrwng i gyhoeddi barddoniaeth Gymraeg.[2] Dyma paham y mae Midleton yn ŵr mor ddiddorol i ni heddiw, ac nid yn herwydd ei orchestion ar y môr.

Ond fel y dywedais o'r blaen, ofer fu eu hymdrechion. Yr oedd y Ddeddf Uno a basiwyd yn 1536 wedi rhoddi pen ar yr hen ddull Cymreig o fyw. O hyn ymlaen, Llundain ydoedd canolfan diddordeb y boneddigion a elwodd ar ddeddfau'r Tuduriaid ac a enillodd stadau mawr, a gwelwn y plant yn dylifo i Loegr i gael swyddi yn y fyddin a'r llynges ac mewn llawer cylch arall. Gwelwn y mân deuluoedd y bu Gruffudd Hiraethog a Lewys Dwnn yn olrhain eu huchel achau yn graddol ddiflannu. Yr oedd llenyddiaeth Cymru wedi dibynnu'n llwyr ar gefnogaeth y dosbarth hwn, oherwydd edrychent ar y gwaith o noddi'r beirdd, ceidwaid yr iaith a thraddodiadau llenyddol y genedl, fel un o'u prif ddyletswyddau. Âi'r beirdd yn llai eu nifer y naill genhedlaeth ar ôl y llall. Felly, nid oedd mwyach gyhoedd a allai gefnogi'r math o fywyd llenyddol y buasai Gruffydd Robert a Wiliam Midleton yn breuddwydio amdano. Cyfnod o ddirywiad ydyw'r ail ganrif ar bymtheg, a hawdd o beth ydyw sylweddoli hynny wrth gymharu Sir Ddinbych, ac yn enwedig Ddyffryn Clwyd a'r cyffiniau, pan oedd Wiliam Midleton yn fachgen, â'r wlad honno yn nechrau'r ddeunawfed ganrif. Lle yr oedd gynt ardd lysieuog, ni cheid mwyach namyn diffeithwch tywodlyd. Er mai ofer fu eu hymdrechion, eto dylem gofio amdanynt fel

[1]Gweler erthygl Mr. William Williams yn *The Journal of the Welsh Bibliographical Society*, cyf. iv, rhif 6, tt. 257-261.

[2]Dylwn, efallai, egluro fod peth barddoniaeth wedi ei gyhoeddi mewn llyfrau eraill, ond dyma'r casgliadau cyntaf.

rhai o brif garedigion dysg Gymraeg, fel gwŷr a geisiodd wasanaethu eu gwlad ac a freuddwydiodd amdani'n cymryd ei lle ochr yn ochr â gwledydd eraill Gorllewin Ewrob yng nghyfnod y Dadeni.

VI

STEPHEN HUGHES A'I GYFNOD[1]

Er rhoddi ohonof " Stephen Hughes a'i Gyfnod " yn destun, nid yw'n cyfleu yn hollol yr hyn oedd gennyf mewn golwg. Gŵyr pawb bwysiced gŵr ydyw Stephen Hughes yn hanes cynnydd Anghydffurfiaeth yn Neheudir Cymru, yn enwedig yn Sir Gaerfyrddin a Sir Aberteifi, ac nid anghymwys fyddai manylu ar ei ymdrechion i sefydlu eglwysi o flaen Cymdeithas Hanes Annibynwyr Cymru. Nid oes gennyf mo'r cyfleusterau i ymdrin â'i waith yn y cyfeiriad hwnnw, ac felly cyfyngaf faes yr ymdriniaeth i hanes y gwasanaeth a wnaeth ef ac Anghydffurfwyr eraill y cyfnod i lenyddiaeth Cymru ac i ddysg Gymraeg.

Ofer fyddai i mi honni ei fod ef a'i gyfeillion yn llenorion mawr a phwysig. Yn wir, fe ddywaid y beirniad llenyddol mai cyfnod cymharol dlawd ydyw hanner olaf yr ail ganrif ar bymtheg, wedi marw Morgan Llwyd a Rowland Vaughan. Nid oes lenor a ddeil i'w gymharu â sgrifenwyr mawr y cyfnod blaenorol, ag eithrio Charles Edwards. Er cyfieithu ohonynt lawer o lyfrau Saesneg i'r Gymraeg, ac er bod rhai o'r awduriaid megis Richard Jones a William Jones wedi etifeddu cryn dipyn o allu a medr yr hen gyfieithwyr, eto nid oes lawer o ddiddordeb i'w gwaith. Y mae hynny oherwydd nad oedd y llyfrau a droent i'r Gymraeg yn llyfrau mawr. Ys gwir eu bod yn llyfrau defnyddiol iawn, ac iddynt wneuthur llawer dros grefydd a moes yn y cyfnod, eto, nid digon hynny i'w cyfrif yn llyfrau mawr. Y mae Emrys ap Iwan yn ei ysgrif ar *Y Classuron Cymreig*[2] yn rhoddi lle i Stephen Hughes. Ond er bod iddo rinweddau arbennig fel ysgrifennwr, fel y ceisiaf ddangos yn nes ymlaen, o'r braidd y mae'n teilyngu ei le ymhlith y meistri.

Felly nid llenyddiaeth y cyfnod a bair ei fod yn bwysig i'r hanesydd, ond yn hytrach y mudiad addysgol y byddwn yn

[1]Darlith a draddodwyd o flaen Cymdeithas Hanes Annibynwyr Cymru yn y Tabernacl Newydd, Port Talbot, Mehefin 4, 1925. Cyhoeddwyd yn *Y Cofiadur*, Rhifyn 4, Mawrth 1926.

[2]*Y Genhinen* (Ionawr, 1894), td. 1-12.

cysylltu enwau Stephen Hughes, Charles Edwards a Thomas Gouge ag ef, y mudiad i ddysgu gwerin y wlad i ddarllain, ac i baratoi llyfrau cyfaddas iddynt, y mudiad a'i gwnaeth hi'n bosibl i adfywiad llenyddol achub diwylliant Cymru yn y ddeunawfed ganrif. Ysgrifennwyd llawer o bryd i'w gilydd ar y mudiad hwn, ond heb fanylu digon ar y rhan a gymerth Stephen Hughes, ac ar y modd y bu ei olynwyr mewn cysylltiad uniongyrchol â'r gwŷr y byddwn yn gyffredin yn eu cysylltu â deffroad llenyddol y ddeunawfed ganrif. Oherwydd er cystal llenor ydoedd Charles Edwards, er cymaint a wnaeth Gouge a'i gyfeillion, nid yw'r naill na'r llall ohonynt gyn bwysiced i'r hanesydd â Stephen Hughes.

Cyn deall arwyddocâd y mudiad a llwyr werthfawrogi ei bwysigrwydd, rhaid inni ynghyntaf daflu rhyw fras olwg ar gyflwr Cymru yn hanner cyntaf y ganrif. Wedi i'r Tuduriaid ddinistrio hen draddodiadau llenyddol Cymru, ac wedi i'r Diwygiad Protestannaidd dorri ar y traddodiad crefyddol a oedd yn gysylltiedig â'r hen ddiwylliant, daeth bonedd Cymru, hen noddwyr y beirdd, i'r adwy. Etifeddasai'r pendefigion lawer o wybodaeth yr hen benceirddiaid, ceidwaid y traddodiad llenyddol, a hwynt-hwy, sef y pendefigion, a fu'n achlesu'r iaith wedi dirywio o'r hen gyfundrefn. Hwynt-hwy a ddechreuodd gyfieithu llyfrau i'r Gymraeg yn yr unfed ganrif ar bymtheg. Hwynt-hwy a fu yn y flwyddyn 1630 yn paratoi argraffiadau rhad o'r Beibl a llyfrau crefyddol eraill. Ac o'r Gogledd yr hanoeddynt i gyd. Ni cheir neb bron o wŷr y Deheu, ag eithrio Edward James, ymhlith ysgrifenwyr y cyfnod. Oherwydd hyn, ymddengys bod rhyw fath o fwlch yn nhraddodiad llenyddol y Deheu, a cheir llenorion hanner olaf yr ail ganrif ar bymtheg a hanoedd o'r wlad honno, megis Stephen Hughes, yn rhyw ymddiheuro am eu Cymraeg sâl, gan ddywedud bod yr iaith wedi dirywio yn fawr yn y Deheudir. Ni wn fod yr iaith lafar wedi dirywio mwy nag yn y Gogledd, ond yr oedd llenorion y Deheu wedi colli cysylltiad â'u gorffennol. Dyna paham y mae ysgrifenwyr y Gogledd, megis Charles Edwards a Richard Jones o Ddinbych yn gymaint sicrach Cymreigwyr na Stephen Hughes a James Owen a llenorion eraill y Deheu.

Ni buasai nawdd y bonedd i'r iaith yn debig o barhau yn hir, oherwydd at Loegr yr oedd eu tynfa hwy mwyach, ac yr oedd y naill genhedlaeth yn llai Cymreig ei hysbryd na'r llall a oedd o'i blaen. Er gwaethaf ymdrechion boneddigion fel Rowland Vaughan a Syr Tomas Middleton ac offeiriaid fel y Dr. John Davies o Fallwyd a Robert Llwyd o'r Waun, yr oedd cyflwr Cymru yn myned waethwaeth. Ychydig o bobl a fedrai ddarllain Cymraeg, ac ychydig o lyfrau Cymraeg oedd yn y wlad tua chanol y ganrif. Dyry John Edwards (Siôn Treredyn), offeiriad Tredynnog yn Sir Fynwy, olwg ddigalon iawn ar gyflwr y wlad yn nechreu ei gyfieithiad o lyfr Edward Fisher, *The Marrow of Modern Divinity*, a ymddangosodd yn 1651. Dywaid :

> " Eithr o holl wledydd y byd (hyd y gwn i) nid oes un " cenedl mor ddicariad, a mor elyniaethus iw iaith ei " hunan, ac yw'r Cymro, er bod ein iaith ni yn haeddu " cymmaint, o barch, o herwydd ei henaint a'i chyfoeth- " ogrwydd, ac yr haeddiei ieithiodd eraill, canys, fal y " gwelwn ni beunydd, hwy nac yr elo na Chymro na " Chymraes i Lundain, neu i Caerloyw neu i un fann arall " o Loeger, a dyscu ryw ychydig o saesneg, hwy a wadant " eu gwlad a'u iaith eu hunain. Ac o'r Cymru cartrefol, " ie ym mhlith y Pendefigion yscholheigiaidd, ie ym mysc " y Dyscawdwyr Eglwysig, braidd un o bwmtheg a fedr " ddarllen, ac yscrifennu Cymraeg. Ac o'r achos hyn y " mae, fod llyfrau Cymraeg mor ymbell (canys ni welais i " erioed uwch bump llyfr Cymraeg yn printiedig)."[1]

Dylid cofio bod Siôn Treredyn yn byw mewn congl o Gymru, ond a chaniatau nad oedd y gwir i gyd gantho, y mae gennym brofion eraill sy'n ategu a ddywaid, yr hyn a ddengys mai golwg dywyll ddigynnig oedd ar bethau yng Nghymru tua chanol yr ail ganrif ar bymtheg. Felly petai gŵr deallus yn myfyrio uwchben cyflwr y wlad yn y cyfnod hwn ni allai na theimlai fod tranc y Gymraeg fel iaith dysg a diwylliant yn agos, ac na byddai mwyach ond iaith y di-ddysg a'r diwybod. Yr oedd y pendefigion, y dosbarth a gadwodd ddysg Gymraeg yn fyw, yn troi'n Saeson. Yr oedd y werin yn ddi-ddysg heb fedru darllain. A'r peth mawr a wnaeth Stephen Hughes a gwŷr eraill yn y cyfnod hwn ydoedd dechreu troi gwerin

[1]Tynnwyd y darn hwn o gyflwyniad y llyfr i bendefigion gwlad Gwent.

Cymru yn geidwaid yr iaith. Ac amcan y papur hwn ydyw dangos sut y gwnaethpwyd hynny.

Er bod y Piwritaniaid cynnar wedi rhoddi pwys neilltuol ar bregethu yn iaith y wlad ac ar gael cyflawnder o bregethwyr, ac er gwneuthur ohonynt lawer i sicrhau hynny, eto plaid hollol Seisnig ydoedd. Ys gwir i Vavasor Powel, neu rywun arall, droi rhai o'i bamffledi i'r Gymraeg, i Evan Roberts o Lanbadarn Fawr ail-gyhoeddi *Sail Crefydd Gristnogawl* yn 1649, ac iddynt argraffu'r Testament Newydd yn 1647 a'r Beibl yn 1654, ond, ag eithrio Morgan Llwyd, Saesneg ydoedd iaith gwŷr amlycaf y mudiad, ac yn Saesneg yr ysgrifennent eu llyfrau a'u pamffledi. Nid oes braw eu bod yn dysgu darllain Cymraeg yn yr ysgolion a agorwyd rhwng 1649 â 1653 dan " Ddeddf Taeniad yr Efengyl yng Nghymru ". Yn wir dywedir eu bod yn rhoddi mwy o bwys ar y Saesneg yn rhai o'r ysgolion hyn nag a roddai'r Saeson yn ysgolion Lloegr.[1]

Ond rhwng 1650 a 1660 fe gododd arweinwyr newydd yng Nghymru o nodwedd wahanol iawn i'r Piwritaniaid cynnar, gwŷr fel Henry Maurice a Richard Jones yn y Gogledd a Stephen Hughes yn y Deheudir, gwŷr heb feddu fawr o'r gorfoledd a'r brwdfrydedd a nodweddai'r genhedlaeth flaenorol. Nid ydynt yn bobl mor ddiddorol â John Miles a Morgan Llwyd a Vavasor Powel, ac nid oedd ganthynt fawr o gydymdeimlad â'r syniadau a'r credoau a ffynnai yn y wlad tua chanol y ganrif. Y mae Stephen Hughes yn ei Ragymadrodd i'r rhan o waith Ficer Prichard a argraffwyd yn y flwyddyn 1659 yn cyfeirio at yr athrawiaeth " yr hon a rodded vn waith i'r Sainct, ag y siglwyd yn dost, ag y siglir fyth, yn yr amseroedd diweddaf ymma, gan *Ranters*, *Quakers*, ar cyfriw." Ceir cyfeiriad diddorol at Stephen Hughes yn erlid y bobl hynny yn llyfr Francis Gawler, *A Record of some Persecutions inflicted upon some of the Servants of the Lord in South Wales* (1659). Dywaid ar dud. 23 :

> " Again *William Thomas of Llanduey* in *Pembrookshire* for
> " standing witness against *Stephen Huges* called Minister
> " in the Steeple house of *Llandivilo*, for which he was ap-
> " prehended and brought before *John Elliot* called Justice,

[1] T. Richards, *History of the Puritan Movement in Wales*, td. 231.

"who committed him to Goal, and there to remain until "the general Sessions to be holden for the County of "*Pembrook*, this was done in the name of the Keepers of the "Liberty of England the 25 day of the third moneth, 1659. "Though this man *Stephen Hughes* be accounted such a "great Priest in *Pembrook* and *Carmarthen* shires, yet here "he is made manifest to be a persecutor, and a striker, "who struck *Evan John* of the Parish of *Landeny* in the "County aforesaid, in the presence of *William Thomas*, and "*George Howel* of the said parish."[1]

Pwysigrwydd mawr y bobl hyn ydyw iddynt weled yn gliriach efallai na neb o'u blaen, mai prif angen Cymru, od oeddynt am weled crefydd a moes yn ffynnu yn y tir, ydoedd dysgu'r bobl i ddarllain, a pharatoi llyfrau cymwys ar eu cyfair. Gwelodd Henry Maurice a Richard Jones a Stephen Hughes hynny, a thua'r flwyddyn 1658 cawn y tri yn dechreu ymroi i'r gwaith. Yr oedd Henry Maurice a Stephen Hughes yn cydweithio, ond nid oedd gysylltiad rhyngthynt â Richard Jones. Dywaid Hughes yn y Llythyr " At y Darllenwr " sydd o flaen *Catechism Mr. Perkins* (1672) nad oedd yn "gydnabyddus ag ef." Cyhoeddodd Richard Jones gyfieithiad o lyfr Richard Baxter, *Galwad ir Annychweledig* yn 1659, cyfieithiad a ddengys ei fod yn llinach cyfieithwyr mawr yr unfed ganrif ar bymtheg. Ar ddechreu'r llyfr y mae dalen yn cynnwys "yr Egwyddor gamberaeg," a hyfforddiadau i ddysgu darllain, ac y mae'n annog tadau a mamau i addysgu eu plant. Dyma un o nodweddion llyfrau'r cyfnod, a rhoddai Stephen Hughes bwys neilltuol arni. Dywaid yn y llythyr (y cyfeiriwyd ato eisoes) sydd o flaen *Catechism Mr. Perkins* (1672) :

"Ac rhag i lyfr mor werthfawr gael ei dorri'n vfflon yn "nwylo plant neu eraill y fo yn dyscu darllain, rhowch "yn vnic y sheete gyntaf iddynt ddyscu wrtho, a chedwch "y rhest yn anwyl wedi wnio mewn lleder. Oni bae "fôd fy amcan, i wneuthur daioni i'm gwlâd, ni byddwn "i mor blayn neu syml a hyn."

Ond nid syniad Stephen Hughes na Richard Jones na neb o

[1]Bu Mr. J. Hubert Morgan, B.A., Llyfrgell Salisbury, a Mr. E. Lewis Evans, B.A., o Goleg Caerdydd, mor garedig â galw fy sylw at lyfr Francis Gawler a'r cyfeiriad at Stephen Hughes.

Anghydffurfwyr y cyfnod ydoedd hwn, fel y tybia llawer. Ceid yr egwyddor ym mhob argraffiad o'r Llyfr Plygain yn hanner cyntaf yr ail ganrif ar bymtheg. A cheid hi yn llyfrau Oliver Thomas, Richard Jones o Lanfair Caereinion a Rowland Vaughan o Gaergai. Dilynodd Hughes a Richard Jones hwy oherwydd ei bod yn hollol anhepgor i'w diben hwy. Ond nid iawn dywedud chwaith, fel y gwnaeth y Parch. J. C. Morrice, ei bod ym mhob un o lyfrau Stephen Hughes.[1]

Yn y flwyddyn 1658 cawn ei fod ef a Henry Maurice yn penderfynu cyhoeddi gwaith Ficer Prichard. Dywaid Moses Williams yn ei *Gofrestr o'r holl Lyfrau Printjedig* (1717) i ran o waith y Ficer ymddangos yn y flwyddyn 1646. Nid oes sôn am neb a welodd gopi o'r argraffiad hwn wedi hynny, ac awgryma Mr. Shankland mai camgymeriad ydyw am 1656.[2] Ond cyhoeddodd Stephen Hughes ran o waith y Ficer bedair gwaith yn 1659. Y mae gantho Ragymadrodd maith ar y dechrau, ac ysgrifennodd Henry Maurice, yr hwn a eglurai eiriau anghynefin i bobl Gwynedd, lythyr " att y Darlleydd " ar y diwedd, pethau a deifl lawer o oleuni ar eu hamcanion. Dywaid Stephen Hughes :

> " Peth arall am hannogodd i brintio'r pethau ymma, yw, " y tybygoliaeth mawr, y cynhyrfir wrth hyn laweroedd " ni fedrant ddarllain, i ddyscu darllain cymraeg. Awydd- " ys yw bobl at bethau newyddion, a'r rhain yn printiedig " ydynt newydd i'n gwlad : ag odid, na bydd llawer (er " ys-catfydd nid ag amcan i gael lleshad i heneidiau, etto " o ran ei dyfyrwch) yn ymdynnu, i ddyscu darllain " gwaith *Vickar Llanddyfri.* Ag ar ol dyscu darllain hwn, " pa rwystir fydd i ddarllain llyfrau cymraeg eraill, trwy " ba rai (oni chesglyr trwy hwn) y gellir casglu daioni " mawr ; ag felly os yw'r llyfyr mewn rhyw fodd (pe bae " ond trwy ddigwyddiad) dybygol i wneuthur lles, gobeith- " io fod genym resswm cryf am ei brintio."

Felly gwelir iddo ddewis cyhoeddi gwaith y Ficer oherwydd ei hawsed, ac oherwydd y gallai dynnu'r annysgedig i ddysgu darllain. Ac nid ofer mo'i obaith fel y dywaid ef ei hun yn ei

[1] *Wales in the Seventeenth Century,* td. 192.

[2] *Y Beirniad,* cyf. ii, rhif 3, td. 176. Nid oes gennyf ofod i ymdrin â phwnc y rhan gyntaf yn awr.

Ragymadrodd i'w argraffiad cyflawn o waith y Ficer yn 1672. Er hynny, nid bodlon pawb o'r Anghydffurfwyr i'w waith yn argraffu caniadau Rees Prichard. Cynhwysai ei waith weddïau, ac nid oedd a fynno'r Annibynwyr a'r Bedyddwyr â gweddïau parod. Ond nid hwn mo'r gwrthwynebiad pennaf. Ysgrifennodd y Ficer ei ganiadau ar fesurau poblogaidd, ac o ran ffurf yr oeddynt yn hollol yr un fath â'r cerddi maswedd a genid gyda'r tannau mewn gwylmabsant, yn y pebyll ac ar y twmpath chwarae a'r lleoedd amheus eraill y cyfeiriai Stephen Hughes atynt. Felly yr oedd y penillion yn atgoffa'r darllenydd am y cerddi a glywai yn y lleoedd hynny. Dyna paham y dywaid Henry Maurice yn ei air " att y darlleydd " ar y diwedd :

> " Gochel rhag ei drefniad y gwirioneddau yma mewn dull
> " Canghanedd ysgafnhau dy galon di wrth eu darllain, a
> " chyfroi dy wniau ffolion di. Mae llawer or ysbryd ehud
> " hwnnw ar Coeg ddigrifwch yn rheoli ymysg y Cymru
> " hyd y dydd heddiw. Eithr cais di gan Dduw lwyr dorri
> " a marwhau dy galon di oddiwrth y Cyfriw oferedd a
> " phleser darfodedig, ag ystyria di y gwirionedd ar gwersi,
> " nid y gan."

Ond gwelai Stephen Hughes nad oedd dim yn debycach o dynnu pobl i ddarllain na'r cerddi hyn wedi eu canu ar fesurau a fuasai'n annwyl i'w teidiau am genedlaethau lawer.

Y mae un peth arall diddorol ynglŷn â Rhagymadrodd Stephen Hughes (ac yn wir gellir cymhwyso hyn at bob un o'i ragymadroddion), sef eu bod, mi dybiaf, yn enghreifftiau da o'i ddull o bregethu. Y mae'n darlunio trueni'r colledigion a meithder tragwyddoldeb mewn dull byw a hynod o effeithiol, gan dynnu cymariaethau o fyd yr amaethwr a'r llafurwr, o fyd y bobl a fyddai'n gwrando arno ar fryniau Sir Gaerfyrddin. Ni allem dybiaid mai pregethwr syml a difrifol iawn ydoedd. Ni feddai ar ddyfnder meddwl Morgan Llwyd, ac yr oedd arno ofn syniadau tywyll a dieithr llawer o'i gyfoeswyr. Ond yr oedd ei bregethau'n effeithiol iawn, ac nid rhyfedd iddo gael cymaint dylanwad yn Sir Gaerfyrddin a Sir Aberteifi. Er enghraifft, cymerwn ddarn o'i Ragymadrodd i'r Drydedd Ran o waith y Ficer a gyhoeddodd yn 1670 :

> " Y mae ef yn edrych ar gadwedigaeth pechaduriaid " megis ffrwyth ei holl chwys a'i trafel, a'i boen, a'i " Angeu : Ac y mae'n hoffach gantho ef weled y nefoedd " yn llawn o'r cyfryw, ar ol ei holl boen, nag y mae " genym ni i weled ein ydlannoedd a'n yscuboriau yn " llawn o'r yd a'r llafyr goreu, ar ol ein holl boen a chost " yn ei gylch ef. Ie, y mae e yn hiraethu yn fwy am ein " jechydwriaeth ni, yn ol y poen y gymmarth e yn ei gylch " e, nag y mae y gweithwr tlawd am ei hir, ar ol chwysu " a blino i ennill e. *clyw Grist megis yn dywedyd wrthit, moes* "*fy hîr bechadur* ; *dere attafi i gael dy gadw* ; *troedigaeth dy* " *enaid i yw fy hîr i*; *a'i peth cyfiawn yn dy olwg di, yw cadw* " *hir y gweithwr oddiwrtho.*"

Ac wrth sôn am wae y colledigion dywaid :

> " Yn gymmaint gan hynny taw i'r *tân tragwyddol* y bernir " y fâth bobl, ni ellwn ddywedyd, taw *dedwydd y fyddent* " *hwy, pe caent ddyfod allan oddi-yno, ar ôl bôd yno cnifer mil* " *o flynyddoedd ag sydd o wellt glâs ar wyneb y ddaiar, ag sydd o* " *dywod ar lan y môr, ag sydd o sêr yn y ffurfafen*; o herwydd " fe fyddei diwedd ar hynny o amser ryw-bryd ; *Ond ni* " *bydd byth diwedd i dragwyddoldeb.*"

Ac wedi eu dychrynu â ymlaen, yn null pregethwyr y diwygiad yn y ddeunawfed ganrif, i ddangos " bod possiblrwydd i gael ymwared rhag damnedigaeth tragwyddol." Y mae'r rhagymadroddion hyn yn rhannau hanfodol o'r holl lyfrau y bu a fynno Stephen Hughes â hwy.

Ond y ffaith bwysicaf a ddaw i'r golwg yn y Rhagymadrodd i Waith Ficer Prichard (1659) ydyw fod Stephen Hughes yn bwriadu dechreu'r gwaith o gyhoeddi llyfrau a'u rhannu ymhlith y werin yn y flwyddyn hon,—gwaith ni chwblhawyd mohono am ddeuddeng mlynedd, oherwydd dyfod o'r erlid a'r ffoi. Y mae ynghyntaf yn enwi'r llyfrau a gyhoeddwyd eisoes :

> " Gosododd Duw ar galonnau rhai, i gyfjeithu llyfrau " saesneg yn gymraeg, megis, y *Llwybyr Hyffordd*, yr " *Ymarfer o Dduwioldeb*, *Catechizm Mr. Perkins*, etc., ag ar " galonnau eraill i osod allan yn ein jaith lyfrau bychain " o'i gwaith ei hun megis *Carwr y Cymru*, *Drych i dri Maeth* " *o bobl*, *Cordiad y Scrythyrau* a *Channwyll Christ*, trwy ddar- " lleniad pa rai, y cafwyd daioni nid ychydig fel yr wyf yn

" gobeithio y ceir, wrth ddarllen y *Cywir ddychwelwr*, a
" *Chatechizm Escob Vsher*, a gifiethwyd [*sic*] yn hwyr yn
" gymraeg."[1]

Yna y mae'n annog pobl i'w prynu :

" Y Cymru Annwyl, na welwch yn fawr draelo ychydig
" arian i brynu'r Bibl, ag eraill lyfrau da, sydd allan yn
" eich jaith."

Ar y diwedd dyry restr o'r llyfrau a oedd ar werth gan " Thomas Brewster, tan lûn y tri Bibl yn ymmyl Pauls." A dywaid :

" Mae rhan arall o waith yr un Awdwr, yn dyfod tan y
" printwasg ar fyrder, ag ni bydd hir, hyd oni ddelo y
" rhan honno ar led hefyd iw chael ar werth ; heb law
" amriw lyfrau eraill yn gymraeg, os Duw a ganiatta."

Dengys hyn yn eglur ddigon, mi gredaf, nad tua'r flwyddyn 1670, fel y tybir yn gyffredin, y dechreuodd feddwl am waith mawr ei oes, ond iddo ei arfaethu flynyddoedd lawer cyn cael ohono gyfle i gyflawni a fwriadai,—flynyddoedd cyn bod sôn am ymdrechion Charles Edwards a Thomas Gouge. Ond daeth y dyddiau blin i'w oddiwes, a gorfu arno ef ac ar ei gyfeillion ni fynnent blygu glin i'r awdurdodau newydd, fyw ar encil fel petai, ac ni cheir fawr o'i hanes am flynyddoedd.

Oherwydd gorfu arno ymadael â Meidrym yn 1661 a dechreuodd cyfnod yr encil ar y rhai ni fynnent gydymffurfio. Dywedir gan Calamy a gawsai'r hanes gan James Owen, yr hwn a fuasai'n cynorthwyo Stephen Hughes yn Abertawe, iddo yn y cyfnod hwn briodi â merch gyfoethog, yn llawn awydd i

[1]Odid na theimlir ei bod yn rhyfedd nad oes gantho gyfeiriad at y llyfrau Cymraeg pwysicaf a gyhoeddwyd rhwng 1650 a 1660, sef llyfrau Morgan Llwyd. Ond fel y dywedwyd o'r blaen, nid oedd a fynnai Hughes â'r rhai hynny a dueddai at y " *Ranters, Quakers,* ar cyfriw." Eto ymddengys iddo baratoi argraffiad o *Lyfr y Tri Aderyn* tua diwedd ei oes, oherwydd dywaid yn ei " Lythr at y Cymru " sydd o flaen ei gyfieithad o *Daith y Pererin* (1688) bod " Rhan o Lyfr y Golomen a'r Gigfran wedi ei wnio gyda sail y Grefydd." Dyry ddau reswm paham nad argraffwyd ef yn llawn. Ynghyntaf yr oedd arian " yn niffyg." Nid anodd deall yr ail. Dywaid :

" A phe buasei Arian i ddwyn y côst hynny i Benn ; yr oedd y llyfr yn
" gofyn mwy o amser iw egluro, nag a allwn i ei hepcor yn bresennol,
" ir diben hynny. A lle 'rwyfi wedi gadel rhyw bethau heb eu printio
" (yn yr hyn sydd yn awr yn dyfod allan) ac wedi anghwanegu pethau
" eraill atto ; ond ir Dyscedig a'r Pwyllog gwmparo a chystadlu yr
" hên Lyfr a'r newydd ynghyd, hwy a ddeallant yn hawdd fy rhesym-
" mau i, am yr hyn a wnaethum."

hyrwyddo gwaith ei gŵr. Y mae'n anodd olrhain ei hanes er hynny. Gwyddom iddo barhau i bregethu yn Sir Gaerfyrddin y tu allan i'r eglwysi, a'i garcharu o'r herwydd. Gwyddom iddo ef ac eraill fyned ymlaen â'r gwaith trwy gadw ysgolion i ddysgu plant i ddarllain. A gellir bod yn sicr, yn ôl a ddywaid ef ei hun yn ei Ragymadrodd i'w gasgliad o Waith y Ficer yn 1672, mai eu dysgu i ddarllain Cymraeg a wnâi. Heblaw hynny, dywedir iddo gael mwy o ryddid na'r Anghydffurfiwr cyffredin o ran y parch a deimlai bonedd y wlad tuag ato. Dylid ychwanegu bod Stephen Hughes ymhob rhagymadrodd, ymhob peth a ysgrifennodd yn rhoddi pwys, nid ar y gwahaniaeth rhyngthynt hwy'r Anghydffurfwyr â'r Eglwyswyr, ond ar y gwirioneddau mawr yr oeddynt i gyd yn cytuno arnynt, gan gredu mai'r peth pwysicaf i Gymru yn y cyfnod hwnnw ydoedd cydweithio i godi'r bobl. Gwelir hyn yn eglur iawn yn y " Llythyr arall at y Darllenydd " a ysgrifennodd yn y llyfr, *Cyfarwydd-deb i'r Anghyfarwydd* (1677) :

> " Yr ydys yn tybied nid heb reswm da, fod yn ein mysc " ni y Protestantiaid yn *Lloegr*, *Scotland*, *Cymru*, *Iwerddon*, " a'r ynysoedd eraill ac sydd yn perthynu i ardderchoccaf " Fawrhydi ein *Brenin*, Rai Gwein[i]dogion (ym mysc y " *Confformiaid* a'r *Non-Confformiaid*) mor *ddyscedig*, mor *abl*, " mor *dduwiol*, ac mor ofalus am ddefaid *Crist* tan eu " dwylo, ac y sydd yn un man yng-Hrêd. *Ac na atto* " *Duw i mi ddywedyd vn gair yn erbyn eu* Galwedigaeth " sanctaidd, *na'u* Personnau, *nac i* roddi Awgrym yn y byd, " *i gynhyrfu pobl i feio ar y cyfryw Weinidogion parchedig, ac* " *sydd ffyddlon i Dduw, yn ôl eu gwybodaeth yn eu galwadigaeth* " *a'u lloedd* [*sic*], *o ba farn bynnag y bont hwy ynghylch matterion* " *bychain, ac y mae ymrafael amdanynt*."

Yr unig wŷr eglwysig y byddai Stephen Hughes yn ymosod arnynt ydoedd y rhai " esgeulus ac annuwiol ", a dywaid eiriau cryf amdanynt yn y Llythyr uchod.

Y mae hyn yn dangos ac yn egluro paham y bu Stephen Hughes, er ei fod yn un o'r rhai a wnaeth fwyaf i hyrwyddo Anghydffurfiaeth yn Neheudir Cymru, yn cydweithio ag eglwyswyr trwy ei oes. Er yr holl erlid a fu yng Nghymru, yr oedd yn gyfeillgar iawn â rhai o'r gwŷr eglwysig amlycaf yn y wlad. Ac ni chollodd olwg ar ei fwriad i gyhoeddi llyfrau

Cymraeg i'r werin cyn gynted ag y caffai gyfle. Cyn y flwyddyn 1670 cafodd gan rai o'r eglwyswyr hyn ei gynorthwyo.

Pa fodd y bu hyn ? Y mae'n eglur bod cyflwr Cymru yn peri i oreugwyr yr eglwys glywed ar eu calonnau y dylent wneuthur rhywbeth i hyrwyddo'r amcan oedd gantho mewn golwg. Yr oedd arnynt hefyd ofn y Catholiciaid. Gwyddys eu bod yn ofni dylanwad y Catholiciaid yn y llys ac yn y prif leoedd. Tybid hyd yn ddiweddar nad oedd ond ychydig o Gymry yn glynu wrth hen ffydd eu teidiau yn y cyfnod hwn, ond dangosodd y Dr. Thomas Richards yn ei lyfr, *Religious Developments in Wales*, bod llu ohonynt yng Nghymru yn yr ail ganrif ar bymtheg, a chyn anwyled gan y trigolion yr hen arferion a oedd yn gysylltiedig â'r hen grefydd ag na buasai'n anodd ennill y wlad yn ôl i'r hen gorlan. Gwyddys bod eu harweinwyr yn paratoi llyfrau Cymraeg. Cyhoeddwyd Catecism yn y flwyddyn 1668 a'r llyfr, *Allwydd neu Agoriad Paradwys i'r Cymru*, gan y Tad John Hughes yn 1670. Y mae'r Rhagymadrodd i gyfieithiad Huw Owen o *Ddilyniad Christ* (1684) yn taflu llawer o oleuni ar eu hymdrechion. Credaf mai dyma un rheswm paham y cafodd Stephen Hughes gymaint o gefnogaeth i fyned ymlaen â'i waith tua 1670. Oherwydd od oeddynt am gadw'r wlad rhag y Catholiciaid, rhaid oedd iddynt hyfforddi'r bobl yn y ffydd gan roddi'r Beibl yn eu cyrraedd a'u dysgu i'w ddarllain. Dyma un o ymresymiadau cryfaf Stephen Hughes yn y llythyr a ysgrifennodd at " rai gweinidogion cyfrifol yng Hymru " yn erfyn am eu cynhorthwy i brintio'r Beibl Cymraeg,—llythyr a osododd o flaen ei argraffiad o Waith Ficer Prichard (1672). Dywaid :

> " Ac ymmhellach, yn gymmaint a bôd offeiriaid y papist-
> " iaid (*tra ydyw rhai o weision Duw yn cyscu*) yn hau eu hefrau
> " yng *Hymru*, yn gystal ac mewn llaweroedd o wledydd
> " eraill, ac fôd ganddynt rhai *Proselytiaid* yno ; fel y mae'n
> " eglur wrth eu llyfr cymraeg o ddefosionau, &c. (*a elwir*
> " *Allwydd neu agoriad Paradwys*) a brintiwyd yn hwyr : "
> " Ac yn gymmaint ac a dichon *rhagor* o'n cydwladwyr gael
> " eu gwenwyno ganddynt ; canys dyfal iawn ydynt i
> " ŵyr-droi, ac i dynnu pobl oddiwrth Symlrwydd yr
> " Efengyl, i gredu celwyddau, ac i arwain hwynt i ffiaidd
> " eulynaddoliaeth, *gwedi dieithro eu calonnau hwynt vn-waith*
> " *oddiwrth y Scrythyrau.*"

Cyfeiria at yr un peth yng nghorff y llyfr (td. 316), lle y dywaid:

> " Ond os gofyn y dyscedig, *Pa ham yr wyfi yn cymmeryd y* " *papistiaid yn llaw, ac felly tynnu hen Dŷ am fy mhên* ?"

Etyb yntau :

> " Ir cyfryw yr wyfi yn atteb, fôd tybygoliaeth y dichon " rhai pobl anwybodus, o'r cyffredin *Gymru*, gael ei " twyllo i droi yn *Bapistiaid*, trwy ddarllen Lyfrau (ac a " elwir *Agoriad i Baradwys*) ac y mae rhai or ffordd a'r " grefydd honno wedi eu gwascaru mewn rhyw leoedd yn " y wlâd, fel y clywais i, er nas gwelais i etto yr vn ohon- " ynt hwy."

Felly nid rhyfedd iddo gael llawer o wŷr eglwysig yn barod i'w gynorthwyo i fyned ymlaen â'r gwaith a ddechreuasai yn y flwyddyn 1658. Pwy oedd yr eglwyswyr hyn ? Y mae'n annerch rhai ohonynt yn y Llythyr at " rai gweinidogion cyfrifol yng Hymru " y cyfeiriwyd ato eisoes, sef y " Dr. William Thomas, Dean o Gaer-Angon, Mr. Hugh Edwards o Langadog yn shîr Gaer-Fyrddyn, Mr. David Thomas o Fargam, . . . Mr. William Lloyd o St. Petrox yn shîr Benfro, Gweinidogion yr Efengyl."[1] Odid nad y pwysicaf ohonynt o ran ei ddylanwad ydoedd y Dr. William Thomas (1613-1689). Hanoedd o deulu a ddeuai o Sir Gaerfyrddin, a magwyd ef yn nhref Caerfyrddin. Aeth i Rydychen a daeth yn ysgolhaig o fri. Penodwyd ef i fywoliaeth Penbryn yn Sir Aberteifi a bu'n ficer Lacharn yn Sir Gaerfyrddin. Dioddefodd lawer o gyni pan reolai'r Piwritaniaid, er iddo ddal gafael ym mywoliaeth Lacharn. Tebig bod Stephen Hughes yn gyfarwydd ddigon ag ef yn y cyfnod hwn. Wedi'r Adferiad gwnaethpwyd ef yn Ddeon Caerwrangon er iddo barhau i fyw yn Lacharn hyd 1670, pan symudodd i Hampton Lovet. Yn 1677 gwnaethpwyd ef yn Esgob Tyddewi, ond symudwyd ef o Dyddewi i Gaerwrangon yn 1683. Yno y bu hyd ei farw yn 1689. Cafodd Hugh Edwards fywoliaeth Llangadog yn 1648, ond ni wyddys pa un a gydymffurfiodd wedi'r Adferiad ai peidio. Yr oedd yntau felly yn hen gyfarwydd â Stephen Hughes.

Dywaid Hughes yn y llythyr annerch y cyfeiriwyd ato iddo

[1] Y mae Samuel Jones o Langynwyd yn un o'r gweinidogion hyn.

fod yn ymgynghori â'r Dr. William Thomas ynglŷn â chyhoeddi llyfrau, yn enwedig y Beibl Cymraeg, tua'r flwyddyn 1670. Yn wir dywaid mai trwyddo ef y cafodd ganiatad i fyned ymlaen â'r gwaith :

> " Ac yr ŵyf yn cyssegru y llyfr hwn[1] i chwi, oblegid bôd " rhwymedigaeth arnafi, iê, ac ar holl *Gymru* i fôd yn dra " diolchgar i chwi. Canys os derbyniwyd dim daioni " trwy y Trydydd Lyfr[2] o waith yr *Awdwr*, (fel yr ŵyfi yn " credu ei dderbyn, megis trwy y lleill) y mae holl *Gymru* " yn rhwymedig am hynny i chwi y Parchedig *Dr. Thomas* : " canys y dystiolaeth dda, a roddasoch chwi ymma, yn " *Lundain*, dan eich llaw, am yr Awdŵr a'i Ddau lyfr cynta, " y fu fôdd i gael cennad i brintio'r Trydydd."

Felly ail-ddechreuodd Stephen Hughes ar ei waith yn y flwyddyn 1670 gyda'r drydedd ran o Waith y Ficer—llyfr nodedig o brin ac nid oes ond un copi ar glawr, hyd y gwn i, sef copi'r Prifathro J. H. Davies. Y mae gantho ddau lythyr ar y dechreu, y naill " at Plwyfogion Llanddyfri, Llan-fair ar Brin a Llanedi yn Shir Gaerfyrddyn," a'r llall " at y Cymru a ddarllenant y llyfyr hwn." Dywaid ei fod " yn danfon trydydd ran o Waith Mr. Prichard o Landdyfri ich mysc chwi, gan obeithio am yr vn rhyw fendith arno, ag y ganlynodd y ddau ran arall : ar ôl printio pa rai, fe ddyscodd llaweroedd ddarllain cymraeg, ac y brynasant Destamentau a Biblau ; ac felly fe gynyddodd gwybodaeth a duwioldeb yng Hymru." Yna dywaid wrthynt pa lyfrau Cymraeg i ymofyn amdanynt yn y siopau :

> " Ymofynnwch yn y shioppe ble'r ydys yn gwerthu " llyfrau, amdanynt hwy : Ac o bydd y Marsiandwyr yn " gweled, fôd tybygoliaeth y gwerthir bagad o'r llyfrau " hynny, odid na bydd i rai o honynt hwy osod allan eu " harian, tuag at eu printio hwynt."

Ond prif amcan Stephen Hughes ydoedd cyhoeddi argraffiad rhad o'r Beibl, oherwydd dywaid yn nes ymlaen :

> " Ac am y bibl cymraeg, ni fydd hir cyn printier ef, oni " fydd i wyr arianog osod allan fil o bynne tuag at ei

[1]Sef Argraffiad 1672.
[2]Y Drydedd Ran o Waith y Ficer a gyhoeddodd yn 1670.

" brintio ; Canys, *Medd Gwerthwyr llyfrau yn Llyndain,*
" *ni ddodwn ni mo'n harian i maes i'r gwaith hwn, o*
" *herwydd fe fydd printiad neu Impressiwn o chwech mîl o fiblau*
" *cymraeg vgain mlynedd neu bedair blynedd ar ddeg yn eu gwerthu*
" (*ble'r ydym ni'n gwerthu ynghylch deng mil ar hugain o Fiblau*
" *saesneg bob blwyddyn*) *ac ni allwn ni sy'n byw wrth ein crefftiau*
" *aros cyd, i gael ein harian i mewn.* Ac am hynny fyng
" hidwladwyr deisyfwch ar y *Gwyr mawrion*, ac yr *Esgobion*,
" ac ar y *Gweinidogion* ar *Marsiandwyr arianog*, i ddodi eu
" harian allan (od oes gida nhwy ddim cariad at Grist ac
" eneidiau pobl) tuag-at y gwaith da hwn, fel na bo i chwi
" gael eich difethu o eisieu gwybodaeth."

Rhwng 1670 a 1672 cafodd Stephen Hughes gynhorthwy y Dr. William Thomas i baratoi tri llyfr a gyhoeddwyd yn y flwyddyn 1672 :

(1) Llyfr y Psalmau, ynghyd â Thestament Newydd ein Harglwydd a'n Hiachawdwr Iesu Grist. The Book of Psalmes in Prose and Meeter ; etc. Printiedig yn Llundain gan E. Tyler a R. Holt, ac a werthir gan Samuel Gellibrand, tan lûn y Bêl ym monwent Powls, a chan Peter Bodvil yng-Haerlleon, a John Hughes o Wrecsam, 1672.

(2) Gwaith Mr. Rees Prichard, Gynt Ficcer *Llanddyfri* yn Shîr Gaer-fyrddyn : A brintiwyd o'r blaen mewn tri Llyfr, wedi gyssylltu oll a chwbl (er nid yn yr vn drefn a chynt) ynghyd â Phedwaredd Ran, y nawr gynta yn brintiedig . . . London, Printed by J. Darby, viz. one third Part, and the fourth (now first printed) for Samuel Gelibrand at the Golden Ball in St. Pauls Church-yard, 1672.

(3) Catechism Mr. *Perkins*, a osodwyd allan yn gymraeg ys mwy na thrugain mlynedd a dêg gan Mr. *Robert Holand* Gweinidog *Llan Ddyferwr* yn Shîr *Gaer-Fyrddyn*, ac ar ôl hynny gan Mr. *Evan Roberts* Gweinidog *Llanbadarn* fawr yn Shîr *Aberteifi* : Ac y nawr y drydedd waith wedi ei wneuthur yn fwy eglur ir cyffredin bobl gan ewyllysiwr da i *Gymru*, ynghyd ag 1. Amryw Reolau Duwiol. 2. Rhodfa Cristion. 3. Amdo i Babyddiaeth o waith Mr. *Richard Baxter*. Printiedig yn *Llundain* gan J.D. 1672.

Yr oedd y gyfrol gyntaf yn cynnwys y Salmau a Salmau Cân Edmwnd Prys yn ogystal â'r Testament Newydd. Gwelir bod yr ail yn cynnwys y tri llyfr o waith Ficer Prichard a gyhoeddesid o'r blaen ynghyd â phedwaredd ran a argraffwyd am y tro cyntaf. Yr oedd y drydedd gyfrol fel eraill a olygodd Stephen Hughes yn cynnwys amryw fân lyfrau. Cyfeiriwyd at y llyfr cyntaf, sef *Catecism Perkins*, gan Mr. Shankland yn rhifyn cyntaf Y COFIADUR, td. 39, 40. Cyfieithiadau Richard Jones o Ddinbych ydoedd *Rhodfa feunyddiol y Christion* a'r *Amdo i Babyddiaeth*, y naill yn gyfieithiad o lyfr Henry Oasland, *Christian's Daily Walk*, a'r llall o lyfr Baxter, *A Winding Sheet for Popery*. Ac ysgrifenna Hughes ei hun lythyr maith " at y Darllenwr ," llythyr sydd yn rhoddi llawer o fanylion ynglŷn â'r gwŷr a'i cynorthwyodd i ddwyn y llyfrau hyn allan :

> " Ac am y Catechism hyn, a'r petheu sydd gydag ef, fe
> " printiwyd hwy, a'r Testament newydd a'r Psalmau, ar
> " gôst amryw wŷr boneddigion Gweinidogion, Cyffredin-
> " wyr a rhai Marsiandwyr o *Gymru*, a rhai o *Lundain*. Pet
> " fae gennif werth dau cant o bynnau o lyfrau yn fy *Study*,
> " ni byddwn i heb y llyfr bychan hwn."

Ond gellir olrhain hanes cyhoeddi'r llyfrau hyn yn well yn y llythyr annerch i'r Gweinidogion sydd o flaen yr Argraffiad o Waith y Ficer, llythyr y cyfeiriwyd ato droeon o'r blaen. Ysgrifennwyd ef yn " Bartholomews—Close yn Llundain, yr 20 o Fis Mawrth, 1671." Dywaid ar y dechreu :

> " Ac y mae'r wlâd, Barchedig Syrs, yn rhwymedig i
> " chwithau y lleill,[1] am y cymmorth y roddasoch (*ym-*
> " *mysc eraill foneddigion a gweinidogion cyfrifol*) i myfi yn y
> " gwaith o brintio y *Testament* newydd, a'r *Psalmau*, a
> " *Chatechism* Mr. *Perkins*, (*y sydd* ar fyrr i ddyfod i'r wlâd)
> " fel y gallei y Cymru sy heb saesneg, gael yn eu iaith
> " eu hunain *gyfarwydd-deb* ym matterion eu *iechydwriaeth*
> " dragwyddol."

Dywaid yn y Llythyr sydd o flaen *Canwyll y Cymru* (1681) mai'r boneddigion a'i cynorthwyodd i gyhoeddi'r Testament Newydd a roddodd help iddo ddwyn allan Argraffiad 1672 o Waith y Ficer.[2]

[1]Hynny yw, pawb ond y Dr. William Thomas, oherwydd cyfeiriai'n benodol at ei waith ef yn y paragraff blaenorol.

[2]Gweler y llythyr hwn yn *Llyfryddiaeth y Cymry* (1869), td. 223-225.

Dywedais mai prif amcan Stephen Hughes yn y cyfnod hwn ydoedd cyhoeddi argraffiad rhad o'r Beibl Cymraeg. Dyna faich y llythyr at y Gweinidogion sydd o flaen Gwaith y Ficer (1672). Gwelai nad oedd obaith am agraffiad arall oni cheid cynhorthwy'r esgobion a rhai o bendefigion Cymru, oherwydd " ar gôst boneddigion o'r wlâd y gwnaethpwyd y gwaith hyd yn hyn : ac oni wneir ef etto ar gost y cyfryw rai, nid oes tybygoliaeth y daw Bibl cymraeg byth i Gymru, tro fo Cymru yn Gymru." Ond yr oedd yn rhaid iddo ymladd yn erbyn gelyniaeth a rhagfarn y gwŷr a gredai nad da oedd brintio dim Cymraeg, ac mai goreu peth i Gymru ydoedd colli'r Gymraeg a dysgu Saesneg i bawb. Y mae Stephen Hughes yn ymosod ar y gwŷr a dybiai hynny mewn darn o'r llythyr a ddyfynnwyd gan Mr. Shankland yn ei erthygl ar Stephen Hughes yn *Y Beirniad* (Cyf. ii, rhif 3, td. 181, 182). Dywaid mai ofer disgwyl i Gymry uniaith ddysgu Saesneg yn ddigon da i ddarllain y Beibl Saesneg :

> " Canys nid oes ond rhai o'r cyffredinwŷr yn abl cadw eu
> " plant mewn ysgol. A'r Sawl a ellir eu cadw yno, wedi
> " dysgu saesneg yn yr ysgol, rhaid iddynt ddywedyd
> " cymraeg gartref, ac onid ê nis deallir mo honynt : ac
> " pan tyfont i fynu i fôd yn Benteuluoedd ei hunain, fe
> " wyddys mae cymraeg a orfydd arnynt ei ddywedyd
> " ym-mysc eu tylwyth, ac yn gyffredinol yn y ffeirie a'r
> " marchnadoedd : A pha fôdd erbyn hyn y collir y iaith
> " gymraeg ?"

Tybia Mr. Shankland mai at Thomas Gouge y cyfeirir yma, at gynllun Gouge a'i gyfeillion i ddysgu Saesneg i blant Cymru, ac felly bod " Stephen Hughes yn gwybod am gynllun Thomas Gouge i efengyleiddio Cymru yng ngwanwyn 1671—2," pan ysgrifennodd y Llythyr.[1] Ond credaf mai'r hyn a geir yn fwyaf neilltuol ydyw ymosod ar yr eglwyswyr hynny a dybiai (fel y gwnâi'r gwŷr eglwysig yn gyffredin o'r unfed ganrif ar bymtheg hyd y ddeunawfed) nad da oedd brintio dim yn y Gymraeg. Ni chefais braw chwaith bod Gouge yn erbyn argraffu a rhannu llyfrau Cymraeg, er mai dysgu Saesneg ydoedd gwaith yr ysgolion a sefydlodd. Yn wir y mae Stephen Hughes yn cyfeirio at yr un pobl yn y flwyddyn 1677 ar ddech-

[1] *Y Beirniad*, cyf. ii, rhif 3, td. 181.

reu *Tryssor i'r Cymru*, ac ni eill fod yn cyfeirio at Gouge yn y flwyddyn honno fel gŵr a wrthwynebai gyhoeddi llyfrau Cymraeg, ac yntau eisoes wedi gwario cannoedd o bunnau wrth argraffu llyfrau. Wele a ddywaid yn y *Tryssor i'r Cymru* :

> " Ac am y tŷb a'r phansi sydd gan rai, sef nad rhaid
> " printio math yn y byd o lyfrau yng-hymraeg, ond y
> " dylei'r bobl ddyscu saesoneg, a cholli ei cymraeg (Ond
> " o Arglwydd, pa fodd y dichon hynny fod ? oni bae
> " gwneuthur o honot ti ryfeddodau) mi ddymunwn arnat
> " ti Ddarlenydd hawddgar, ystyried y gronyn hynny, ac a
> " ddywedir ynghylch y matter hwn, yn *y llythyr cyntaf* o
> " flaen Gwaith Ficcer Llanddyfri : a barna a ydyw bossibl
> " ddwad a phawb o'n gwlad i ddeall saesoneg, mewn
> " yspaid llawer cant o flynyddoedd."

Felly y mae'n fwy na thebig mai at yr eglwyswyr a gredai na ddylid argraffu llyfrau Cymraeg, ond y dylid ymroi i ddysgu Saesneg i'r bobl y cyfeiriai Stephen Hughes. Y mae ei ateb yn ddiddorol. Y mae'n ail-adrodd geiriau Morris Kyffin yn ei Annerch o flaen ei gyfieithiad o *Ddeffynniad Ffydd Eglwys Loegr* (1595),—llyfr a ail argraffwyd gan Charles Edwards yn 1671 wrth y teitl *Dadseiniad Meibion y Daran*,—ynglŷn â'r gŵr eglwysig a ddywad nad cymwys oedd adel printio math yn y byd ar lyfrau Cymraeg. Yr unrhyw ymresymiad sydd gan Hughes â Morris Kyffin, sef mai " amhossibl fydde dwyn yr holl bobl i ddyscu Saesonaeg ag i golli eu Cymraeg."[1] Yn wir ni welodd Stephen Hughes erioed werth y Gymraeg ; ac nid oherwydd sylweddoli ohono'r golled fuasai colli'r hen draddodiadau y mae'n siarad mor gryf yn erbyn y rhai a fynnai Seisnigeiddio Cymru. Nid oedd gantho ddim o'r ymdeimlad â thraddodiadau Cymru a oedd gan bobl ddiwylliedig fel Gruffydd Robert a Siôn Dafydd Rhys, a chan foneddigion fel Rowland Vaughan, a barai iddynt weled gwerth y Gymraeg fel cyfrwng diwylliant. Buasai'n falch pe gellid trwy wyrth droi'r Cymry yn Saeson ar unwaith, ond gan fod oes y gwyrthiau wedi myned heibio, ac nad oedd addewid cyflawni dim o'r fath, tybiai ei bod yn rhaid efengyleiddio Cymru trwy gyfrwng y Gymraeg. Fe ddywad yn ei Lythyr at y Gweinidogion " gŵr

[1]Gweler *Deffynniad Ffydd Eglwys Loegr*, dan olygaeth W. Prichard Williams (Bangor, 1908), td. [xiv].

yw, mae da iawn fyddei, pyt fae pawb *yng Hymru* yn deall saesneg," ac y mae'n falch "bôd llaweroedd yn ein Gwlâd (*i Dduw y byddo'r diolch*)[1] yn medru gwneuthur denfydd o'r *Bibl* saesneg." Felly er na ellir rhoddi gormod o bwyslais ar y gwasanaeth a wnaeth Stephen Hughes i'r Gymraeg, eto ffrwyth diffyg meddwl ydyw ei alw yn "wlatgarwr" ac yn "genedlgarwr" fel y gwnaethpwyd yn y gorffennol. Ac ymresymiadau Stephen Hughes yn unig a ddefnyddiwyd gan Griffith Jones, Llanddowror, a Charles o'r Bala a chan bawb a fynnai ddysgu'r werin i ddarllain Cymraeg, hyd ddiwedd y bedwaredd ganrif ar bymtheg. Nid rhaid aros gyda'r pwnc yn awr er ei fod yn beth perffaith hawdd ei egluro.

Felly dug Stephen Hughes y tri llyfr hyn allan gyda help y boneddigion y cyfeiriai atynt. Odid nad oedd yn ei fryd gael ganthynt ymffurfio'n rhyw fath o gymdeithas debig i'r hon a ffurfiodd Gouge ddwy flynedd wedi hynny. Dywaid yn ei Lythyr at y Gweinidogion :

> "Wedi cael profiad eisoes o'ch cariad chwi tu ac at ein
> "Gwlâd, yr wyfi yn gobeithio, (*gan nad all gras, ble bo fe,*
> "*fôd yn segur, ond cyfrannu ei hunan er daioni i eraill*) y bydd
> "i chwi fôd yn barod i wneuthur *ychwaneg* o'r fâth
> "weithredoedd."

Nid rhyfedd ei weled felly yn cyfeirio at y llyfrau y bwriadai eu cyhoeddi :

> "Os Duw a'i myn fe brintier ar fyrder yr *Ymarfer o*
> "*dduwioldeb*, *y Llwybr hyffordd ir nefoedd*, *Agoriad byrr ar*
> "*weddi'r Arglwydd*, *a Gwiliad y glôch Arian*, *o gyfieithiad* John
> "Gibbs *Esquire o Gastell-Neath* yn shir *Forgannwg*."[2]

Cyfeiria at y llyfrau yn ei air "at y darllenwr" sydd o flaen *Catechism Mr. Perkins* (1672), ac yn eu plith sonia am "gyfieithiad o lyfr bychan Dr. *Gouge* ynghylch sancteiddio'r Sabboth" a ddanfonwyd iddo. Dywaid y "printier ef mewn amser cyfaddas os Duw a'i myn." Ni ellir ameu nad edrychid arno yn y flwyddyn hon (1672) fel trefnydd y gwaith o argraffu

[1]Y mae'n ddigrif sylwi ar y rhai a ddyfynnodd y paragraff hwn yn gadael y geiriau "i Dduw y byddo'r diolch" allan heb ddangos bod dim yn eisieu.

[2]Diwedd y Rhagymadrodd at y Darllenydd yng Ngwaith y Ficer (1672).

llyfrau, ac na thybiai yntau y byddai'r boneddigion y cyfeiriai atynt yn ei gynorthwyo.

Daw hyn â ni at gysylltiad Stephen Hughes â'r ddau a wnaeth gymaint dros Gymru yn y cyfnod hwnnw, sef Charles Edwards a Thomas Gouge. Nid yw ymdrin â'r pwnc hwn yn fanwl yn rhan o'm gwaith yn awr, ond dymunwn sylwi ar un peth neu ddau. Sylfaenwyd y rhan fwyaf o'r hyn a ddywedwyd arno yn y gorffennol ar dystiolaeth y Dr. Tillotson yn ei bregeth angladdol ar ôl Gouge, ar dystiolaeth Calamy, ar a geir gan Strype yn ei argraffiad o'r *Survey of London*, ac ar rai o adroddiadau'r Gymdeithas a sefydlodd Gouge, ond ni roddwyd digon o sylw i'r hyn sydd yn rhagymadroddion Hughes a Charles Edwards i'r llyfrau Cymraeg.

Ychydig iawn o hanes Edwards a wyddom.[1] Wedi iddo symud o Lanrhaeadr ac ymadael â'i deulu cawn ef yn Rhydychen yn 1666 yn argraffu *Hanes y Ffydd.* Y mae yn Rhydychen eto yn niwedd y flwyddyn 1670 yn argraffu *Hanes y Ffydd* yn llawer cyflawnach nag o'r blaen, ac yn dwyn allan argraffiad newydd o gyfieithiad Morris Kyffin o lyfr yr Esgob Jewel, *Deffynniad Ffydd Eglwys Loegr*,—llyfrau a gyhoeddwyd yn 1671. Y mae'r llythyr " at y darllenydd " sydd gantho o flaen *Deffynniad Ffydd* (neu, a rhoddi iddo ei deitl ef, *Dadseiniad Meibion y Daran*) yn ddiddorol, oherwydd ei fod yn dangos bod Charles Edwards yn awyddus i argraffu llyfrau Cymraeg, a'i fod fel Stephen Hughes yn apelio at y boneddigion i'w helpu. Nid oes braw eu bod yn adnabod ei gilydd yn y cyfnod hwn. Odid na ddaeth Charles Edwards i Lundain wedi gorffen ohono'r gwaith ynglŷn â'i lyfrau yn Rhydychen. Dengys Hughes yn ei Lythyr at y Gweinidogion bwysiced ydoedd cael Cymreigydd cyfarwydd i arolygu'r gwaith o argraffu llyfrau Cymraeg yn Llundain, a chan fod Edwards eisoes wedi cyhoeddi " sheete " yn dangos y beiau oedd ym Meibl Cymraeg yr Eglwysydd,[2] naturiol oedd iddo gael y swydd o " ddiwygiwr y preint-wasc " pan gyfarfu â Hughes a Gouge.

[1]Casglodd Mr. Ifor James y prif ffeithiau ynglŷn â'i hanes yn ei erthygl arno yn *Y Traethodydd* (1886), td. 283-307.

[2]*Some Omissions and Mistakes in the British Translation and Edition of the Bible appointed to be had and read in Churches in Wales, to be supplied and rectified.* Ymdrinir â'r pwnc hwn yn *The Bible in Wales* (London, 1906), td. 25. Cyfeiria Stephen Hughes ati yn ei Lythyr at y Gweinidogion fel gwaith " rhyw Ewyllysiwr da " pan ddywaid mor angenrheidiol ydoedd cael rhywrai cyfarwydd a dysgedig a medrus yn yr iaith " i attendo'r press."

Yr oedd Thomas Gouge yn enwog fel dyngarwr, ac wedi gwneuthur llawer dros dlodion Llundain. Dywaid Tillotson a Calamy mai tua'r flwyddyn 1672 y tynnwyd ei sylw at Gymru, ac iddo gyfyngu ei sylw yn llwyr bron i Gymru o hynny hyd ei farw yn 1681. Dywaid Clark yn ei *Life of Joseph Allein* (1683) i Thomas Gouge ei hun ddywedyd wrtho mai darllain cofiant Joseph Allein a gyhoeddwyd yn 1671, a gweled cyfeiriad yno at gyflwr truenus Cymru a barodd iddo droi ei sylw ati, ac ymdrechu o hynny hyd ei farw i roddi addysg i blant tlodion Cymru, a rhannu llyfrau Cymraeg ymhlith y werin dlawd. Ond er hynny ni ellir bod yn sicr mai at gynlluniau Gouge y cyfeiria Hughes yn ei Lythyr at y Gweinidogion sydd o flaen Gwaith Ficer Prichard yn 1672. Nid oes gyfeiriad at Gouge yn y llyfr hwnnw, ac nid oes neb wedi profi bod gantho unrhyw ran yn y gwaith o'i gyhoeddi, nac iddo gynorthwyo Hughes i gyhoeddi'r Testament Newydd a *Chatechism Mr. Perkins*. Odid na thybir bod cyfeiriad ato yn Llythyr Stephen Hughes "at y Darllenwr" sydd o flaen y llyfr olaf, pan ddywaid i rywun anfon iddo "gyfieithiad o lyfr bychan Dr. Gouge ynghylch sancteiddio'r Sabboth." Ond yn ôl pob tebig nid at Thomas Gouge y cyfeirir ond at ei dad, y Dr. William Gouge, rheithor Blackfriars yn nechreu'r ganrif. Nid oes sôn am ei enw yn un o ragymadroddion Stephen Hughes.

Tybia Mr. Shankland iddynt gyfarfod â'i gilydd "yn ystod ymweliadau Stephen â'r ddinas yn 1670 a 1671."[1] Neu efallai iddo ddyfod i gysylltiad ag ef yn Llundain yng ngwanwyn 1672, ac yntau'n paratoi'r llyfrau y cyfeiriwyd atynt, ac yn ceisio trwydded i bregethu. Cawn lawer o fanylion ynglŷn â'i symudiadau yn y cyfnod hwn gan Lyon Turner yn ei lyfr, *Original Records of Early Nonconformity under Persecution and Indulgence*. Gwyddom oddiwrth ei Lythyr at y Gweinidogion ei fod yn llawn o awydd angerddol i gyhoeddi argraffiad newydd o'r Beibl Cymraeg, ac odid na chafodd addewid am gynhorthwy Gouge yn y gwaith.

Ond beth bynnag a wnaethpwyd yn 1672 ni chyhoeddwyd yr un llyfr hyd 1675. Dywedir yn gyffredin mai'r gwaith cyntaf a ddaeth trwy'r wasg dan nawdd Gouge a Hughes ydoedd *Holl Ddledswydd Dyn*, cyfieithiad John Langford, gŵr o Ruthyn a

[1] *Y Beirniad*, cyf. ii, rhif 3, td. 181.

oedd yn offeiriad Derwen, o'r llyfr Saesneg, *The Whole Duty of Man.*[1] Yn wir, â'r Parch. J. C. Morrice mor bell â dywedud mai Gouge ydoedd awdur *The Whole Duty of Man*! [2] Ni chefais braw bod a fynno na Stephen Hughes na Thomas Gouge ddim â'i gyhoeddi yn ei wisg Gymraeg. Yn y *Stationers' Registers* ceir cyfeiriad ato dan fis Mai, 1670, ddwy flynedd cyn i Gouge droi ei sylw at Gymru, ond ni chyfeiria Hughes ato yn y Llythyrau sydd o flaen y Drydedd Ran o Waith Ficer Prichard a gyhoeddodd yn y flwyddyn honno. Nid yw'n cyfeirio ato yn ei Lythyrau sydd o flaen argraffiad cyflawn 1672 ymhlith y llyfrau y bwriadai eu cyhoeddi. Y cyfeiriad cyntaf sydd gantho at *Holl Ddledswydd Dyn* ydyw cymhelliad i'w brynu ar ddiwedd *Salmau Cân Edmwnd Prys* (1672), ac ar ddiwedd Gwaith Ficer Prichard (1672). Yr hyn sydd yn wir yw i Gouge brynu copïau i'w rhannu wedi hynny.

Yn y flwyddyn 1672 ymddengys bod Stephen Hughes wedi dychwelyd i Gymru i ofalu am ei ddilynwyr ac i drefnu ynglŷn ag argraffu'r Beibl, i Gouge ddechreu ar y gwaith o grynhoi arian i gyhoeddi llyfrau a sefydlu ysgolion yng Nghymru. Cafwyd gan Charles Edwards ofalu am argraffu'r llyfrau yn Llundain, ac i chwilio am wŷr cymwys i gyfieithu llyfrau Gouge ac eraill i'r Gymraeg. Tebig mai efô a gafodd gan Richard Jones a William Jones ymgymryd â'r gwaith hwn. Yn y flwyddyn 1674 ymffurfiodd y bobl a gynorthwyai Gouge yn Gymdeithas i gario'r gwaith ymlaen. Er na pherthyn imi yma fanylu ar y gwaith mawr a gyflawnodd y Gymdeithas hon wrth dalu am argraffu llyfrau Cymraeg a'u rhannu yng Nghymru, eto dymunwn sylwi ar rai pethau. Gwelsom fod Stephen Hughes yn dywedud yn ei Lythyr " at y Darllenydd " yn 1672, " Os Duw a'i myn fe brintier ar fyrder yr Ymarfer o dduwioldeb." Cawn y llyfr hwn yn ymddangos yn 1675, a'i argraffu ar gost Gouge a'i Gymdeithas, a Charles Edwards yn " Ddiwygiwr y preint-wasc." Yn yr un flwyddyn ymddangosodd *Hyfforddiadau Christianogol*, llyfr Saesneg Thomas Gouge wedi ei gyfieithu gan Richard Jones o Ddinbych. Ceir ynddo

[1]Dywaid y Parch. J. Dyfnallt Owen yn ei bamffled ar Stephen Hughes (a gyhoeddwyd adeg dathliad pumed Juwbili 1662) mai " o'r briodas hon (h.y., cyfathrach Gouge â Hughes) y ganed *Holl Ddyledswydd Dyn* "

[2]*Wales in the Seventeenth Century*, td. 193.

un o brif nodweddion llyfrau'r mudiad, sef " Agoriad ar ryw Eiriau yn y llyfr hwn, nad ydyw rhai pobl yn eu deall, yn rhyw fannau o Ddeheu-dir Cymru, wedi eu hegluro trwy eiriau mwy cyffredin a sathredig. Gan Mr. S. H." Cyfeiria Charles Edwards yn ei lythyr " at y darlleydd " fel " diwyg-iwr y Print-wasc " at hyn, fel petai Hughes wedi dywedud wrtho na buasai'r llyfrau hyn na'r Beibl o fawr o fudd i'r werin yn y Deheudir heb ryw fath o eirlyfr. Odid nad efô ydoedd un o'r rhai cyntaf i sylweddoli mai un o anghenion mwyaf y dydd ydoedd geirlyfr Cymraeg. Yr oedd bron cyn bwysiced â dysgu'r ffordd iddynt ddarllain, ac nid oedd ddim mwy angen-rheidiol i ddeall y Beibl ac i edfryd gwybodaeth o'r Gymraeg. Dywaid ar ddechreu *Tryssor i'r Cymru* (1677) ei fod am " ail brintio " *Llwybr Hyfforddi'r Nefoedd* a *Llyfr y Resolusion* nid yn unig er mwyn y mater " ond hefyd er mwyn y iaith tra-rhagorol sydd ynddynt, ac yn enwedig y diwethaf o'r ddau (o ran iaith) wedi osod allan gan y cymreigwr goreu yng-Hymru, yn ei amser , sef y Doctor Davies." Yna dywaid :

> " Ac o herwydd nad oes *Dictionary cymraeg* iw gael yn " *Llundain* am arian, ac fod diffyg ohono, tuagat cyfieuthu " llyfrau yng hymraeg, a thuagat cael cyfarwydd-deb i " ddeall amryw eiriau y sydd yn rhai llyfrau cymraeg yn " brintiedig, a thrwy ganlyniaeth fod o hono yn anghen-" rheidiol tuagat helaethu gwybodaeth o Dduw a'i " ewyllys, y mae hi yn can-rhowyr i feddwl am ei brintio " drachefn, ar gôst y wlâd, fel y mae'r Bibl yn awr yn cael " ei brintio. Ac oni egyr Duw galonnau Boneddigion a " Gwenidogion y wlâd i fod mewn côst iw ailbrintio fe, " ni phrintier byth mo hono (mewn pôb tybygoliaeth) " mwy nag y printiasit y Bibl heb gymmeryd y cwrs hynny.
>
> " Ond pan y dêl y Biblau unwaith ir wlâd, a gweled o " bawb, nad oes dim ond Onestrwydd wedi ymddangos " yn y cwbl o'r gwaith hwnnw ; gobeithio y bydd y pryd " hynny glustiau, a chalonnau y Boneddigion a'r Gweni-" dogion yn agor i wrando, ar yr hyn a gynnigier, yng-" hylch ail-brintio Dictionary Dr. Davies. A chynta pwy " a fo byw i gymmeryd y gwaith hwnnw yn llaw, bydded " hysbys iddo, fod Gair wedi dyfod allan, fod yscrifen " yng Wynedd, o'r hon y cymmerodd y Dr. *Lawer* o'i

" *Ddictionary*; a bod dwy fîl o eiriau ynddo, ychwaneg
" nag y sydd yn ei Ddictionary ef yn brintiedig. Ac oh
" na bae, yn y cyfamser, rai o'r dyscedig yn ein gwlâd,
" yn casclu y geiriau sy yn ein holl lyfrau cymraeg, ac yn
" enwedig yn y Psalmau cân, y rhai nid ydynt yn y
" *Dictionary*, fel y gyllit eu chwanegu atto a'u hegluro pan
" ei printier nessaf."

Ni wn a ellir cysylltu ymdrech Stephen Hughes â'r geiriadur a argraffodd Thomas Jones yn Llundain yn 1688, sef *Y Gymraeg yn ei Disgleirdeb, Neu helaeth Eir-Lyfr Cymraeg A Saesnaeg*. Y mae Thomas Jones yn dilyn Hughes trwy " hyspysu meddwl y Gymraeg ddieithr, drwy Gymraeg mwy Cynnefinol," ac yna dyry'r gair Saesneg.

Ni wn bod a fynno Hughes â'r llyfrau a gyhoeddodd Gouge a'i gyfeillion yn y flwyddyn 1676, sef *Gair i Bechaduriaid, a Gair i'r Sainct*, a *Principlau neu Bennau y Grefydd Ghristianogol*, llyfrau Thomas Gouge ei hun a gyfieithwyd gan William Jones. Nid oes braw chwaith bod a fynno ag ail-argraffu *Galwad i'r Annychweledig*, cyfieithiad Richard Jones o lyfr Richard Baxter, yn 1677.[1] Efallai mai efô a fu'n cynorthwyo Charles Edwards pan gyhoeddwyd trydydd argraffiad *Y Ffydd Ddi-ffvant* yn 1677, i roddi " agoriad ar ryw eiriau yn y llyfr hwn y sydd anhyspys i rai pobl yn Neheubarth Cymru".

Gwyddom fod Stephen Hughes yn Llundain yn 1677, oherwydd cyhoeddodd ddau lyfr yn y flwyddyn honno, sef *Tryssor i'r Cymru* a *Cyfarwydd-deb i'r Anghyfarwydd*, ac ysgrifennodd ragymadrodd i'r cyntaf yn " Llundain y drydydd dydd ar ddeg o Fis Awst 1677". Ni cheir mo'i enw ynddynt, ond gellir bod yn sicr mai efô oedd y golygydd, oherwydd cyfeiria at " a ddywedir ynghylch y matter hwn [hynny yw, barn rhai pobl na ddylid argraffu llyfrau Cymraeg, ond y dylai'r bobl ddysgu Saesneg] yn y *llythyr cyntaf* o flaen Gwaith Ficcer Llanddyfri," a sonnir am eiriau fel " *pryssur*, *profi*, *llafur*, yn gydnabyddus i ni yn Nhehaubarth". Wele deitlau'r llyfrau hyn :

" Tryssor i'r Cymru : sef Llyfr yn Cynnwys ; 1. Pregeth
" Mr. *Arthur Dent*, ynghylch Edifeirwch, o gyfieuthiad Mr

[1] Nid iawn dywedud, fel y gwnaeth y Parch. J. Dyfnallt Owen yn y pamffled y cyfeiriwyd ato eisoes, bod *Galwad i'r Annychweledig* yn rhan o'r llyfr *Cyfarwydd-deb i'r Anghyfarwydd* a gyhoeddodd Stephen Hughes yn 1677.

" *Robert Lloyd*, gynt Ficcer y Wayn yn Shir Ddinbych.
" 2. Drych i dri mâth o Bobl, sef i'r *Anghristion, Rhith-*
" *Gristion*, a'r *Gwir-gristion*, o waith Mr. *Oliver Thomas*,
" Carwr y Cymru. 3. Bellach neu Byth o waith Mr.
" *Richard Baxter*, ym mha draethawd y cyfiawnheuir, y
" cyssurir, y cynhyrfir, ac yr hyfforddir y Sanctaidd,
" Ddiwyd, Difrifol Gredadyn. A'r Gwrthwynebwyr a'r
" Esceulyswyr a argyoeddir, drwy oleuni yr Scrythur a
" Rheswm, O gyfieuthiad Mr. *Richard Jones*, o Ddinbych . .
" A'i Brintio yn *Llundain* gan *Thomas Dawks*, Printiwr
" yng-hymraeg i ardderchoccaf Fawrhydi y Brenin. 1677."

" Cyfarwydd-deb i'r Anghyfarwydd, sef, Llyfr yn cyn-
" nwys, 1. Agoriad byrr ar *Weddi'r* Arglwydd : 2. Ym-
" ddiddanion rhwng y *Carwr* a'r *Cymro* : 3. Ymddiddanion
" rhwng *Crist* a'r *Publican*, rhwng Crist a'r Pharisead, a
" rhwng Crist a'r *Credadyn* ammheus, sef Canwyll Crist.
" 4. Amryw Reolau Duwiol : Y cwbl i gyfarwyddo pobl,
" pa fodd i chwilio'r *scrythyrau* er lesad iw Heneidiau : a
" pha fodd i *ddyfod at Grist* i gael iechydwriaeth dragwydd-
" ol : a pha fodd i *weddio* yn ol ewyllys Duw, i gael *gras* a
" *thrugaredd* oddiwrtho ef, a pha fodd i *fyw'n sanctaidd* yn y
" Byd presennol. . . . Ai Brintio yn *Llundain* gan *Thomas*
" *Dawks*, Printiwr yng-hymraeg i ardderchoccaf Fawr-
" hydi y Brenin. 1677."

Ceir amryw ffeithiau diddorol yn y " Llythyr at y Darllenydd" sydd o flaen *Tryssor i'r Cymru*. Dywaid ar y dechreu :

" Ac o herwydd fy môd i'n tybied, fod peth gwasanaeth
" gwedi wneuthur i Dduw, a derbyn o rai eneidiau yng-
" Hymru beth llesâd oddiwrth rhyw bethau a brintiwyd
" gynt yn gymraeg : Ni ellwn i lai, gan fod Drws yn agor
" yn bresennol ir cyfryw waith nâ bod mewn côst, (cyn
" belled ac o ddaeutu'r trydydd ran o'r cwbl ac y feddaf)
" i brintio y llyfran hwn, ac un arall o'r fath ; [hynny yw,
" *Cyfarwydd-deb i'r Anghyfarwydd*.] fel y bo i Dduw gael
" rhagor o ogoniant, ac eneidiau ein cydwladwyr ychwan-
" eg o gyfarwydd-deb ac adailiadaeth, ym matterion eu
" iechydwriaeth dragwyddol trwyddynt."

Dengys hyn ei fod ef ei hun yn talu am argraffu'r llyfrau hyn, ac y mae gennym brofion iddo wario ei arian i gyd bron wrth y gwaith. Wrth gyhoeddi'r llyfr, *Cynghorion Tad i'w Fab* yn 1683, dywaid (td. 45) iddo adael llawer o bethau " heb eu rhoddi ir printiwr : am fod eisie arian i fynd ym-mhellach". Yn ei " Lythr at y Cymru " sydd o flaen *Taith neu Siwrnai y Pererin* (1688) cyfeiria, fel arfer, at y llyfrau a baratôi, ac ychwanega, " y mae Rhan o Lyfr y Golomen a'r Gigfran wedi ei wnio gyda sail y Grefydd. Yr oedd Arian yn niffyg i brintio'r cwbl". Dywedais iddo briodi gwraig weddol gyfoethog, ond gelwir hi wedi marw ei gŵr yn dlawd.[1] Dengys hyn oll i Stephen Hughes dreulio ei dda wrth gyhoeddi llyfrau Cymraeg.

Ond efallai mai ei waith pwysicaf a mwyaf llafurus ydoedd y gwaith y soniai mor eiddgar amdano yn ei " Lythyr at rai gweinidogion cyfrifol yng Hymru " yn 1672, sef cyhoeddi argraffiad rhad o'r Beibl Cymraeg. Gwelsom iddo gael cynhorthwy Gouge a'i gyfeillion, ynghyd â help llawer o wŷr eglwysig yng Nghymru. Nid oes gennyf ofod i ymdrin â'r pwnc yn fanwl yn awr, ond dymunwn alw sylw at rai pethau yn unig. Dywaid Thomas Charles o'r Bala wrth sôn am yr argraffiad hwn fod " gofal a diwydrwydd Mr. Stephen Hughes yn ganmoladwy iawn yn diwygio y Bibl Cymraeg o lawer o wallau oedd yn y tri argraffiad blaenorol o'r cyfieithiad presennol", ac felly ei fod " yn Gymro tra hyddysg yn ei iaith gynhwynol".[2] Ni eill neb ameu na bu Hughes yn gofalu am yr argraffiad hwn, oherwydd dywaid Calamy hynny yn ei *Account of Ejected Ministers* (cyf. ii, td. 718-20) ar awdurdod James Owen ei gyfaill, a gellir casglu hynny hefyd oddiwrth ei eiriau yn nechreu *Tryssor i'r Cymru,* lle y mynega (ym Mis Awst, 1677) fod " y Bibl Cymraeg wedi brintio yn agos i ddiwedd llyfr y Barnwyr". Ond wrth sôn am gywirdeb yr argraffiad hwn, dylid cyfeirio at ŵr arall a fu'n gofalu amdano, sef Charles Edwards. Gwyddys mai efô ydoedd " diwygiwr y preint-wasc " pan gyhoeddwyd llyfrau eraill y mudiad, ac felly naturiol tybiaid bod a fynno â'r llyfr pwysicaf a dducpwyd allan, ac yntau wedi cyhoeddi " sheete " yn dangos y beiau oedd ym Meibl Cymraeg yr Eglwysydd yn 1672. Ond nid rhaid inni ddibynnu ar dyb, oherwydd y mae gennym ei

[1]Gweler llyfr y Dr. T. Richards, *Religious Developments in Wales,* td. 513.

[2]Gweler y dyfyniad yn erthygl Mr. Shankland yn *Y Beirniad,* cyf. ii., rhif 3, td. 183.

dystiolaeth ef ei hun iddo fod yn golygu'r argraffiad hwn o'r Beibl. Ceir yn ei lyfr, *Fatherly Instructions* (1686) lythyr "To the Honoured Persons in City or Countrey, that lately were Trustees for charitable works in Wales," ac ynddo dywaid :

> " Observing your Charity in promoting the natural and
> " spiritual good of many, and having been subservient
> " thereto in revising the last impressions of the *British*
> " Bible, Practice of Piety, Plain Mans path-way to Heaven,
> " and other good Books, I thought it meet on this occasion
> " to make a thankful commemoration thereof...."

I'm tyb i, efô, Charles Edwards, ydoedd y " Cymro tra hyddysg yn ei iaith gynhwynol " a oedd y tu ôl i'r argraffiad hwn. Ni eill neb a ddarllenodd waith Stephen Hughes ei alw yn ysgolhaig Cymraeg o fath yn y byd, ac ni buasai neb yn barotach i gyfaddef hynny nag efô ei hun. Y mae'n fynych yn ymddiheuro am ei Gymraeg " wael saesnigaidd ", ac yn cyfeirio at y " gwahaniaeth ynddi (mewn geiriau ac ymadroddion (neu phrases) a therminations, neu ddiweddiad geiriau) â'r gymraeg dda sydd ganddynt yng Wynedd".[1] Nid ysgolheictod na dysg Stephen Hughes a'i gwnaeth yn ŵr mor bwysig yn hanes Cymru yn yr ail ganrif ar bymtheg, ond ei ymdrech ddi-ildio trwy'r blynyddoedd, yn wyneb pob rhwystr, i roddi i'w gydwladwyr lyfrau Cymraeg fel y gallent ddyfod allan o gors eu hanwybodaeth a'u difaterwch.

Felly yn 1677-8 ymddangosodd y Beibl. Y mae'n cynnwys yr Hen Destament a'r Newydd, yr Apocrypha, y Llyfr Gweddi a Salmau Edmwnd Prys. Wele'r teitl :

> " Y Bibl Cyssegr-lan, Sef yr Hen Destament a'r Newydd. . .
> " Printiedig yn Llundain gan John Bill, Christopher
> " Barker, Tho. Newcomb, a Henry Hills, Printwyr i
> " Ardderchocca f fawrhydi y Brenin : ac a werthir gan
> " John Hancock, tan lûn y tri Bibl yn Popes-Head Alley,
> " yn Cornhill. 1677."

Ceir y dyddiad 1678 ar wyneb-ddalen y Testament Newydd a Salmau Prys.

Yn y flwyddyn 1679 cyhoeddodd Charles Edwards ei gyf-

[1]Gweler diwedd y " Llythyr at rai gweinidogion cyfrifol yng Hymru " yng Ngwaith y Ficer, 1672.

ieithiad o lyfr Gouge, *Gwyddorion y Grefydd Gristianogol*, ac nid annhebig mai Stephen Hughes sydd gyfrifol am yr " Agoriad ar ryw Eiriau, nad ydyw rhai pobl yn eu deall, yn rhyw fannau o Ddeheu-dir Cymru". Gellir bod yn sicr iddo gynorthwyo Charles Edwards i olygu llyfrau yn y cyfnod hwn, oherwydd cyfeiria Edwards ato yn ei lythyr " at y Darllennydd " yn niwedd ail argraffiad *Llwybr Hyffordd* (1682) fel ei " gydweithwr o ddeheu-barth".

Yn y flwyddyn 1680 ceir Stephen Hughes yn ôl yn Abertawe yn paratoi llyfr arall ar gyfair y wasg, sef argraffiad newydd o Waith y Ficer, ac ynglŷn ag ef lyfr a gyfieithasai ef ei hun. Ysgrifennodd " Lythyr at y Darllenwyr " o flaen ei gyfieithiad yn Abertawe y " 13 o Fis Hydref, 1680 ". Aeth i fyny i Lundain yn union wedi hynny, oherwydd ysgrifennodd y llythyr cyflwyno yn " Broadstreet yn Llundain, yn 29 o Fis Tachwedd, 1680".[1] Cyhoeddwyd y llyfr yn 1681, ac wele ei deitl :

> " Canwyll y Cymru : sef, gwaith Mr. Rees Prichard,
> " gynt, Ficcer Llanddyfri. A brintiwyd o'r blaen yn
> " bedair rhan, wed ei cyssyltu oll ynghyd yn vn Llyfr. . .
> " Whereunto is added the Strange but True Narrative
> " of the Chief Things, spoken and acted, by an unclean
> " Spirit at Mascon . . . now done into Welsh, by S.
> " Hughes, of Swansey. London : Tho. Dawks, 1681."

Wele deitl y llyfr a gyfieithodd Stephen Hughes—y teitl sydd o flaen y cyfieithiad :

> " Adroddiad Cywir, o'r Pethau pennaf, ar a wnaeth, ac a
> " ddwedodd Yspryd Aflan, ym Mascon yn Burgundy ;
> " yn Nhŷ un Mr. Francis Pereaud, Gweinidog Eglwys y
> " *Protestantiaid* yn y Dref honno: A ossodwyd allan yn
> " Frangaeg gantho ef ei hun ; a chwedi hynny yn Saesoneg,
> " gan un ac oedd a gwybodaeth neilltuol ynghylch y
> " Stori hon : Ac yn awr wedi ei gyfieithu yn Gymraeg,
> " gan S. H. o Abertawe. Ai Brintio yn Lundain gan T.S.,
> " yn y flwyddyn 1681."

Prif ddiddordeb y llyfr hwn ydyw ein bod yn gweled Stephen Hughes fel cyfieithydd. Er iddo ychwanegu rhyw ychydig, weithiau, at y llyfrau a gyhoeddai gan eu cywiro a'u hegluro,

[1]Gweler *Llyfryddiaeth y Cymry*, td. 225.

nid oes gyfeiriad at lyfr o'i waith nac at un cyfieithiad o'i eiddo cyn y flwyddyn hon. Ymfodlonai ar gyhoeddi Gwaith y Ficer ac ar ailargraffu hen lyfrau, gan annerch ei genedl mewn rhagymadroddion a llythyrau maith.

Y mae'n llyfr o nodwedd hollol wahanol i'r rhai a gyfieithai Richard Jones a Charles Edwards a'r lleill. Stori am gythraul ydyw a aflonyddodd ar ŵr o'r enw Francis Pereaud, Gweinidog y Protestaniaid " ym Mascon yn Burgundy ". Cyfieithwyd llyfr Ffrangeg Pereaud i'r Saesneg gan " Peter du Moulin ", a thebig mai'r cyfieithad Saesneg oedd o flaen Stephen Hughes. Wele a ddywaid am amcan ei gyfieithu yn y " Llythyr at y Darllenwyr " sydd gantho o flaen y llyfr.

> " Dymma i chwi stori wedi ei chyfieithu yn gymraeg, yn " cynnwys ynddi gyfrif, ynghylch pethau rhyfeddol y " wnaeth ac a ddwedodd Yspryd drwg, yn nhy Gweinidog " duwiol yn *Ffraingc*, wedi ei ddanfon ich plith, ich " cadharnhau chwi yn y Gwirionedd hyn, sef, *Bôd cythreul-* " *iaid* ; mewn gobaith, mae po fwyaf y bo chwi wedi eich " sefydlu yn y grediniaeth hon, mae mwy fydd eich gofal " chwi ymma, i ochelyd profedigaethe yr ysprydion " melltigedig hyn, rhag ofn i Dduw eich taflu chwi i " Uffern, i fyw gyda nhwy ar ôl hyn."

Credai Stephen Hughes fel y rhan fwyaf o'i gyfoeswyr yn y cyfryw bethau. Credai bod cythreuliaid yn rhodio'n rhydd ym mhlith dynion a'u bryd ar dwyllo'r gwirion a pheri blinder i dduwiolion fel y trawodd Satan Iob â chornwydydd. Felly, medd Stephen Hughes, " trwy gymmorth pwy ond trwy gymmorth Diawliaid, y gwnaeth Consurwyr, Rheibwyr, a Witshod ddrygau mawrion, o amser i amser, i Dda ac i Ddynion ?" Nid rhyfedd iddo gyhoeddi llyfr arall ynglŷn â'r argraffiad hwn (1681) o Waith y Ficer, sef llyfr Robert Holant am " ddav Gymro yn taring yn bell o'u gwlad, ac yn ymgyfwrdd ar fynydd, ac yn chwedleua am a welson ac a glywson ynghylch consurwyr, rheibwyr, dewiniaid a'r fath".

Y mae gantho lythyr arall " at y Darllenwr " ar ddiwedd yr *Adroddiad Cywir* (td. 50-52), ac ynddo gyfeiriad at y llyfrau a gyhoeddasai ef a Charles Edwards, gan annog pobl i'w prynu, a dywaid y buasai *Llwybr Hyffordd* yn ymddangos ymhen blwyddyn. Felly bu'n cynorthwyo Edwards i gyhoeddi'r llyfr hwn a ddaeth allan o'r wasg yn 1682, a chyfeiria Edwards ato yn Llythyr " Dywygiwr y Preintwasg at y Darllennydd " (td. 475) fel ei " gydweithwr o ddeheu-barth," ac efô, yn ôl pob tebyg, a luniodd yr Eirfa ar y diwedd, sef " Deongliad rhai geiriau yn y llyfr hwn a allant fod yn anhawdd eu deall mewn rhai mannau, yn enwedig yn neheubarth Cymru". Talwyd am yr argraffiad gan y gwŷr a fu'n cynorthwyo Gouge. Nid oes a fynnom yn awr ag ymdrechion y gŵr hwnnw, ond dymunwn gyfeirio yn unig at ffeithiau diddorol sydd yn Llythyr Charles Edwards a ddengys i'r gwaith a gychwynasai Gouge barhau wedi ei farw ef yn 1681. Dywaid ar dud. 473-74 :

> " Ac wedi iddynt wneuthur cynnorthwy nid bychan i " beri ir Biblau cymraeg liosogi yn ein plith, rhoddes " rhaglunieth derfyn i fywyd y gwr parchedig ydoedd yn " cyniwer i Gymru ar y cyfryw negesau. A thra yr oedd " rhai yn tybied pan ddarfu'r pen hwnw, y darfuasai'r " ammod cymmwynascar yr oedd efe yn olugwr arno ; " wele y gwyr da eraill y rhai oeddent gyfrannogion ag ef " yn ei orchwylion elusengar, yn amlygu fod mwy o " gynhesrwydd cariad yn eu plith nag yr oeri wrth " ddiffodd o vn pentewyn : am hynny dewisasant vn " arall cyffelyb iddo, i wneuthur yr vn cymwynas i'r " gweniaid yn ein cenedl ni, ac a wnaeth yntef : o'r hyn " y mae ysbysrwydd printiedig yn saesoneg a henwau " cyfrifol wrtho. Ac i destiolaethu ffrwythlondeb eu " bwriad, dyma nhw yn ail-preintio yn ein iaith ni y " Llyfr godidog na phreintied mono er ys rhagor i ddeg " a deugain o flynyddoedd, ac a elwir y Llwybr Hyfforddd " ir Nefoedd . . . "

Er hynny ychydig a wnaethpwyd wedi hyn. Yn ei *Fatherly Instructions* (1686) y mae Charles Edwards yn annerch " the Honoured Persons in City or Countrey, that *lately* were Trustees for charitable works in Wales". Ond bu llawer o foneddigion Llundain yn cynorthwyo David Jones o Landysilio i ddwyn allan argraffiad newydd o'r Beibl Cymraeg yn 1689-90.[1]

Yn y flwyddyn 1683 cawn Stephen Hughes yn cyhoeddi llyfr arall ar ei gost ei hun, sef :

[1]Gweler *The Journal of the Welsh Bibliographical Society* (cyf. ii, td. 209), lle y dyfynnir o *The Term Catalogues* dan 1694. Cyfeirir at " the Welsh Bible lately printed, by way of subscription, by several Gentlemen and Citizens of London."

> " Cynghorion Tad iw Fab : Yn rhoddi iddo Gyfarwydd-
> " iad pa fodd i ymddwyn ei hunan yn y Byd presennol.
> " Printiedig yn Llundain gan J. Richardson yn y Flwyddyn
> " 1683."

Gwyddom mai Stephen Hughes oedd y golygydd gan iddo ysgrifennu Llythyr " at y Darllenydd " yn " Abertawe y 12 o Fis Mawrth, 1682". Dywaid mai llyfr o waith " vn Henry Evans o Bedwellty " ydyw, " llyfr a gyfieithodd efe ar gân o Saesoneg i Gymraeg," ac i'r cyfieithydd ei anfon ato ef " mewn pwrpas i fynnu ei brintio ef". Tybiodd y gallai fod o les i Gymru, fel y bu barddoniaeth Ficer Prichard. Cyfeiriwyd eisoes ato'n mynegi iddo adael llawer o bethau allan " am fod eisie arian i fynd ym-mhellach".

Odid na bu'n cynorthwyo Charles Edwards i ddwyn allan ail argraffiad o lyfr Robert Parsons a gyfieithasai'r Dr. John Davies i'r Gymraeg, sef *Llyfr y Resolusion*, yn 1684. Gwelsom ei fod yn dywedud ar ddechreu *Tryssor i'r Cymru* (1677) ei fod am " ail brintio " *Llwybr Hyfforddd* a *Llyfr y Resolusion* oherwydd "y iaith tra-rhagorol sydd ynddynt, ac yn enwedig y diwethaf o'r ddau (o ran iaith)". Cyfeirir at yr un peth ar wyneb-ddalen yr ail argraffiad a gyhoeddwyd yn 1684. Efô hefyd, yn ôl pob tebig, a baratoes yr " Agoriad ar ryw Eiriau dieithr i rai yn Neheubarth " sydd ar y diwedd.

Cyfarfyddir ag ef nesaf yn y flwyddyn 1687, ac yntau'n Llundain yn trefnu ar gyfair argraffu llyfrau Cymraeg ac yn cyfieithu un o'r llyfrau mwyaf poblogaidd, sef llyfr John Bunyan, *Taith y Pererin*, i'r Gymraeg. Cafodd y cyfieithiad ei drwyddedu i'w argraffu " y 23 o fis Tachwedd, 1687 " fel y tystia'r wyneb-ddalen. Ysgrifennodd Stephen Hughes ei " Lythr at y Cymru " yn Llundain " y 10 o Ionawr, 168 7/8". Wele deitl y llyfr :

> " Taith neu Siwrnai y Pererin, Tan *Rîth* neu *Gyffelybiaeth*
> " Breuddwyd : Yn yr hwn y dangosir, I. Y Môdd y mae
> " *Pechadur* yn Cychwyn, neu yn Dechreu ei Siwrnai, o'r
> " Byd hwn tua'r *Nefoedd*. II. Y *Peryglon* y mae fo'n cyfarfod
> " âg hwynt, yn ei Daith. III. Ei *Ddyfodiad* o'r diwedd ir
> " *Wlâd ddymunol, neu'r* Nefoedd, *mewn* Diogelwch. . . . . .
> " Wedi Lisenso gan *R. Midgley*, y 23 o fis *Tachwedd*, 1687.
> " Printiedig yn *Llundain* gan *J. Richardson*, yn y Flwyddyn
> " 1688."

Dyma'r tro cyntaf iddo ymddangos yn Gymraeg. Dywaid yn y " Lythr [sic] at y Cymru " :

> " Y mae'r Cyfieithiad o waith pedwar o honom, sef Gwr
> " bonheddig o Wynedd (yn yr hanner olaf o'r Llyfr) Gwr
> " o Benkadair, Yscolhaig ieuangc a ddaeth gyda mi ir
> " Ddinas hon, ac o'm gwaith fy hunan (y rhan fwyaf o
> " honaw) gan sefyll ar yscwyddau y lleill, fel y gallwn
> " ganfod ymmhellach nag hwynt-hwy."

Pwy oedd y tri hyn ? Ai Charles Edwards ydoedd y " Gŵr bonheddig o Wynedd ?" Bu llawer o ddyfalu pwy a allai'r " gŵr o Benkadair " fod. Credaf nad amhosibl mai gŵr o'r enw James Davies (Iago ap Dewi) ydoedd, gŵr o blwyf Llandysul a fu byw am flynyddoedd yn ymyl Pencader. Dywedir ei dderbyn " yn aelod yn eglwys annibynol Pencader, yn amser gweinidogaeth y Parch. Stephen Hughes".[1] Cyfieithodd amryw lyfrau crefyddol o'r Saesneg i'r Gymraeg rhwng 1714 â 1722 pan fu farw. Felly odid fawr nad efô a fu'n cynorthwyo Hughes i gyfieithu Taith y Pererin.[2] Y mae Iago ap Dewi yn ŵr neilltuol o bwysig yn hanes llenyddiaeth Cymru yn y cyfnod hwn.

Yr oedd gan Stephen Hughes lawer o fwriadau eraill pan oedd yn Llundain yn 1687 a 1688. Yn ei " Lythr at y Cymru " sydd o flaen *Taith y Pererin* y mae'n cynghori pawb sy'n chwennych dysgu darllen Cymraeg i brynu " Primer ac Almanack " Thomas Jones, " fal na bo iddynt syblachad a diwyno y Catechism, a elwir sail y Grefydd Gristianogawl, a phethau da eraill wedi eu pwytho gydag ef, ac a ddaw ar fyrder ir wlâd". Cyfeiria at yr un llyfr ar ddiwedd y Llythyr :

> " Y mae Rhan o Lyfr y Golomen a'r Gigfran wedi ei wnio
> " gyda sail y Grefydd. Yr oedd Arian yn niffyg i brintio'r
> " cwbl."

Felly y mae'n eglur iddo gyhoeddi llyfr tua 1688 yn cynnwys " sail y Grefydd " a " phethau da eraill ", a " Rhan o Lyfr y Golomen a'r Gigfran " yn un o'r pethau hynny. Wrth " sail y

[1]B. Williams (Gwynionydd), *Enwogion Ceredigion,* 1869, td. 31.

[2]Dywaid Joshua Thomas yn *Hanes y Bedyddwyr* (1778), td. 384, wrth sôn am Iago ap Dewi, mai " efe a gyfiaithodd *Daith y Pererin.*" A oedd hanes yn y Deheu yn y cyfnod hwnnw am y rhan a gymerth Iago ap Dewi yn y gwaith ?

Grefydd " y mae'n golygu *Catechism Mr. Perkins*, llyfr a gyhoeddodd ynghyd â phethau eraill yn 1672, oherwydd gelwir hwnnw ar dud. 1 yn " Sail Crefydd Gristnogawl". Cyfeirir at yr argraffiad hwn (1688) yn y " Short-title list of Welsh Books, 1546-1700," a gyhoeddwyd yn *The Journal of the Welsh Bibliographical Society* (cyf. ii, rhif 7, td. 260-61), lle y dywedir bod copi o *Sail Crefydd Ghristnogol* heb enw argraffydd na dyddiad wedi ei gysylltu â'r llyfr, *Ymadroddion Hen Mr. Dod*, yn y Llyfrgell Genedlaethol. Tybir y geill hwn fod yn gopi o'r llyfr y cyfeiriai Stephen Hughes ato yn ei " Lythr at y Cymru " o flaen *Taith y Pererin*. Ac wrth sôn am y " Rhan o Lyfr y Golomen a'r Gigfran " a oedd " wedi ei wnio gyda sail y Grefydd," dywedir :

> " The copy in N.L.W. [hynny yw, yn y Llyfrgell Genedl-
> " aethol yn Aberystwyth] appears to have been bound at
> " one time with another tract, which may have been the
> " uncompleted *Llyfr y Tri Aderyn*."

Y mae'n cyfeirio yn ei " Lythr at y Cymru " at ddau lyfr arall y bwriadai eu cyhoeddi yn fuan. Dywaid :

> " Os Printier y Bibl cymraeg drachefn ; rhaid i rai o
> " honoch fod yn foddlon i dderbyn ef, er na bo yntho ond
> " y Testament hên, a'r Newydd, a'r Psalmau cân, wedi
> " eu beindio ynghyd ; canys felly y printier llaweroedd o
> " honynt, fal y bo'r Biblau yn rhattach ir tlodion. Ac am
> " y Llyfr Gwasanaeth, ynghyd a'r psalmau iw darllain,
> " a'r psalmau ar gân, fe ellir eu cael hwynt ynghymraeg. . .
> " gan y rhai sy'n gwerthu llyfrau Mr. Thomas Jones . . . .
>
> " Os byth y daw Gwaith Ficcer Llanddyfri ir wlâd
> " drachefn ; na ddisgwyliwch gael yntho yr Historiau,
> " y Diharhebion . . . ar a oedd yn y Llyfrau a brintiwyd
> " cynt (y cwbl o waith rhai eraill) : Ond edrychwch, am
> " gael yntho, yr hyn oll o'i waith ef, ar a ydoedd gyn-
> " hwysedig o'r blaen, mewn pedair Rhan ; ac hefyd am
> " angwanegiad o ychydig (a gefais i mewn vn o'i yscrifen-
> " niadau ef) nas printiwyd erioed hyd yn hyn. Ac ni chyst
> " y Llyfr i chwi ond vn-ar-hugain, os myfi, neu vn ffrind
> " i mi a ddenfyn y Llyfr hwnnw ich mysg."

Ond ni welodd gyhoeddi na'r naill na'r llall ohonynt, oherwydd bu farw wedi dychwelyd ohono i Abertawe yn 1688,[1] ond ducpwyd y gwaith ymlaen gan ei gyfaill David Jones o Landysilio. Cyhoeddwyd y Beibl, fel y gwelsom eisoes, yn 1689-90, ac argraffwyd *Canwyll y Cymru* yn 1696, heb yr " Historiau, y Diharhebion . . . a'r Llythyrau eraill, ar a oedd yn y Llyfrau a brintiwyd cynt," yn ôl dymuniad Stephen Hughes yn y Llythyr o flaen *Taith y Pererin*.

Nid oes eisieu manylu ar bwysigrwydd gwaith oes Stephen Hughes. Efô trwy ei ymdrech ddiflino, wrth gyfarwyddo'r bobl i ddysgu darllain, wrth baratoi llyfrau cyfaddas ar eu cyfair, wrth eu dysgu i ddeall a ddarllenent, a'i gwnaeth hi'n bosibl i'r adfywiad llenyddol achub dysg a diwylliant Cymru yn y ddeunawfed ganrif. Efô a ddechreuodd y gwaith a dducpwyd ymlaen gan y Gymdeithas er Taenu Gwybodaeth Gristnogol, a Griffith Jones o Landdowror, a Thomas Charles o'r Bala.

Ond wrth ddywedud hyn rhaid inni gofio mai diffyg barn yw ei alw yn " wlatgarwr " ac yn " genedlgarwr ". Ni wyddai Stephen Hughes, mwy na Griffith Jones o Landdowror, ddim am ddysg a diwylliant Cymru yn y gorffennol, ac ni roddai ddim pwys ar y cyfryw bethau. Gwelai bobl yng Nghymru yn ymsuddo mewn anwybodaeth a difaterwch, a'i unig ofal oedd eu hachub a'u haddysgu. A phwysigrwydd Stephen Hughes ydyw iddo weled yn glir na ellid eu hachub a'u haddysgu ond trwy gyfrwng yr iaith Gymraeg, ac mai ofer o beth ydoedd disgwyl, fel y gwnâi llawer o wŷr eglwysig, iddynt ddysgu Saesneg. Buasai Stephen Hughes yn falch pe gellid eu troi'n Saeson, ond o ran bod y fath beth yn amhosibl, nid oedd gantho ddim i'w wneuthur ond ymroi i'w dysgu yn y Gymraeg, a pharatoi llyfrau cyfaddas ar eu cyfair. A thrwy hynny fe ddiogelwyd yr iaith mewn cyfnod pan oedd ar fin dirywio i fod yn iaith y di-ddysg a'r diwybod yn unig.

Yn y Deheudir, ac yn bennaf yn Sir Gaerfyrddin a godre Aberteifi, y gwelir ffrwyth ei lafur amlycaf. Yn Nhrefhedyn, yn y wlad lle y bu'n addysgu'r werin ac yn rhannu ei lyfrau, y sefydlwyd yr argraffwasg gyntaf yng Nghymru yn 1718. Gellid cyfeirio hefyd at ei gysylltiad ag Iago ap Dewi, gŵr sy'n cynrychioli'r adfywiad llenyddol yng ngodre Sir Aberteifi yn

[1] *Y Beirniad*, cyf. ii, rhif 3, td. 185.

nechreu'r ddeunawfed ganrif. Nid oes gennyf ofod i ymdrin â'r pwnc yn awr, ond hawdd fyddai dangos bod cysylltiad rhwng y bywyd llenyddol hwn ag ymdrechion Stephen Hughes yn yr ail ganrif ar bymtheg.

ÔL-NODIAD

FEL y cyfeiriwyd ar dud. 176 y mae cryn dipin o ansicrwydd ynglŷn â'r flwyddyn y dechreuodd Stephen Hughes argraffu gwaith Ficer Prichard. Dywedir yn gyffredin i'r rhan gyntaf ymddangos yn 1646, i'r ail ddyfod allan yn 1658-9, a'r drydedd yn 1670. Tybia Mr. Shankland, fel y gwelsom eisoes, fod 1646 yn rhy gynnar, ac awgryma 1656 fel dyddiad sy'n llawer tebycach o fod yn gywir gan ei fod yn fwy cyson â ffeithiau a wyddys am Stephen Hughes.

Nid oes gyfeiriad at neb a welodd y rhan y dywedir ei chyhoeddi yn 1646. Ymddengys bod pawb yn dibynnu ar a geir gan Moses Williams yn ei *Gofrestr o'r holl Lyfrau Printjedig* (1717), lle y ceir dan " Rhys Prichard " y nodiad hwn :

> " Canwyll y Cymru, &c., 8⁰, Llund., 1646. A Llund.,
> " 1681. Ac yn bedair rhan 8⁰ Llund., 1672."

Credaf fod Mr. Shankland yn iawn wrth awgrymu bod cofnod Moses Williams yn anghywir. Ond ni allaf gytuno ag ef pan awgryma mai 1656 ddylasai fod. Yn ôl pob tebig, nid at argraffiad cynnar y cyfeiriai Moses Williams, oherwydd y gyfrol a ymddangosodd yn 1681 ydyw'r cyntaf a alwodd Stephen Hughes yn *Canwyll y Cymru*. Felly, onid argraffiad 1696 oedd gantho, a gyhoeddwyd gan David Jones ac a elwir *Canwyll y Cymru*. Credaf ei bod yn fwy na thebig mai camgymeriad ydyw 1646 am 1696.

Os cywir hyn, dylid penderfynu pa bryd yr ymddangosodd y rhan gyntaf, oherwydd gelwir y llyfr a gyhoeddodd Stephen Hughes yn 1670 yn " drydydd ran " ? Credaf mai'r rhan a argraffwyd bedair gwaith yn 1658-9 ydyw. Y mae'r dyddiad 1646 sydd gan Moses Williams wedi peri i'r llyfryddion ei galw yn ail ran heb ei chwilio'n ddigon manwl. Nid oes dim ynddi a bair inni gredu hynny. Yn wir, y mae rhagymadrodd

Stephen Hughes yn darllain fel petai'n argraffu gwaith Ficer Prichard am y waith gyntaf. A chredaf y ceir praw mai hon yw'r rhan gyntaf, yn y " Rhagymadrodd at y Darllenydd " sydd gantho o flaen yr argraffiad cyflawn yn 1672. Cyfeiria at y gobaith oedd gantho wrth ddechreu ar y gwaith o gyhoeddi gwaith Ficer Prichard, y buasai hynny yn tynnu pobl i ddysgu darllain Cymraeg, a dywaid :

> " Fy ngeiriau yn y rhag-ymadrodd o flaen y llyfr cyntaf
> " yw'r rhain a ganlynant :
> " " Peth arall am hannogodd i brintio'r pethau ymma, yw y tybygoliaeth mawr, y cynhyrfir wrth hyn laweroedd ni fedrant ddarllain, i ddyscu darllain cymraeg. Awyddus yw pobl at bethau newyddion, a'r rhain yn brintiedig ydynt newydd i'n gwlad. Ac odid, na bydd llawer (er ys-gatfydd nid ag amcan i gael llesâd i heneidiau, etto o ran eu difyrrwch) yn ymdynnu, i ddyscu darllain gwaith Ficcer Llanddyfri. Ac ar ôl dyscu darllain hwn, pa rwystr fydd i ddarllain llyfrau cymraeg eraill ? trwy ba rai (oni chesclyr trwy hwn) y gellir casglu daioni mawr." "

Dyma ei eiriau air yng ngair yn y rhagymadrodd i'r rhan a gyhoeddwyd yn 1659, fel y gwelsom eisoes ar dud. 176. Felly, ac yntau'n galw'r rhan honno yn " llyfr cyntaf ", onid naturiol inni dybiaid mai hon yw'r rhan gyntaf a gyhoeddodd ?

Heblaw hyn, y ddwy gerdd gyntaf yn argraffiad 1659 a ddodwyd yn nechreu argraffiad cyflawn 1672. Ond ni ellir pwyso rhyw lawer ar y ffaith hon, oherwydd fe ddywaid iddo newid cryn dipin ar y drefn " oblegid fod rhai pethau yn y llyfr cyntaf a'r ail, ac a ddylasai fôd yn y Trydydd, a rhai pethau yn y Trydydd a ddylasai fod yn y ddau gyntaf".

Felly, a chaniatau mai'r rhan gyntaf a argraffwyd bedair gwaith yn 1659, pa bryd yr ymddangosodd yr ail ? Cyfeiria ati yn ei lythyr at ei " Annwyl Gidwladwyr," lle y dywaid ei fod " yn danfon trydydd ran o Waith Mr. Prichard " i'w mysg, ac yn gobeithio " am yr vn rhyw fendith arno, ag y ganlynodd y ddau ran arall". Ni chredaf lai nad ati hi y cyfeirir yn niwedd y rhan a argraffwyd yn 1659, lle y dywaid :

> " Mae rhan arall o waith yr vn Awdwr, yn dyfod tan y
> " printwasg ar fyrder, ag ni bydd hir, hyd oni ddelo y rhan

"honno ar led hefyd i'w chael ar werth ; heb law amriw
"lyfrau eraill yn gymraeg, os Duw a ganiatta."

Ni chlywais am neb a gafodd afael ar gopi ohoni, ond nid rhyfedd hynny o gofio cynifer o lyfrau'r cyfnod hwn sydd wedi diflannu. Ac felly mi garwn awgrymu na bu y fath lyfr â " Rhan gyntaf 1646," ac nad amhosibl mai'r rhan a argraffwyd bedair gwaith yn 1659 ydyw'r rhan gyntaf, ac i Stephen Hughes gyhoeddi'r ail rywbryd tua diwedd 1659, neu yn 1660.

VII

EDWARD LHUYD[1]

OFNAF fod y testun, fel y mae, yn dra chamarweiniol. Nid pwnc i ddarlith yw Edward Lhuyd, ond pwnc i gyfres o gyfrolau. Gallai'r botanegydd a'r biolegwr, a'r daearyddwr a'r archaeolegydd, a'r ieithegydd a'r ysgolhaig Gwyddeleg—gallai'r rhain oll ddarlithio ar y gŵr rhyfeddol hwn. Y rhan o'r maes enfawr hwn y bwriadaf i draethu arni yw'r lle sydd iddo yn hanes datblygiad dysg Gymraeg. Yr ydym oll yn cytuno mai ei waith ef, a'r modd yr ysbrydolodd nifer mawr o fân foneddigion ac o offeiriaid trwy Gymru benbaladr, a'r cyffro a greodd, peth hollol newydd yn hanes Cymru, ffeithiau a ddaw yn eglur iawn wrth ddarllen y llu enfawr o lythyrau a yrrwyd ato o bob rhan o Gymru,—yr ydym yn cytuno mai hyn oll sy'n egluro adfywiad dysg Gymraeg yn y ddeunawfed ganrif, a gweithgarwch y prif ysgolheigion. Ac ni ellir egluro ei waith a'i ddiddordebau a'i ymroddiad rhyfeddol heb gofio am y gymdeithas ysgolheigaidd honno yn Rhydychen ac yn Llundain, cymdeithas yr oedd ef yn aelod pwysig ohoni. Y cyffro a gafodd wrth gymdeithasu â'r gwŷr hyn sydd, i raddau helaeth iawn, fel y gŵyr y rhan fwyaf ohonom yn awr, yn egluro ei ymroddiad fel ysgolhaig o Gymro, a chafodd yntau ddylanwad ar lawer ohonynt hwythau. Felly, yr wyf yn rhyw dybied fod trafodaeth ar yr agwedd hon ar ei weithgarwch yn haeddu rhyw gongl y tu mewn i ffiniau annelwig ac amhendant teyrnas O'Donnell.

Dylwn ddweud ar y dechrau nad gwaith hawdd yw rhoi barn ar y gwaith a gyflawnodd Lhuyd, a dyna un rheswm paham nad oes gennym heddiw, ymhen tri chan mlynedd wedi ei farw, lyfr yn rhoi hanes yr hyn a gyflawnodd a'r hyn y bwriadai ei gyflawni. Rhaid cael cwmni o arbenigwyr i draethu ar bob agwedd ar weithgarwch Lhuyd. Yn ail, ac nid rhaid i mi fanylu ar hyn yn awr, gwyddom fod y rhan fwyaf o'r nodiadau a luniasai ef a'i gynorthwywyr, a'r pethau y buont

[1] Y Ddarlith O'Donnell a draddodwyd yng ngholegau Prifysgol Cymru yn 1959. Cyhoeddwyd yn *Llên Cymru*, vi, 122-137.

yn eu copïo, wedi eu llosgi. Er hynny, y mae llawer o'r hen lawysgrifau a gasglasai yn aros, a'r llyfrau nodiadau sy'n ymwneud â phlwyfydd Cymru a'r atebion i'w holiadur (a gyhoeddwyd yn y ganrif hon o dan y teitl *Parochialia*), a'r llythyrau a yrrodd ef at lu o bersonau amrywiol, ac yn bwysicach fyth, y casgliad mawr anghyhoeddedig o gannoedd o lythyrau a yrrwyd ato gan ysgolheigion Seisnig, a chan bob math o Gymry, a'r ysgrifau ar bynciau gwyddonol a argraffwyd yn y *Philosophical Transactions*, etc. A bid sicr, erys y gyfrol gyntaf o'i waith mawr (yr unig un a gyhoeddwyd), sef yr *Archæologia Britannica*. Felly y mae modd inni gael syniad gweddol glir am y dyn ei hun, am arwyddocâd y gwaith a gyflawnodd ac, yn bwysicach fyth, am yr hyn y bwriadai ei gyflawni petai wedi cael byw am ugain mlynedd arall.

Cyn ceisio trafod ei le yn hanes dysg Gymraeg, rhaid inni wybod rhywbeth am gyflwr y ddysg honno yn ail hanner yr ail ganrif ar bymtheg. Yr oedd y beirdd proffesyddol bron diflannu o'r tir. Yr oedd cyfnod y Dadeni Cymraeg wedi dod i ben, cyfnod casglu llawysgrifau, cyfnod y geiriadura a'r gramadegydda, cyfnod astudio cerdd dafod, etc. Daeth y cyfnod hwn i ben pan fu farw John Davies o Fallwyd, John Jones o'r Gellilyfdy, a Robert Vaughan o'r Hengwrt, a gellir dywedyd mai'r olaf yn y llinach hon ydoedd William Maurice o Gefn-y-braich yn Llansilin a fu farw yn 1680 pan oedd Lhuyd yn ugain oed. Erbyn hyn, yr oedd y rhan fwyaf o'r llawysgrifau pwysig wedi eu cloi mewn llyfrgelloedd, casgliad Robert Vaughan yn yr Hengwrt, a chasgliad William Maurice (y rhan fwyaf ohono) gan Syr William Williams yn Llanforda, cartref tad Lhuyd. Y mae'r hen nwyd anorthrech a fu'n ysgogi ac yn gyrru'r hen ysgolheigion ymlaen wedi diflannu. Rhywbeth a rôi urddas ar y teulu ydoedd yr hen lawysgrifau erbyn hyn i ddisgynyddion Robert Vaughan ac i Syr William Williams. Dyna paham na châi Lhuyd mo'u hastudio a'u copïo a'u cyhoeddi. Pe cyhoeddid hwy, meddent wrtho, ni pherthynai unrhyw fath o arbenigrwydd i'w llyfrgelloedd hwy. Nid yw hyn yn wir am y rheini a feddai ar gasgliadau llai. Dywaid rhai y gellid tybied yn y cyfnod hwnnw fod oes ysgolheictod Cymraeg ar ben. Rhaid goleddfu'r gosodiad hwn. Y defnyddiau pwysicaf sydd gennym i ffurfio barn gytbwys ar hyn ydyw'r ugeiniau lawer o lythyrau a gafodd Lhuyd o bob rhan o Gymru, llythyrau y dylid bod wedi eu cyhoeddi ymhell cyn hyn, gyda nodiadau manwl. Wedi darllen y rhain, gwelir fod rhai agweddau ar yr hen ddysg yn parhau. Ategir hyn gan y ffaith fod cynifer o bobl, yn offeiriaid, yn fân foneddigion, yn ffermwyr, yn grefftwyr, yn parhau i gopïo casgliadau o gywyddau, o gerddi rhydd, ac o'r hen ddefnyddiau yr oeddynt wedi cael gafael arnynt,—gŵyr pawb fod yn rhaid inni ddibynnu yn aml ar y copïau hyn. Dangoswyd hyn yn glir gan Mr. Garfield Hughes yn ei lyfr ar Iaco ab Dewi. Yr oedd gwŷr ym mhob rhan o Gymru yn awdurdodau ar achyddiaeth a herodraeth. Yr oedd llawer o foneddigion ymhob rhan o Gymru yn cymryd yr un diddordeb â Robert Vaughan a William Maurice yn hanes Cymru, gwŷr fel yr Esgob William Lloyd, Thomas Price o Lanfyllin (perthynas i Lhuyd), Robert Davies Llannerch, John Lewis o Fanorowen yn Sir Benfro, John Davies o Niwbwrch ym Môn, a fu'n astudio'r olion derwyddol ym Môn, gwaith a ddatblygwyd wedi hynny gan Henry Rowlands (pwnc y bwriadaf draethu arno mewn man arall), John Edwards o Ryd-y-gors yn Sir Gaerfyrddin, a Thomas Wilkins ym Morgannwg, etc. Y pwysicaf ohonynt yn ddiamau oedd Humphrey Humphreys, gŵr yr edrychai Lhuyd arno fel yr ysgolhaig mwyaf yng Nghymru yn y meysydd hyn, gŵr a fyddai hefyd yn ymddiddori yn yr hen lenyddiaeth ac yn myned weithiau i'r Hengwrt i weld y llawysgrifau, a gŵr—a dyma bwynt go ddiddorol wrth drafod hanes Lhuyd—a astudiai ddwy lawysgrif Gernyweg a gawsai gan Esgob Exeter, ac a fynnai ei fod yn eu deall. (A gellir dywedyd fod gŵr o Fôn wedi cymharu'r Gymraeg a'r Wyddeleg cyn dyddiau Lhuyd.) Ond ychydig oedd nifer y bobl hyn. Dywaid amryw o ohebwyr Lhuyd fod diddordeb yn y pethau hyn bron wedi diflannu yn eu hardaloedd hwy.

Hefyd, dengys y llythyrau hyn mai ychydig o sylw a rôi rhai o'r boneddigion mwyaf diwylliedig i'r hen lenyddiaeth ac i'r llawysgrifau a oedd ganddynt yn eu plasau. Cymerwn Robert Davies, Llannerch, yn hen gynefin y Dadeni Cymraeg, gŵr a oedd yn ysgolhaig a ohebai â naturiaethwyr Rhydychen, gŵr a chanddo gasgliad da o lawysgrifau. Y mae'n cydnabod na allai ddarllen y llawysgrifau Cymraeg. Nid oedd yn rhyw lawer o ' Welshman ', fel y dywaid un o gyfeillion pennaf Lhuyd, John Lloyd, prifathro ysgol Rhuthun. Yna, wedi synfyfyrio, troes *man* yn *reader*. Gellir canfod yn y llythyrau hyn y proses o Seisnigeiddio'r boneddigion mwyaf deallus, yr hyn a barodd i Lhuyd awgrymu y dylid cyfieithu llyfr Ffrangeg Pezron ar hen ogoniant y Celtiaid i'r Saesneg neu'r Gymraeg, a hynny cyn i'r cyfieithiad Saesneg ymddangos yn 1706, fel y gellid adfer peth o'r hen falchder cenedlaethol. Yn wir, gwelir gwell Cymro na Robert Davies, un o gynorthwywyr eiddgaraf Lhuyd, sef Richard Mostyn o Benbedw, gŵr a wyddai am lawysgrifau Mostyn a Gloddaith, yn tybied nad oedd dim pwysig i'r ysgolhaig yn y llawysgrifau Cymraeg, ond y brutiau. Hen gywreinbethau diddorol oeddynt. Tybiai ysgolhaig disglair o Gymro a oedd yn athro yn Eton mai gwastraffu ei amser a wnâi Lhuyd. A dyna Nicolas Roberts, prifathro ysgol Caerfyrddin, yn dweud mewn llythyr at ŵr o Rydychen yn 1674, nad oedd y llawysgrifau hynny ond cywreinbethau di-fudd, ' of little use—to the advancement of the comonwealth of reall learning '. Ac eto, ymhen ugain mlynedd, ac yntau'n offeiriad yn Llanddewi Felffre, fe'i gwelir yn gwneuthur ei orau i hyrwyddo gwaith Lhuyd ac yn ymroi i gasglu llawysgrifau. Dyma enghraifft dda o'r modd y llwyddodd Lhuyd i ysbrydoli cynifer o offeiriaid ac o fân foneddigion, ffaith dra phwysig wrth olrhain hanes y meddwl Cymreig yn yr oes honno.

Eto, rhaid inni fod yn ofalus. Yr oedd rhai agweddau ar yr hen ysgolheictod yn aros. Un peth a welir yn glir yn y llythyrau hyn ydyw'r modd yr oedd cynifer o offeiriaid yn Sir Ddinbych a'r cyffiniau yn darllen yr hen gywyddau, yn codi geiriau anghynefin, ac yn ychwanegu at Eiriadur John Davies. Yn wir, sefydlwyd math o glwb yn eu plith, gyda'r Esgob Humphrey Humphreys yn arwain, i drefnu'r gwaith o gyhoeddi argraffiad newydd o'r Geiriadur hwnnw. Yn wir, bu gŵr annisgwyl iawn, Howell Vaughan o'r Hengwrt, ŵyr Robert Vaughan, yn meddwl gwneuthur hynny. Rhaid inni osod Geiriadur Thomas Jones yr almanaciwr (1688) yn erbyn y cefndir hwn. Yr offeiriaid hyn a orfododd Lhuyd i gynnwys rhai ychwanegiadau yn yr *Archæologia Britannica*,—dyma'r peth pwysicaf, meddent hwy. Eto, er gwaethaf hyn, yr oedd gwybodaeth ieithyddol yn dirywio'n gyflym. Cymharer y Dr. John Davies a Syr

Thomas Wiliems â'r mwyaf dysgedig yng Ngogledd Cymru, yr Esgob Humphrey Humphreys. Nid oedd neb yng Nghymru a allai ddarllen yr hen lenyddiaeth yn ddeallus. Gwyddai Lhuyd hynny, a diddorol sylwi ar ei adwaith yn 1702 pan ddarganfu'r tri englyn sydd yn llawysgrif Juvencus yng Nghaergrawnt. Yr oedd yn rhaid cael help, a gwelir syniad Lhuyd am ysgolheictod ieithyddol yng Nghymru wrth sylwi ar enwau'r gwŷr yr ymgynghorodd â hwy. Ac yn 1702 yr oedd yn gyfarwydd â phob rhan o Gymru. Yn gyntaf, bid sicr, Humphrey Humphreys, ac yn un o lythyrau William Nicolson, Esgob Caerliwelydd, sonnir am Humphreys ac yntau'n chwysu uwchben yr englynion yn Nhŷ'r Arglwyddi, a'r ddau'n penderfynu mai proffwydoliaeth a geir ynddynt. Yr ail oedd Humphrey Foulkes, offeiriad Abergele, y mwyaf deallus o'i ohebyddion yn y Gogledd, a'r trydydd Henry Rowlands o Fôn. Y pedwerydd—a phedwerydd go annisgwyl—David Lewis o Lanboidy—gŵr ifanc a wnaethai argraff ar Lhuyd pan fu'n aros yn y fro honno yn 1697 ac a fu'n meddwl teithio gydag ef, gŵr a fu'n gohebu wedi hynny â Lewis Morris. Tybiai'r gŵr hwnnw mai'r unig beth a allai ei wneuthur ydoedd eu rhoi i ddau o'r ysgolheigion gorau y gwyddai amdanynt, Iaco ab Dewi ac Ifan Griffith o'r Tŵr Gwyn o odre Ceredigion er bod William Lewis o Lwynderw yn ei rybuddio mai dychmygu a ffugio a wnâi Ifan Griffith. A'r pumed oedd yr ieithydd a'r Cymro Llundeinig hwnnw William Baxter. Na, ni allai neb ymgodymu â'r englynion hyn fel yr oedd y Saeson yn ymgodymu â thestunau Anglo-Sacsoneg. Cytunent mai englynion brud oeddynt, a thybiai Baxter eu bod yn sôn am eni mab i'r Frenhines Ann, mab a fyddai'n Dywysog Cymru. Ni chredaf fod Syr Ifor Williams wedi rhoi barn ar y syniad hwn.

Eto, rhaid inni gofio bod rhyw fath o adfywiad llenyddol yn yr oes honno. Gwelir hyn, fel y dangosodd Mr. Garfield Hughes, yng ngwaith Iaco ab Dewi, ac yn y ffaith fod beirdd yn dechrau cynnal eisteddfodau cyn diwedd yr ail ganrif ar bymtheg. Daw hyn yn glir yn rhai o'r llythyrau. Er enghraifft, Humphrey Foulkes, hen ddisgybl yn Rhydychen, yn annog Lhuyd yn 1701 i gyhoeddi Geiriadur Cymraeg yn yr *Archæologia*, er helpu ' all the young novices in the Welsh tongue yt are lately [arisen] in ye Country '. Y mae'n sicr fod ymweliadau

Lhuyd â phob rhan o Gymru rhwng 1696 a 1699, a'r cyffro a fu wrth gyfarfod ag ef a'i gynorthwywyr, ac wrth geisio ateb eu cwestiynau, rhywbeth na welwyd mohono erioed o'r blaen, yn beth y dylid ei ystyried wrth geisio egluro'r adfywiad hwn.

Bûm i'n meddwl unwaith fod gan hen fywyd ysgolheigaidd Dyffryn Clwyd a'r siroedd cylchynol rywbeth i'w wneuthur â gyrfa Lhuyd, iddo etifeddu'r hen ddiddordebau, a'r ysfa i astudio geirfa'r iaith, a'r hen lenyddiaeth, ac i gasglu llawysgrifau. Yr oedd yn fab i ysgwïer Llanforda yn ymyl Croesoswallt, yn ymyl gwlad y Dadeni Cymreig. Gwyddwn fod cysylltiadau teuluol rhyngddo a rhai o'r hen ysgolheigion, ac yr oedd yn perthyn i Thomas Price, Llanfyllin, ac i Syr William Williams, perchen llawysgrifau William Maurice. Nid wyf mor sicr yn awr fod y pethau hyn wedi ei gynhyrfu yn ei ieuenctid. Dywedir mai ato ef y cyfeiria ei dad yn 1681 fel gŵr a oedd wedi meddwi ar herodraeth ac achyddiaeth. Ond dywaid ef ei hun fwy nag unwaith nad oedd yn awdurdod ar y pynciau hyn, er iddo roi sylw mawr i achyddiaeth yn nes ymlaen wrth baratoi ei *British Dictionary, Historical and Geographical.* A dywaid wrth Humphrey Wanley yn 1703 'I am but a stranger to the Cotton Library, as indeed to most others.' 'I have had no opportunity of perusing British MSS,' meddai wrth John Lloyd, Rhuthun, yn 1693, pan oedd yn dair ar ddeg ar hugain oed. Dywaid tua diwedd ei oes fod Moses Williams, ei ddisgybl, yn fwy o awdurdod nag ef ar Gymraeg llenyddol y cyfnod diweddar. Myn Lewis Morris fod ei ymgais i drin y gynghanedd yn dangos yn eglur na wyddai lawer am gerdd dafod. Nid yw, cyn belled ag y gwelais i, yn enwi cynifer ag un o'r genhedlaeth olaf o'r beirdd proffesyddol, megis Owen Gruffudd a Siôn Dafydd Las, ond Dafydd Manuel, ac, er efallai fy mod yn methu, nid oes ganddo gyfeiriad at Huw Morus o'i wlad ef ei hun, nac Edward Morris. A'r unig fardd cyfoes o Gymro a ganodd gerdd o fawl i'w rhoi ar ddechrau'r *Archæologia* yw Robin Rhagad, gŵr na sonnir amdano yn y *Bywgraffiadur Cymreig* ; un gân Gymraeg o fawl—cyfres o englynion—a phedair yn yr Wyddeleg. Felly, rhaid casglu na wyddai ryw lawer am yr hen fywyd llenyddol ac am yr hen ddysg pan aeth yn fyfyriwr i Rydychen yn 1682. Yr unig beth y gellir bod yn weddol sicr ohono yw hyn, fod ei dad yn ymddiddori mewn botaneg, iddo yntau etifeddu'r nwyd hon, ac felly, wedi iddo fynd i Goleg Iesu yn 1682, cafodd ei wneuthur yn gynorthwywr i'r Dr. Robert Plot, Ceidwad yr Amgueddfa newydd, Amgueddfa Ashmole. A hyd tua 1691, pan benodwyd ef yn geidwad, botaneg a gâi'r prif sylw, a ffosilau wedi hynny, a datblygodd yn awdurdod mawr ar y pynciau hyn, fel y dengys yr ugeiniau lawer o lythyrau a dderbyniodd gan wŷr fel Lister. Yn y cyfnod hwn, gwyddonydd ydoedd. Yn wir, tua 1691–1692 yr oedd yn ceisio trefnu i fynd i India'r Gorllewin am gyfnod, i gasglu planhigion ac i astudio'r pethau a oedd o ddiddordeb i naturiaethwyr. A phetai wedi mynd, y mae'n gwbl bosibl mai gwyddonwyr yn unig a fyddai'n dathlu tri chanmlwyddiant ei eni yn 1960.

Arhosodd yn Rhydychen, a dyna paham yr ydym ni yn dathlu ei goffadwriaeth fel gŵr a greodd gyfnod newydd yn hanes dysg Gymraeg. Oherwydd yr oedd hwn yn gyfnod disglair yn hanes dysg Seisnig—un o'r cyfnodau pwysicaf—ac fel y gŵyr pawb, ni ellir deall gyrfa Lhuyd heb gofio fod prif ffigurau'r ddysg honno yn byw yn Rhydychen, neu'n wŷr yr oedd cysylltiad agos rhyngddynt a Rhydychen. Byw yn y gymdeithas hon sy'n egluro gyrfa Lhuyd fel ysgolhaig Cymreig ac fel ysgolhaig Celtaidd. Mae'r llythyrau yn eglur ddangos hynny. Yr oedd rhai o'r ffigurau pwysicaf ymhlith y boneddigion a'r offeiriaid yn gyfeillion personol iddo ac ymgynghorent â Lhuyd pan fyddent yn trafod pynciau a oedd yn ymwneud â Chymru neu unrhyw un o'r gwledydd Celtaidd eraill. Rhaid cofio hefyd am y modd yr oedd cyfrol fawr Dugdale, *The Antiquities of Warwickshire* (1656) wedi dylanwadu ar haneswyr a hynafiaethwyr. Byddai'r gwŷr—megis Leland a Camden—a baratôi lyfrau o'r nodwedd yma yn crwydro'r wlad ac, yn aml, yn gyrru holiadur i'w ledaenu ymhlith gwybodusion. Yn wir, ceir holiadur gan feistr Lhuyd, y Dr. Robert Plot, yn 1674 a hefyd yn 1679, ac yn ôl yr olaf bwriadai deithio trwy Gymru a Lloegr i astudio naturiaetheg, hynafiaethau, crefftau, etc., a byddai'n holi Lhuyd am hynafiaethau Cymreig. Yr oedd rhai o gyfeillion Lhuyd wedi ymgymryd â gwaith o'r nodwedd yma, megis Thomas Tanner ar Wiltshire, a'r hanner Cymro hynod hwnnw, John Aubrey, ar Surrey, a hefyd ar rannau o Gymru, gŵr a fyddai'n gyrru ei gasgliadau i Amgueddfa Ashmole at

Lhuyd. Ac yr oedd Sais o'r enw Wilbraham yn teithio trwy Gymru ryw ddwy flynedd cyn i Lhuyd wneuthur hynny, ac yn chwilio am lawysgrifau Cymraeg, yn casglu hynafiaethau, etc., ac yn gohebu ag ef. Felly, wedi tua 1690, dechreuodd astudiaeth o hynafiaethau Cymru gipio ei ddychymyg, fel y gwyddai ei gyfeillion. A dyna—a hwn yw'r trobwynt—a barodd i William Nicolson, un o'i gyfeillion pennaf, awgrymu ei enw yn 1693 i Edmund Gibson fel gŵr a allai ofalu am yr adran ar Gymru yn yr argraffiad newydd o *Britannia* Camden, a gyhoeddwyd yn 1695. Ac wrth gyflawni'r gorchwyl hwn, dechreuodd y syniad o lunio cyfres o gyfrolau ar Gymru a'r gwledydd Celtaidd ymffurfio. William Nicolson y Sais a roddodd iddo'r cyfle hwn i droi'n ysgolhaig Cymreig a Cheltaidd.

Ac yn ail, yr haneswyr. Dyma, fel y gŵyr pawb, gyfnod tra phwysig yn y gwaith o astudio hanes Lloegr yn yr Oesoedd Canol, golygu hen destunau a hen groniclau, siarteri, a'r amrywiol ddogfennau a gedwid yn llyfrgelloedd Rhydychen a Chaergrawnt, yn Llyfrgell Cotton yn Llundain, yn y Tŵr, yn Westminster a'r swyddfeydd eraill, cyfnod o weithio anhygoel, cyfnod pan ddechreuodd yr ysgolheigion arbenigo—peth nad yw'n wir am Lhuyd. Y mae'n bwysig cofio fod y prif ffigurau yn y byd hwn yn wŷr yr oedd cysylltiad agos iawn rhyngddynt ac ef—Thomas Tanner (Esgob Llanelwy wedi hynny), Thomas Madox, Thomas Rymer, Henry Wharton, Thomas Hearne. Ac fel y ceisiaf ddangos yn nes ymlaen, y mae'n gwbl bosibl y byddai Lhuyd wedi cyflawni'r un gwasanaeth i Gymru (trwy rai o'i gynorthwywyr) petai wedi byw am ugain mlynedd arall. O'r hyn lleiaf, dyna ddymuniad Madox a Rymer a John Anstis.

Ac yn drydydd, astudiaeth o'r Anglo-Sacsoneg ac o hanes Lloegr cyn y cyfnod Normanaidd, cyhoeddi testunau a gramadegau, Geiriadur Somner a Geiriadur Thwaites, a gosod seiliau ieitheg Diwtonaidd. Canolfan y mudiad hwn ydoedd Coleg y Frenhines yn Rhydychen, a'r darlithydd cyntaf yno ar astudiaethau Anglo-Sacsoneg ydoedd cyfaill mawr Lhuyd yn ystod y deunaw mlynedd y bu'n gweithio ar astudiaethau Cymreig a Cheltaidd, sef William Nicolson, Esgob Caerliwelydd, gŵr a fu'n astudio hanes Northumbria, a'r cysylltiadau Cymreig. Ond y brenin ydoedd George Hickes, a dreuliodd y rhan fwyaf o'i oes yn paratoi ei waith mawr ar yr ieithoedd Tiwtonaidd, gyda gramadegau a geirfâu. Dyma'r pethau a oedd yn mynd ymlaen pan oedd Lhuyd yn paratoi ei lyfr ar yr ieithoedd Celtaidd—rhaid inni osod ei waith ieithyddol yn erbyn y cefndir hwn. Dyna paham yr enillodd y gwledydd Celtaidd eu lle yn y Cynllun Mawr. Yr oedd *Archæologia* Lhuyd a *Thesaurus* Hickes yn cael eu hargraffu yn yr un wasg ac yn yr un cyfnod, ffaith go nodedig—gosod sylfeini ieitheg Diwtonaidd ac ieitheg Geltaidd.

Ac yn bedwerydd, gwelid mai un o brif anghenion yr ysgolheigion hyn ydoedd Catalogiau yn disgrifio'r llawysgrifau a geid yn llyfrgelloedd Lloegr, ac yn nhai'r boneddigion. Ac os oedd hyn yn angenrheidiol yn Lloegr, pa faint mwy oedd yr angen yng Nghymru, lle yr oedd holl gynnyrch yr hen gyfnodau yn aros yn guddiedig mewn llyfrgelloedd preifat, a chenhedlaeth yn codi na wyddai odid ddim am yr hen lenyddiaeth? Felly wrth astudio dyheadau Lhuyd, rhaid cofio am Gatalogiau Edward Bernard, Humphrey Wanley a Thomas Smith. Ond yr enw pwysicaf yn y cysylltiad hwn, fel y caf egluro yn y man, ydyw Thomas Tanner. Diddorol sylwi fod Bernard yn un o'r bobl a gymeradwyodd gynllun mawr Lhuyd ; pedwar Sais. Dywaid mewn un man mai'r unig Gymro y gallai fod wedi gofyn iddo ei gymeradwyo ydoedd yr Esgob Humphrey Humphreys.

Ond cyn manylu ar y dylanwad a gafodd y gwŷr hyn arno, rhaid inni roi ystyriaeth bellach i rai pwyntiau. Yn gyntaf, hawdd egluro pa fodd y cynhyrfwyd ef i ymgymryd â'r gorchwyl hwn. Ef oedd y Cymro galluocaf yn Rhydychen, a phan oedd gan y gwŷr hyn neu ryw ysgolhaig arall unrhyw broblem yn ymwneud â Chymru, ato ef yr aent. Yr oedd Cymru, y Gymraeg a hen hanes y Cymry yn bwnc o ddiddordeb i'r rhan fwyaf ohonynt. John Ray y naturiaethwr yn gofyn iddo yn 1690 roi ei farn ar eiriau tafodieithol Gogledd Lloegr er gweld yr elfen Gymraeg yn Saesneg y parthau hynny. Nicolson, yr ysgolhaig Anglo-Sacsoneg, a oedd yn astudio hanes Northumbria a Cumberland, yn gofyn iddo tua 1692 egluro enwau mynyddoedd ac enwau afonydd y parthau hynny. A hyn yn ei yrru, yn y cyfnod cynnar hwn, i ddechrau astudio Gwyddeleg a Llydaweg. *Dyna'r cyffro cychwynnol.* Thomas Tanner yn ei holi beunydd am hen lenorion a beirdd Cymru ac am y llawysgrifau Cymraeg, pwnc y caf fanylu arno yn nes ymlaen. Thomas Madox yn ei holi am lawysgrifau Cymraeg yr Oesoedd Canol, ac yn mynd yn un swydd yn 1691 i weld y Cymro Llundeinig rhyfedd hwnnw, Meredith Lloyd (neu Bedo Llwyd), cyfaill John Aubrey, ac yntau'n sôn wrtho am yr hen destunau a geid yn yr Hengwrt, am Eiriadur Thomas Wiliems, ac am ddysg ei gyfaill, Robert Vaughan. (Gallaf ddweud yma fod Bedo Llwyd, ' the chymist ' fel y geilw John Aubrey ef, yn ŵr hynod o ddiddorol, dolen gyswllt rhwng cyfnod Robert Vaughan a chyfnod Lhuyd, ond nid oes gennyf amser yn awr i drafod y pwnc hwn.) Fe gafodd Lhuyd ei orfodi gan y bobl hyn i roi lle i astudiaethau Cymreig ochr yn ochr â botaneg a ffosilau. Dylid sylwi fod y gwŷr hyn yn gweithio gyda geiriaduron Cymraeg wrth eu penelin. Madox yn mynd i lyfrgelloedd Caergrawnt gyda Geiriadur Salesbury a Geiriadur a Gramadeg John Davies, a Nicolson yn ymgodymu â Geiriadur Thomas Jones yr almanaciwr. Cawn weld eto fod Lhuyd a Thomas Tanner yn cydweithio, y naill yn rhoi gwybod i'r llall am y llawysgrifau y byddent yn eu darganfod. " Pray put a little paper book in your left pocket ", meddai Lhuyd wrth Tanner, ' mark'd N.L. [h.y. Ned Lloyd] and as any Lhyvrau Kymraeg occurre, think of yr old friend.'

Ac nid yn Rhydychen yn unig. Yn y cysylltiad hwn dylwn gyfeirio at ddau gyfaill Llundeinig, John Aubrey a'i gyfaill Edmund Wyld, cwmnïwr llawen, gŵr na byddai capelwyr bucheddol ein hoes ni yn ei arddel. Câi Lhuyd fwynhad mawr yn eu cwmni, ac y mae ef ei hun yn cyfaddef yn 1693 mai Wyld oedd y cyntaf, ' ye first yt gave me any encouragement to study British antiquities ; wherein haveing now got some small relish I think (how vain soever my endeavour may prove) I shall never quite forsake ym.' Ac yn llyfrgell y Sais rhyfedd hwn y gwelodd Eiriadur Llydaweg am y waith gyntaf. A Wyld a ddywedodd wrtho gyntaf fod llawysgrifau Cernyweg ar gael, ac a gyfeiriodd ei sylw (tua 1690) at lyfrau Ffrangeg ar iaith Gâl, ac at lyfr Boxhorn ar y Galiaid a'u hiaith, a hefyd at y llyfr yr arfaethai'r Llydawr, Pezron, ei ysgrifennu ar gysylltiad y Celtiaid a chenhedloedd eraill Ewrob, llyfr y bu Hickes a Lhuyd yn disgwyl yn eiddgar amdano. Mae hanes y derbyniad a gafodd y llyfr hwnnw yn bwnc odiaeth o ddiddorol, ond nid rhaid imi draethu arno yn y ddarlith hon. Gellir cymharu'r disgwyl am lyfr Pezron â'r disgwyl a fu yng Nghymru cyn y Rhyfel Byd cyntaf am Ramadeg Syr John Morris-Jones. Rhaid inni, felly, gofio am Aubrey a Wyld yn ogystal ag am ysgolheigion Rhydychen.

Gwelir felly, sut y dechreuodd Lhuyd gymryd diddordeb yn y Gymraeg a'r ieithoedd Celtaidd eraill, ac yn y cysylltiad rhyngddynt ac ieithoedd eraill Ewrob. Yr oedd yn rhaid iddo wneuthur hyn cyn traethu ar hanes y Celtiaid ac ar hanes a hynafiaethau Cymru. Gwelir hefyd sut y prifiodd y nwyd a'i gyrrodd i geisio gwneuthur yr un gwasanaeth i Gymru ag a wnâi ei gyfeillion Seisnig i Loegr. Dylid pwysleisio un peth—dysgu a wnâi Lhuyd yn ystod y deunaw mlynedd hyn rhwng 1691 a 1709—y deunaw mlynedd rhyfeddaf efallai yn hanes dysg Gymraeg. Y mae ef ei hun yn cydnabod mai pynciau newydd iddo ef oedd hanes Cymru a'i hen lenyddiaeth, ac ni ddechreuodd ddarllen llawysgrifau Cymraeg cyn 1693. Ni wyddai odid ddim am y gwahanol ddamcaniaethau ynglŷn â'r Celtiaid, a gorfu iddo ymroi, a hynny ynghanol ei waith gwyddonol, i ddarllen y llyfrau a gyhoeddwyd ar y Cyfandir ar y pwnc ac ar gysylltiad ieithoedd Ewrob â'i gilydd, ac i feistroli'r Wyddeleg a'r Gernyweg a'r Llydaweg. Daw un peth i'r golwg yn glir iawn wrth ddarllen ei lythyrau a'r llythyrau a yrrwyd ato, sef gallu cwbl anghyffredin i ddysgu, i feistroli pwnc, i ddeall yr hanfodion, i ganfod ymhlygiadau'r hyn a ddarllenai, ac i roi trefn ar y defnyddiau a gasglasai, a gweithiai'n anhygoel o gyflym. Gwelir fel y byddai syniadau newydd yn saethu trwy ei feddwl yn barhaus. Ac ar ben hynny, egni ac ynni diderfyn a dyfalbarhad rhyfeddol, cyneddfau a nodweddai lawer o ysgolheigion Lloegr yn yr oes honno, George Hickes a Humphrey Wanley a Thomas Tanner, a Thomas Madox a Dugdale yn y cyfnod blaenorol.

Felly, nid rhyfedd iddo yn 1695 gyhoeddi'r 'Design', y cynllun mawr,—gweithio i baratoi cyfres o gyfrolau a fyddai'n cynnwys trafodaethau ar 'The Natural History of Wales', Geiriadur Hanesyddol a Daearyddol, cymharu'r Gymraeg â'r ieithoedd Celtaidd eraill, hen arferion ac ofergoelion, a phob agwedd ar hynafiaethau Cymru a'r gwledydd Celtaidd ac astudio llawysgrifau Cymraeg, Gwyddeleg a Llydaweg. Ond rhaid pwysleisio nad cynllun pendant mohono, ac nid oedd ganddo ef ei hun syniad clir am yr hyn y byddai'r cyfrolau'n eu cynnwys. Byddai'n newid y cynllun yn ei feddwl ei hun (fel y dengys ei lythyrau) fel y byddai'n ymgydnabod â gwahanol agweddau ar ddysg Gymraeg y gorffennol ac â'r llawysgrifau. Nid oedd gan ei gyfeillion yng Nghymru nac yn Rhydychen chwaith syniad clir am y pwnc, fel y dengys yr awgrymiadau a roent iddo o bryd i'w gilydd.

Nid yw'n rhan o'm gwaith i heddiw drafod ei ddulliau, y modd y trefnodd i gasglu tanysgrifiadau o bob rhan o Gymru fel y gallai deithio trwy'r gwledydd Celtaidd a rhoi cyflogau i'r gwŷr ifainc a fyddai'n ei gynorthwyo ar ei deithiau ac yn copïo iddo yn Rhydychen a Llundain, myfyrwyr y buasai'n eu hyfforddi yn Rhydychen. Trefnodd ymgyrch trwy bob rhan o Gymru, y tro cyntaf i hynny ddigwydd yn hanes dysg Gymraeg, ac ni chafwyd dim tebyg wedi hynny hyd ein dyddiau ni. A gohebu ag offeiriaid a boneddigion ym mhob rhan o'r wlad. Anodd mesur y dylanwad a gafodd hyn ar feddwl Cymru. Yr oedd ganddo ddwy fantais fawr. Yr oedd yn adnabod llawer o offeiriaid ac o foneddigion, hen fyfyrwyr o Rydychen—bydd llawer ohonynt yn ei gyfarch wrth ei enw bedydd, ' Dear Ned '. Ac yn ail, yr oedd yn perthyn i'r Uchelwyr, ac yr oedd ganddo lawer o berthnasau ymhlith y boneddigion yn y Gogledd ac yn y Gorllewin. Felly, câi dderbyniad. Ac yn bwysicach fyth, yr oedd ganddo ddawn i ysbrydoli, ac i beri iddynt ennill peth o'i frwdfrydedd ef—newid agwedd pobl at ddysg Gymraeg, a'u gwneuthur yn eiddgar i hyrwyddo ei gynlluniau. Dyna un o ganlyniadau'r Holiadur a yrrodd i bob plwyf yng Nghymru. Gellid rhoddi llawer o enghreifftiau o hyn.

Yn awr, ynteu, rhaid manylu ar y modd y mae'r cyffro ysgolheigaidd hwn yn Lloegr yn egluro gweithgarwch Lhuyd. Cymerwn yr ochr ieithyddol i ddechrau. Y mae'n wir taw er mwyn olrhain hanes y Celtiaid yr aeth Lhuyd ati i astudio'r ieithoedd Celtaidd. Eto, rhaid cofio am weithgarwch George Hickes a'r ysgol Anglo-Sacsoneg yn Rhydychen, a'r berw a geid yn y blynyddoedd hyn gan y sôn am y gwaith mawr ar yr ieithoedd Tiwtonaidd, a'u cysylltiad â'i gilydd, yr oedd Hickes a'i gyfeillion yn ei baratoi. Cofier mai un o gynorthwywyr eiddgaraf Hickes ydoedd William Nicolson, a yrrodd dros hanner cant o lythyrau at Lhuyd. A gwyddom i Hickes a Lhuyd gyfarfod i drafod eu hastudiaethau ieithyddol. Rhaid inni gofio hefyd am lyfrau ieithyddol a geirdarddol a gyhoeddwyd ar y Cyfandir, pwnc na chafodd ddigon o sylw hyd yn hyn wrth drafod ei waith. Trafodaeth Lhuyd ar ' Comparative Etymology ', ar ddechrau'r *Archæologia*, yn ddiamau yw ei orchestwaith, gwaith syfrdanol o newydd, lle y gwelir yn glir ei fawredd fel ysgolhaig, lle y gwelir ef o hyd yn darganfod cyfatebiaethau seinyddol nad oedd neb wedi meddwl amdanynt cyn ei ddydd ef, a darganfyddiadau sylfaenol yng ngwyddor ieitheg, ac ni ellir dywedyd hynny am yr un Cymro arall, ar wahân efallai i Syr William Jones, nac yn wir am yr un Celt arall. Nid wyf am drafod hyn heddiw am ddau reswm. Yn gyntaf, ni chafodd y gwaith hwn odid ddim dylanwad ar ei ddilynwyr yng Nghymru. Ac yn ail, dyma'r adran o'i waith a gafodd fwyaf o sylw gan ysgolheigion yn y cyfnod diweddar.

Y mae'r un peth yn wir am Hen Gymraeg, un o'i ddarganfyddiadau. Yr oedd ef a'i gyfeillion Rhydychenaidd yn cydweithio. Humphrey Wanley, yr awdurdod mwyaf ar hen lawysgrifau, a ddarganfu lyfr St. Chad a'r nodiadau Cymraeg yn Lichfield. Yn y gymdeithas hon y dechreuodd Lhuyd feistroli palaeograffeg. Catalog Bernard a'i gwnaeth yn bosibl iddo ef a Wanley ddarganfod dwy lawysgrif yn Llyfrgell Bodley a gynhwysai losau Hen Gymraeg, ' Oxoniensis Prior ' ac ' Oxoniensis Posterior '. A Chatalog Bernard a'i gyrrodd i Gaergrawnt lle y darganfu'r tri englyn (yn ogystal â'r glosau) yn llawysgrif Juvencus. Ond ni chafwyd neb i drafod y rhain yn briodol nes i'r Almaenwyr ddechrau ymddiddori yn yr ieithoedd Celtaidd yn y ganrif ddiwethaf. Ond petai Lhuyd wedi byw am ugain mlynedd arall, y mae'n gwbl bosibl, o ystyried ei athrylith a'i ddoniau anghymharol, y byddai wedi cyflawni'r un gwasanaeth i ddysg Gymraeg ag a gyflawnodd ei gyfeillion Rhydychenaidd i ddysg Anglo-Sacsoneg, yr unig Gymro a allai fod wedi gwneuthur hynny hyd ddyddiau Syr John Rhŷs. Ie, dyma'r drasiedi fawr yn hanes ysgolheictod ieithyddol yng Nghymru.

Y mae un agwedd ar ei waith ieithyddol yn bwysicach i ni wrth drafod hanes astudiaethau Cymraeg yn y ddeunawfed ganrif, sef y diddordeb a gymerai yng ngeirfa'r iaith. Ac yn gyntaf oll, geirfa'r tafodieithoedd. Nid oedd hyn yn beth newydd yng Nghymru. Y mae William Salesbury yn rhoi ffurfiau trafodieithol yn ei Destament Newydd, ac y mae Thomas Wiliems a Dr. John Davies yn cynnwys llawer yn eu geiriaduron. Gwelir John Jones o'r Gellilyfdy yn rhoi geiriau tafodieithol Morgannwg yn ei eirfâu. Ceir nodiadau diddorol (a phwysig weithiau) ar wahaniaethau tafodieithol yng Ngramadeg John Davies. Ond nid dyna a ysbrydolodd Lhuyd, a defnyddiodd ef ei astudiaeth o dafodieitheg mewn dull hollol wahanol. Dyma sy'n egluro ei waith ef. Yr oedd casglu geirfa'r tafodieithoedd yn bwnc yr ymddiddorai ei gyfeillion Seisnig ynddo. Yn 1691, dyma John Ray yn cyhoeddi ei ail argraffiad o'i gasgliad o eiriau tafodieithol Saesneg, ac ynddo gwelir Lhuyd yn ceisio dangos mai geiriau Cymraeg ydoedd llawer o eiriau tafodieithol Gogledd Lloegr, a dyma'r arwydd cyntaf ei fod yn dechrau troi at ieithyddiaeth. Gwelodd fod astudio tafodiaith yn bwysig wrth geisio olrhain hanes y Cymry a'r Gymraeg. Iddo ef yr oedd geiriau tafodieithol yn llawn mor bwysig â geirfa'r iaith lenyddol, nid llygriadau mohonynt. Yr oedd hwn yn bwnc a gâi sylw yn holiaduron yr haneswyr Seisnig yn yr oes honno. ' What words do you know peculiar to this County ?' meddai Plot yn ei holiadur ef yn 1674. Felly Lhuyd yn ei holiadur yntau, ' What words, Phrases or variations of Dialect in the Welsh seems peculiar to any part of the Country?' Felly o Loegr y daeth yr ysgogiad hwn.

Dyna un peth pwysig a wnaeth ef a'i gynorthwywyr ar eu teithiau yng Nghymru. Nid tafodieithegwyr ein hoes ni yw'r rhai cyntaf i deithio yn y dull hwn. Y mae Lhuyd o hyd yn nodi'r parthau ac yn aml y siroedd lle y defnyddid geiriau anghynefin ; e.e., *llewa* ' bwyta, yfed ', a ddigwydd, meddai, yn *Iarlles y Ffynnon* : ' I have observ'd this word in Glamorganshire, but not of common use ' ; neu *ymhen gwers* ' a while after,' ' still retained in the Counties of Monmouth, Hereford, Brecknoc, and Glamorg[an].' Dyma ddechrau astudiaethau tafodieithegol. Cafodd, y mae'n sicr, lawer o restrau o bob rhan o Gymru—yr wyf wedi gweld rhai ohonynt ymhlith ei bapurau, ac y mae'n eglur fod nifer ohonynt yng nghasgliad yr Hafod, ac a gollwyd pan aeth y Llyfrgell ar dân. Bu Iolo

Morganwg yn copïo yn yr Hafod yn 1799, a cheir yn ei gasgliad ef rai rhestrau y myn iddo eu codi o lawysgrifau Lhuyd. Y mae'n bosibl fod ein tafodieithegwyr wedi colli deunydd pwysig iawn. A darllen yn yr *Archæologia* a barodd i Iolo roi cymaint sylw i dafodieitheg ac i godi tafodiaith Morgannwg, a geirfâu'r parthau eraill, o ran hynny.

Yna, wedi i'r ysgolheigion Seisnig ei ysgogi yn y dull hwn canfu, gyda'i finiogrwydd arferol, wedi iddo ddysgu'r Llydaweg a'r Gernyweg, bwysigrwydd yr astudiaeth hon ar gyfer ei waith ef o ddangos y cysylltiad rhwng yr ieithoedd Celtaidd a'i gilydd. A dyma'r pwynt pwysig. Gwelodd mai'r dafodiaith yr oedd mwyaf o debygrwydd rhyngddi a'r Gernyweg a'r Llydaweg oedd, a defnyddio'r hen derm, y Wenhwyseg, sef, fel yr eglura, tafodiaith Gwent a Morgannwg a chyffiniau Brycheiniog a Sir Henffordd. Felly, yn yr *Archæologia* y mae yn y 'Comparative Etymology' a'r 'Comparative Vocabulary of the Original Language of Britain and Ireland,' ac ym mhennod David Parry, ei gynorthwywr, y 'British Etymologicon,' yn rhoi, yn aml iawn, y ffurf dafodieithol, a hynny er dangos y tebygrwydd; er enghraifft, *arlwydd* Morgannwg wrth ochr *arluth* y Gernyweg; *diarchen* Gwent 'barefoot', wrth ochr *arc'hen* y Llydaweg; *banal* y De wrth ochr *banal* a *balan* y Llydaweg. Felly David Parry—*sarph* (gair Gwent am '*Servis-Tree*' a geir mewn enwau lleoedd) wrth ochr *sorbus* y Lladin, etc. Rhoir ffurfiau fel *oyr* y De (am aur), *doy* (am *dau*), *poin* (Gorllewin Cymru) a *pawin* (Morgannwg) wrth ochr *paun*. Gwelir yr un peth yn ei ychwanegiadau at Eiriadur John Davies, *tikkin* (neu *dicyn*) Morgannwg (sy'n dod, gyda llaw, o *ychydigyn*), *rhingc y tes* (Gwent) 'mole cricket,' *uchelfar* (Gwent a Sir Henffordd) 'mistletoe'. Yr oedd eu pennau'n llawn o'r pethau hyn pan oeddynt yn teithio trwy Gymru, a gwelir Lhuyd ei hun yn defnyddio'r ffurf *cwnnu*—'afon yn *cwnnu*'—yn ei nodiadau ar blwyfydd Gogledd Cymru. Nid yn ein pennau ni heddiw y mae'r pethau hyn wedi berwi gyntaf. Ac yna, a dyma enghraifft nodedig o'r fflachiadau hynny sy'n nodweddu'r *Archæologia*, gwelodd fod olion tafodieithol yn nhestunau rhyddiaith yr Oesoedd Canol. Os ceir, meddai, eiriau fel *synyo* 'to regard,' *herki* 'to fetch', *hela* 'to drive' neu 'to send', *ffald* neu *pawyn* mewn hen destun, dyma brawf mai yn y De y sgrifennwyd ef. Ni allaf gytuno â'r rhain i gyd, ond y mae *pawin,* ac un neu ddau o'r lleill yn awgrymu hynny'n bendant. Myn fod y terfyniad *-ws* yn dangos yr un peth. Dysgu yr oedd Lhuyd, ac ni wyddai mai dyma'r hen derfyniad trwy Gymru unwaith, ac y gellir olrhain y modd y mae *-awdd* yn ei drechu yn yr iaith lenyddol, er enghraifft, wrth astudio gweithiau'r Gogynfeirdd a thestunau'r drydedd ganrif ar ddeg a'r bedwaredd ar ddeg. Pa bryd y diflannodd *-ws* fel terfyniad byw ym mhob rhan o Gymru ond y De-ddwyrain ?—ni eill neb eto roi barn ar y cyfryw bynciau â hyn. Gwn mai terfyniad y De yn unig ydoedd yng nghyfnod John Davies o Fallwyd. Clywodd Lhuyd *e* am *y* mewn geiriau fel *ena* am *yna* a *geda* am *gyda* yng Ngwent, meddai ef, a dyna, meddai, paham y ceir *e* yn dynodi *y* mewn llawer o destunau yn yr Oesoedd Canol (ond ceir *e* am *y* mewn rhannau eraill o Gymru). Enghraifft wych o'r modd y byddai pwnc yn ei gyffroi, ac yn peri i syniadau newydd o bob math saethu trwy ei feddwl.

Yna, wedi ymgydnabod â'r hen lawysgrifau, gwelodd fod angen am eiriadur llawer llawnach nag un John Davies cyn y gellid eu deall, fel yr oedd y Saeson yn deall Anglo-Sacsoneg a Saesneg Canol. Yn gyntaf oll, rhaid rhoi cyfarwyddiadau ynglŷn â darllen hen lawysgrifau, a dangos nodweddion yr orgraff, gan ddechrau gyda Hen Gymraeg, a dyna adran dra diddorol o'r *Archæologia,* a ddaw, yn rhyfedd iawn, yn y bennod ar 'Cornish Grammar'. Ac fel yr oedd y Saeson yn cyhoeddi geiriaduron Anglo-Sacsoneg—yn 1701, pan oedd yn dechrau paratoi'r *Archæologia,* cyhoeddodd ei gyfaill Edward Thwaites a Benson Eiriadur Anglo Sacsoneg—felly y mae Lhuyd yn casglu'r geiriau a geir yn rhyddiaith yr Oesoedd Canol, ac yn eu rhoi yn yr *Archæologia* o dan y teitl 'Some obsolete or less known Welsh words, according to the Orthography of the Thirteenth and Fourteenth Centuries.' Tamaid i aros pryd oedd hwn eto. Petai Lhuyd wedi cael byw, y mae'n bosibl y byddai ysgolheigion Cymraeg y ddeunawfed ganrif wedi cael geiriadur mawr at eu gwasanaeth. Yr hyn a welir o hyd yw dyn yn cael ei bensyfrdanu wrth ganfod tiriogaethau newydd yn ymagor o'i flaen. Gadawodd y gwaith o baratoi ail argraffiad o Eiriadur John Davies ac o ddarllen y cywyddau a llyfrau printiedig i Humphrey Foulkes a'i gymheiriaid, rhai ohonynt, megis Foulkes a Gambold, yn wŷr a ysbrydolwyd ganddo yn Rhydychen. Yn y cysylltiad hwn dylwn gyfeirio at y geiriadurwr rhyfedd hwnnw a ddarganfu Mr. E. D. Jones rai blynyddoedd yn ôl, Thomas Lloyd, offeiriad, a gladdwyd yn Wrecsam yn 1734. Gadawodd ar ei ôl gopi o Eiriadur John Davies gyda rhyw gan mil o eiriau ychwanegol wedi eu tynnu o lawysgrifau a gynhwysai gywyddau, etc., a hefyd o lyfrau printiedig. Diau ei fod yn adnabod Lhuyd canys yr oedd yn fyfyriwr yn Rhydychen rhwng 1689 a 1692, ond nid yw Lhuyd yn cyfeirio ato yn ei lythyrau cyn belled ag y gwelais. Ond, a dyma bwynt go bwysig, cafodd Thomas Lloyd fenthyg un ar ddeg o lawysgrifau Humphrey Foulkes, y gŵr a fu'n gohebu â Lhuyd ar bwysigrwydd y gwaith hwn. Sylwer hefyd ar Eiriadur Cymraeg-Saesneg William Gambold, un o'i gynorthwywyr, lle y codir geiriau 'that occur in reading or *discourse*,' hynny yw, y geiriau tafodieithol y bu'n eu casglu i Lhuyd. Gwelir ei berthynas, y Parch. Erasmus Lewes o Lanbedr Pont Steffan, yn llunio Geiriadur Saesneg-Cymraeg, a Lhuyd yn gofyn amdano gan feddwl, y mae'n debyg, y gellid ei gynnwys yn un o'i gyfrolau—o'r hyn lleiaf, dyna a dybiai Erasmus Lewes. A'i gynorthwywr, William Gambold, yntau, yn llunio Geiriadur Saesneg-Cymraeg yn 1722, gan gynnwys geiriau mewn 'common use'. A gwaith Gambold yw sylfaen geiriadur mawr John Walters. Y mae dylanwad Lhuyd yn elfen bwysig yn hanes geiriaduriaeth yn y ddeunawfed ganrif, un o'r agweddau mwyaf diddorol ar ysgolheictod Cymraeg yr oes honno.

Ac yn nesaf, Lhuyd a'r llawysgrifau Cymraeg. Fel y gwelsom y mae Lhuyd yn dweud wrth John Lloyd yn 1693, 'I have had no opportunity of perusing British MSS,' hynny yw, pan oedd ar ddechrau ei yrfa fel ysgolhaig Cymraeg. Pan gyhoeddodd ei holiadur yn 1696, y mae'n gofyn am fanylion ynglŷn â'r llawysgrifau Cymraeg a Saesneg a Lladin, pwy a'u sgrifennodd, ac a oeddynt yn hen neu'n gopïau diweddar. Y mae'n wir fod gofyn am lawysgrifau i egluro hanes lleol, etc. yn rhan o'r holiadur Saesneg, ond yr oedd Lhuyd erbyn 1696 wedi gweld pwysigrwydd y pwnc hwn i bawb a oedd yn ymddiddori mewn dysg Gymraeg. Dylanwad yr ysgolheigion Seisnig a welir yma eto. Gweld Bernard a Hickes, ac yn arbennig Wanley, yn chwilio am y llawysgrifau a geid yn llyfrgelloedd Lloegr ac mewn tai preifat, ac yn catalogio eu cynnwys, a hynny er mwyn dangos i ysgolheigion pa ddefnyddiau a oedd ar gael. Gwelodd bwysigrwydd y gwaith hwn ym myd ysgolheictod Saesneg. Gwelodd Lhuyd hefyd fod hwn yn waith llawer mwy hanfodol yng Nghymru nag ydoedd yn Lloegr. Erbyn hyn, nid oedd gan hyd yn oed y Cymry hynny a gymerai ddiddordeb yn hanes ein llenyddiaeth syniad am y cyfoeth o ddefnyddiau a geid yn yr hen lawysgrifau. Gwelir hynny yn glir yn y llythyrau a anfonent at Lhuyd, y prawf gorau o'r dirywiad a fu yn ail hanner yr ail ganrif ar bymtheg. Ond y Sais a gafodd fwyaf o ddylanwad arno yn y byd hwn ydoedd Thomas Tanner. Cyfeiriais at y gŵr hwn eisoes fel un a gymerai ddiddordeb yn y Gymraeg ac a oedd wedi dysgu rhyw gymaint o'r iaith. Hawdd egluro hynny. Un o'r hen ysgolheigion a gâi fwyaf o sylw yn y cyfnod hwn ydoedd John Leland. Fel y gŵyr pawb, ysgrifennodd hwnnw ym mhedwar degau'r unfed ganrif ar bymtheg lyfr Lladin tra phwysig ar yr Awduron Brytanaidd, *Commentarii de Scriptoribus Britannicis*. Nis cyhoeddwyd, ond rhoddwyd cryn dipyn o'r cynnwys mewn dull go anfoddhaol gan wŷr fel John Bale a Pits yn eu llyfrau hwy ar yr un pwnc. Penderfynodd Tanner gyhoeddi cyfrol o hanes yr awduron hyn, ac ychwanegu ato gan gynnwys yr holl wybodaeth a gasglwyd gan ysgolheigion o ddyddiau Leland ymlaen. Llyfr ar yr awduron Brytanaidd oedd hwn, gan gynnwys y Cymry yn ogystal â'r Saeson. Felly, dechreuir gyda'r Derwyddon, a sonnir am Fyrddin a Thaliesin a Gildas a'r seintiau, etc. Bu Leland yn chwilio am lawysgrifau Cymraeg a Lladin yng Nghymru. Felly, yr oedd cael gwybodaeth fanwl am y llawysgrifau Cymraeg ac am hanes beirdd a llenorion Cymru o ddyddiau Taliesin ymlaen yn rhan anhepgor o'r gorchwyl yr ymgymerasai Tanner ag ef. Bu'n gweithio ar hyn trwy gydol ei oes, ac fe'i cyhoeddwyd yn 1748, wedi marw'r awdur, gan ŵr o'r enw David Wilkins. Gallaf nodi un ffaith ddiddorol yma. Wrth weld y gwaith mawr yn mynd ymlaen fel malwen, trefnodd nifer o athrawon Rhydychen i gyhoeddi argraffiad moel o lawysgrif Leland yn 1709, a hynny heb ddweud gair wrth Tanner—enghraifft o'r hyn y bydd pobl yn ei alw yn sbeit academaidd, er eu bod yn pwysleisio ei fod wedi diflannu yn ein cyfnod ni. Felly, pan benderfynodd Tanner ymgymryd â'r gwaith hwn yn 1693, aeth at Lhuyd fel y mwyaf gwybodus o Gymry Rhydychen. Y mae'n weddol sicr mai dyma paham yr enillodd y llawysgrifau le mor bwysig yn y Cynllun Mawr. Ac o hyn ymlaen am rai blynyddoedd, y mae'r ddau'n cydweithio —Tanner yn addo chwilio am lawysgrifau Cymraeg ac yn ei annog i gynnwys Catalog, ac yntau'n rhoddi i Tanner restr o'r testunau a ddarganfyddai, a rhestrau o'r beirdd a'r llenorion Cymraeg a Chymreig. Gwelais restrau Lladin ymhlith papurau Lhuyd. Heblaw hyn, gwelais mewn llythyr a anfonodd Tanner ato gyfarwyddiadau arbenigwr i ŵr a oedd yn dysgu'r grefft. 'Nothing could be more gratefull to me than to hear of your finding out so many Welsh MSS, and your care in transcribing and preserving them deserves the thanks of ye Public. My desires as to the British Writers is, that (because Dr. Davies has only mentioned some of their names) you would give your self the trouble to observe what every one of them wrote, and let me know the titles of their books (in Latin and Welsh) the number of books and chapters in each work, whether they wrote in verse or prose, the 4 or five first words of every treatise and in whose hands they now are.' Dyma gyfarwyddiadau arbenigwr i ŵr a oedd yn dysgu'r grefft ; ac yng nghatalog Lhuyd yn yr *Archæologia*, y mae'n ceisio dilyn y cyfarwyddiadau—rhoi cynnwys y llawysgrifau, dweud pa le y cedwid hwy, a rhoi dechrau a diwedd y testunau rhyddiaith. Y mae hefyd yn dilyn Tanner—er na wna yma namyn dilyn esiampl llawer o ysgolheigion y cyfnod blaenorol o ddyddiau William Salesbury ymlaen—yn rhoi rhestr o'r beirdd Cymraeg gan nodi'r pryd y blodeuent, a chyfeiria weithiau (yn ôl dymuniad Tanner) at gerddi o'u gwaith. Eto, ychydig o ychwanegiadau a geir gan Tanner, a barnu wrth argraffiad Wilkins yn 1748, ac ymfodlona gan amlaf ar roi'r hyn a geir gan Lhuyd yn yr *Archæologia*. Nid oes gennyf amser i fanylu ar hyn yn awr. Gellir tybied na chynhwysodd Wilkins lawer iawn o'r defnyddiau Cymreig a gasglasai Tanner yn yr argraffiad hwn. Felly, pan aeth Lhuyd ar daith trwy Gymru yn 1696, ymwelodd â'r Hengwrt. Ni chafodd fod yn y 'study' ond am ychydig oriau yng nghwmni Gruffudd, mab Robert Vaughan, digon o amser i lunio rhestr o ddwy ar bymtheg a thrigain o lawysgrifau cynnar, Cymraeg a Lladin. Ni chafodd ganiatâd i'w copïo wedi hynny. Ni chafodd ganiatâd i gopïo llawysgrifau Llanforda chwaith, oherwydd, fel y dywedais eisoes, tybiai'r boneddigion y byddai copïo a chyhoeddi yn amharu ar arbenigrwydd eu llyfrgelloedd. Ond dylwn ddweud fod mab Syr William Williams, Llanforda, wedi rhoi caniatâd i gynorthwywyr Lhuyd gopïo rhai ohonynt cyn ei farw yn 1709. Felly, yn yr adran ar y Llawysgrifau yn yr *Archæologia*, gorfu iddo, wrth ddisgrifio prif lawysgrifau'r Hengwrt, ddibynnu ar gatalog anfoddhaol William Maurice. Daw'r rhan fwyaf o'r testunau rhyddiaith y cyfeirir atynt o Lyfr Goch Hergest, a Llyfr yr Ancr a'r pedair llawysgrif gyntaf yng nghasgliad Llansteffan (sef llawysgrifau a gawsai Lhuyd ac a elwir y Didrefnyn).

Eto, anodd gorbwysleisio pwysigrwydd y disgrifiad printiedig cyntaf hwn o'r llawysgrifau Cymraeg. O'r diwedd, wele roi syniad i'r Cymry am y cyfoeth o ddefnyddiau a oedd ar glawr. Anfoddhaol ar lawer ystyr, ond rhaid inni gofio o hyd mai dysgu a wnâi, adennill yr wybodaeth a oedd gan wŷr fel Thomas Wiliems, John Jones, John Davies, William Maurice a Robert Vaughan. Chwilio am hen lawysgrifau ydoedd un o'i orchwylion pwysicaf yn ystod y daith trwy Gymru o 1697 hyd 1699. Diau fod hyn wedi creu diddordeb cyffredinol yn y pwnc. Sonnir mewn un llythyr am foneddigion Brycheiniog ar eu taith i Lundain yn beirniadu Lhuyd am nad oedd wedi gweld un o lawysgrifau pwysicaf y De, *The Black Book of Glamorgan*. Ond un o'r pethau a roes fwyaf o gyffro iddo ydoedd darganfod *Llyfr Coch Hergest* ym Morgannwg, a chael cyfle am y waith gyntaf i eistedd yn hamddenol i ddarllen corff mawr o'r hen lenyddiaeth. Fe ddarganfu lyfrgell a gynhwysai'r hen lenyddiaeth a chafodd ei bensyfrdanu,—canu Llywarch Hen, gweithiau'r Gogynfeirdd, y Mabinogi, y rhamantau, y brutiau a thestunau rhyddiaith yr Oesoedd Canol. Sgrifennu at yr ysgolheigion Seisnig am ganu Llywarch Hen, a William Nicolson, Esgob Caerliwelydd, yn llawn cyffro, oherwydd yr oedd ef yn astudio hanes Northumbria. Gwelir Nicolson yn ymboeni i ddarganfod pa le yr oedd y mannau y cyfeirid atynt, Rheged er enghraifft. Yr oedd copïo pob hen destun y câi Lhuyd afael arno yn rhan hanfodol o waith ei gynorthwywyr o'r cyfnod hwn ymlaen, a dyna oedd gwaith llawer o'i gyfeillion, yn offeiriaid a mân foneddigion—copïo popeth er llunio'r hyn a eilw Erasmus Lewes yn un o'i lythyrau, yn Llyfrgell Geltaidd. Diogelu popeth gan na cheid yng Nghymru Lyfrgell Gyhoeddus. Gwelodd hefyd y dylid cyhoeddi'r Hen Ganu (er na chawsai eto gyfle i ddarllen y Gododdin a Llyfr Taliesin). Meddai wrth John Lloyd, wedi gweld y Llyfr Coch, 'If ye remaining fragments of his contemporaries Taliesin & Myrddin Wylht be as considerable as those (h.y. Canu Llywarch Hen) they well deserve publishing with a Latin Commentary.' Ac meddai drachefn, 'The Old Poets . . . are much more worth our acquaintance than is commonly represented, and indeed, none but scholars and critics (tho' the vulgar pretend to 'm) can make any tolerable use of them : and I am now very well satisfy'd they may do it to good purpose.' A thua diwedd ei oes yr oedd ganddo obaith i weld hen lawysgrifau'r Hengwrt. Er nad yw ef yn dweud hynny, credaf fod cyhoeddi'r hen farddoniaeth yn dechrau dod erbyn hyn yn rhan o'r cynllun mawr, hynny yw, wedi iddo ddarganfod y golud a geid yn yr hen lawysgrifau—eu cyhoeddi gyda nodiadau Lladin, fel y dywedodd wrth John Lloyd. Ac y mae ei gyfeillion, megis William Baxter, yn ei annog i wneuthur hynny. Rhaid ailadrodd yr hen stori eto—petai wedi cael byw, y mae'n gwbl bosibl y byddai wedi cyflawni'r gorchwyl hwn. Ac o gael argraffiadau wedi eu paratoi gan Lhuyd, a gwŷr fel Wanley yn ei gyfarwyddo, byddai hanes dysg Gymraeg yn y cyfnodau dilynol yn bur wahanol.

Dylwn, cyn gorffen, sôn am un peth arall sy'n ymwneud â llawysgrifau. Yn union wedi iddo ddychwelyd o'r daith fawr trwy'r gwledydd Celtaidd yn 1701, fe'i gwelir yn gyrru dau o'i gynorthwywyr i lyfrgelloedd Llundain, ac yntau'n aros yn Rhydychen i roi trefn ar y defnyddiau a gasglasai, ac i sgrifennu'r gyfrol gyntaf. A bu ei fechgyn yn copïo yn Llundain o hynny hyd ei farw yn 1709, William Jones a Hugh Griffiths i ddechrau, ac wedyn, Alban Thomas ac eraill. Gweithio yn Llyfrgell Cotton lle y ceid llawysgrifau Cymraeg, ond y prif ddiben yn awr ydoedd darllen y dogfennau Lladin a oedd yn ymwneuthur â Chymru sydd heddiw yn y *Record Office*, etc., ac a oedd yn y cyfnod hwnnw yn y Tŵr, Westminster, yn yr *Augmentation Office* a'r *Exchequer*, Coleg yr Herodron, etc. Ceir yn llythyrau William Jones (y rhan fwyaf ohonynt yn Gymraeg) a Hugh Griffiths ddarlun odiaeth o ddiddorol o'u bywyd yn y llyfrgelloedd, ac o'r modd y byddent yn cyflawni'r gwaith, a hynny'n aml iawn mewn dygn dlodi, heb arian i brynu dillad ac esgidiau, canys yr oeddynt yn dibynnu'n llwyr ar arian y tanysgrifwyr. Amcan Lhuyd wrth eu gyrru yno ydoedd casglu enwau priod ac enwau lleoedd yn yr hen ddogfennau Lladin ar gyfer y Geiriadur Hanesyddol a Daearyddol, ail gyfrol yr *Archæologia* fel y dywaid yn ei ragair Cymraeg i'r gyntaf. (Efallai y dylwn ddywedyd yma rhwng cromfachau, fod Lhuyd yn casglu enwau priod a oedd yn fwyaf cyffredin ym mhob plwyf yng Nghymru, pa hen enwau a oedd wedi goroesi, fel Tanglwst, Tudful, Lliwelydd, Dyddgu, Gwenhwyfar, etc., enwau a geir yng nghofrestri plwyfol Morgannwg, gwaith tra phwysig, nad ydym eto wedi ei gyflawni.) Ond y pwynt mwyaf diddorol yma ydyw fod cynorthwywyr Lhuyd yn gweithio o dan gyfarwyddyd rhai o'r ysgolheigion hynny y cyfeiriais atynt eisoes, gwŷr a oedd yn gofalu am yr hen ddogfennau, neu ynteu'n eu copïo ar gyfer eu llyfrau hwy eu hunain, gwŷr fel John Anstis o Gernyw, un o gyfeillion pennaf Lhuyd, Thomas Madox, yr hanesydd, na cheid neb i'w gymharu ag ef am fanylder ysgolheigaidd, a oedd yn gweithio ar ddogfennau'r Trysorlys, Le Neve, George Holmes, George Hickes, Thomas Rymer, a'r palaeograffydd Humphrey Wanley. Ffurfient ryw fath o glwb a ddatblygodd yn gymdeithas yn 1717, y 'Society of Antiquaries'. Dyma'r gwŷr y byddai gweision Lhuyd yn ymgynghori â hwy beunydd, dyma'r gwŷr a fyddai'n eu cynghori a'u cyfarwyddo ac yn arolygu eu gwaith, gan nodi'r dogfennau y dylent eu copïo. Byddent hefyd yn rhoi casgliadau mawr o'u copïau hwy eu hunain iddynt ac i Lhuyd. Y mae'r ymgyrch a'r gyfathrach hon yn rhywbeth go newydd a go arbennig yn hanes astudiaethau Cymreig. Yr oedd yr ysgolheigion hyn yn tybied fod Lhuyd am wneuthur yr un peth ag a wnaent hwy yn Lloegr, cyhoeddi'r hen ddogfennau, y rholiau a'r cofysgrifau, fel y gellid sgrifennu hanes Cymru yn yr unig ddull boddhaol, fel y maent o hyd yn pwysleisio, wedi ei seilio ar astudiaeth drylwyr o'r dogfennau hyn. Y mae Rymer yn rhoi i Anstis gasgliad o ddogfennau'n ymwneud â Chymru yn amser y Brenin John, Harri'r Trydydd ac Edward y Cyntaf, 'w ch', meddai Anstis, " must be of use to you if you design an History of Wales in those reigns.' Fel y dywedais lawer tro o'r blaen, nid oedd gan y gwŷr hyn, ac nid oedd gan ei gynorthwywyr, ac yn wir, nid oedd ganddo ef ei hun syniad clir am y modd y byddai'r gwaith mawr yn datblygu, fel yr âi'r blynyddoedd ymlaen ac fel y byddai'r defnyddiau newydd yn dod i'r golwg. Petai wedi cael byw, y mae'n bosibl y byddai ei fechgyn ef wedi rhoi i Gymru gasgliad mawr o ddogfennau'r Oesoedd Canol, yr un math o waith ag a gyflawnodd ei gyfeillion yn Lloegr, a hynny o dan gyfarwyddyd arbenigwyr y cyfnod mawr hwn yn hanes dysg hanesyddol Seisnig, ac awdurdodau ar balaeograffeg, megis Humphrey Wanley.

Ond collwyd y cyfle hwn, oherwydd bu farw Lhuyd yn 1709 yn naw a deugain oed. A dyna ddiwedd ar ei holl gynlluniau. Fe'i gwelais yn dywedyd fod hyn yn ei boeni beunydd, a bod yn rhaid iddo gael pobl i fynd ymlaen â'r gwaith hwn wedi ei farw ef. Dyna paham yr oedd mor eiddgar i gael cynorthwywyr a chopïwyr, a hefyd fechgyn a allai ddatblygu'n awdurdodau yn y meysydd amrywiol hyn. A dyna paham yr ymroes i gael ysgoloriaeth i David Parry yng Ngholeg Iesu, a hynny ynghanol ei weithgarwch mawr, gan ohebu â phob math o bobl a allai ei helpu. Gadawodd ar ei ôl ddau ŵr a allai fod wedi datblygu'n awdurdodau, sef David Parry ym myd iaith, a Moses Williams ym myd y llawysgrifau, y ddau o dde Ceredigion, ffaith go arwyddocaol. Gellir tybied i Parry dorri ei galon ; ymollyngodd i ddiota, a bu farw yn 1714. Moses Williams yn unig a ymroes i gyflawni rhai o fwriadau Lhuyd, ymweled â llyfrgelloedd, copïo a chasglu llawysgrifau, ceisio trefnu cyhoeddi cyfres fawreddog ohonynt, ysgrifeniadau Cymraeg o'r cychwyn cyntaf hyd ddechrau'r unfed ganrif ar bymtheg, casglu geirfâu gan feddwl cyhoeddi geiriadur, darllen yr hen lawysgrifau i baratoi Geiriadur Bywgraffyddol a Hanesyddol, cyhoeddi mynegai i'r cywyddau, etc., gwaith yr oedd Lhuyd wedi breuddwydio amdano. Ond ofer fu'r holl gynllunio. Nid oedd ef ond offeiriad tlawd na allai sicrhau'r gefnogaeth angenrheidiol, gŵr tra gwahanol i Lhuyd. Yr oedd Lhuyd yn aelod o ddosbarth yr uchelwyr, gallai arddel perthynas â rhai o brif deuluoedd Powys a Gorllewin Cymru, gallai eu hysbrydoli, a pheri iddynt ymdeimlo â'i frwdfrydedd ef ei hun, a sicrhau eu cefnogaeth ; yr oedd yn ŵr a berchid gan ysgolheigion mwyaf

Lloegr, gŵr a allai sefyll gyfysgwydd â'r mwyaf ohonynt, ac ni chafwyd dim tebyg wedi hynny hyd ddyddiau Syr John Rhŷs. Collwyd yr ynni a'r ysbrydoliaeth hon, a hefyd bersonoliaeth gwbl anghyffredin. Collwyd y gŵr yr oedd cysylltiad rhyngddo a'r prif ffigurau ym mhob rhan o Gymru, ac yr oedd ffyniant y cynllun mawr yn dibynnu'n llwyr ar hynny. Eto, er y chwalfa hon, ef biau dysg Gymraeg y ddeunawfed ganrif. Er na sylweddolodd odid neb o'r rhai a'i dilynodd arwyddocâd ei waith ieithyddol, eto ei ddylanwad ef sy'n egluro gweithgarwch ysgolhaig Cymraeg y ddeunawfed ganrif. Ceisio cyflawni un o brif fwriadau Lhuyd, sef llunio Geiriadur Hanesyddol a Daearyddol, a wnâi Lewis Morris (fel y mae ef ei hun yn cyfaddef) wrth fwrw blynyddoedd i lunio'r *Celtic Remains* (gwaith mawr ei fywyd, fel y tybiai ef), sy'n cynnwys nid yn unig enwau Cymry enwog ac enwau lleoedd yng Nghymru, ond hefyd—rhan nas cyhoeddwyd hyd yn hyn—yr enwau Galeg a Brythoneg, gan ddefnyddio Gwyddeleg a Manaweg a'r Llydaweg a'r Gernyweg a'r Gymraeg i'w hegluro. Adran Lhuyd ar y llawysgrifau a'r llyfrgelloedd a barodd i Lewis Morris ac Ieuan Fardd lunio rhestrau o enwau'r perchnogion, a bwrw eu hoes yn chwilio am hen lawysgrifau. A Lhuyd biau'r rhan fwyaf o'r rhestr o'r pynciau y mynnai'r Cymmrodorion draethu arnynt yn eu cyfarfodydd. Nid gormodiaith dywedyd mai ef a greodd y cyffro mewn cyfnod argyfyngus, ac a bennodd gwrs dysg Gymraeg yn y ddeunawfed ganrif. Cyflawni un o'i fwriadau ef a wnaeth Ieuan Fardd wrth gyhoeddi detholion o'r Hen Ganu a gweithiau'r Gogynfeirdd, gyda thrafodaeth Ladin arnynt. Yr oedd teithiau Lhuyd trwy Gymru ym meddwl Thomas Pennant pan oedd yn crwydro trwy siroedd y Gogledd, a chafodd gasgliad o'i lawysgrifau a'i bapurau cyn cyfansoddi ei dair cyfrol yn disgrifio ei deithiau, lle y mae'n dyfynnu o'r dogfennau a gopïodd William Jones a'r cynorthwywyr eraill yn Llundain. Ac fel y gwelsom, y mae modd cysylltu ei enw ef â'r geiriadura, sy'n un o brif nodweddion dysg Gymraeg y ddeunawfed ganrif. Nid gormod dywedyd y byddai hanes y ddysg honno o'i gyfnod ef hyd ein dyddiau ni yn bur wahanol oni bai am y dylanwad a gafodd dysg Rhydychen ar y gŵr rhyfeddol hwn, y galluocaf o'r Cymry. Gellid traethu llawer ar hyn, ac ofnaf mai syniad digon amherffaith am yr hyn a gyflawnodd, ac am y modd y creodd gyfnod newydd, ac am y dylanwad a gafodd ar y meddwl Cymreig, a roddais yn y ddarlith hon. Oherwydd nid mewn darlith y gellir cyflawni'r gorchwyl hwnnw.

VIII

WILLIAM OWEN [-PUGHE][1]

UN o'r pethau rhyfeddaf a ganfyddir wrth astudio hanes ysgolheictod Cymraeg yn y ganrif ddiwethaf ydyw'r newid a fu ym marn llenorion a dysgedigion am werth cyfraniad William Owen (neu a defnyddio'r enw a arddelai wedi'r flwyddyn 1807, William Owen [-Pughe]) fel ysgolhaig. Yn nechrau'r ganrif, edrychid arno gan wŷr digon cyfrifol fel y ' pen ieithydd ' a'r prif awdurdod ar y Gymraeg. Er enghraifft, cymerwn Walter Davies (Gwallter Mechain), gŵr gradd o Rydychen, a enillodd enw mawr iddo ei hun fel ieithydd a hanesydd a beirniad llenyddol. ' My friend Mr. Walter Davies,' meddai John Jenkins, offeiriad Ceri yn Sir Drefaldwyn wrth Garnhuanawc yn 1827, ' a no mean Judge, tho not agreeing with him [sef William Owen] in every particular, thinks him as surpassing in pure Welsh Erudition every Welshman living or that preceded him.' Y mae'n wir fod y rhan fwyaf o lenorion yr oes honno yn anghytuno â'i ymgais i ddyfeisio llythrennau newydd i gynrychioli seiniau'r iaith, ond yr oeddynt oll, ac eithrio rhai gelynion personol, megis Iolo Morganwg yn ei hen ddyddiau (oherwydd, yn ystod ei flynyddoedd canol oed, bu Iolo'n helpu Pughe i lunio'r pethau a gondemniai mor llym yn ei hen ddyddiau—ac eithrio'r rhain, yr oeddynt oll bron yn cytuno mai ef oedd y prif awdurdod ar y Gymraeg, ac mai ef a'i hachubodd fel iaith dysg. Meddai Ceiriog yn 1858 :

> Pan ydoedd niwloedd a nos—ar iaith yr
> Hil Frython yn aros,
> ' Cyfod, Puw,' ebe Duw, ' dos
> I ddwyn eu hiaith o ddunos.'

A chydnabu Prifysgol Rhydychen ei safle fel ysgolhaig Cymraeg trwy gyflwyno iddo radd Doethur. Ond pan aethpwyd ati i astudio'r iaith mewn dull gwyddonol yn hanner olaf y ganrif

[1]Darlith Goffa Hartwell Jones, 1948, a draddodwyd gerbron Anrhydeddus Gymdeithas y Cymmrodorion yn Llundain ar Fehefin 2, 1948. Cyhoeddwyd yn *Llên Cymru*, vii, 1-14.

ddiwethaf, dechreuwyd honni mai tŷ a adeiladwyd ar y tywod ydoedd cyfundrefn ieithyddol Pughe, a maentumiwyd na wyddai ddim am hanes yr iaith, a bod ei ddamcaniaethau wedi gwneuthur drwg anfesurol i astudiaeth wyddonol o'r iaith, ac mai ef a wnaeth orgraff y Gymraeg yn bwnc dadl. Felly, bu raid i Syr John Rhŷs a Syr John Morris-Jones fyned ati i argyhoeddi'r Cymry o hyn oll—gwaith anodd, a dyna paham y ceir yn eu llyfrau a'u hysgrifau ymosodiadau mor chwyrn ac mor chwerw ar Pughe. Ac oherwydd hynny, fe'n dysgwyd yn yr ysgol ac yn y coleg i edrych arno fel cwac, ac fel gŵr na ellir gwneuthur dim ag ef namyn chwerthin am ei ben. Ond erbyn heddiw, gwelir nad yw hynny'n iawn. Nid oes neb bellach yn cael ei gamarwain gan ei ddamcaniaethau ieithyddol, ac felly, credaf ei bod yn ddyletswydd arnom yn awr fyned ati mewn gwaed oer i geisio rhoi barn ar y gwaith a gyflawnodd, i egluro paham y lluniodd ei gyfundrefn ieithyddol, ac i ddangos, mi hyderaf, ei fod yn haeddu ei le fel ffigur pwysig yn hanes ysgolheictod Cymraeg.

Y mae gennym ddigon o ddeunydd i astudio ei hanes. Yn gyntaf oll, cawn yn yr Amgueddfa Brydeinig gasgliad enfawr o lyfrau ac o bapurau ei gyfaill, Owain Myfyr, casgliad a gynnwys ugeiniau o lythyrau a gawsai gan feirdd a llenorion yr oes. Cedwir yn yr Amgueddfa hefyd lyfrau cofnodion y Gwyneddigion, a dyma'r Gymdeithas oedd yn rhyw fath o gefndir i holl weithgarwch llenyddol y cyfnod. Gwelir llawer iawn o lythyrau Pughe hefyd yng nghasgliadau Gwallter Mechain a John Jenkins, offeiriad Ceri, yn y Llyfrgell Genedlaethol, ac ymhlith papurau Edward Davies, awdur y *Celtic Researches*, yn Llyfrgell Rydd Caerdydd. Ond hyd yn ddiweddar, ni chafodd ysgolheigion Cymraeg gyfle i ddarllen llawysgrifau a phapurau Pughe ei hun. Yr oedd y rheini ym meddiant ei ddisgynyddion ym Mysefin ym mhlwyf Nantglyn, yn ymyl Dinbych. Ond yn 1940, fe'u trosglwyddwyd i'r Llyfrgell Genedlaethol yn Aberystwyth, a cheir yn eu plith bedair cyfrol fawr yn cynnwys y llythyrau a dderbyniasai wedi eu trefnu a'u rhwymo gan ei fab, Aneurin Owen, yn ogystal â phapurau o bob math, gan gynnwys dyddiaduron, ei lyfrau nodiadau, a'r copïau a wnaethai o'r hen lenyddiaeth. Nid oedd fodd i neb fyned ati i draethu ar yrfa Pughe cyn astudio'r llawysgrifau hyn, ac nid oedd fodd rhoi barn ar ei weithgarwch llenyddol ac ar ei gysylltiad â llenorion ac ysgolheigion cyfoes, Saesneg a Chymraeg. Taflant hefyd oleuni llachar ar fywyd llenyddol Cymry Llundain ym mlynyddoedd olaf y ddeunawfed ganrif, a dechrau'r ganrif ddiwethaf, y cyfnod pwysicaf yn hanes bywyd Cymreig y Brifddinas. Ac wedi myned trwy gasgliadau Pughe ac Owain Myfyr, a'r llythyrau sydd yn llawysgrifau Gwallter Mechain a John Jenkins, gwelir mai i Pughe yn bennaf y mae'n rhaid inni briodoli gweithgarwch rhyfeddol y blynyddoedd hyn. Dyma, i'm tyb i, ffaith go bwysig. Onibai amdano ef, nid yw'n debyg y byddai ein haneswyr llenyddol yn sôn cymaint am fywyd Cymreig Llundain yn niwedd y ddeunawfed ganrif.

Ychydig a wyddom am ei flynyddoedd cynnar. Fe'i ganed yn Llanfihangel-y-Pennant ym Meirionnydd yn 1759, ond pan oedd yn rhyw saith oed, symudodd ei rieni i fferm Egryn rhwng Abermo a Harlech (a gellir dywedyd mai fel Wil Egyrn yr adweinid ef gan ei hen gyfeillion). Yr oedd ganddo amryw frodyr a chwiorydd, ac yn y llythyrau ceir eu hanes yn ymsefydlu yn Llundain—ac yr oedd un ohonynt, sef John Owen, yn gyhoeddwr yn Piccadilly, ffaith go ddiddorol wrth olrhain gyrfa Pughe. Daeth ei rieni hwythau i Lundain a bu ei fam farw yno. Dyry yn ei Ragymadrodd i'w Eiriadur ryw gymaint o hunangofiant, a dywaid iddo yn ei fachgendod ymddiddori yn llên Cymru ac yn yr iaith Gymraeg, a bod cyhoeddi casgliad Rhys Jones o'r Blaenau o weithiau'r hen feirdd, *Gorchestion Beirdd Cymru*, yn 1773 yn ddigwyddiad go bwysig yn ei hanes. Y mae hyn yn dangos bod ymdrechion Lewis Morris ac Ieuan Fardd a'u cymheiriaid wedi dechrau creu diddordeb cyffredinol yn yr iaith ac yn yr hen lenyddiaeth, ffaith y dylem gofio amdani wrth olrhain hanes Adfywiad Llenyddol y Ddeunawfed Ganrif. Wedi hynny, bu mewn ysgol enwog yn Altrincham yn ymyl Manceinion, ysgol lle y byddai rhieni cyfoethog o Gymry yn anfon eu plant i ddysgu Saesneg. Yna yn 1776, yn ddwy ar bymtheg oed, daeth i Lundain, Mecca'r Cymry ifainc blaengar yn y dyddiau hynny. Ond beth oedd ei waith yn Llundain ? Bu cryn ddirgelwch ynglŷn â hyn. Yn y flwyddyn 1914, cyhoeddodd y Parch. T. Mordaf Pierce, Dolgellau, fath o gofiant iddo (gyda rhagymadrodd gan Syr Owen Edwards), lle y ceir casgliad hwylus o'r hyn oedd yn wybyddus amdano cyn i neb ddechrau ymhél â'r llawysgrifau, ond y mae un peth yn peri bod y cofiant hwn yn wahanol i bob cofiant arall a welais i, sef nad oes ynddo air i egluro beth oedd gwaith y gwrthrych. Dywaid Iolo Morganwg yn un o'i lythyrau iddo fod yn gwneud basgedi, ac mai dyna oedd ei waith pan ddaeth i Lundain, ond dyna'r unig gyfeiriad a welais i. Pa un bynnag, dengys y llythyrau ei fod yn ystod cyfnod ei weithgarwch yn Llundain yn dal swydd fel 'Writing Master' mewn ysgol i ferched a elwir yn 'Mrs. Stephenson's Boarding School' yn Queen Square. Heblaw hyn, dengys ei lythyrau y byddai boneddigion yn gofyn iddo am roi hyfforddiant i'w plant yn ystod y gwyliau. Prawf ei lawysgrifau, yn enwedig y rheini a gynnwys ei gopïau o weithiau'r henfeirdd, iddo gael hyfforddiant trwyadl yn y gelfyddyd o sgrifennu'n gain. Y mae rhai ohonynt yn gampweithiau. Yr oedd hefyd yn arlunydd, a gwelais enghreifftiau o'i waith, ac yn eu plith, lun Iolo Morganwg. Pan âi ar ei deithiau i Gymru i ymweled â gwahanol lyfrgelloedd lle y cedwid llawysgrifau Cymraeg, byddai'n aml yn dwyn ei gelfi gydag ef i dynnu lluniau'r mynyddoedd, etc. Dyma un agwedd ar ei weithgarwch, ond nid dyna'r cyfan. Gwelsom fod ei frawd yn gyhoeddwr, a cheir digon o brofion ei fod yntau yn cael ei dalu gan y cyhoeddwyr Llundeinig am gywiro proflenni, am roi barn ar lawysgrifau a gyflwynid gan awduron, am gynorthwyo'r awduron, am baratoi mapiau, ac am sgrifennu mân lyfrynnau ar wahanol bynciau. Heblaw hyn, ysgrifennai i wahanol gylchgronau ar faterion Cymreig, oherwydd yr oedd Cymru a'i hanes a'i llên yn faterion a ennynnai ddiddordeb darllenwyr rhamantaidd yr oes honno, a gwelais erthyglau o'i eiddo yn *The Gentleman's Magazine* ac yn *The Monthly Magazine*. A phan benderfynodd y cyhoeddwyr Cymreig, E. a T. Williams, y Strand, gychwyn cylchgrawn Saesneg, i drafod materion Cymreig yn 1795, sef *The Cambrian Register*, ef a ddewiswyd yn olygydd. O gofio am hyn oll, nid rhyfedd ei fod weithiau'n sôn am 'my multifarious pursuits'. 'You of course know Owen,' meddai Theophilus Jones, hanesydd Sir Frycheiniog, wrth Wallter Mechain yn y flwyddyn 1799, 'those Dogs the Booksellers will kill him. I know it and hereby testify that it will be murder, it is done with malice prepense, poor fellow ! It is really hard so able a man should be obliged to fag and starve, for he does little better.' Bywyd caled, llawn helbulon a thrafferthion, a hyn oll, cofier, pan oedd yn cyfansoddi ei Eiriadur a'i Ramadeg ac yn golygu llyfrau Cymraeg o bob math, gan gynnwys *The Cambrian Biography*, yr ymgais gyntaf i gyfansoddi geiriadur bywgraffyddol Cymreig, a'r *Myvyrian Archaiology*. Tua 1804 pan gaewyd yr ysgol yn Queen Square, bu'n galed iawn arno. Prynodd Owain Myfyr y tŷ lle yr oedd yn byw yn Penton Street yn Pentonville, a'i roi iddo'n ddi-rent, a rhoi iddo hefyd gyflog o tua chan punt y flwyddyn am ei helpu ef gyda'r gwaith o gyhoeddi llyfrau Cymraeg. Dyma ffeithiau y dylem gofio amdanynt wrth geisio rhoi barn ar ei gyfraniad fel ysgolhaig.

Dywaid yn y Rhagymadrodd i'w Eiriadur, iddo gyrraedd Llundain ym mis Mai, 1776 :

> Here, though every thing seemed new, even the language, yet so powerful were the effects of early habits, that Welsh books still continued among the leading objects of my pursuits ; and often would they produce such sad, though pleasing retrospections, as made all the former scenes of my life to appear as it were another state of existence. I had continued in this great city until about the year 1782, without knowing that any other person in it, besides myself, ever thought of the Welsh language, or of its literature. Then it was that chance threw me in the way of Robert Hughes [sef Robin Ddu o Fôn]. . . . He introduced me to Mr. Owen Jones, and other founders of the Gwynezigion Society ; when I was astonished by discovering their treasures of British manuscripts, of which I did not know before, that we had one in the whole metropolis.

Anodd deall pa fodd y gallai Cymro llengar fyw yn Llundain am chwe blynedd heb wybod dim am weithgarwch y Cymmrodorion a'r Gwyneddigion, ond pa un bynnag, y mae'n eglur mai wedi iddo gyfarfod â Robin Ddu ac Owain Myfyr a dyfod yn aelod o'r Cymmrodorion a'r Gwyneddigion y dechreuodd o ddifrif ar ei yrfa fel ysgolhaig Cymraeg. Tua 1782 y bu hyn, a pharhaodd ei gyfathrach ag Owain Myfyr hyd tua 1807, cyfnod o bum mlynedd ar hugain, ac fel y dywedais eisoes, dyma yn ddiamau y cyfnod pwysicaf yn hanes bywyd Cymreig Llundain, cyfnod pan oedd mynd ar y Cymdeithasau Cymraeg. Bu'r Cymmrodorion farw yn 1787, ond yn awr cymerodd y Gwyneddigion ei lle fel canolfan bywyd llenyddol y genedl. Ac yn y man, gwelwn y Cymry llawen a brwdfrydig a gyfarfyddai bob gyda'r nos yn y dafarn Gymreig, y Bull's Head, neu'r Crindy, yn Walbrook, yn sefydlu'r Cymreigyddion a'r Caradogion a'r Ofyddion, ac yn ymroi i hyrwyddo bywyd llenyddol eu cenedl. Nid disgrifio'r hwyl a'r miri hwn yw fy ngwaith i heno, ond dylwn ddywedyd fod William Owen [-Pughe] wedi datblygu'n brif ysgolhaig y cylchoedd hyn. Ef oedd yr awdurdod ar hanes llenyddiaeth Gymraeg, ar y llawysgrifau a gynhwysai'r hen lenyddiaeth, ac ar yr iaith. Ac wedi marw Ieuan Fardd yn 1788, edrychai pawb arno fel y prif ysgolhaig Cymraeg. Fel y byddai haneswyr a beirdd a llenorion Lloegr, megis Carte a Pegge a Gray a Percy, yn ymgynghori â Lewis Morris ac Ieuan Fardd yn y cyfnod blaenorol, felly y maent yn awr yn gofyn barn Pughe. Gwelir hyn yn glir yn y llythyrau sydd yng nghasgliad Mysefin, llythyrau oddi wrth bob math o ysgolheigion ac o lenorion, yn gofyn am ei gynhorthwy, yn ei wahodd i ginio (am dri neu bedwar y prynhawn), ac yn diolch iddo am daflu goleuni ar wahanol bynciau. Un o'i brif gyfeillion ydoedd yr hynafiaethydd Ysgotaidd, George Chalmers, awdur *Caledonia*, a swyddog yn y Gwasanaeth Gwladol, a dyna, i'm tyb i, ddechrau cysylltu bywyd llenyddol Cymru â'r gwledydd Celtaidd eraill, oherwydd hwy a feddyliodd am sefydlu'r Gymdeithas Geltaidd gyntaf yn Llundain. Gwelir yr ysgolhaig Saesneg, George Ellis, a gyhoeddodd gasgliad o'r hen ramantau Saesneg, yn dyfod ato i weled y Mabinogi a'r rhamantau Cymraeg. A phan ddaeth Walter Scott i Lundain yn 1803, y mae George Ellis yn gofyn i Pughe ddyfod i'w gyfarfod i Sunning Hill. Ceir dau lythyr oddi wrth Scott yn canmol y Geiriadur, ac yn diolch am yr help a roesai iddo pan oedd yn cyfansoddi ei gân *Sir Tristrem*. Cawn hefyd lythyrau oddi wrth William Godwin, tad yng nghyfraith Shelley ac oddi wrth Southey a Sharon Turner, yr hanesydd. Oherwydd nid y Gwyneddigion a stafelloedd yfed y Crindy ydoedd unig gynefin Pughe. Y mae hynny'n wir am Owain Myfyr a'r rhan fwyaf o'r Cymry Llundeinig, ond nid amdano ef. Yn 1793 fe'i hetholwyd yn Gymrawd o Gymdeithas yr Hynafiaethwyr, a byddai'n mynychu'r cyfarfodydd ac weithiau'n eu hannerch. Âi hefyd ar adegau i gyfarfodydd y Gymdeithas Frenhinol. Dyma sut y daeth i gysylltiad â'r haneswyr a'r beirdd Seisnig. Heblaw hyn, byddai'r cyhoeddwyr Llundeinig, megis Longman a Rees, ac E. a. T. Williams, y Strand, yn gwahodd llenorion ac ysgolheigion, y gwŷr y byddent hwy'n cyhoeddi eu llyfrau, i gyfarfod â'i gilydd, i drafod llenyddiaeth a phynciau ysgolheigaidd, a cheir ymhlith papurau Pughe lawer o wahoddiadau i'r cyfarfodydd hyn. Y mae'n gwbl eglur fod y Saeson yn hoff o'i gwmni, ac yn synied yn uchel iawn amdano fel ysgolhaig. Nid yw hynny, bid sicr, yn profi dim, ond yn unig mai ef oedd wedi cymryd lle Lewis Morris ac Ieuan Fardd fel y prif awdurdod ar bopeth a oedd yn ymwneuthur â dysg Gymraeg.

Felly, deuwn at ei gyfraniad fel ysgolhaig. Nid oes fodd inni ganfod arwyddocâd y gwaith a gyflawnodd heb gofio am amcanion y gwŷr a gysylltir ag Adfywiad Llenyddol y ddeunawfed ganrif, y Morrisiaid ac Ieuan Fardd. Gwelir yr amcanion hyn yn eu llythyrau ac yng *Ngosodedigaethau* Cymdeithas y Cymmrodorion, a gyhoeddwyd yn 1755, a dyma'r pedwar peth pwysig, cyn belled ag y mae a fynnom ag iaith a llenyddiaeth Cymru :

(i) Ymgeleddu'r iaith, a chefnogi beirdd a llenorion cyfoes. Creu sefydliad a fyddai'n ganolfan i fywyd llenyddol Cymru.

(ii) Astudio'r hen lenyddiaeth, ac egluro gweithiau'r Cynfeirdd a'r Gogynfeirdd.

(iii) Cynnull ynghyd y prif bethau a geir yn yr hen lawysgrifau, a'u cyhoeddi.

(iv) Astudio hanes yr iaith Gymraeg, a'i chysylltiad â'r ieithoedd Celtaidd eraill. Hefyd, astudio geirfa'r iaith, hynny yw, egluro'r geiriau a geid yng ngweithiau'r beirdd ac yn rhyddiaith yr Oesoedd Canol.

Dyma'r amcanion, ond rhaid cydnabod mai ychydig iawn a gyflawnwyd. Pa beth sy'n egluro methiant y Cymmrodorion? Gellir awgrymu tri pheth :

(i) Ychydig iawn o'r aelodau, ar wahân i Richard Morris, a gymerai ddiddordeb gwirioneddol mewn dysg Gymraeg. Gwyddom am y siom a gafodd Lewis Morris pan gyfarfu â'r aelodau. Ni allai'r rhan fwyaf ohonynt, meddai, ond prin ddarllen—gosodiad eithafol, efallai, ond eto, cynnwys gryn dipyn o wirionedd.

(ii) Nid oedd ysgolhaig Cymraeg yn byw yn Llundain. Yr oedd Lewis Morris yn rhy brysur yng Ngheredigion, a'r unig un a ymroes i astudio'r hen lenyddiaeth ac i gasglu cynnwys yr hen lawysgrifau ydoedd yr ysgolhaig crwydrol hwnnw, Ieuan Fardd. Ond ni chafodd gefnogaeth i gyflawni a fwriadai, un o drasiedïau mawr llenyddiaeth Cymru.

(iii) A dyma'r prif reswm. Nid oedd y Cymmrodorion yn barod i wynebu'r gost. Ni ellid gwneuthur dim onid oedd rhywun neu rywrai yn barod i wynebu'r gost. Ni ellid gwneuthur dim onid oedd rhywun neu rywrai yn barod i wario miloedd, oherwydd ni allai llyfrau o'r math hwn dalu. Nid oedd yng Nghymru bellach bendefigaeth a ymddiddorai yn nhraddodiadau diwylliannol eu cenedl, ac ni fynnai'r Cymmrodorion, gwŷr y dosbarth canol newydd, ymbendefigo.

A dyna'r sefyllfa yn 1782 pan gyfarfu Pughe ag Owain Myfyr, a phan ymunodd â'r Cymmrodorion a'r Gwyneddigion. Erbyn hyn, yr oedd Richard Morris wedi marw, ac yr oedd Owain Myfyr wedi cymryd ei le fel arweinydd y Cymry Llundeinig. Ac er i'r Cymmrodorion lusgo byw hyd 1787, eto y Gwyneddigion oedd y Gymdeithas bwysig erbyn hyn, a thybiai Owain Myfyr y gallent hwy yn awr gyflawni rhai o'r pethau y sonnid amdanynt yng *Ngosodedigaethau'r* Cymmrodorion. Ac yr oedd hynny'n bosibl, oherwydd :

(*a*) O'r diwedd, cafwyd gŵr a oedd yn barod i wario'r cyfoeth a enillasai yn ei fusnes i ymgymryd â'r gwaith a gyflawnid mewn gwledydd eraill gan y bendefigaeth a chan gymdeithasau tebyg dysgedig. Hwnnw oedd Owain Myfyr. Nid oedd yn ysgolhaig nac yn llenor, ond dyma'r gwaith y breuddwydiai amdano beunydd yn ystod y pum mlynedd ar hugain nodedig y cyfeiriais atynt. Dyma, yn ddiamau, un o garedigion pennaf dysg Gymraeg. Ac yma y dylwn gydnabod mewn sachliain a lludw, imi wneuthur llwyr gam ag ef mewn erthygl a gyhoeddais arno yn un o rifynnau cyntaf *Y Llenor*. Yn y cyfnod hwnnw, dibynnwn ar erthygl a gyhoeddwyd wedi ei farw yn y *Monthly Magazine*, gwaith gŵr o'r enw John Jones, un o'i elynion. Ceisiai ef ddangos mai awydd i dorsythu fel ysgolhaig a barodd iddo wario ei gyfoeth yn y dull hwn, ond gwn yn awr mai darlun cwbl gamarweiniol a gawn ganddo. Na, prawf llythyrau'r cyfnod—a dyma'r deunydd mwyaf gwerthfawr sydd gennym—mai awydd i hyrwyddo dysg Gymraeg sy'n egluro ei barodrwydd i wario ei arian yn y dull hwn. Yn wir, costiodd y gwaith filoedd lawer iddo. Talai i wŷr fel Iolo Morganwg am gopïo yn llyfrgelloedd Cymru, a gyrrai arian yn gyson at wŷr eraill a rôi fenthyg llawysgrifau. A rhôi gyflog i William Owen [-Pughe]. Heblaw hyn, talai holl gostau'r argraffu. Y mae'n llawn bryd inni roddi iddo ei ddyledus le fel un o brif garedigion dysg Gymraeg, un o wŷr mawr ein cenedl.

(*b*) Yr oedd yn Llundain ysgolhaig a oedd yn barod i ymgymryd â'r caledwaith a olygai hyn oll—sef casglu'r defnyddiau, trefnu ynglŷn â'r argraffu, cywiro proflenni, etc. Soniais eisoes am waith Pughe fel ysgolfeistr, fel gŵr a gynorthwyai'r cyhoeddwyr, ac fel un a ychwanegai at ei gyflog wrth ysgrifennu i wahanol gylchgronau Saesneg. Heblaw hyn, yr oedd wrthi'n paratoi ei Eiriadur a'i Ramadeg, ac yn casglu defnyddiau at ei Eiriadur Bywgraffyddol. Ac yng nghanol y gweithgarwch hwn, bodlonodd i ofalu am holl gynlluniau Owain Myfyr. A'r pwynt y carwn i ei bwysleisio yn awr—er nad oes gennyf amser i'w brofi heno—ydyw hwn, mai ef oedd yr unig un y gallai Owain Myfyr ddibynnu arno, ac y byddai cyfraniad arbennig y Cymry Llundeinig yn y cyfnod hwn yn gwbl amhosibl onibai amdano ef. Dyma'r casgliad y deuthum iddo wedi mynd trwy ei lawysgrifau ef, a llawysgrifau Owain Myfyr, ac efallai y gellir dywedyd mai dyma un o'r ffeithiau pwysicaf a ganfyddir wrth astudio ei hanes.

(*c*) Yr oedd yn Llundain, erbyn hyn, lyfrgell Gymraeg, sef y llyfrgell a geid yn yr Ysgol Elusennol a godasai Cymdeithas yr Hen Frytaniaid yn Gray's Inn Road ar gyfer y *Foundling Hospital*. Yno y cedwid y llawysgrifau a oedd gan Richard

Morris, y rhai a gasglasai ef ei hun a'i frodyr, Lewis a William, yn ogystal â'r copïau a godasent o hen lawysgrifau o bob math. Yno y ceid llythyrau'r Morrisiaid a Goronwy Owen, a llawer iawn o bethau eraill diddorol a phwysig. Gwelir Pughe yn ei ddyddiau cynnar yn llunio catalog ohonynt ; yno y casglodd ei ddefnyddiau at y Geiriadur a'r Gramadeg ac at y llyfrau a gyhoeddodd Owain Myfyr. Dyma un o sefydliadau pwysig Llundain yn y cyfnod hwn. Heblaw hyn, yr oedd amryw o hen lawysgrifau yn yr Amgueddfa Brydeinig, ac yno yr âi Pughe i ddarllen llyfrau ar hanes ac ieithyddiaeth. Byddai myfyrwyr o Gymry yn Rhydychen yn copïo hen lawysgrifau Coleg Iesu iddo, ac yn ystod gwyliau'r ysgol, âi yntau i Gymru i ymweled â'r Plas Gwyn ym Môn, lle y cedwid llyfrau Ieuan Fardd, ac â'r Hafod yng Ngheredigion, a'r Hengwrt yn ymyl Dolgellau. Ceir llawer o fanylion diddorol iawn yn y llythyrau a'r dyddiaduron sy'n disgrifio'r teithiau hyn, ond nid oes gennym amser i'w trafod heno.

Felly, amcan y Myfyr a Pughe ydoedd cyflawni'r gwaith y bu ysgolheigion Cymraeg y ddeunawfed ganrif yn breuddwydio amdano. Erbyn hyn, yr oedd amgylchiadau yn eu gorfodi i ymgymryd â'r gorchwyl. Dywedai ysgolheigion a haneswyr Lloegr wrth y Cymry : ' Yr ydych yn sôn o hyd am y beirdd Cymraeg a ganai yn y chweched ganrif, am y traddodiad barddol y gellir ei olrhain yn ôl i'r ganrif honno. Soniwch am y Mabinogi a'r hen chwedlau eraill, am y rhamantau Arthuraidd, am yr hen frutiau lle y ceir y defnyddiau a gynhwysodd Sieffre o Fynwy yn ei *Historia Regum Britanniæ*. Soniwch am yr hen lawysgrifau lle y ceir eich barddoniaeth a'ch rhyddiaith. Ond paham nad ydych yn eu cyhoeddi ac yn eu cyfieithu fel y gallom ni ac eraill roi barn arnynt ?' Dyna sylwadau a glywai Pughe wrth gymdeithasu ag ysgolheigion Lloegr yn nhai'r cyhoeddwyr, ac yng nghyfarfodydd Cymdeithas yr Hynafiaethwyr. Ac wedi i Macpherson gyhoeddi ei ffugwaith *Ossian*, ac i'r Dr. Johnson ac eraill honni nad oedd gan y Gaeliaid hen lenyddiaeth o fath yn y byd, dechreuodd llawer o feirniaid Seisnig faentumio yn y cylchgronau mai ffug oedd y llenyddiaeth Gymraeg y sonnid cymaint amdani. Lwc nad oeddynt yn deall Cymraeg, oherwydd caent faes cyfoethog yn y dogfennau a gyhoeddai Iolo ! Ac wrth fyned heibio, gellir ychwanegu mai dyma un rheswm paham yr oedd cysylltiad mor agos rhwng Pughe ac ysgolheigion Ysgotaidd, megis Chalmers. Felly, teimlid bod cyhoeddi'r hen lên yn ddyletswydd na ellid mo'i hosgoi. A diddorol sylwi mai un o ganlyniadau uniongyrchol ymdrechion Pughe ydoedd y llyfr a gyhoeddodd un o'i gyfeillion pennaf, Sharon Turner, yr hanesydd Seisnig yn 1803, *A Vindication of the Genuineness of the Ancient British Poems of Aneurin, Taliesin, Llywarch Hen and Merdhin, with Specimens of the Poems*, llyfr lle y ceir ymdriniaeth dreiddgar â'r pwnc, ond llyfr na allai Turner fod wedi ei ysgrifennu onibai am yr hyfforddiant manwl a gawsai gan Pughe.

A'r pwynt a ddaw i'r golwg wrth ddarllen llythyrau'r cyfnod yw hwn, mai Pughe a ffurfiodd yr holl gynlluniau, a bod y Myfyr yn barod i'w cefnogi. Cyfarfyddent beunydd yn y Crindy i drafod y gwaith. Yn 1789, cyhoeddwyd gwaith Dafydd ap Gwilym, ac yn 1792, y canu a briodolid i Lywarch Hen, gyda chyfieithiad Saesneg. Bwriadai fyned ymlaen i gyhoeddi gwaith Aneirin a Thaliesin yn yr un modd, ond newidiwyd y cynllun, a ffurfiwyd un llawer iawn mwy uchelgeisiol. Mewn gwledydd eraill, dyma waith i gymdeithasau dysgedig neu i gwmni o ysgolheigion, ond ni cheid dim tebyg i hynny yng Nghymru. Er bod llawer o'n haneswyr wedi rhoi'r clod i'r Gwyneddigion, gallaf ddywedyd yma nad oedd a fynnai'r gymdeithas honno â'r gwaith. Cymry llawen, brwdfrydig oedd yr aelodau heb wybod odid ddim am y llawysgrifau nac am yr hen lenyddiaeth. Pughe oedd yr unig un a feddai ar wybodaeth weddol drwyadl am hanes ein llenyddiaeth—ffrwyth ei ymchwiliadau yn Llyfrgell yr Ysgol Gymreig—ac fel y dywedais, ei syniadau ef sydd y tu ôl i holl weithgarwch rhyfeddol y blynyddoedd hyn, ac ni wnâi'r Myfyr ddim namyn talu'r treuliau. Bwriadai gyhoeddi :

(i) Cyfres o gyfrolau gyda'r teitl *Welsh Archaiology*, teitl a newidiwyd yn ddiweddarach yn *Myvyrian Archaiology*, a hynny yn groes i ddymuniad Owain Myfyr ei hun. Yn y gyfres hon bwriedid cyhoeddi holl gynnwys y llawysgrifau Cymraeg—holl ryddiaith a barddoniaeth Cymru hyd yr ail ganrif ar bymtheg.

(ii) Llyfrau ar yr iaith Gymraeg, i egluro ei chysylltiad ag ieithoedd eraill, a hefyd Eiriadur Cymraeg-Saesneg wedi ei seilio ar astudiaeth drwyadl o'r hen lenyddiaeth, fel y gallai'r Cymry ddeall gweithiau eu hen feirdd a'r hen ryddieithwyr, geiriadur i hyrwyddo ysgolheictod Cymraeg. Yr oedd y rhain hwythau i fod yn rhan o'r *Welsh Archaiology*. Y mae holl waith y cyfnod hwn yn ffrwyth cynllun mawreddog a luniodd Pughe tua 1789. 'I am well aware that the plan is too vast for one person's life,' meddai Pughe mewn llythyr at Edward Davies, awdur y *Celtic Researches*. Felly, gwnaeth ei orau i sicrhau cydweithrediad llenorion ac ysgolheigion y cyfnod, megis Gwallter Mechain, Edward Davies, Dafydd Ddu Eryri ac Iolo Morganwg. A'r unig un a ymroes i'w helpu ydoedd Iolo (a gafodd ei enw ar ddalen deitl y *Myvyrian Archaiology*), ond ysywaeth, ni wnaeth odid ddim namyn defnyddio'r cyfrolau hynny fel cyfrwng i gyhoeddi ei ffugiadau, megis *Brut Aberpergwm*, *Brut Ieuan Brechfa*, y drydedd gyfres o Drioedd Ynys Prydain, a'r rhan fwyaf o gynnwys y drydedd gyfrol, lle y ceir pethau syfrdanol, megis Trioedd Dyfnwal Moelmud. Er na allaf ddangos hynny heno, dylwn ddywedyd bod Iolo wedi cael llawer gormod o glod am yr hyn a wnaeth ef ynglŷn â'r *Myvyrian Archaiology*. Pughe biau'r clod am y gwaith hwnnw. Iddo ef y mae'n rhaid inni ddiolch am gyhoeddi gweithiau'r Cynfeirdd a'r Gogynfeirdd am y waith gyntaf, a hefyd destunau rhyddiaith, megis y cyfieithiadau Cymraeg o *Frut* Sieffre o Fynwy, *Brut y Tywysogion* a'r Trioedd. Ond ysywaeth, ni allodd gwplâu a fwriadai. Erbyn 1807, pan ymddangosodd y drydedd gyfrol, yr oedd Owain Myfyr yn hen ŵr, newydd briodi, a chan ei fod eisoes wedi gwario miloedd o bunnoedd, ni allai fyned ymlaen â'r gwaith. Heblaw hyn, yn yr un flwyddyn, cafodd Pughe etifeddiaeth yn Nantglyn, ac aeth i fyw yno i edrych ar ôl yr ystad. Felly, daeth pen ar weithgarwch y ddeuwr nodedig hyn. Ond gellir gweled heddiw yn eu llawysgrifau yn yr Amgueddfa Brydeinig ac yn y Llyfrgell Genedlaethol eu bod wedi casglu'r rhan fwyaf o ryddiaith yr Oesoedd Canol ac o weithiau'r cywyddwyr, ond ysywaeth, ni ellid eu cyhoeddi. Ac mewn gwirionedd, y mae Bwrdd Gwasg Prifysgol Cymru heddiw yn ceisio cwplâu'r gorchwyl y bwriadai Pughe ac Owain Myfyr ei gyflawni gant a hanner o flynyddoedd yn ôl.

Nid hawdd inni heddiw lwyr sylweddoli pwysigrwydd y

Myvyrian Archaiology. Nid hawdd, chwaith, inni amgyffred anwybodaeth ysgolheigion y cyfnod blaenorol am ein hen lenyddiaeth. Dengys llythyrau Goronwy Owen mai ychydig a wyddai am hanes llenyddiaeth Gymraeg, a sonia o hyd am ei awydd i gael gafael ar gopïau o awdlau'r Gogynfeirdd. Yn wir, gellir haeru'n ddibetrus fod y *Myvyrian Archaiology* wedi dechrau cyfnod newydd yn hanes ysgolheictod Cymreig. Onibai am waith Pughe, ni allai Thomas Stephens fod wedi sgrifennu ei lyfr, *The Literature of the Kymry*, ac yn bwysicach fyth, ni byddai gan ieithegwyr fel Zeuss a Syr John Rhŷs mo'r deunydd i astudio hanes y Gymraeg. Dyma gyfraniad mawr Pughe. A chofier ei fod yn gweithio o dan anfanteision. Yr oedd yn rhaid iddo yn aml iawn ddibynnu ar gopïau diweddar. Aeth i'r Hengwrt yn 1800 i weled y llawysgrifau hynaf, ond ni châi fyned i'r Llyfrgell. Ac yn y gegin, wedi i rywun ddwyn y llawysgrif o'r Llyfrgell, y bu'n copïo darnau o Lyfr Du Caerfyrddin. Felly, nid ei fai ef yn hollol ydyw iddo ddibynnu ar gopïau diweddar yn lle rhoi'r testunau cynharaf—a dyna brif feirniadaeth ysgolheigion diweddar ar y *Myvyrian Archaiology.*

Ond fel y dywedais eisoes, nid cyhoeddi'r hen lenyddiaeth ydoedd unig fwriad William Owen [-Pughe]. Yr oedd hefyd am astudio'r iaith, fel y gellid deall yr Hen Ganu a gweithiau'r Gogynfeirdd. Dechreuwyd y gwaith hwn gan Ieuan Fardd pan gyhoeddodd ei lyfr, *Some Specimens of the Poetry of the Antient Welsh Bards* (1764). Dyma ei brif ddiddordeb yn ei flynyddoedd cynnar yn Llundain, a gwelodd na ellid gwneuthur dim cynnydd yn y cyfeiriad hwn heb fyned yn ofalus trwy weithiau'r Cynfeirdd a'r Gogynfeirdd, a chyhoeddi Geiriadur a fyddai'n cynnwys yr holl eiriau a geid ynddynt. Felly, yn 1789, cyhoeddodd *proposals* i ddisgrifio'r gwaith y bwriadai ei gyflawni. Ac yn 1793, dechreuodd y Geiriadur ymddangos yn rhannau, a daeth y rhan olaf allan yn 1803. Cynhwysai dros gan mil o eiriau, ac eglurid yn ofalus mai trigain mil a geid yng Ngeiriadur enwog y Dr. Johnson. A dyma'r gwaith a enillodd iddo ei le fel prif ysgolhaig Cymraeg y dydd, ym marn ei gyfoeswyr, a dyma'r gwaith a gollfarnwyd gan ysgolheigion fel Syr John Rhŷs a Syr John Morris-Jones. Wel, ynteu, pa beth yw'r gwirionedd amdano ? Ni ellir mo'i egluro, na rhoi barn gytbwys arno heb fwrw golwg ar gyflwr ysgolheictod Cymraeg, ac ar ysgolheictod Celtaidd, yn y ddeunawfed ganrif. Rhaid cofio bod gan ieithyddion pob gwlad yn yr oes honno syniadau cwbl anghywir am ddatblygiad iaith ac am gysylltiad ieithoedd â'i gilydd. Tybiai'r Dr. John Davies yn yr ail ganrif ar bymtheg fod cysylltiad agos rhwng y Gymraeg a'r Hebraeg, ei bod yn un o'r mamieithoedd dwyreiniol, a derbynnid hyn gan y rhan fwyaf o ysgolheigion o'r cyfnod hwn ymlaen, ac eithrio Edward Lhuyd, ond y mae ef fel pelican yn yr anialwch, ac ni chafodd ei syniadau ieithegol ef ddylanwad o fath yn y byd ar wŷr y ddeunawfed ganrif. Yna parodd y syniad am gysylltiad yr ieithoedd Celtaidd a'r Hebraeg i rai Llydawyr lunio damcaniaethau rhyfeddol am le arbennig y rhain ymhlith ieithoedd y byd. Un o'r Llydawyr hyn oedd Pezron, cyfoeswr â Lhuyd, a fynnai mai disgynyddion Gomer oedd y Cymry a'r Llydawiaid, ac mai Gomeriaid oedd y Titaniaid, a wnaethpwyd yn dduwiau gan y Groegwyr a'r Rhufeiniaid. Pezron oedd y prif awdurdod ar hanes y Celtiaid ym marn Lewis Morris a'i gymheiriaid. Yna aethpwyd i ddamcaniaethu am darddiad iaith ac am nodwedd yr iaith a siaredid yng Ngardd Eden. Nid astudio seiniau, a chysylltu ieithoedd â'i gilydd yn null Lhuyd, ond damcaniaethu ac athronyddu. Pwnc i athronwyr oedd hanes iaith yn y cyfnod hwn. Yr oedd y famiaith gyntefig, meddid, wedi ei llunio o wreiddeiriau unsillaf, a chyfuniadau o'r gwreiddeiriau hynny a geid ym mhob iaith ar wyneb y ddaear. Ac yn y ddeunawfed ganrif, gwelir Llydawr arall o'r enw Le Brigant yn llunio damcaniaeth syfrdanol—damcaniaeth a dderbyniwyd gan gymdeithasau dysgedig ym Mharis—mai yn y Llydaweg a'r Gymraeg y gellir canfod ystyr y gwreiddeiriau hynny. 'The Primitive Language', meddir yn y *Journal des Sçavans* yn 1767, 'eclipsed for these four thousand years past, is, after so long a period, entirely retrieved'. Hyn sy'n egluro gwaith y Cymro Llundeinig lloerig hwnnw o Lanbedrog, Rowland Jones, a gyhoeddodd amryw gyfrolau a ysbrydolwyd gan y ddamcaniaeth hon, ychydig flynyddoedd cyn i Pughe gyrraedd Llundain. Felly, dyma'r syniadau a goleddid gan ieithyddion y cyfnod, ac nid rhyfedd i Pughe gyda'i frwdfrydedd arferol eu derbyn. Byddai'n ŵr eithriadol iawn petai wedi eu gwrthod. Yn wir, ceir ymhlith ei lythyrau amryw a gafodd ar y ddamcaniaeth hon oddi wrth ysgolheigion y Cyfandir. Ofnaf nad oedd beirniaid Pughe wedi sylweddoli hyn oll, oherwydd edrychant ar ei ymgais i egluro geiriau Cymraeg yn ei Eiriadur fel rhyw chwiw a berthynai iddo ef ei hun. A dyma un rheswm paham y condemniwyd y Geiriadur. Heblaw hynny, ceir ynddo lu o eiriau a luniwyd ganddo ef ei hun, oherwydd credai ef, megis ei gyfoeswyr, mai un peth a ddyry arbenigrwydd ar y Gymraeg ydyw'r modd y gellir llunio geiriau tarddiadol o bob math, a chyfansoddeiriau. Felly y ceisiodd gyfoethogi'r iaith fel y gellid cael ynddi gerddi ar bob math o destunau, ac fel y gellid ymdrin â phob gwyddor, a bu'r Geiriadur yn fwyngławdd i lenorion a beirdd Cymru yn y ganrif ddiwethaf. Mewn gwirionedd, ceisiai gyflawni'r un gorchwyl â Gruffydd Robert a'r dyneiddwyr eraill yn yr ail ganrif ar bymtheg. Ond ysywaeth, lluniodd eiriau yn unol â'r ddamcaniaeth am y gwreiddeiriau cyntefig, ac felly condemniwyd yr adran hon o'r Geiriadur yn ddiarbed. Y mae hyn oll wedi peri i'r beirniaid golli golwg ar rinweddau'r Geiriadur, oherwydd y mae iddo rinweddau pendant. Yn wir, ond inni anghofio'r ymgais i ddangos tarddiad geiriau, ac i roi ystyr gyntefig y geiriau hynny yn unol â'r tarddiad, a'r ymgais i gyfoethogi'r iaith trwy lunio cannoedd o eiriau newydd,—ond inni anghofio'r agweddau hyn, y mae'n Eiriadur da a phwysig. Gwelir ynddo gynnydd pendant yn y gwaith o egluro geirfa'r iaith. Fel y dywedais, bu Pughe am flynyddoedd yn astudio'r hen destunau, a chofnododd ugeiniau lawer o eiriau nad oedd yr un geiriadurwr wedi sylwi arnynt hyd yn hyn, ac nid yn unig hynny, ond llwyddodd i egluro llu ohonynt. Dyma paham y dywedais fod ei Eiriadur yn un da a phwysig. Oherwydd, dyma'r llyfr a oedd wrth benelin gwŷr megis Thomas Stephens yn y ganrif ddiwethaf pan geisient ddeall canu'r Cynfeirdd a'r Gogynfeirdd. Pa gynnydd bynnag a wnaethpwyd yn y gwaith hwn cyn dyddiau Syr John Rhŷs, rhaid inni i raddau helaeth ei briodoli i Eiriadur Pughe.

Ond nid hynny yn unig. Y mae yn ei Eiriadur yn dyfynnu'n helaeth o weithiau'r Cynfeirdd a'r Gogynfeirdd ac o ganu'r cywyddwyr, a chais gyfieithu pob dyfyniad. Dengys y rhain eto fod ganddo ddawn bendant i synhwyro ystyr geiriau ac i ddeall cystrawen anodd a chelfyddydol y beirdd. Gwelir yr un peth yn ei gyfieithiad o Ganu Llywarch Hen. Ac ystyried y cyfnod, y mae'r cyfieithiadau hyn yn haeddu cryn ganmoliaeth. Ac ef oedd y cyntaf, cyn belled ag y gwn i, i geisio dangos sut i ddeall yr arddull gelfyddydol a'r cyfansoddeiriau cymhleth sy'n nodweddu awdlau'r Gogynfeirdd. Dyma yn ddiamau, un o'r pethau pwysicaf a welir yn ei Ramadeg, a gyhoeddodd gyda'r Geiriadur yn 1803, ymgais onest i egluro cymhlethdod yr hen farddoniaeth. Fel y gŵyr pawb, cafodd y Gramadeg hwn ei feirniadu'n llym iawn gan Syr John Rhŷs a'i ddilynwyr, gramadeg, meddent, ' a effeithiodd yn adwythig iawn ar hynt ysgolheictod yng Nghymru,' a gamarweiniodd yr holl ramadegwyr yn hanner cyntaf y ganrif, ac a wnaeth orgraff yr iaith yn bwnc dadlau ffyrnig. Y mae hyn oll yn wir, ond eto, dylem heddiw geisio egluro dull Pughe o drin yr iaith, a dangos pa bethau a effeithiodd arno, ac yn bennaf oll, dylem geisio penderfynu a geir ynddo unrhyw gyfraniad i astudiaeth o'r iaith lenyddol. Fel y dywedais, y mae ei ymgais i egluro cyfansoddeiriau'r beirdd yn nodwedd go bwysig, ac ym mhob adran cawn ddyfyniadau helaeth o weithiau'r penceirddiaid i egluro'r rheolau, ond ysywaeth, difethwyd y gwaith gan y syniadau a oedd ganddo am swydd gramadegwr.

Oherwydd nid ymgais seml i ddisgrifio'r iaith a geir ganddo. Prawf ei gyfieithiadau o'r dyfyniadau sy'n llenwi tudalennau'r Geiriadur y gallai fod wedi gwneuthur hynny. Ond nid dyna ei syniad ef am waith gramadegwr. Na, credai ef, megis y damcaniaethwyr hynny y cyfeiriais atynt gynnau, a fynnai mai cyfuniadau o wreiddeiriau'r famiaith gyntefig ydoedd pob iaith ar wyneb y ddaear, mai gwaith gramadegwr ydoedd peri i bob iaith ddangos y gwreiddeiriau hynny, ac edfryd ffurfiad cysefin yr iaith. Nid ar Pughe yr oedd y bai am hyn—dyma'r syniadau a goleddai ysgolheigion y cyfnod yn Ffrainc a Lloegr a gwledydd eraill, a chyfansoddwyd gramadegau cyffelyb i'w eiddo ef. Meddai un o ieithyddion yr oes hon, ' the chief business of grammars is to aid and supply the defects and imperfections in languages'. Hynny yw, edfryd ffurfiad gwreiddiol yr iaith. Rhof un enghraifft o hyn. Tybid mai'r hyn a geid ym merfau pob iaith ydoedd enwau neu ansoddeiriau gyda gwahanol ffurfiau'r ferf *bod* fel terfyniadau. Cymerwn y ffurf *dysgwyf*, person cyntaf unigol, presennol y modd dibynnol, fel y gŵyr pawb. Yn ôl Pughe, ffurfiwyd *dysgwyf* o *dysg* +

wyf ' I am ', ac felly, rhaid trin y ffurf fel person cyntaf unigol y modd mynegol. Ac felly, rhaid rhoi *dysgwyd* fel ail berson. Ni welsai enghraifft o *dysgwyd* fel ail berson, ond rhaid mai dyna oedd yr hen ffurf yn ôl ei ddamcaniaeth ef. Ac felly ymlaen. Ac y mae hyn eto'n egluro'r cyfnewidiadau a wnaeth yn yr orgraff, un o'r pethau a gafodd fwyaf o sylw gan ei feirniaid. Hyd yn hyn, glynid wrth yr hen orgraff draddodiadol, fel y ceid hi yn y Beibl. Ond, meddai Pughe, dylai'r orgraff ddangos tarddiad y geiriau, hynny yw, ddangos gwreiddeiriau'r famiaith gyntefig. Dyma'r syniad sy'n gormesu arno ym mhob cyfeiriad. Er enghraifft, Cymraeg = Cynmraeg am ei fod yn dod o *cyn* a *bro* ; *tori* gydag un *r* am ei fod yn deillio o'r gwreiddeiriau *to* ac *or*. Hyn sy'n egluro'r holl gyfnewidiadau a wnaeth yn yr orgraff, ac nid oedd neb yn y cyfnod, ar wahân i rai offeiriaid a fynnai lynu wrth orgraff y Beibl, yn ei feirniadu ; o'r hyn lleiaf, nid oedd neb yn beirniadu'r egwyddor, oherwydd nid oedd gan neb ohonynt syniadau amgenach am dwf iaith ac am hanes y Gymraeg. Ni allai neb ei feirniadu'n ddeallus nes i'r Cymry ymgydnabod â gwyddor ieitheg yn hanner olaf y ganrif. Y mae hyn hefyd yn egluro ei iaith a'i arddull, ' Cymraeg William Owen [-Pughe],' y bu cymaint chwerthin am ei ben yn y cyfnod diweddar. Credai ef, megis Iolo Morganwg ac eraill, y dylid llunio iaith lenyddol yn unol â syniadau'r oes am berffeithrwydd iaith, hynny yw, i ddangos ei ffurfiad cysefin, gan ddefnyddio'r ffurfiau gwneuthur sydd yn y Geiriadur. Mynnai Iolo fenthyca'n helaeth o'r Gernyweg a'r Llydaweg. Dyma'r iaith a welir yn ei gyfieithiad o *Goll Gwynfa* John Milton, cynnyrch hen ddyddiau Pughe, ac nid oes dim yn dangos yn well gyflwr ysgolheictod Cymraeg yn y ganrif ddiwethaf a'r anwybodaeth am hanes yr iaith lenyddol, na'r modd y mae gwŷr mor gytbwys eu barn â'r Dr. Lewis Edwards yn canmol ei gyfieithiad o *Goll Gwynfa*, cyfieithiad 'ardderchog', meddai yn *Y Traethodydd*, ' mewn iaith ystwyth Gymreigaidd'. Na, rhaid priodoli'r iaith ryfedd hon i ddamcaniaethau'r oes. Plentyn ei gyfnod ydoedd Pughe, a dyna ffaith a anghofiwyd yn llwyr gan ei feirniaid.

Rhaid inni gofio'n barhaus am awyrgylch feddyliol yr oes wrth astudio ei hanes. Gellir dywedyd amdano ef, megis am ei gyfaill, Iolo Morganwg—oherwydd yr oedd y ddau'n gyfeillion mawr yn y cyfnod yr wyf yn sôn amdano—gellir dywedyd amdano ei fod yn rhamantydd eithafol, gŵr a oedd yn barod i dderbyn syniadau'r cyfnod am hanes y ddynoliaeth. Hyn sy'n egluro llawer o ddamcaniaethau'r ieithyddion am iaith seml gyntefig y ddynoliaeth. Ac ochr yn ochr â hyn, ceir syniadau Rousseau am burdeb y bywyd cyntefig, am yr oes Batriarchaidd a'r modd y darfu i wareiddiad ladd y purdeb hwnnw, ac arwain yn y man i fywyd llwgr y ddinas ac i bob math o anghyfiawnderau. Yr oedd gwledydd pell ac anwaraidd y ddaear, a'u trigolion (' the Noble Savage '), o ddiddordeb angerddol i'r gwŷr hyn. Hyn oll sy'n egluro derwyddiaeth Iolo a Gorsedd y Beirdd, crefydd bur yr Oes Batriarchaidd, ac ni chafodd Iolo eiddgarach disgybl na William Owen [-Pughe]. Dyma paham y treuliodd Iolo ac yntau fisoedd lawer tua 1791 i gasglu tystiolaethau am y Madogwys, yr anwariaid Americanaidd, disgynyddion Madog ab Owain Gwynedd, a barhâi i siarad Cymraeg draw ymhell yn unigeddau'r fforestydd yn yr Unol Daleithiau. A Pughe ac Iolo a enynnodd ddiddordeb Southey yn y pwnc hwn, a dyna paham y canodd ei gerdd *Madoc*. Ac megis y rhan fwyaf o'r rhamantwyr, pleidiai'r Chwyldro Ffrengig, a chredaf iddo ymuno â rhai o'r cymdeithasau chwyldroadol a flagurai yn Llundain tua 1791. (Er hynny, gellir ychwanegu, rhwng cromfachau, iddo yn nes ymlaen ymuno â'r Clerkenwell Volunteers pan fygythiai Napoleon oresgyn yr ynys.) Y mae'r un peth yn wir am ei agwedd at grefydd : nid apêl at y deall a effeithiai arno, eithr apêl at y dychymyg. Yn 1802, ymunodd â Chymdeithas yr Undodiaid (neu'r Dwyfundodiaid, fel y gelwid hwy y pryd hwnnw) a sefydlwyd gan Iolo yn Neheudir Cymru, a hynny oherwydd i Iolo ei ddarbwyllo mai Undodiaeth a gynrychiolai grefydd yr Oes Apostolaidd, ac mai hi a dderbyniwyd gan y Derwyddon. (Undodiaeth bur oedd crefydd y beirdd ar hyd y canrifoedd, meddent.) Ond ym mis Mehefin 1803, ymwelodd â'r broffwydes, Joanna Southcott, y broffwydes a fynnai mai ati hi y cyfeirid yn y ddeuddegfed bennod o Lyfr y Datguddiad, ac y byddai iddi, fel y dywedid yno, esgor ar fab gwryw, yr hwn 'oedd i fugeilio'r holl Genhedloedd'. Ymunodd â'i heglwys, a chafodd swydd fel un o'r diaconiaid, a chyn belled ag y gwn i, parhaodd yn aelod hyd ei fedd. Gwnaeth hyn fwy o ddrwg iddo yng Nghymru na dim arall, ond eto rhaid inni gofio fod llawer iawn o wŷr tra deallus wedi ymuno â'r eglwys hon. Pa un bynnag, dengys hyn eto ei barodrwydd i groesawu syniadau newydd, rhamantaidd, a gyffrôi ei ddychymyg. O dan y cyfryw amgylchiadau â hyn, yr oedd yn ŵr hawdd iawn dylanwadu arno. Meddai Dafydd Ddu Eryri mewn llythyr at Wallter Mechain: ' Mr. Owen's puerile imbecility in erecting a religious system (if so it may be called) on the baseless fabric of a vision, is he not to be considered as an object of pity ? One of his most intimate friends in London said of him, " Mae efe wedi pendroni, ni wna efe ddaioni yn y Byd yn rhagor." I humbly apprehend that Iolo and [Joanna] Southcote [sic] have brought an inoffensive individual to the borders of [insanity].' Dyna ei wendid, ac oherwydd hynny, rhaid dywedyd na chanfyddir wrth astudio ei waith mo'r cydbwysedd barn na'r sadrwydd na'r gallu i sefyll o'r neilltu wrth astudio hanes ac iaith sy'n gyneddfau anhepgor i'r gwir ysgolhaig, ac sydd mor amlwg yn y Dr. John Davies ac Edward Lhuyd, ac i raddau helaeth yn Ieuan Fardd. Heblaw hyn, ni chawsai yn ei ieuenctid hyfforddiant manwl mewn Lladin a Groeg. Eto, pe cawsai'r hyfforddiant hwnnw, ni byddai hynny o angenrheidrwydd wedi ei gadw rhag derbyn syniadau cyfeiliornus yr oes am hanes iaith, canys yr oedd gwŷr fel Gwallter Mechain, a drwythwyd yn nysg Rhydychen, yn croesawu'r holl ddamcaniaethau ieithyddol y cyfeiriais atynt. Ond dylem gofio ar yr un pryd iddo roi cryn sylw i lyfrau Syr William Jones ar yr iaith Sanskrit —a bu Iolo am gyfnod yn ymroi i ddysgu'r iaith honno—a phetai Pughe yn ysgolhaig clasurol, ni allaf beidio â meddwl y gallai fod wedi canfod arwyddocâd darganfyddiadau chwyldroadol y gŵr hwnnw. Pa un bynnag, dyma enghraifft arall o'r diddordeb byw a gymerai ym mhopeth a âi ymlaen yn y byd llenyddol.

Fel y dywedais eisoes, ef yw un o'r ysgolheigion mwyaf gweithgar a fu'n ymhél ag astudiaethau Cymraeg, o'r hyn lleiaf yn y cyfnod 1782-1807. (Dylwn egluro yma fy mod wedi cyfyngu fy sylw i'r pum mlynedd ar hugain hyn. Dyma pryd y cyflawnodd ei holl waith pwysig. Wedi iddo gael yr ystad yn Nantglyn, darfu am y gweithgarwch mawr hwn). Ceisiais ddangos fod y gwaith a gyflawnodd yn ei ieuenctid a blynyddoedd cynnar canol oed yn llawer iawn pwysicach nag a dybir yn gyffredin. Wedi marw Ieuan Fardd, ef ac Iolo oedd y prif awdurdodau ar hanes llenyddiaeth Gymraeg, ac ar y llawysgrifau, ac onibai am ei weithgarwch anhygoel ef, ni allai Owain Myfyr fod wedi llwyddo i gyflawni bwriad yr hen ysgolheigion, sef cyhoeddi'r hen lenyddiaeth. Ac yn bwysicach fyth, dengys ei Eiriadur a'i gyfieithiadau gynnydd sylweddol yn y gwaith o astudio geirfa'r iaith ac arddull gelfyddydol y penceirddiaid. A dylwn yma gyfeirio at un peth arall na chafodd ddigon o sylw gan ei feirniaid. Ef a hyfforddodd ei fab, Aneurin Owen, yn yr iaith lenyddol, a dengys argraffiad y gŵr hwnnw o'r Cyfreithiau Cymreig a gyhoeddwyd yn 1841, ac yn arbennig ei gyfieithiadau o'r hen destunau mai ef oedd yr ysgolhaig Cymraeg mwyaf solet a chyfrifol yn hanner cyntaf y ganrif ddiwethaf. Y mae'n sicr mai ei dad a eglurodd iddo ffurfiau Cymraeg Canol a phrif nodweddion cystrawen yr iaith yn y cyfnod hwnnw. Ac onibai am waith Pughe, byddai hanes ysgolheictod Cymraeg wedi ei ddydd ef yn dra gwahanol i'r hyn ydyw. Credaf ei bod yn ddyletswydd arnom gofio am hyn wedi'r holl feirniadu a fu arno gan Syr John Rhŷs a'i ddilynwyr.

Ni byddai'r ymdriniaeth hon yn gyflawn heb gyfeiriad at un peth arall : o'r holl ysgolheigion Cymraeg y gwyddom ddim amdanynt, ef yw'r cymeriad hoffusaf. 'I was never more pleased with the Society of any man,' meddai John Jenkins, offeiriad Ceri, wrth Garnhuanawc yn 1827, 'than his [sef Pughe] during the Fortnight we passed together last Autumn.' Gŵr addfwyn, distaw, swil, parod ei gymwynas. 'From the opinion which I entertain of your *calmness* of temper,' meddai John Williams, Llanrwst, mewn llythyr a anfonodd ato yn 1793, '(onid Gwilym Dawel yw'r enw a rodded arnoch gan eich cyfeillion) I have been induced to speak my sentiments openly and freely.' 'Gwilym Owain ddiniweidiav yn vyw,' meddai John William Prichard, Plas-y-brain yn 1805. Mewn gwirionedd, y mae llythyrau'r oes yn llawn o sylwadau cyffelyb ac o gyfeiriadau at ei barodrwydd i helpu pawb a ymddiddorai yn yr un pynciau ag yntau. Ni welir na chenfigen nac eiddigedd wrth weled eraill yn gweithio yn yr un meysydd. Ac wedi i'w gyfoeswyr ddechrau ei alw yn ben ieithydd ac yn ben Cymreigydd yr oes honno, fel yr awdurdod pennaf ar yr iaith, yn wir, yr ysgolhaig mwyaf a welodd y genedl, ac wedi derbyn pob math o anrhydeddau, ac yn eu plith, radd Doethur gan Brifysgol Rhydychen,—wedi hyn oll, nid yw'n ymfalchïo. Nid oes arlliw o hunanoldeb yn ei ysgrifau, nac ychwaith yn ei lythyrau, ac nid oes ynddynt ymosodiadau ar neb, hyd yn oed ar ei elynion pennaf yn ei hen ddyddiau, megis Iolo Morganwg a Dewi Wyn o Eifion. Ie, un o'r cymeriadau hoffusaf, a chredaf ei bod yn iawn imi geisio gwneuthur cyfiawnder ag ef, a rhoddi iddo ei le dyledus, yn enwedig wrth annerch Cymdeithas y bu ef yn aelod ohoni, ac yn y ddinas lle y cyflawnodd waith mawr ei fywyd gant o hanner o flynyddoedd yn ôl. Dyna paham yr oedd yn bleser gennyf dderbyn eich gwahoddiad i siarad ar William Owen [-Pughe].

IX

AB ITHEL[1]

WRTH astudio hanes llenyddiaeth Gymraeg a hanes ysgolheictod Cymraeg yn hanner cyntaf y bedwaredd ganrif ar bymtheg, un o'r pethau cyntaf a welir ydyw fod canolfan y mudiad a greodd ddiddordeb mewn pynciau Cymreig yn symud o Lundain i Gymru. Wedi marw Owen Myfyr ni bu ryw lawer iawn o lewyrch ar y Cymdeithasau Cymraeg hynny a wnaeth gymaint er hyrwyddo'r Eisteddfod ac i ennyn diddordeb yn ein hen lenyddiaeth. Ond pan edwinai'r bywyd hwn yn Llundain, gwelwn offeiriaid o Gymry, o gael cefnogaeth y boneddigion a'r esgobion, yn dechrau sefydlu cymdeithasau tebyg yng Nghymru, sef Cymdeithasau Taleithiol Dyfed, Gwynedd, Powys, a Gwent. Nid yn unig cynhaliai'r Cymdeithasau hyn Eisteddfodau, eithr hefyd mynnent barhau'r gwaith a gychwynnwyd gan wŷr Gwyneddigion Llundain, sef hyrwyddo astudiaeth o hanes a hynafiaethau Cymru, a chyhoeddi cynnwys y llawysgrifau. Gwelid o 1820 ymlaen sefydlu ' Cymrodorion ' a ' Chymreigyddion ' a ' Chymdeithasau Cymroaidd ' mewn llu o drefydd yn y Gogledd a'r Deau. Ond efallai mai'r bwysicaf o'r cymdeithasau hyn ydyw ' Cymreigyddion y Fenni ' a gychwynnwyd ym mis Tachwedd, 1833, pan gyfarfu pump ar hugain o wŷr cyfrifol yn y Sun Inn. Nid oedd wahaniaeth rhyngddi ar y dechrau â chymdeithasau eraill y cyfnod, a gellir priodoli ei gweithgarwch a'i phwysigrwydd i'r Cymro didwyll a'r ysgolhaig gonest hwnnw, Thomas Price (*Carnhuanawc*) ac i'r boneddigion o Gymry a weithiodd yn galed drosti, yn enwedig teulu Llanover a theulu Aberpergwm. Daeth bri ar ysgolheictod Cymraeg, yn enwedig o weled gwŷr o'r Cyfandir, o Lydaw a Ffrainc a'r Almaen, yn dyfod i'r cyfarfodydd, yn cymryd diddordeb yn yr iaith Gymraeg ac yn ein hanes a'n llên, yn cystadlu ac yn ennill gwobrwyon yn yr Eisteddfodau a gynhelid gan y Gymdeithas. Etholwyd M. Riew o Lydaw yn Llywydd yn 1836, ac arweiniodd Villemarqué ddirprwyaeth o Lydaw yn 1838, a dyna ddechrau'r " mudiad

[1]Cyhoeddwyd gyntaf yn *Y Llenor*, xii (1933), 216-30 ; xiii (1934), 88-100.

Celtaidd " yng Nghymru. Yn 1840 enillodd yr Almaenwr Albert Schulz wobr o 80 gini am draethawd ar " The Influence of Welsh Tradition upon the Literature of Germany, France and Scandinavia," ac yn Eisteddfod 1842 enillodd Almaenwr arall, y Dr. Carl Meyer o Rinteln, y " wobr fawr " o 70 gini am draethawd ar yr Ieithoedd Celtaidd. Ond prif wasanaeth Cymreigyddion y Fenni ydoedd rhoddi cyfle i Thomas Stephens i ysgrifennu ei lyfr, *The Literature of the Kymry*, er na chafodd namyn 25 gini amdano yn Eisteddfod 1848. Gwelir, felly, fod y Gymdeithas hon hefyd yn rhyw dybied bod testunau " Celtaidd " neu destunau sy'n ymwneuthur â chyfraniad Cymru i lên a bywyd gwledydd eraill yn bwysicach na thestunau na ofynnant ond am wybodaeth o'r Gymraeg. A ffynnai'r syniad arall sydd erbyn heddiw'n ddigon cyffredin, sef bod gwaith tramorwyr, o angenrheidrwydd, yn llawer gwell na gwaith Cymro. Cyhoeddwyd llyfr Stephens ymhen blwyddyn ar draul un o aelodau'r Gymdeithas, sef Syr John Guest. Heblaw hyn, dywedir mai awgrym a wnaethpwyd yn un o'r Eisteddfodau a symbylodd yr Arglwyddes Charlotte Guest i droi'r Mabinogion i'r Saesneg.

Gwyddom hefyd i Gymreigyddion y Fenni ymgymryd â gwaith y buasai cymaint o sôn amdano gan Wyneddigion Llundain tua dechrau'r ganrif a diwedd y ganrif flaenorol, sef cyhoeddi cynnwys yr hen lawysgrifau. Ymdriniwyd â'r pwnc mewn cyfarfod a gynhaliwyd ym mis Tachwedd 1836, ac ar awgrym W. Williams o Aberpergwm, penderfynwyd sefydlu cymdeithas i ddwyn y gwaith ymlaen, a dyna ddechrau'r *Welsh MSS. Society*. Er nad oedd gysylltiad uniongyrchol rhyngddi a Chymreigyddion y Fenni, eto edrychai'r aelodau arni fel adran o'r Gymdeithas honno. Parhaodd i weithio am tua deng mlynedd ar hugain, ac ymddangosodd amryw gyfrolau dan ei nawdd, wedi eu hargraffu yn y wasg orau yng Nghymru, sef gwasg William Rees, Llanymddyfri. Ac oherwydd dylanwad teuluoedd Llanover, Aberpergwm, Tredegar, etc., cafwyd digon o aelodau o blith pendefigion y deyrnas, ac yr oedd yn wiw gan y Brenin, William IV, ac wedi hynny'r Frenhines Victoria ac eraill o'r teulu brenhinol (yn ogystal ag Ymherodr Rwsia a'r Tywysog Lucien Bonaparte yn nes ymlaen) roddi eu henwau fel noddwyr. Penodwyd gwŷr i wasanaethu fel

" golygyddion ", ac yn y cyfnod cynnar yr enwau amlycaf ydoedd Rice Rees, Athro Cymraeg yng Ngholeg Dewi Sant, a'i ewythr, W. J. Rees, rheithor Cascob, a Syr Samuel Rush Meyrick, y gŵr a ysgrifenasai hanes Sir Aberteifi. Gofynnwyd i Rice Rees baratoi argraffiad o'r *Liber Landavensis*, ond bu ef farw'n ddisyfyd yn 1839, a chwblhawyd y gwaith gan ei ewythr, W. J. Rees, yn 1840. Argraffiad digon anfoddhaol ydoedd, oherwydd er bod y golygydd yn gwybod am y llawysgrif wreiddiol (a oedd ar y pryd yn Owston, Doncaster) ymfodlonodd ar argraffu copi Robert Vaughan o Hengwrt. Ac ni ddilynodd hyd yn oed y copi hwnnw yn ffyddlon. Yr ail lyfr ydoedd *Heraldic Visitations* Lewys Dwnn a olygwyd gan Syr Samuel Rush Meyrick, ac a gyhoeddwyd yn ddwy gyfrol yn 1846. Er bod hwn yn un o'r gweithiau mwyaf defnyddiol a gyhoeddwyd gan Gymdeithas y Llawysgrifau, ni ellir dywedyd ei fod yn argraffiad boddhaol, oherwydd nid ymddengys fod Meyrick wedi ymgynghori â'r llawysgrif wreiddiol, yr hon oedd yng nghasgliad Hengwrt. Diddorol sylwi ar enwau'r " Editors and Collators of MSS." yn 1846. Heblaw W. J. Rees a Meyrick, ceir enwau Ieuan Glan Geirionydd, Tegid, Carnhuanawc, Aneurin Owen, ac Ab Iolo. Nid ymddengys fod Ieuan Glan Geirionydd na Thegid na Charnhuanawc nac Aneurin Owen wedi gwneuthur rhyw lawer ynglŷn â chyfrolau'r Gymdeithas, er mai Aneurin Owen ydoedd yr unig un ohonynt a oedd yn gwbl gymwys i'r gwaith o olygu hen destunau. Ond casglodd Ab Iolo lawer o fanion o blith papurau ei dad a chyhoeddwyd hwy gyda chyfieithiad ohonynt (oherwydd yr oedd cyfieithiad Saesneg yn rhan hanfodol o lyfrau'r Gymdeïthas) dan y teitl *Iolo MSS.* yn 1848, llyfr a wnaeth fwy o ddrwg i ysgolheictod Cymraeg nag un llyfr arall yn y ganrif ddiwethaf. A thua'r cyfnod hwn dechreuodd enw arall ymddangos ymhlith yr aelodau, sef " Rev. John Williams, M.A. Corr. Mem. of the Institute of France, &c. Nerquis". Etholwyd ef yn olygydd, ac ymhen y rhawg daeth yn brif olygydd cynhyrchion y Gymdeithas.

Oherwydd o'r cyfnod hwn ymlaen hyd ei farw yn 1862, gellir dywedyd mai John Williams ab Ithel ydoedd y ffigur amlycaf ym myd ysgolheictod Cymru. Ei enw ef a glywid fynychaf pa le bynnag y sonnid am lên a hanes Cymru. Bu'n un o olygyddion yr *Archæologia Cambrensis* o 1846 (pan gychwynnwyd ef) hyd 1853, ac wedi hynny, o 1854 hyd ei farw, efô ydoedd golygydd y *Cambrian Journal*, cylchgrawn y *Cambrian Institute*, cymdeithas y ceir enwau rhai o brif ysgolheigion Cymru ymhlith ei haelodau. Efô ydoedd Arholwr Cymraeg Coleg Llanymddyfri, a phan fu sôn tua'r flwyddyn 1854 am gael Cadair Gymraeg yng Ngholeg yr Iesu, ei enw ef a awgrymwyd gan wŷr cyfrifol yn Rhydychen ac yng Nghymru fel y gŵr cymhwysaf o bawb i'w llenwi.

Fe'i ganed ym mhlwyf Llangynhafal yn Sir Ddinbych yn 1811. Enw ei dad ydoedd Roger Williams, ond enw ei dadcu ydoedd William Bethell, a dyna paham y galwodd ef ei hun yn John Williams ab Ithel. Bu yn Ysgol Ramadeg Rhuthyn ac wedi hynny yng Ngholeg yr Iesu yn Rhydychen. Ychydig iawn a wyddom am ei hanes yn y cyfnod hwn, er ei bod yn fwy na thebyg iddo ddyfod i gysylltiad â Thegid, yr hwn oedd yn gurad yn Rhydychen. Pa un bynnag am hynny, enillodd ei radd yn 1835. Urddwyd ef yn offeiriad yn 1836, a chafodd guradiaeth Llanfor. Yn 1843 symudodd i Nercwys yn sir y Fflint lle y bu'n gurad hyd 1849, pan gafodd fywoliaeth Llanymawddwy yn sir Feirionnydd. Yma y bu hyd 1862, a dywed James Kenward [a ysgrifennodd gofiant iddo a gyhoeddwyd yn y *Cambrian Journal* (1862-4) ac wedi hynny yn llyfr yn 1876], fod awyr laith y lle mynyddig anhygyrch hwnnw wedi andwyo ei iechyd. Bu farw ym mis Awst, 1862, ychydig fisoedd wedi iddo symud i Lanenddwyn yn Ardudwy.

Y peth cyntaf y sylwn arno wrth astudio hanes ab Ithel yn y cyfnod pan ystyrid ef yn awdurdod ar hanes a llên Cymru, sef o tua 1846 hyd ei farw, ydyw'r ynni dihysbydd a'r gweithgarwch diderfyn a'i nodweddai. Gwelsom iddo fod yn un o olygyddion yr *Archæologia Cambrensis* am saith mlynedd, ac yn olygydd y *Cambrian Journal* o 1854 hyd 1862, a'i waith ef ydyw llawer iawn o gynnwys y cylchgrawn hwnnw. Yn yr un cyfnod bu'n golygu dau gylchgrawn Cymraeg, sef *Baner y Groes* a *Taliesin*. Heblaw hyn, golygodd bedair o gyfrolau'r *Welsh MSS. Society*, a phenodwyd ef gan y Llywodraeth i ddwyn allan y Croniclau Cymraeg, sef yr *Annales Cambriae* a *Brut y Tywysogion*, y rhai a ymddangosodd yn 1860. Dug allan argraffiad o'r *Gododin* gyda chyfieithiad a nodiadau yn 1852. Cyfieithodd amryw lyfrau Saesneg i'r Gymraeg, gan gynnwys rhai mân nofelau. Efô a drefnodd Eisteddfod Llangollen yn 1858, ac a ofalodd am ei chyhoeddi led-led Cymru. Er ei fod yn un o'r ysgrifenyddion (ac ar y pryd yn paratoi ei argraffiadau o'r Croniclau Cymraeg) cafodd amser i gystadlu ar rai o'r prif destunau, a phan ddaeth yr ŵyl, efô oedd y prif oruchwyliwr yn y babell a'r "arch-dderwydd" yn yr Orsedd. Dylid cofio bod gofal plwyf Llanymawddwy arno yn y cyfnod hwn, a'i fod yn ymwelydd ag Ysgolion Madam Bevan yng Ngogledd Cymru ac yn Arolygwr Ysgolion yr Eglwys yn Esgobaeth Llanelwy. Gwelsom ei fod hefyd yn Arholwr Cymraeg Coleg Llanymddyfri. Nid rhyfedd dywedyd bod llythyrdy Llanymmawddwy yn y cyfnod hwn yn lle nodedig o brysur.

O ddarllen ei ysgrifau a'i lyfrau gwelir yn eglur fod ab Ithel yn gynnyrch mudiad hynafiaethol y ddeunawfed ganrif, pan fynnid edrych ar hen hanes Cymru a hanes y Celtiaid yn gyffredinol, fel rhywbeth rhamantus, gan gysylltu'r rhamant hwnnw yn arbennig â'r Derwyddon. O safbwynt gwlatgarol yr edrychid ar y pynciau hyn, a thybid bod yr hen gofnodion yn rhoddi rhyw arbenigrwydd arnom fel cenedl. Gwelir hyn nid yn unig yng ngweithiau'r Cymry ond hefyd yn llyfrau'r estroniaid a gyrchai gyfarfodydd Cymreigyddion y Fenni ac a enillai wobrwyon yn yr Eisteddfodau. Beibl y gwŷr hyn ydoedd ysgrifeniadau Iolo Morganwg fel y ceid hwy yn niwedd y *Poems, Lyric and Pastoral*, yn y *Myvyrian Archaiology*, yng *Nghyfrinach y Beirdd*, ac yn arbennig yn yr *Iolo MSS.* a ymddangosodd yn 1848. Esgorodd y mudiad hwn tua chanol y ganrif ar ffolineb Myfyr Morganwg a'r Dr. Price o Lantrisant, ac er bod y datblygiad hwnnw wedi tarfu llawer o'r ysgol dderwyddol, credai ab Ithel fod y Myfyr yn meddu ar wybodaeth gyfrin a drosglwyddasai beirdd Morgannwg o'r naill genhedlaeth i'r llall ac a gawsai'r beirdd cyfoes gan Ab Iolo. Credai fod y cyfrinion hyn ac ysgrifeniadau Iolo yn taflu goleuni ar Gristnogaeth—er na wyddai yn iawn sut i ateb y rhai hynny a haerai mai peth cwbl baganaidd ydoedd derwyddiaeth y Myfyr—ac felly, nid rhyfedd ei weled yn cael ei urddo yn yr Orsedd a gynhaliwyd ar y Maen Chwyf ym Mhont-y-pridd ar Alban Hefin, 1856. Rhoddodd grynodeb o'r araith a draddododd ar y Maen Chwyf yn y *Cambrian Journal* (Mehefin, 1856;

t. 203), a chan ei bod yn egluro ei safbwynt, dyfynnaf ddarn ohoni :

> Ab Ithel, in his apology before the meeting for the defence of our bardism, and that because of the prejudiced disposition shown towards us by dissenters, said that there were *cyfrinion* in reality appertaining to our bardism ; that he had already received a portion of them, and that they were, in their doctrinal points, in perfect harmony with the laws of nature ; and as God could not be contrary to the work of His own hands, that there is not the slightest room for a doubt that a right study of those long-hidden treasures could in any way lead us into error with reference to the Truth, any more than studying geology or astronomy ; and that he believed the bardism of the Cymry to be a divine revelation and a prototype of Christianity, and the more he studied it, the more he wondered.

Ac felly, dug seremonïau'r Orsedd, a'r gwisgoedd, fel y disgrifir hwy gan Iolo Morganwg, i Eisteddfod Llangollen, ac yr oedd Myfyr Morganwg, a hyd yn oed y Dr. Price, yn wŷr amlwg yn y cyfarfodydd. Ac yn y cyfamser, cawsai un fantais arall, sef caniatâd i ddarllen ac i gopïo llawysgrifau Iolo a oedd erbyn y cyfnod hwn yn eiddo i deulu Llanover. Felly, gwyddai fwy na neb arall am yr hyn a elwid ganddo yn " farddas ", a dyna un rheswm paham yr edrychid arno gan lawer o Gymry a chan wŷr gwledydd eraill a gymerai ddiddordeb mewn pynciau " Celtaidd "—er enghraifft, y Ffrancwyr, Pictet a Henri Martin,—fel y prif awdurdod ar hanes a llên Cymru.

Nid ymddengys fod yr addysg a gawsai yn Rhydychen yn ddim help iddo wrth ymhél â phynciau Cymraeg. Nid rhaid rhyfeddu at hyn o gofio am lawer o offeiriaid y cyfnod, er enghraifft, Gwallter Mechain, ac yn arbennig, John Williams, Archddiacon Ceredigion, yr hwn oedd yn ysgolhaig clasurol o'r radd flaenaf ; ond ni chredaf fod cynddrwg enghraifft o'r ddeuoliaeth hon ag ab Ithel. Nid oedd ganddo unrhyw syniad am gymhwyso safonau beirniadaeth hanesyddol at yr hen gofnodion yr oedd yn ymwneuthur â hwy. Ni ddaeth i'w ben erioed ei bod yn bwysig darganfod hanes y llawysgrifau lle y ceid hwy, a phenderfynu eu hoedran wrth ddadansoddi'r iaith, a'r arddull, a'r cyfeiriadau sydd ynddynt. Wrth gwrs, ni ddisgwyliwn wybodaeth fanwl ysgolheigaidd am safonau ieithyddol yn y cyfnod hwn, er y dylid cofio bod Zeuss wedi cyhoeddi ei lyfr chwyldroadol ar yr ieithoedd Celtaidd, *Grammatica Celtica*, yn 1853, a bod ab Ithel wedi ysgrifennu adolygiad arno yn y *Cambrian Journal*, ond y mae'n iawn inni ddisgwyl rhyw gymaint o synnwyr cyffredin ynglŷn ag iaith gan ŵr a fuasai'n astudio'r clasuron yn Rhuthyn a Rhydychen. A phan fo Thomas Stephens ac eraill yn dechrau beirniadu'r ysgrifau derwyddol a chofnodion eraill fel Brut Aberpergwm mewn dull gwyddonol, ni eill ab Ithel wneuthur dim ond ymosod arnynt fel gwŷr anfoddog, cenfigenllyd, ac fel gwir elynion i'w gwlad, heb ymgais o fath yn y byd i ddeall eu dadleuon. Ceir enghraifft wych o hyn yn ei adolygiad ar erthygl Nefydd ar " Dderwyddiaeth " yn *Y Gwyddoniadur*, adolygiad a ymddangosodd yn y *Cambrian Journal* (Medi, 1860). Ceisiodd Nefydd ymdrin â'i bwnc fel hanesydd, ond dyma a ddywed ab Ithel amdano :

> Our space will not allow us to review this pendantic article as fully as we could wish. We have, however, sufficiently shown it to be a tissue of fallacy, conceit, and prejudice from one end to the other. Mr. Roberts [sef Nefydd] would do well to follow some profession suited to his genius and capacity, and abandon for ever the idea of overthrowing the empire of Welsh literature. He is not just the hero raised by Providence for this end. He cannot do it. His mind is too small.

Y mae'n debyg na châi ab Ithel ryw lawer o gyfle i ysgrifennu ar ei hoff bwnc yn yr *Archæologia Cambrensis*, a dyna paham y rhoddodd heibio'r olygyddiaeth yn 1853 ac ymroi i sefydlu cymdeithas a fyddai'n gefn i gylchgrawn " gwlatgarol ", hynny yw, cylchgrawn heb unrhyw " ragfarn " ynglŷn â'r " hen " gofnodion. Cafodd lu o Gymry i ymuno, oherwydd erbyn y cyfnod hwn, adwaenai brif aelodau'r *Welsh MSS. Society*, a daethai i gysylltiad ag eraill yng nghyfarfodydd blynyddol y *Cambrian Archæological Association*. Galwyd y gymdeithas hon ar y dechrau yn *The Historic Institute of Wales*, ac wedi hynny yn *Cambrian Institute*. Etholwyd pwyllgorau i ofalu am wahanol ganghennau, megis Hanes, Daeareg a Llysieueg, Daearyddiaeth, Ieitheg, Amaethyddiaeth, Llenyddiaeth Gymraeg, Cerddoriaeth, a Diwydiannau, ond gellid tybied nad oedd y cynllun mawreddog hwn yn golygu dim mewn gwirionedd. Ni chefais braw fod cynifer ag un o'r pwyllgorau wedi cyfarfod. Yn wir, ag eithrio rhai cyfarfodydd a gynhaliwyd gan gangen Llundain, yr unig beth a wnaethpwyd ydoedd cyhoeddi cylchgrawn, *The Cambrian Journal* (1854-64), o dan olygyddiaeth ab Ithel. Cafodd y gŵr hwnnw, felly, rwydd hynt i gyhoeddi erthyglau yn ymwneuthur â'r cofnodion derwyddol, yn ogystal â dyfyniadau helaeth o lawysgrifau Iolo. Gellir dywedyd mai dyma'r cylchgrawn " ysgolheigaidd " mwyaf anfeirniadol a di-fudd a gyhoeddwyd yng Nghymru erioed.

Yr oedd hefyd erbyn 1853 wedi ei ddewis yn un o olygyddion y *Welsh MSS. Society*, ac wedi marw'r Parch. W. J. Rees yn 1855, gellid tybied bod ei air ef yn ddeddf yng ngweithrediadau'r Gymdeithas. O hynny ymlaen, ei lyfrau ef yn unig a gyhoeddwyd, sef *Dosparth Edeyrn Davod Aur* (1856), *Meddygon Myddfai* (1861), *Barddas* (1862, 1874). Nid oes dim a ddengys wir gymeriad ab Ithel yn well na'r cyfrolau hyn. Yr oedd nid yn unig yn gwbl amddifad o gyneddfau'r ysgolhaig, ond hefyd yn ŵr trwyadl anonest, yn cyhoeddi ffrwyth ymchwil pobl eraill fel ei waith ei hun. Cymerwn y llyfr cyntaf, *Dosparth Edeyrn Davod Aur*. Ceir yn y gyfrol hon (i) y gramadeg a briodolir i Einion Offeiriad a Dafydd Ddu o Hiraddug, ond a gysylltwyd (gan Iolo Morganwg) ag enw Edeyrn Dafod Aur ; (ii) y Pum Llyfr Kerddwriaeth, sef y gramadeg a ddefnyddid gan feirdd yr unfed ganrif ar bymtheg, fel y ceir ef gan Simwnt Fychan ; (iii) cyfieithiad o (i), oherwydd disgwylid i olygyddion llyfrau'r *Welsh MSS. Society* gyfieithu'r testunau i'r Saesneg. Eithr nid cyfieithu yn unig a wnaeth ab Ithel, ond ychwanegu nodiadau helaeth fel y gallai lunio'r hyn a eilw yn " National Grammar".

Er bod copïau o'r hen ramadeg a briodolir i Einion Offeiriad a Dafydd Ddu i'w gweled mewn hen lawysgrifau, megis Llyfr Coch Hergest a Llsgr. Llanstephan 3, eto yr oedd yn gwbl eglur i bob beirniad cyfrifol nad dilyn y rheini a wnaeth ab Ithel, ac fe'i beirniadwyd yn ddiweddarach yn llym oherwydd hynny gan wŷr fel Syr John Morris-Jones. Ceisiodd rhai ei amddiffyn, a byddai'n werth inni yma ddyfynnu geiriau un o'r amddiffynwyr :

> Y mae'n deg ag Ab Ithel, ac yn deg a'i ddarllenwyr hefyd i wybod fod gwedd arall ar bethau. Y mae dwy *Lysg.* o'r hen Ramadeg ar gael, a'r ddwy bron yn gyfoed ag yn annibynnol a'i gilydd. Y mae'r naill yn *Llyfr Coch Hergest*, a'r llall yn y *Didrefnyn* yn *Llsg.* Llanstephan 3. Ceir mwy o " bennillion dangos " yn y *Llyfr Coch*, ac y mae trefn amryw bethau yn wahanol ynddynt. Y mae'r *Didrefnyn* yn gyfan ag eglur, ond y mae peth o'r *Llyfr Coch* wedi braenu ag yn aneglur . . . . Sylwer fod Ab Ithel yn dweyd mai copi o'r *Didrefnyn* sydd ganddo ef, ac y mae'r *Didrefnyn* yn well mewn llawer o bethau na'r *Llyfr Coch*, a cham ag ef yw ei gyhuddo am nad yw yn union fel y *Llyfr Coch* felly. Heblaw hynny, y mae yn gopi oedd yn eithaf teilwng o safon oes Ab Ithel . . . Newidiodd Ab Ithel lawer o eiriau i ffurf ddiweddar . . . ac ychwanegodd ryw bedwar pennill at y rhai oedd yn y *Didrefnyn*. Cywirodd lawer iawn o wallau, a gwnaeth hynny yn iawn ar y cyfan . . . Nid gwaith fel *Llyfr Coch* Dr. Gwenogvryn Evans ydyw wrth reswm, ond gwaith fel *Dafydd ap Gwilym* a *Iolo Goch* gan yr athro I Williams. Dywedir yn Rhagair *Iolo Goch* fod yr orgraff wedi ei diweddaru yn y rhai hyn, a da oedd y bwriad. Seiliodd Syr John ei "*Gerdd Dafod*" ar y ffurfiau diweddar hyn ar ol newid tipyn o honynt, ac y mae gwaith Ab Ithel rywbeth yn debyg a gellir ei ddefnyddio at ddiben gramadeg yn weddol hyderus.[1]

Y mae'n rhyfedd meddwl *na ellir derbyn odid un gosodiad* yn y dyfyniad uchod. Yn gyntaf oll, nid yw'r copi sydd yn y " Didrefnyn " yn " gyfan ag eglur,"—yn wir, ni eill y craffaf ei lygaid ddarllen rhannau ohono. Ond ceir copi perffaith yn y Llyfr Coch, a haeriad noeth a hollol ddi-sail oedd dywedyd ei fod wedi " braenu ag yn aneglur". Yn ail, ni welodd ab Ithel y " Didrefnyn " erioed. Ac yn drydydd, nid oedd dim a fynnai ab Ithel â'r testun a gyhoeddwyd. Er mwyn deall y sefyllfa, dylid dywedyd bod y *Welsh MSS. Society* wedi penderfynu cyhoeddi'r gramadeg ymhell cyn dewis ab Ithel yn olygydd, a bod W. J. Rees wedi codi copi Lewis Richards o Ddarowen (Llsgr. Cwrtmawr 233) o gopi gan Ddewi Silyn (Llsgr. Cwrtmawr 250) o gopi gan Iolo Morganwg (Llanover C9). Y mae llawysgrif W. J. Rees yn Llyfrgell Rydd Caerdydd

[1] Timothy Lewis, *Beirdd a Bardd-rin Cymru Fu*, 1929, tt. 69, 70.

(Llsgr. 2. 145), ac y mae'n gwbl eglur mai'r hyn a wnaethpwyd ydoedd *rhoddi'r llawysgrif* yn nwylo'r cysodydd. Profir hyn yn bendant gan y marciau a welir ynddi yma a thraw. Ni wyddai ab Ithel ddim am y gramadeg nac yn wir am y copi a ddefnyddid (heb sôn am gopïau'r Llyfr Coch a'r "Didrefnyn") nes cael proflenni o'r gwaith gan yr argraffydd !

Y mae'r un peth yn union yn wir am yr ail ran, sef y Pum Llyfr Kerddwriaeth. Cafodd William Rees, yr argraffydd, gopi o'r gwaith hwn gan y Parch. D. W. Jeffreys o Niwbwrch, copi a sgrifennwyd gan William Jones, Llangadfan, ac a ddaethai o lyfrgell Edward Jones (Bardd y Brenin). Ceir hwn yntau ymhlith llawysgrifau William Rees yn Llyfrgell Rydd Caerdydd (Llsgr. 60). Gwelir marciau'r argraffydd ynddo, ac y mae'n cyfateb ym mhob dim i'r copi sydd yn llyfr ab Ithel. Felly, ni wyddai'r gŵr hwnnw ddim am y testun hwn chwaith cyn cael proflenni. A phan aeth ati yn y Rhagymadrodd i roddi hanes y copi " employed by us ", ni allai wneuthur dim ond argraffu cynnwys " loose sheet " a oedd yn y copi a gawsai William Rees gan Jeffreys, Niwbwrch, a chan na welsai'r llawysgrif, nid oedd fodd iddo ddywedyd pwy a sgrifenasai'r " loose sheet " nac i ba gyfnod y perthynai'r copi. Y mae hyn, mi gredaf, yn egluro sut y gallodd " olygu " cynifer o destunau rhwng 1854 ac 1862.

Ond efallai mai'r adran ryfeddaf ydyw honno lle y ceir nodiadau helaeth ab Ithel ei hun ar y cyfieithiad Saesneg o " Ddosparth Edeyrn". Meddyliai gryn dipyn o'r gwaith hwn, ond o'i ddarllen yn fanwl, gellir canfod nad oedd ynddo'r cymhwyster lleiaf i ymdrin â'r pwnc. Darllenasai ramadegau'r Dr. Davies, Siôn Dafydd Rhys, William Owen Pughe, Zeuss, a Thomas Rowland, ac y maent oll yn gyfwerth yn ei olwg. Ymdrinia'n fanwl â Choelbren y Beirdd, a dyry athrawiaeth Pughe ar " elementaries, primitives, derivatives " (gan roddi *py–hen* > *pen*, *lly–aw* > *llaw*, *cy–ar* > *car* fel enghreifftiau), ac ar y " primitive verbs " (gan ddyfynnu ffurfiau fel *au* " to go," *rhyau* " to have gone," *awyf*, *ais*, *eisym*, *aeswn*, *euswn*, etc.), ac eto myn ar yr un pryd iddo astudio gwaith Zeuss a'i ddeall ! Ond y peth amlycaf a ganfyddir ydyw hyn, nad ffrwyth astudiaeth fanwl o ramadeg a geir ganddo, eithr casgliad o ddyfyniadau o ramadegau eraill. Ys gwir ei fod yn cydnabod ei ddyled i Edward Davies a Pughe a Zeuss a Rowlands, ond nid yw hynny'n cyfleu ei fod yn dyfynnu tudalennau cyfain o'u gwaith air yng ngair. Cymharer y darnau a ganlyn o'r adran ar gystrawen y ferf :

Dosparth Edeyrn.	*Gramadeg* Rowland.
(t. 192) When pronouns of different persons, or pronouns and substantives, are coupled together by copulative conjunctions, the verb, if following, will be in the plural number, and refer to the nominative of the most worthy person. If the verb precede its subject, it will be made to agree in number and person with the one next to it ; as, *Aethym i* a thydi, *Aethost ti* ac efe. *Aethom ni* a chwi. . . . When antithesis or opposition is implied in the subject, the verb, following it, is put in the third person singular, for all numbers and persons. . . . Similarly, words connected by disjunctive conjunctions are followed by the third person singular of the verb, for all numbers and persons ; as Naill ai tydi ai myfi a ddywedodd hyn.[1]	(t. 125) When pronouns of different persons, or pronouns and substantives, are coupled together by copulative conjunctions, the verb if *following*, will be in the pl. number, and refer to the nom. of the most worthy person . . . (t. 126). If the verb *precede* its nominatives, it will be made to agree in number and person with the one next to it ; as *Aethym i* a thydi. *Aeth efe* a'i gyfeillion. *Aethost ti* ac efe. *Aethom ni* a chwi. When antithesis or opposition is implied in the nom. case, the verb, following it, is put in the *third person singular*, for all numbers and persons . . . Similarly, words connected by dis-junctive conjunctions are followed by *third person sing.* of the verb, for all numbers and persons ; as Naill ai tydi ai myfi a *ddywedodd* hyn.

Hawdd fyddai dyfynnu'n helaeth o'r adran hon yn ogystal ag o adrannau eraill i ddangos fel y mae'n copïo Rowland. Rhoddwn yn nesaf enghreifftiau ohono'n copïo Gramadeg Pughe (1803) :

[1]Sylwer ei fod yma yn rhoddi enghraifft Rowland. Gan amlaf, chwilia am enghreifftiau gwahanol.

Dosparth Edeyrn

(t. 78) The primitive verbs are the basis on which the formation of all other verbs depends, through their various inflections; or, strictly speaking, what appear to be inflections, are identified on due examination, as nothing else but the primitive verbs affixed to pronouns. Verbs of this class embrace three principles ; one is expressive simply of motion, another of time, and the third of person. The following is a list ;—au, addu, athu, aethu, elu *to continue moving* ; *to proceed* ; *to go.*

Gramadeg Pughe

(t. 81) . . . it is requiste to direct the attention of the student to the following primitive ones ; because they are the basis upon which the formation of all other verbs depend, through their various inflections. Or, strictly speaking, what appears as the inflections are identified, on due examination, to be these primitive verbs affixed to nouns, so as to form a verbal characteristic, in the different moods and tenses. The primary verbs embrace three principles : one is expressive simply of motion ; the other of being of time ; and the last of being of person . . .

(t. 82) The primitive verbs are the following : au, azu, athu, aethu, elu, myned. *To continue moving* ; *to proceed, to go.*

Gellir gweled llawer iawn o ddarnau tebyg o gymharu'r ddau lyfr. Pan ddyfynnir enghreifftiau o'r Gogynfeirdd fe'u cafwyd gan amlaf yng Ngramadeg Pughe, ond daw bron yr holl ddyfyniadau o'r glosau a Llyfr Llandaf a'r Mabinogion a'r Cyfreithiau o lyfr Zeuss, sef y *Grammatica Celtica.*

Daw'r adran ar " The Names and Natural Expressions of the Primitive Letters " bron yn gyfangwbl o lyfr Edward Davies, *Celtic Researches* (1804), fel y dengys y dyfyniadau a ganlyn :

Dosparth Edeyrn

(t. 14) A. This power is uttered by opening the lips, and the interior part of the mouth, moderately, and evenly, and

Celtic Researches

(t. 408) A. This power is uttered, by opening the lips, and the interior part of the mouth, moderately, and evenly,

breathing firmly, freely, and steadily, from the larynx, whilst the tongue rests in its natural situation, at the bottom of the mouth.	and breathing firmly, freely, and steadily, from the larynx, whilst the tongue rests, in its natural situation, at the bottom of the mouth.
(t. 15) O. In uttering this power, alternately with the preceding, the organs of speech entirely reverse their position. The tongue which, in pronouncing *i*, advanced to the teeth, almost closed up the mouth, and confined the breath to a direct and narrow passage, is now *retracted* ; retires from the palate, and leaves the way open. The lips, at the same time, are forcibly projected outwards, with a large and circular opening.	(t. 424) O. In uttering this power, alternately with the preceding, it may be observed, that the organs of speech entirely reverse their position. The tongue which, in pronouncing *ee*, advanced to the teeth, almost closed up the mouth, and confined the breath to a direct and narrow passage, is now *retracted*, retires from the palate, and leaves the way open. The lips, at the same time, are forcibly projected outwards, with a large and circular opening.

Nid yw'r rhain ond enghreifftiau a ddewiswyd ar antur, ond y maent yn ddigon i ddangos nodwedd y gwaith. Nid yw'n ddim namyn cruglwyth o ddyfyniadau, ac ychydig iawn iawn ohono sydd yn waith gwreiddiol.

Ond gellid tybied nad oedd ab Ithel yn teimlo'n rhyw esmwyth iawn wrth adael y llyfr hwn o'i ddwylo. Ceisiodd ddistewi Thomas Rowland trwy gyfeirio at ei Ramadeg fel " the best Grammar of modern Cymraeg extant, and reflects very great credit upon the learned and judicious author". Ond ni thyciodd hyn ddim. Dywed Rowland yn *Yr Haul* (Medi, 1858) ei fod wedi dangos bod llawer iawn o nodiadau ab Ithel wedi eu tynnu o'i lyfr ef. Ni wn pa le yr ymddangosodd y llythyr (neu'r erthygl), ond pa un bynnag am hynny, ni cheisiodd ab Ithel ei wrthbrofi. Yn wir, ni soniodd air am y peth hyd 1858 pan hysbysodd ar glawr y *Cambrian Journal* (Rhifyn Alban Hefin) ei fod yn paratoi argraffiad newydd o'i lyfr, *Dosparth Edeyrn Davod Aur* oherwydd bod yr argraffiad cyntaf wedi ei werthu bron i gyd, a bod galw parhaus amdano gan ysgolheigion y Cyfandir. Ac ar y diwedd ceir y nodyn hwn :

> If the Editor refers at all to a grammar bearing the name of T. Rowland, he will acknowledge his obligation to him, whom universal rumour points out as the real and substantial author of that work, viz., the Ven. the Archdeacon of Cardigan ; and thus " they who love their country " will endeavour " to do justice to their fellow-countrymen."

Cynhyrfodd Rowland yn aruthr, fel y dengys y llythyr hwnnw a anfonodd i'r *Haul*. Dyry gopïau o ddau lythyr a anfonodd at yr Archddiacon yn gofyn iddo gyhoeddi'r gwirionedd a'i achub rhag enllib ab Ithel, ond ni chymerodd hwnnw sylw ohonynt. " My debt to you," meddai, " consists of a few technical terms . . . and that part of the 8th section, to which I have added your name." Bu'r Archddiacon farw ym mis Rhagfyr, 1858, ac ni wn fod neb arall wedi ceisio cysylltu ei enw â Gramadeg Rowland o'r dydd hwnnw hyd heddiw.

II

Ymdriniwyd yn yr erthygl flaenorol â safonau ab Ithel wrth olygu hen destunau, a chymerwyd ei argraffiad o hen ramadegau'r beirdd, sef *Dosparth Edeyrn Davod Aur* (1856), fel enghraifft o'i waith fel golygydd. Felly, nid rhaid manylu ar y llyfrau eraill sydd ganddo yng nghyfres y *Welsh MSS. Society*, sef *Meddygon Myddfai* (1861) a *Barddas* (1862, 1874), oherwydd dygant yr unrhyw nodau â'r llyfr y soniwyd amdano y tro diwethaf. Dylid, er hynny, gyfeirio at ddwy gyfrol a ymddangosodd yn 1860, sef *Brut y Tywysogion* ac *Annales Cambriæ*, oherwydd dangosant hyd yn oed yn well na'r llyfrau eraill ei wir gymeriad fel golygydd ac fel gŵr a honnai fod yn ysgolhaig. Er mwyn egluro'r gweithiau hyn, dylid dywedyd bod y llywodraeth wedi penodi Aneurin Owen i olygu'r hen groniclau sy'n ymwneuthur â hanes Cymru, ac i'r gŵr hwnnw gyhoeddi'r adrannau sy'n sôn am y cyfnod cyn 1066 yn y gyfrol fawr honno, *Monumenta Historica Britannica* (1848). Ond wedi cyhoeddi hon, newidiwyd y cynllun, a phenderfynwyd peidio â gwneuthur casgliadau mawr, eithr cyhoeddi pob cronicl ar ei ben ei hun, a gofynnwyd i Aneurin Owen baratoi argraffiadau o'r ddau gronicl Cymraeg. Bu yntau farw yn 1851, ac felly gorfu i'r llywodraeth chwilio am olygydd newydd i drefnu'r deunydd a gasglasai Aneurin Owen, ac i ofalu am y gwaith pan fyddid yn ei argraffu. Ac o gofio am yr enw a oedd gan ab Ithel yn y cyfnod hwnnw fel ysgolhaig Cymraeg, ac fel gŵr cyfarwydd â hanes ac â hynafiaethau, nid rhaid rhyfeddu bod y " Master of the Rolls " wedi gofyn iddo ym mis Ebrill, 1858, ymgymryd â'r gwaith. Yr oedd yn swydd enillfawr, a chawn iddo geisio sicrhau'r un telerau wedi hynny gan y *Welsh MSS. Society*, sef " 16 guineas per sheet " (Llsgr. Caerdydd 2.731). Pan gyhoeddwyd *Brut y Tywysogion* ac *Annales Cambriæ*, gwelodd y cyfarwydd ar unwaith na chyflawnasai ab Ithel odid ddim i haeddu'r " 16 guineas per sheet," iddo ddilyn copïau Aneurin Owen heb wneuthur odid ddim ymgais i ymgynghori â'r llawysgrifau gwreiddiol er sicrhau cywirdeb y darlleniadau, a bod popeth o werth yn y rhagymadroddion wedi ei dynnu (heb gydnabyddiaeth o fath yn y byd) o waith Aneurin Owen. Gweler adolygiad deifiol H. Longueville Jones yn yr *Archæologia Cambrensis* (1861), lle y rhoddir ochr yn ochr ddarnau o ragymadrodd ab Ithel i *Frut y Tywysogion* a'r adrannau cyfatebol yn y rhagymadrodd a baratoesai Aneurin Owen ac a gawsai ab Ithel gan awdurdodau'r *Record Office*. Pa bryd bynnag y ceisiodd ychwanegu nodiadau o'i waith ei hun gwnaeth gamgymeriadau cwbl elfennol a brawf na feddai'r cymhwyster lleiaf i olygu testunau Lladin a thestunau Cymraeg Canol. Ac ategir a ddywedwyd yn yr erthygl flaenorol, sef ei fod yn ŵr trwyadl anonest, yn mynnu torheulo fel ysgolhaig trwy gyhoeddi ffrwyth ymchwil pobl eraill fel ei waith ei hun.

Ond nid golygu hen destunau yn unig a wnâi ab Ithel yn y cyfnod hwn. Pan wahoddwyd ef i gwblhau gwaith Aneurin Owen, yr oedd wrthi'n brysur yn trefnu ar gyfer Eisteddfod Llangollen, ac ar ryw olwg, dyma'r gorchwyl pwysicaf a gyflawnodd. Oherwydd wrth wneuthur hynny, creodd gyfnod newydd yn hanes bywyd llenyddol Cymru, cyfnod yr Eisteddfod Genedlaethol a'r Orsedd " dderwyddol". Wedi iddo gael cyfle i ddarllen llawysgrifau Iolo yn Llanover ac i ymgydnabod â defodau'r Orsedd fel y disgrifir hwy yn y llawysgrifau hynny, ac yn arbennig wedi iddo gyfarfod â Myfyr Morganwg a chael ei urddo yn un o Orseddau'r gŵr hwnnw, daeth i'w fryd gynnal Eisteddfod yn y Gogledd, yn nhalaith Powys, gyda Gorsedd " reolaidd," yn unol â'r cyfarwyddiadau a gawsai yn y llawysgrifau. Dyna efallai'r prif gymhelliad, ond fel y cawn weled yn nes ymlaen, yr oedd ganddo bethau eraill hefyd mewn golwg.

Cyfeiriwyd yn yr erthygl flaenorol at hanes yr Eisteddfod yn hanner cyntaf y bedwaredd ganrif ar bymtheg. Y mae'n debyg fod gwŷr y cyfnod hwn yn edrych ar yr Eisteddfodau Taleithiol a gynhelid o 1819 ymlaen yn Nyfed, Gwynedd, Powys a Gwent, fel cyfarfodydd cenedlaethol. " Deallir," medd *Seren Gomer* wrth roddi hanes Eisteddfod Caerfyrddin (1819), " y bydd yr Eisteddfod yn cael ei chadw bob yn ail flwyddyn yn y Deheudir a'r Gogledd, a bod sir Forganwg yn dysgwyl ei chael blwyddyn i'r haf nesaf." Geilw Gwallter Mechain hwy mewn anerchiad a draddododd yn y Trallwng yn 1824 yn Eisteddfodau Cenedlaethol. Aethant ymlaen yn lled hwylus am dymor, a chynhaliwyd hwy'n weddol reolaidd am ryw bymtheng mlynedd, ond oherwydd diffyg awdurdod canolog a phallu o frwdfrydedd yr hyrwyddwyr, edwinodd y mudiad yn raddol. Er mwyn egluro hyn, dylid dywedyd mai mudiad " boneddigaidd " ydoedd i raddau helaeth, ac mai uchelwyr di-Gymraeg oedd gan amlaf wrth y llyw, gwŷr a edrychai ar farddoniaeth Gymraeg ac ar yr iaith Gymraeg ac ar ganu gyda'r tannau, etc., fel pynciau " diddorol". Ac wrth gwrs, dilynwyd hwy gan yr offeiriaid. Yr oedd yr Eisteddfodau a gynhelid yn rhoddi cyfle i'r bobl hyn i gyfarfod â'i gilydd ; mewn gwirionedd, math o " Tenby week " ydoedd yr Eisteddfod, lle y caent wledda a dawnsio, myned i gyngherddau, a gwylio'r brodorion yn myned trwy eu campau. Er enghraifft, yn Ninbych yn 1828 yr oedd aelod o'r Teulu Brenhinol yn bresennol, sef Dug Sussex, ac y mae enwau'r boneddigion a ddaeth ynghyd yn llenwi dau dudalen o *The Gwyneddion* (1830), llyfr sy'n cynnwys rhai o'r cyfansoddiadau yn ogystal â disgrifiad o'r cyfarfodydd. Gellid tybied bod yno le da, fel y dengys y dyfyniad hwn (t. 22) : " The ordinary at the Crown Inn was well-attended, where the host, Mr. Green, had provided abundance of the good things of this life, to entertain his guests. Venison and game were in profuse abundance, being most liberally supplied to both the Bull and the Crown Inns, by the worthy proprietor of Kinmel Park. Dr. Jones, the active Secretary of the committee, presided, and the vice chair was filled by the Rev. E. Williams, of Llanrhaiadr. The utmost conviviality prevailed throughout the evening." Neu ynteu, cymerwn Eisteddfod Biwmares (1832). Llwyddwyd i gael Duges Caint a'i merch, y Dywysoges Victoria, i'r ŵyl, ac felly nid rhyfedd bod y *Cambrian Quarterly Review* (IV, t. 538) yn dywedyd : " The company was very numerous, comprising a large portion of the gentry, nobility, and clergy of North Wales, and the bordering English counties." Arwisgwyd y buddugwyr gan Dduges Caint " and her interesting child," a'r noson honno—noson olaf yr ŵyl—cafwyd dawns, ac ynddi " a galaxy of youth and beauty". Drannoeth rasys cychod a phob rhialtwch.

Ond fel y dywedwyd uchod, am gyfnod yn unig y parhaodd y diddordeb hwn. Cynhaliwyd Eisteddfod Gwent a Dyfed yng Nghaerdydd yn 1834, eithr dywedir yn hanes Eisteddfod

Aberffraw yn 1849 mai dyna'r un daleithiol gyntaf yng Ngwynedd er 1832. Ond yn y cyfnod hwn pan edwinai'r mudiad taleithiol, parhâi mân gymdeithasau i gynnal Eisteddfodau, er enghraifft, Gordofigion Lerpwl, Cymdeithas Cymreigyddion y Fenni, Cymrodorion Dirwestol Merthyr Tydfil, a'r Iforiaid. Ond Eisteddfodau lleol oedd y rhain,—er eu bod yn bwysig yn hanes datblygiad y mudiad, oherwydd yn rhai o'r cyfarfodydd hyn y cafwyd am y waith gyntaf gystadleuaeth corau a chynnig gwobrau am fugeilgerddi a rhieingerddi a nofelau.

Felly, dyma'r sefyllfa pan ymgymerodd ab Ithel â'r gwaith o drefnu Eisteddfod yn null yr hen Eisteddfodau taleithiol, a'i galw (fel y gwneir mewn hysbysiadau yn *Y Brython*) yn un " genedlaethol." Yn 1857 yr oedd yn byw ym Middleton yn ymyl Manceinion, ac yno cyfarfu â dau o'i gyfeillion, sef Joseph Hughes (Carn Ingli), gŵr o Sir Benfro a oedd yn offeiriad yn Sir Gaerefrog, a'r dyn pigog, hygoelus hwnnw, R. W. Morgan (Mor Meirion), offeiriad Tregynon, a phenderfynasant gynnal Eisteddfod yn Llangollen, fel un o ganolfannau talaith Powys. Ymffurfiodd y tri yn bwyllgor, a hwynt-hwy (gyda T. R. Lloyd (Estyn), offeiriad Llanfynydd yn Sir y Fflint, yr hwn a ymunodd â hwy yn nes ymlaen) a oedd yn gyfrifol am yr holl drefniadau. Gwnaethpwyd ab Ithel a Charn Ingli yn ysgrifenyddion, a phenderfynwyd dwyn y gwaith ymlaen heb gynhorthwy'r boneddigion. Gan fod y tri yn perthyn i'r ysgol " wlatgarol " ac yn credu'n ffyddiog yn holl gyfrinion " barddas," mynnent gynnal yr Eisteddfod yn yr " hen ddull " dan nawdd " Cadair Powys " ac edfryd yr holl " hen " seremonïau. Felly, gofalwyd am ei chyhoeddi flwyddyn ymlaen llaw yng Ngorsedd Alban Elfed, 1857, ar Fryn Castell y Brenin yn ymyl Saint y Brid ym Morgannwg, a'i gwneuthur yn Eisteddfod " reolaidd". Y tri offeiriad hyn a ddewisodd y testunau, ond mynnent ddewis y beirniaid trwy " lais gwlad," hynny yw, rhoddi hysbysiad yn y papurau newydd yn gofyn i'r cyhoedd enwebu tri beirniad ar gyfer pob testun. Tebyg mai'r ysgrifenyddion a gyfrifai'r enwau, a diddorol sylwi mai dau offeiriad, sef Silvan Evans a Llallawg, ynghyd â Myfyr Morganwg, a ddewiswyd i feirniadu tri o'r prif draethodau. Anodd credu y buasai'r mwyafrif, hyd yn oed yng nghanol y ganrif ddiwethaf, yn edrych ar Fyfyr Morganwg fel un o'r gwŷr cymhwysaf yng Nghymru i roi barn ar draethodau yn ymwneuthur â hanes Cymru ac â llenyddiaeth Gymraeg. Dewiswyd ysgrifenyddion lleol, a threfnwyd i gasglu tanysgrifiadau ac i ddwyn yr Eisteddfod i sylw ym mhob rhan o'r wlad. Y mae'n eglur fod gan ab Ithel ddawn gwbl eithriadol yn y cyfeiriad hwn. Llenwid y papurau gan gyfeiriadau at yr ŵyl, a chynyddai'r brwdfrydedd fel y dynesai wythnos yr Eisteddfod. Gwelir llythrennau'r hysbysiadau yn *Y Brython* yn prifio, ac y mae cyhoeddwr y papur hwnnw yn gofyn i'r darllenwyr ofalu ymlaen llaw od oeddynt am sicrhau'r rhifynnau a fyddai'n rhoddi hanes yr Eisteddfod.

Nid rhyfedd bod miloedd wedi cyrchu i Langollen erbyn Alban Elfed 1858, o'r Deau yn ogystal ag o bob rhan o'r Gogledd. Gwnaethpwyd hyn yn bosibl gan y ffyrdd haearn a'r trenau rhad a drefnwyd gan bob cwmni, ag eithrio Cwmni Ffordd Haearn Caerlleon a Chaergybi. Yr oedd y babell yn dal pum mil, a honno (er gwaethaf y glaw a bistyllai trwy'r to ar brydiau) yn aml yn orlawn. Nid rhaid manylu ar y gweithrediadau. Parhaodd yr Eisteddfod am bedwar diwrnod. Cynhelid Gorsedd yn y bore, ac yn y babell ceid y pethau hynny a nodweddai'r Eisteddfodau Taleithiol, sef anerchiadau'r beirdd, beirniadaethau, areithiau " gwlatgarol ", canu gyda'r delyn, yn ogystal â rhai cystadleuthau a ddaethai'n boblogaidd mewn Eisteddfodau yn y Deau, megis " canu corawl ". Diddorol sylwi mai " Cân Dafydd Broffwyd," " Hanover " a'r " Hen Ganfed " oedd y darnau a genid gan y corau yn Llangollen. Rhoddwyd gwobr i'r bardd hynaf a enillasai yn yr Eisteddfodau, a dywed Llyfrbryf yn ei lyfr ar Geiriog, t. 47, fod " rhes o brydyddion, henafol a derwyddol eu hymddangosiad," wedi sefyll yn fud o flaen y dorf i gystadlu amdani. Rhoddwyd torch aur i'r milwr Cymreig a dderbyniasai'r ganmoliaeth fwyaf am wroldeb ar faes y gad ; enillwyd hi gan ŵr o Gendl (Beaufort) " a fine, manly fellow, with a superb beard". Urddwyd ef yn aelod o'r Orsedd, a rhoddwyd iddo'r enw " Inkerwron". Mynnwyd hefyd edfryd hen ddull Cymreig o ganu, sef " datganu pen pastwn," y cystadleuwyr yn dyrnu'r llwyfan â'u pastynau ac yn canu i sŵn eu hergydion ! Heblaw hyn, ceid ar y llwyfan y casgliad rhyfeddaf o Gymry a welwyd ond odid erioed. Myfyr Morganwg ag wy derwyddol wrth linyn ar ei fynwes ; y Dr. Price a'i ferch, efô â chap o groen cadno ar ei ben, a gwisg dderwyddol amdano, a chleddyf ar ei glun, hithau mewn gŵn ysgarlad yn eistedd fel delw o flaen y dyrfa ; rhyw grach uchelwr o'r enw Pym ab Ednyfed mewn mantell symudliw ; offeiriad Catholig o'r enw Father Jones,—sant pygddu a rhyfedd, meddai Llyfrbryf ; ab Ithel a'i gyd-orseddogion yn eu gwisgoedd derwyddol o bob lliw a llun. Dywed Llyfrbryf fod pob dyn od yng Nghymru wedi ei hel ei hun yno, ac y mae'n debyg eu bod yn teimlo'n gwbl gartrefol yn y cwmni.

Nid rhyfedd, felly, fod gwŷr cyfrifol fel Cynddelw, Gohebydd *Y Faner*, Gweirydd ap Rhys, golygydd *Y Gwron*, ac eraill wedi beirniadu'r Eisteddfod hon yn llym. Yn gyntaf oll, dywedid nad oedd lle ar y Maen Llog ac ar y llwyfan i neb ond i offeiriaid o blaid ab Ithel ac i " loerigion derwyddol". O gael Eisteddfod Genedlaethol o gwbl, meddai'r Gohebydd yn *Y Faner*, dylid rhoddi lle i brif ddynion y genedl, i wŷr fel William Roberts o'r Blaenau (Nefydd), Robert Jones Rotherhithe, Thomas Stephens, ac E. R. G. Salisbury. Yr oedd prif oruchwyliwr y llwyfan, y gŵr rhyfedd hwnnw, R. W. Morgan, wedi cythruddo llawer, a sonia'r Gohebydd am ei ddull "tra arglwyddiaidd, byrbwyll, trahaus, *busybody*, ac *unconstitutional*'. Ond y brif feirniadaeth ydoedd hon, fod y pwyllgor o offeiriaid wedi trefnu'r ŵyl er budd iddynt eu hunain. Enillodd mab ab Ithel wobr o ddeg punt am fap o Gymru yn amser Llywelyn ap Gruffudd.[1] Enillodd ei ferch ddeg punt am gasgliad o ddiarhebion Cymraeg nas cynhwyswyd yn y *Myvyrian Archaiology*. Nid oedd ond rhyw ugain oed, a dywedai'r papurau na allai siarad Cymraeg yn rhyw rugl iawn. Heblaw hyn, enillodd ab Ithel ei hun wobr o £30 a " thalaith farddonol " am draethawd ar " Farddas". " He was received," meddir yn y *Cambrian Journal* (Rhagfyr, 1858, t. 276), ei gylchgrawn ef ei hun, " with a Welsh hurrah [beth bynnag ydyw hwnnw] as he knelt before Miss Owen, Blaenau, near Dolgelley, who placed the golden trophy on his brow." " Y peth a roddodd y *surfeit* mwyaf i mi yn Eisteddfod Llangollen, o'i dechrau i'w diwedd," meddai'r

[1]Am ragor o hanes y mab gweler *Cofiant Thomas Gee* gan yr Athro T. Gwynn Jones, tt. 263-268.

Gohebydd, " oedd gweled yr *head manager* yn ymostwng ar ei ddwylin i dderbyn un o brif wobrau yr eisteddfod." Nid traethawd oedd ganddo, chwaith, eithr casgliad o ysgrifau a gawsai ymhlith papurau Iolo yn Llanover. Yr oedd y cyfan yn barod ganddo pan awgrymwyd y testun yn ei dŷ ef ei hun ym Middleton, a dywed Silvan Evans yn groyw mewn llythyr a yrrodd at Thomas Stephens ym mis Mehefin, 1859 (Llsgr. N.L.W. 962) mai dyna paham y cynhaliwyd yr Eisteddfod : " I trust you will enter pretty fully into the *origin* of the Llangollen Eisteddvod, namely the Iolo MSS. in the possession of Lady Hall." Cyhoeddwyd y traethawd wedi hynny gan y *Welsh MSS. Society*, a gofynnai ab Ithel, fel y gwelsom, yr un tâl am ei olygu ag a gâi am waith tebyg gan y llywodraeth. Ond yr hyn a barodd fwyaf o gyffro ydoedd y traethawd ar " Ddarganfyddiad yr Amerig gan Fadog ab Owain Gwynedd." Nid rhaid manylu ar yr helynt, oherwydd gŵyr pawb fel y penderfynodd y beirniaid, sef Silvan Evans a Myfyr Morganwg—yr oedd Llallawg wedi gwrthod beirniadu —mai gwaith Thomas Stephens oedd y gorau, ac fel y darfu i'r Pwyllgor, sef ab Ithel a'i gyfeillion, benderfynu mai amcan y gystadleuaeth oedd *profi'r* pwnc ac na ellid derbyn traethawd Stephens, ac fel y ceisiodd Stephens annerch y dorf ac R. W. Morgan yn gorchymyn i'r seindorf bres foddi ei lais,—" tro annheilwng, *mean, shabby, cowardly*," meddai Gohebydd *Y Faner*. Mynnodd y dorf gael clywed Stephens, ond ni fennodd ei araith ar yr awdurdodau. Llanwyd y papurau gan lythyrau ac erthyglau ar y pwnc, a chafwyd mai ab Ithel ei hun ydoedd awdur y traethawd a farnwyd yn ail orau. Ceisiodd yntau ei amddiffyn ei hun, ac yr oedd yn ddigon wyneb-galed i haeru na wnaethai ddim namyn " copïo'r traethawd dros rywun arall". " I could not help blushing when I read it," meddai Silvan Evans mewn llythyr at Thomas Stephens. Yn wir, awgryma Stephens yn *Yr Herald* (Tachwedd 20, 1858) fod aelodau eraill y Pwyllgor hefyd yn cynnig, ac mai dyna paham y gwrthododd Llallawg feirniadu. Hynny yw, gwelodd fod tri o'i gyfeillion pennaf yn cystadlu ! Beth bynnag am hynny, llwyddodd y Pwyllgor i gadw'r ugain punt a gynigid fel gwobr.

Felly, nid rhyfedd gweled y papurau yn honni bod yr offeiriaid wedi trefnu'r Eisteddfod er elw a chlod iddynt hwy eu hunain. Yr enw a ddyry Silvan arni ydyw " the Llangollen benefit Eisteddfod ". Gwelsom fod ab Ithel a'i deulu wedi ennill hanner can punt. Casglwyd tua £200 mewn tanysgrifiadau, ac yr oedd y babell yn orlawn bob dydd, a gofynnai llawer o bobl pa beth a ddigwyddodd i'r arian a oedd yn weddill. Dywedir yn y ffurflenni a yrrwyd wrth gasglu'r tanysgrifiadau fod hawl gan y Pwyllgor i wneuthur a fynnai â'r arian a fyddai dros ben, ond bod yr aelodau'n ymrwymo i'w defnyddio i gyhoeddi cynhyrchion yr Eisteddfod neu at ryw amcan " cenedlaethol". Ni roddwyd dim i'r beirniaid, a chafodd ab Ithel lythyr gan ei gyd-offeiriad, Nicander, yn bygwth rhoddi cyfraith arno oni châi ei gyflog am feirniadu cyn pen pythefnos. Ni chawsant hyd yn oed eu costau, ni thalwyd treuliau'r beirdd tlodion, ac ni chafodd y pwyllgor lleol geiniog. Ceisiodd ab Ithel gyfiawnhau'r Pwyllgor mewn erthygl ar yr Eisteddfod yn ei gylchgrawn, *Taliesin* (I, t. 14), trwy ddywedyd eu bod yn disgwyl y gallent dalu eu dyledion ond y byddent hwy, y pedwar offeiriad, " yn ôl o'r hyn a wariasant eu hunain". Cyhoeddwyd " an abstract of accounts" ar glawr un o rifynnau'r cylchgrawn hwnnw, eithr ni chafwyd, cyn belled ag y gellir barnu, wybodaeth foddhaol am y cyfrifon.

Er bod cynifer o bethau annymunol ynglŷn â'r Eisteddfod hon, ac er bod llawer o wŷr mwyaf cyfrifol y dydd yn edrych arni fel math o ffair ffyliaid, eto, er gwaethaf hyn oll, y mae'n gwbl gywir dywedyd ei bod, ar ryw olwg, yn un o eisteddfodau pwysicaf y ganrif. Yn gyntaf, gwnaeth hi'r Orsedd dderwyddol a'i seremonïau yn rhan hanfodol o'r Eisteddfod. Dangoswyd mewn erthygl ar y pwnc yng nghyfrol gyntaf *Y Llenor* (Haf, 1922) mai yng Nghaerfyrddin yn 1819 y cysylltwyd y ddau sefydliad. Ond wedi hynny, rhywbeth digon dibwys oedd yr Orsedd. Parhawyd i ddefnyddio dull Iolo o gyhoeddi Eisteddfod, i gynnal cyfarfod mewn rhyw fath o gylch yn yr awyr agored ac i urddo ymgeiswyr yn feirdd, yn ofyddion, ac yn dderwyddon, ond dylid cofio na chymerai'r rhelyw o feirdd a llenorion hanner cyntaf y bedwaredd ganrif ar bymtheg—gwŷr fel Alun, Eben Fardd, Caledfryn, ac Ieuan Glan Geirionydd—odid ddim diddordeb yn athrawiaethau derwyddol yr Orsedd, er eu bod oll yn eisteddfodwyr. Yn wir, nid oedd rhyw lawer wedi ei gyhoeddi ar y pwnc, ag eithrio'r hyn a geir yn *The Heroic Elegies of Llywarch Hen* (1792), yn y *Poems, Lyric and Pastoral* (1794), ac mewn un neu ddau o lyfrau eraill. Nid yw'n rhyfedd o gwbl darllen bod Gweirydd ap Rhys, gŵr nid anhyddysg yn hanes llên ei wlad, wedi dywedyd wrth Glwydfardd yn Eisteddfod Aberffraw yn 1849 ei fod yn cynnig " am radd *pencerdd* ". Nid oedd raid i Glwydfardd chwerthin, oherwydd ni chlywsai Gweirydd am raddau'r Orsedd, a chredai mai yn ôl Statud Gruffudd ap Cynan yr urddid y beirdd. Y ddau beth a roddodd fywyd yn yr Orsedd ydoedd cyhoeddi'r *Iolo MSS.* yn 1848, a gwaith ab Ithel yn copïo'r darnau sy'n ymwneuthur â'r Orsedd a'i hathrawiaethau yn llawysgrifau Iolo, ac yn cynnal Gorsedd yn Llangollen yn unol â'r cyfarwyddiadau a gawsai yn y llawysgrifau hynny a chan Fyfyr Morganwg. Dyma'r pryd y dechreuwyd gwisgo gynau glas a gwyrdd a gwyn. Nid oedd ab Ithel yn rhyw sicr iawn ynglŷn â ffurf y gwisgoedd, ac ni allai roddi ateb boddhaol i ymgeisydd pryderus a ofynnai yn *Y Brython* a oedd rhyw deiliwr arbennig yn eu llunio, eithr awgrymai wisgo rhai tebyg i gasog offeiriad gyda gwregys am y canol. Cyn hyn ni wneid namyn clymu ysnodenni am freichiau'r beirdd a'r ofyddion a'r derwyddon, oherwydd dyna a wnaethai Iolo yng Nghaerfyrddin. Hefyd dechreuwyd offrymu gweddi'r Orsedd fel y ceir hi yn yr *Iolo MSS.*, tt. 79, 80. Ar y cyntaf dychrynwyd y beirdd gan y gwisgoedd a'r weddi a'r seremonïau eraill. Tybient eu bod yn sawru o baganiaeth, ac ymwadwyd â hwy bron yn llwyr yn Eisteddfod Dinbych yn 1860. Ymosododd Emrys ac eraill yn chwyrn arnynt " fel pethau anghytgerdd ag yspryd *progress*". Yn wir, parhawyd i ddefnyddio snodenni yn lle gwisgoedd am gyfnod maith wedi hyn, eithr diflannodd y rhagfarn yn erbyn " derwyddiaeth". Tua 1876 gwnaethpwyd Clwydfardd yn bennaeth sefydlog, a'i alw'n " archdderwydd " (term a ddefnyddid weithiau yn hanner cyntaf y ganrif), ac erbyn hynny, yr oedd y rhan fwyaf o'r beirdd, gwŷr fel Hwfa Môn, Cadfan, Berw, Dyfed, Gwynedd, etc., yn gredwyr ffyddiog yn hynafiaeth aruthrol yr Orsedd. Nid rhaid ond cymharu'r genhedlaeth hon â beirdd hanner cyntaf y ganrif er sylweddoli pa ddylanwad a gafodd ysgol ab Ithel ac Eisteddfod Llangollen ar feddwl ein llenorion.

Ac yn ail, gwnaethpwyd yr Eisteddfod yn sefydliad cenedlaethol ac yn ganolfan i fywyd diwylliannol Cymru yn hanner olaf y bedwaredd ganrif ar bymtheg, ffaith dra phwysig i'w hystyried wrth olrhain datblygiad mudiadau'r cyfnod. Cyfarfu'r beirdd a'r llenorion a'r cerddorion a ddaethai ynghyd i Langollen, a buont yn ystyried "a allesid dim trefnu y Sefydliad Cenedlaethol yn y fath fodd ag i'w wneud yn barhaol yn ei natur, ac yn fwy defnyddiol yn ei weithrediadau". Gofynnwyd i Greuddynfab a Glan Alun baratoi cynllun erbyn yr Eisteddfod nesaf. Cynhaliwyd honno yn Ninbych yn 1860, ac yno penderfynwyd " ei bod yn ddymunol ac yn angenrheidiol, er llwyddiant y sefydliad, ar fod Gogledd a Deheudir Cymru yn cael eu huno yn yr Eisteddfod ; bod y cyfarfodydd i gael eu cynal yn y rhanau hyny o'r wlad bob yn ail blwyddyn, ac yn achlysurol yn nhrefydd poblogaidd Lloegr ; ac fod y llywodraeth yn nwylaw Pwyllgor Cenedlaethol neu gyffredinol" (*Yr Eisteddfod*, I, t. 3). Etholwyd y Pwyllgor yn ogystal â Phwyllgor Gweithiol (a elwid " y Cyngor ") i ddwyn y gwaith ymlaen. Cyfarfu'r Cyngor o bryd i'w gilydd yn Amwythig, a lluniwyd cyfansoddiad y Sefydliad Cenedlaethol. Gwaith y Cyngor ydoedd cyfarwyddo'r pwyllgorau lleol, awgrymu testunau, a gofalu am gyhoeddi'r testunau flwyddyn neu fwy ymlaen llaw. Pan roid testun pwysig, câi cystadleuwyr dair neu bedair blynedd o rybudd. Cyhoeddwyd cylchgrawn i gynnwys cynhyrchion yr Eisteddfodau, sef *Yr Eisteddfod* (1864-1866), dan olygiaeth ysgrifenyddion cyflog y Cyngor, sef Creuddynfab a Rhydderch o Fôn. Dylid cofio hefyd am waith Syr Hugh Owen yn trefnu'r hyn a elwid yn " Social Science Section " mewn cysylltiad â'r Eisteddfodau hyn, lle y darllenid papurau ar bynciau cymdeithasol ac addysgol ac y penodwyd y Pwyllgor a fu'n ystyried y pwnc o gael Prifysgol i Gymru. Ond er cystal gwaith a gyflawnwyd gan Bwyllgor yr Eisteddfod, methodd y cynllun oherwydd ysbryd taeogaidd a phlwyfol y pwyllgorau lleol. Pan fyddai'r ŵyl yn talu, megis yng Nghaernarfon yn 1862, ni châi'r Pwyllgor Cenedlaethol ond cyfran fechan o'r elw, a phan fyddai dyled, megis yng Nghaerfyrddin yn 1867, gorfyddai ar aelodau'r Cyngor dalu'r cwbl eu hunain. Felly, nid rhyfedd i'r Pwyllgor Cenedlaethol ddiflannu, ac ni bu fawr o drefn ar yr Eisteddfod nes sefydlu'r Gymdeithas bresennol yn 1880.

Felly, er bod cynifer o bethau gwael ac annheilwng ynglŷn ag Eisteddfod Llangollen, gwelir ei bod yn dechrau cyfnod newydd, ac fel y dywedwyd eisoes, trefnu'r Eisteddfod oedd y gorchwyl pwysicaf a gyflawnodd ab Ithel. Bu'n ffodus yn ei gyfnod, oherwydd erbyn hyn yr oedd y ffyrdd haearn yn dechrau cysylltu Deau a Gogledd, a chyfleusterau teithio a threnau rhad yn gwneuthur gŵyl genedlaethol yn bosibl, a phapurau newydd wythnosol, megis *Y Brython* (a drowyd wedi hynny yn gylchgrawn), *Baner Cymru*, *Yr Herald Cymraeg*, *Y Gwron*, etc., yn dechrau ffynnu ac yn ennyn diddordeb mewn pynciau Cymreig. Mewn gair, yr oedd yr amser yn aeddfed i grynhoi'r brwdfrydedd llenyddol a cherddorol a geid ym mhob rhan o Gymru yn y cyfnod hwnnw ac i ffurfio sefydliad cenedlaethol. Gwnaethpwyd hyn yn Llangollen, ond dylid cofio na chymerodd ab Ithel a'r offeiriaid eraill a oedd mor flaenllaw yno odid ddim rhan yn y mudiad wedi hynny. Cyn ei farw yn 1862 ciliasai ab Ithel. Gwelsai nad oedd le i'w gyfeillion, a bod yr awenau yn myned i ddwylo gwŷr nad oedd a fynnent â'i ddulliau unbenaethol ef.

ATODIAD I

Memorandwm ynglŷn â sefydlu Adran Ymchwil i Astudiaethau Cymraeg

Pan sefydlwyd Bwrdd Gwybodau Celtaidd Prifysgol Cymru yn 1920, un peth y bwriedid anelu ato yn nes ymlaen ydoedd sefydlu Adran Ymchwil o dan nawdd y Bwrdd yn y Llyfrgell Genedlaethol yn Aberystwyth. Credwn fod yr amser yn awr yn aeddfed i ystyried y bwriad hwn—o'r hyn lleiaf, cyn belled ag y mae a fynnom ag Iaith a Llên Cymru. Teimlwn fod y Gymraeg mewn safle hynod anfoddhaol yn hyn o beth. Astudir pob testun arall, ar wahân i Hanes Cymru, mewn llu o brifysgolion eraill, a bydd llawer iawn o arbenigwyr yn y gwahanol feysydd yn cael cyfle i roi eu holl sylw i'r gwaith o ymchwilio. Y mae sefydliadau ymchwil yn gofalu am bob un o'r testunau hyn. Ond y mae pob cynnydd mewn astudiaethau Cymraeg yn dibynnu bron yn gyfan gwbl ar athrawon a darlithwyr sydd yn Adrannau Cymraeg y pedwar Coleg, a rhyw dri neu bedwar sy'n dysgu'r testun mewn prifysgolion eraill. Gwaith oriau hamdden y gwŷr hyn ydyw'r rhan fwyaf o lawer o'r gweithiau ysgolheigaidd a gyhoeddwyd yn ystod y ganrif hon. Heblaw hyn, gellir dywedyd mai tua thrigain mlynedd yn ôl y dechreuwyd rhoi'r sylw dyladwy i'n hiaith a'n llên, ac mewn llawer cyfeiriad, ni allwn wneuthur dim hyd yn hyn namyn ymbalfalu. Nid ar ysgolheigion Cymraeg y mae'r bai. Teimlwn oll na allwn wneuthur y cynnydd dyladwy oni chawn sefydliad lle y geill arbenigwyr roddi eu holl sylw i waith ymchwil. Nid ydym yn gofyn am ddim ond am yr un manteision ag a fwynheir gan bob adran arall yn holl brifysgolion eraill yr ynys hon. Awgrymwn y dylid sefydlu'r Adran o dan nawdd y Bwrdd Celtaidd yn y Llyfrgell Genedlaethol yn Aberystwyth.

Dyma'r math o waith y dylai ysgolheigion ei gyflawni yn y sefydliad hwn. Dylent roi eu holl sylw i waith ymchwil, a dylent hefyd gyfarwyddo ymchwilwyr eraill, yn lle ein bod yn gweithio'n ddigynllun, fel y gwneir yn awr. Y mae llu o bynciau y dylid eu hastudio'n ofalus, ac ni ellir disgwyl i wŷr sy'n gorfod bwrw'r rhan fwyaf o'u hamser fel athrawon roi'r sylw dyladwy iddynt. Yn gyntaf oll, y mae gennym gannoedd o lawysgrifau Cymraeg, rhai ohonynt o'r pwysigrwydd mwyaf, na wyddom odid ddim amdanynt. Y mae'r rhain yn y Llyfrgell Genedlaethol yn Aberystwyth, yn Llyfrgell Rydd Caerdydd, yn Llyfrgell Bodley yn Rhydychen, yn yr Amgueddfa Brydeinig, ac yn Llyfrgell Coleg y Brifysgol ym Mangor. Rhaid i rywun ymgymryd â'r gorchwyl o gyhoeddi catalogïau manwl o'r casgliadau hyn ar unwaith, ac nid oes fodd i neb wneuthur hynny ond arbenigwyr a eill roi eu holl sylw i'r gwaith. A dyma orchwylion eraill na all neb eu cyflawni'n briodol ond yr arbenigwyr hynny—golygu'r holl fersiynau Cymraeg o waith Sieffre o Fynwy ; dosbarthu a golygu'r holl gopïau sydd gennym o'r Cyfreithiau Cymraeg ; golygu'r cannoedd o gywyddau anghyhoeddedig sydd yn y llawysgrifau ; astudio'r casgliadau anferth o achau a luniwyd gan yr arwyddfeirdd Cymraeg ; olrhain hanes y gyfundrefn farddol a hanes cerdd dant ; pynciau na wyddom odid ddim amdanynt ; astudiaeth fanwl o'r holl lyfrau a'r cylchgronau a gyhoeddwyd yn y ganrif ddiwethaf. Hawdd fyddai rhestru llu o bynciau eraill, oherwydd nid ydym ond wedi prin ddechrau ar y gwaith o olrhain hanes twf ein llenyddiaeth. Y pwynt y carwn ei bwysleisio yw hwn, na ellir dechrau paratoi cyfrolau tebyg i'r *Cambridge History of English Literature* am hanner canrif a mwy oni bydd gennym nifer o ysgolheigion yn rhoi eu holl sylw i'r gwaith.

Dylem gyfeirio at un pwynt arall. Cedwir yn y Llyfrgell Genedlaethol lu o draethodau M.A., ffrwyth gweithgarwch llawer cenhedlaeth o fyfyrwyr ymchwil. Cynhwysant lawer iawn o wybodaeth newydd yn ogystal â chasgliadau o ryddiaith ac o farddoniaeth anghyhoeddedig. Ond prentisiaid a luniodd y traethodau hyn ; ac ni ellid eu cyhoeddi heb eu hailysgrifennu a heb ychwanegu atynt. Dyma bwnc a gafodd gryn sylw gan Bwyllgor Iaith a Llên y Bwrdd

Celtaidd, oherwydd nid teg disgwyl i athrawon a darlithwyr y pedair Adran Gymraeg gyflawni'r gwaith.

Heblaw hyn, gellid nodi'r pynciau ieithyddol nad oes fodd delio â hwy'n foddhaol ond mewn sefydliad ymchwil, megis casglu holl enwau lleoedd Cymru, a threfnu'r gwaith o astudio'r tafodieithoedd, pynciau a ddylai fod wedi cael y sylw dyladwy ymhell cyn hyn. Pa un bynnag, credwn inni ddangos mai dyma brif angen dysg Gymraeg yn ail hanner yr ugeinfed ganrif. Ni allwn beidio â sylwi ar y cyfle gwych a gaiff astudiaethau Gwyddeleg yn Nulyn. Yno, yn y *Dublin Institute for Advanced Studies*, y mae tri athro ac amryw ddarlithwyr, y cyfan yn rhoi eu holl sylw i waith ymchwil. Ni ofynnwn am ddim mor uchelgeisiol â hyn, ond yn sicr ddigon, dylai Prifysgol Cymru roddi i ysgolheigion Cymraeg rai o'r manteision a gaiff ysgolheigion Gwyddeleg yn y sefydliad hwn yn Nulyn.

ATODIAD II

Llyfryddiaeth o Waith Cyhoeddedig G. J. Williams

1913

' Y Gofid Cudd.' *Y Wawr*, I(1), 8.
' Yr Alwad.' *ibid.*, 42.

1914

' Y Delyneg yng Nghymru.' *Y Wawr.*, I(2), 13-15.
' Ym Mernos Mai.' *ibid.*, I(3), 3.
' Breuddwyd yr Haf.' *ibid.*, 36.
' Rhamant.' *ibid.*, II(1), 4-8.

1917

' Ar Grwydr.' *Y Wawr*, IV(3), 128-30.
' Y Mynyddoedd yn Llenyddiaeth Cymru ', *ibid.*, v(i), 20-26.

1919

' Cywyddau Cynnar Iolo Morganwg.' *Y Beirniad*, VIII, 75-91.
' Cywyddau'r Ychwanegiad at Waith Dafydd ap Gwilym.' *ibid.*, 151-71.
' Iolo Morganwg, Mr. Llew. Williams and Dafydd ap Gwilym.' *Western Mail*, August 19.
Tair Telyneg : 'Yr Oed, Y Dyweddiad, Y Briodas.' *Cofnodion a Chyfansoddiadau Eisteddfod Genedlaethol* 1919 (*Corwen*), 83-5.
Soned : ' Y Bedd Di-enw.' *ibid.*, 91.
Darn Barddonol i'w Adrodd : ' Buddugoliaeth Cydwybod.' *ibid.*, 94.
Penillion Telyn : ' Deunaw o Benillion telyn.' *ibid.*, 103-4.

1920

' Rhys Goch ap Riccert.' *Y Beirniad*, VIII, 211-26 ; 260.
Telyneg : ' Gwladys Ddu.' *Cofnodion a Chyfansoddiadau Eisteddfod Genedlaethol* 1920 (*Barri*), 92.
Soned : ' Llanilltud Fawr.' *ibid.*, 101.

1921

' Indictment of Iolo. A reply to Mr. Llewelyn Williams.' *Western Mail*, September 10.

1922

' Cyfres y Werin.' *Y Llenor*, I, 71-6.
' Yr Eisteddfod a'r Orsedd.' *ibid.*, 131-38.

' Owain Myfyr.' *ibid.*, 252-61.
' Caneuon Cynnar Iolo Morganwg, I.' *ibid.*, 266.
Adolygiad : *Hiwmor y Cymro : sef Hiwmor mewn Llenyddiaeth Gymraeg* (T. Mardy Rees), *ibid.*, 267-9.
Adolygiad : *Llawlyfr Llydaweg Canol* (Henry Lewis). *ibid.*, 269-71.

1923

' Caneuon Cynnar Iolo Morganwg, II.' *Y Llenor*, II, 52.
' Adolygu Llyfrau.' *ibid.*, 90-5.

1924

' Traddodiad Llenyddol Morgannwg.' *Y Llenor*, III, 32-42.
' Gorsedd Beirdd Ynys Prydain.' *ibid.*, 162-71.
Adolygiad : *Llawlyfr Cernyweg Canol* (Henry Lewis). *ibid.*, 61-3.
Adolygiad : *A School of Welsh Augustans* (Saunders Lewis). *ibid.*, 130-2.
Adolygiad : *The Bardic Gorsedd. Its History and Symbolism* (Beriah Gwynfe Evans, Recorder of the Gorsedd). *ibid.*, 259-60.

1926

Iolo Morganwg a Chywyddau'r Ychwanegiad. Llundain, 1926, xx, 271 tt.
' Stephen Hughes a'i Gyfnod.' *Y Cofiadur*, 4, 5-44.
' Daniel Ddu o Geredigion a'i Gyfnod.' *Y Llenor*, V, 48-59.
' Eisteddfod Caerfyrddin.' *ibid.*, 94-102.
Adolygiad : *Studies in Cyfeiliog Welsh* (Alf Sommerfelt). *ibid.*, 60-1.
Adolygiad : *Rhys Llwyd y Lleuad* (E. Tegla Davies). *ibid.*, 124.
' Gwladys Ddu', ' Yr Oed ', ' Yr Henwyr.' *Rhwng Doe a Heddiw. Casgliad o Delynegion Cymraeg. Casglwyd gan W. S. Gwynn Williams.* 107-110.

1927

' Llythyrau Llenorion.' *Y Llenor*, VI, 35-43.
' Wil Hopcyn a'r Ferch o Gefn Ydfa.' *ibid.*, 218-29.
' Iolo Morganwg.' *Yr Ymofynnydd*, Mawrth 1927, 61-63.
Y Gymraeg mewn Addysg a Bywyd, H.M.S.O., 1927. G.J.W. a gyfieithodd yr Adroddiad i'r Gymraeg.

1928

' Wil Hopcyn a'r Ferch o Gefn Ydfa, II.' *Y Llenor*, VII, 34-46.

1929

' Ieuan Fardd a'r Esgob Percy.' Gan A. Watkin-Jones a G.J.W. *Y Llenor*, VIII, 26-37.
Adolygiad : *Hanes Cymru yn y Ddeunawfed Ganrif* (R. T. Jenkins), *ibid.*, 56-60.
Adolygiad : *Llydaw* (W. Ambrose Bebb). *ibid.*, 183-85.

1930

Barddoniaeth neu Brydyddiaeth, gan Wiliam Midleton, yn ôl argraffiad 1595, gyda chasgliad o'i awdlau a'i gywyddau. Golygwyd gan G.J.W. Caerdydd, Gwasg Prifysgol Cymru. 1930.
Egluryn Ffraethineb, . . . gan Henri Perri. Argraffiad cyfatebol o gopi yn Llyfrgell Genedlaethol Cymru, 1595. Rhagymadrodd gan G.J.W. Caerdydd, Gwasg Prifysgol Cymru. 1930.
Adolygiad : *Pedeir Keinc y Mabinogi* (Ifor Williams). *Y Llenor*, IX, 113-16.
Adolygiad : *Ystorya De Carolo Magno* (Stephen J. Williams), *ibid.*, 117-19.
Adolygiad : *Car-wr y Cymry yn annog ei genedl annwyl a'i gyd-wladwyr er mwyn Crist a'u heneidiau i chwilio yr Ysgrythyrau yn ol gorchymyn Crist* (Adargraffiad gyda Rhagymadrodd gan Syr John Ballinger). *ibid.*, 250-53.

Adolygiad : *Yr Ymarfer o Dduwioldeb gan Lewis Bayly wedi ei gyfieithu i'r Gymraeg gan Rowland Vaughan* 1630, *Adargraffiad.* (Rhagymadrodd gan Syr John Ballinger). *ibid.*, 250-53.

1931

Adolygiad : *Gwyneddon 3* (Ifor Williams). *Y Llenor,* X, 122-3.
Adolygiad : *History of Education in Wales* (Evan J. Jones), *ibid.*, 124-26.
Adolygiad : *Datblygiad yr Iaith Gymraeg* (Henry Lewis). *ibid.*, 126-8.
Adolygiad : *Hen Gerddi Crefyddol* (Henry Lewis). *ibid.*, 246-8.
Adolygiad : *Kynniver llith a ban* (John Fisher). *ibid.*, 248-51.
Adolygiad : *Basilikon Doron* (Robert Holland). *ibid.*, 251-2.
' Gwladys Ddu ', ' Yr Henwyr.' *Y Flodeugerdd Gymraeg* (Gol. W. J. Gruffydd), 153, 175.
Beirniadaeth : Cerdd Ymson : " Shankland yn ymadael â'i Lyfrau'. *Cofnodion a Chyfansoddiadau yr Eisteddfod Genedlaethol,* 1931 (Bangor), 115-6.

1932

Adolygiad : *Y Llyfr Plygain,* 1612. *Y Llenor,* XI, 61-2.
Adolygiad : *Llawysgrif Richard Morris o Gerddi, &c.* (T. H. Parry-Williams). *ibid.*, 63-4.

1933

' Ab Ithel.' *Y Llenor,* XII, 216-30.

1934

Gramadegau'r Penceirddiaid. Casglwyd a golygwyd gan G.J.W. ac E. J. Jones. Caerdydd : Gwasg Prifysgol Cymru, 1934, cxi, 241 tt.
' Ab Ithel, II.' *Y Llenor,* XIII, 88-100.
' Yr Oed.' *Beirdd ein Canrif : detholiad o farddoniaeth i'r Ysgolion,* 16.
' Thomas John Evans [T.J.].' *Cerddi Ysgol Llanycrwys,* 105.

1935

' Eisteddfodau'r Gwyneddigion, I.' *Y Llenor,* XIV, 11-22.
Adolygiadau : ' Nodiadau ar lyfrau a chyhoeddiadau diweddar.' *ibid.*, 116-19.
Crefydd a Diwylliant (D. Miall Edwards).
Dafydd ap Gwilym (W. J. Gruffydd)
Canu Llywarch Hen (gyda Rhagymadrodd a Nodiadau gan Ifor Williams)
Morgan John Rhys a'i Amserau (J. J. Evans)
Edwards Castell Nedd (John Edwards)
Er cof am yr Athro David Jenkins (dan olygiaeth J. H. Jones)
Odlau'r Berllan (Mrs. Mathews Rees)
Yr Hen Gyrnol (Evan Isaac)
Adolygiad : *Baledi'r Ddeunawfed Ganrif* (Tom Parry). *ibid.*, 245-50.
Adolygiad :*Llawlyfr Llydaweg Canol. Argraffiad Newydd* (Henry Lewis). *ibid.*, 252-3.

1936

Y Ffydd Ddi-ffuant, . . . gan Charles Edwards. Argraffiad cyfatebol o gopi yn Llyfrgell Salisbury (Y Trydydd Argraffiad, 1677). Rhagymadrodd gan G.J.W.
' Eisteddfodau'r Gwyneddigion, II.' *Y Llenor,* XV, 88-96.
' Iolo Morganwg.' *ibid.*, 222-31.
Adolygiad : *Mr. Bulkeley and the Pirate* (B. Dew Roberts). *ibid.*, 253-5.
Beirniadaeth : Awdl : ' Ty Ddewi '. *Beirniadaethau Eisteddfod Abergwaun* (1936) a *Machynlleth* (1937), 72-84.

1937

'Wiliam Midleton (Gwilym Ganoldref).' *The Denbighshire Society in London, Handbook* 1937-38, 27-41.

Adolygiad : *Blodeugerdd o'r Ddeunawfed Ganrif* (D. Gwenallt Jones). *Y Llenor,* XVI, 53-5.

'Llyfrau Rhan Olaf 1936' *Tir Newydd,* Rhif 7, 14-17.

1938

Barddoniaeth a beirniadaethau Eisteddfod Genedlaethol Caerdydd, 1938. Golygwyd gan W. J. Gruffydd a G.J.W.

Adolygiad : *A Concise Comparative Celtic Grammar* (Henry Lewis and Holger Pedersen). *Y Llenor,* XVII, 53-7.

Adolygiad : *Harlech Studies. Essays presented to Dr. Thomas Jones, C.H.* (edited by B. B. Thomas). *ibid.,* 251.

1939

Gramadeg Gymraeg. Gan Gruffydd Robert. Yn ôl yr argraffiad y dechreuwyd ei gyhoeddi ym Milan yn 1567. Golygwyd gan G. J. Williams. Caerdydd : Gwasg Prifysgol Cymru, 1939.

'Bywyd Cymreig Llundain yng Nghyfnod Owain Myfyr.' *Y Llenor,* XVIII, 73-82, 218-32.

'Yr Annibynwyr a'u Llenyddiaeth.' *Hanes ac Egwyddorion Annibynwyr Cymru : Dathlu tri chan mlwyddiant Annibynwyr Cymru,* 1639-1939 (gol. John Morgan Jones), Abertawe, 1939, 145-54.

Beirniadaeth : Awdl : 'A hi yn dyddhau.' *Barddoniaeth a Beirniadaethau Eisteddfod Genedlaethol* 1939 (Dinbych), 1-21.

1940

'Llythyr Siani Tre Ifan.' *Y Llenor,* XIX, 91-6.

Beirniadaeth : Awdl : Y testun yn agored. *Cyfansoddiadau a Beirniadaethau Eisteddfod Genedlaethol* 1940 (Aberpennar), 19-44.

Beirniadaeth : Cywydd Serch. *ibid.,* 135-39.

1941

Adolygiad : *Rubáiyát Omar Khayyám* (T. Ivor Rees). *Y Llenor,* XX, 100.

'Daniel Walters.' *ibid.,* 176-82.

'Cymdeithas y Cymreigyddion' *Cylchgrawn Llyfrgell Genedlaethol Cymru,* II, 41-2.

1942

'Letters of Morgan John Rhys to William Owen [-Pughe]. *Cylchgrawn Llyfrgell Genedlaethol Cymru,* II, 131-41.

Adolygiad : *Cyfreithiau Hywel Dda yn ôl Llyfr Blegywryd* (Stephen J. Williams a J. Enoch Powell). *Y Llenor,* 47-52.

Beirniadaeth : 'Traethawd Beirniadol ar Waith unrhyw fardd Cymraeg.' *Cyfansoddiadau a Beirniadaethau Eisteddfod Genedlaethol* 1942 (Aberteifi), 92-6.

1943

Llythyrau at Ddafydd Jones o Drefriw. Wedi eu copïo a'u golygu gan G.J.W. *Cylchgrawn Llyfrgell Genedlaethol Cymru.* Atodiad, Cyfres III, rhif 2.

Adolygiad : *Bywyd a Gwaith Peter Williams* (Gomer Morgan Roberts). *Y Llenor,* XXII, 94-5.

Beirniadaeth : Pryddest : 'Rhosydd Moab' neu 'Hywel ab Owain Gwynedd'. *Cyfansoddiadau a Beirniadaethau Eisteddfod Genedlaethol* 1943 (Bangor), 40-50.

Beirniadaeth : Cerdd Dafodiaith. *ibid.,* 94-7.

1944

Beirniadaeth : Traethawd 'Bro Morgannwg'. *Cyfansoddiadau a Beirniadaethau yr Eisteddfod Genedlaethol,* 1944 (Llandybïe), 103-109.

'Wiliam Midleton a Thomas Prys.' *Bulletin of the Board of Celtic Studies,* XI, 113-4.

1945

'Y Diweddar Barch. R. G. Berry.' *Y Tyst*, Ebrill 12, 6-7.

1946

Beirniadaeth : Traethawd : 'Bywyd Llenyddol Pontypridd a'r Cylch yn y Bedwaredd Ganrif ar Bymtheg.' *Cyfansoddiadau a Beirniadaethau yr Eisteddfod Genedlaethol*, 1946 (Aberpennar), 194-6.

1947

Beirniadaeth : Traethawd : 'Ymfudiadau o Gymru i Lundain a Hanes y Bywyd Cymreig yn Llundain hyd at 1815.' *Cyfansoddiadau a Beirniadaethau yr Eisteddfod Genedlaethol*, 1947 (Bae Colwyn), 118-24.

'The Eisteddfod.' *The Welsh Review*, VI, 253-9.

1948

Traddodiad Llenyddol Morgannwg. Caerdydd. Gwasg Prifysgol Cymru, 1948, xvi, 328 tt.

Beirniadaeth : 'Chwe Dihareb Newydd ar ffurf triban, â thrawiad cynganeddol yn llinell olaf pob dihareb.' *Cyfansoddiadau a Beirniadaethau yr Eisteddfod Genedlaethol*, 1948 (Penybont-ar-Ogwr), 80-1.

Beirniadaeth : Traethawd : 'Ysgolheictod Cymraeg rhwng y Dr. W. O. Pughe a Syr John Rhys.' *ibid.*, 98-101.

1949

'Llythyr Siôn Dafydd Rhys at y Beirdd.' *Efrydiau Catholig*, IV, 5-11.

Beirniadaeth : 'Traethawd Beirniadol ar ryddiaith unrhyw ysgrifennwr Cymraeg.' *Cyfansoddiadau a Beirniadaethau yr Eisteddfod Genedlaethol*, 1949, (Dolgellau), 175-77.

1950

'Rhagair' i gyfrol gyntaf *Llên Cymru*.

'Llythyrau ynglŷn ag Eisteddfodau'r Gwyneddigion.' *Llên Cymru*, I, 29-47, 113-25.

Nodiadau : 'Traddodiad Llenyddol Morgannwg.' *ibid.*, 48-51,

Ychwanegiad at ysgrif Helen Ramage 'Anrhydeddus Gymdeithas y Cymmrodorion,' *ibid.*, 78-82.

'Papurau Achlysurol William Richards o Lynn.' *Journal of the Welsh Bibliographical Society*, VII, 32-6.

'Cyfraniad Saunders Lewis fel Ysgolhaig Cymraeg.' *Saunders Lewis : ei feddwl a'i waith* (gol. Pennar Davies), Dinbych, 1950, 121-36.

1951

'Cywyddau ac Awdlau Pen-Rhys.' *Efrydiau Catholig*, V, 40-5.

Beirniadaeth : Traethawd : 'Bywyd a Gwaith unrhyw Dri Bardd Gwerin.' *Cyfansoddiadau a Beirniadaethau yr Eisteddfod Genedlaethol*, 1951 (Llanrwst), 151.

'Meddygon Myddfai.' *Llên Cymru*, 169-73.

'Cwffi.' *Bulletin of the Board of Celtic Studies*, XIV, 124.

1952

Beirniadaeth : 'Y Fedal Ryddiaith—y flwyddyn hon am y gyfrol orau o erthyglau neu/ac ysgrifau heb fod dim ohoni wedi ei gyhoeddi o'r blaen.' *Beirniadaethau a Barddoniaeth yr Eisteddfod Genedlaethol*, 1952 (Aberystwyth), 129-31.

Beirniadaeth : Traethawd : 'Bywyd a Gwaith (a) Egerton Phillimore, (b) Syr John Rhŷs.' *ibid.*, 161-65.

'Traddodiad Llenyddol Dyffryn Clwyd a'r Cyffiniau.' *Trafodion Cymdeithas Hanes Sir Ddinbych*, I, 20-32.

1953

Beirniadaeth : Traethawd : ' Bywyd a Gwaith Angharad Llwyd.' *Cyfansoddiadau a Beirniadaethau yr Eisteddfod Genedlaethol,* 1953 (Rhyl), 128 (Beirniadaeth G.J.W. a Thomas Parry).

Ychwanegiad at adolygiad Iorwerth C. Peate o lyfr J. Idwal Jones, *Atlas Hanesyddol o Gymru. Llên Cymru,* II, 196-7.

Ysgrifau yn *Y Bywgraffiadur Cymreig hyd 1940.* Llundain, 1953.

Bradford, John (1706-85), 43.
Dafydd Benwyn (ail hanner yr 16eg g.). 91.
Dafydd Ddu Athro o Hiraddug (cyn 1400). 92.
Dafydd, Edward (*c.* 1600-78?). 96.
Davies, Edward (1756-1831). 108.
Davies, Evan ('Myfyr Morganwg ' ; 1801-88). 112.
Davies, Margaret (*c.* 1700-85?). 131.
Edern Dafod Aur. 165.
Edwards, Charles (1628-wedi 1691). 171-2.
Edwards, John (' Siôn Treredyn ' ; 1606?-*c.* 1660?). 175.
Einion Offeiriad (*c.* 1320). 189.
Gwilym Tew (*fl. c.* 1470). 306-7.
Hopcyn, Wiliam (1700-41). 343.
Hopkin, Lewis (*c.* 1708-1771). 344.
Hughes, Stephen (1622-88). 369.
Ieuan Rudd (*fl.* 1470). 389.
Iorwerth Fynglwyd (*fl. c.* 1480-1527), 393.
Jones, Owen (' Owain Myfyr ' ; 1741-1814). 469-70.
Llywelyn, Tomas (*fl. c.* 1580-1610). 569.
Meurug (' Merrick '), Rhys (bu f. 1586-7). 591-2.
Midleton (Myddelton), Wiliam (*c.* 1550-*c.* 1600). 595.
Morgan, Rhys (c. 1700-c. 1775). 611.
Nicolas, Dafydd (1705?-1774). 645-6.
Powel, Antoni (*c.* 1560-1618/19). 724.
Powel, Watcyn (*c.* 1600-55). 736.
Pughe, William Owen (1759-1835). 767-8.
Richards, Thomas (*c.* 1710-90), 802-3.
Robert, Gruffydd (*c.* 1522-*c.* 1610). 805-6.
Sils ap Siôn (diwedd yr 16eg g.). 856.
Simwnt Fychan (*c.* 1530-1608), 857.
Tomas ab Ieuan ap Rhys (*c.* 1510-*c.* 1560). 915.
Walters, John (1721-97). 950-51.
Walters, John (1760-89). 951.
Waring, Elijah (*c.* 1788-1857). 952.
Williams, Edward (' Iolo Morganwg ' ; 1747-1826). 971-2.

1954

' Wiliam Robert o'r Ydwal.' *Llên Cymru,* III, 47-52.

' Cerddi i Biwritaniaid Gwent a Morgannwg.' *ibid.*, 98-106.

Nodiadau : ' Josiah Rees a'r *Eurgrawn Cymraeg* (1770) ; '
' John Williams o Sain Tathan ; '
' Carchariad Tomos Glyn Cothi.' *ibid.*, 119-22.

Beirniadaeth : ' Y Fedal Ryddiaith : Cyfrol o erthyglau heb eu cyhoeddi o'r blaen.' *Cyfansoddiadau a Beirniadaethau yr Eisteddfod Genedlaethol,* 1954 (Ystradgynlais). 149-52.

1955

' Geiriadur Saesneg-Cymraeg John Walters (1770-1794).' *Llên Cymru,* III, 188.

' Tri Chof Ynys Brydain.' *ibid.*, 234-9.

' Sabeliaid Aberthin.' *Y Cofiadur,* 25, 23-8.

1956

Iolo Morganwg. Y Gyfrol Gyntaf. Caerdydd : Gwasg Prifysgol Cymru, 1956. xlix, 477 tt.

' Leland a Bale a'r Traddodiad Derwyddol.' *Llên Cymru,* IV, 15-25.

Beirniadaeth : ' Y Fedal Ryddiaith : Cyfrol o erthyglau, heb eu cyhoeddi o'r blaen.' *Cyfansoddiadau a Beirniadaethau yr Eisteddfod Genedlaethol,* 1956 (Aberdâr). 96-100.

1957

' Cerddi'r Nant.' *Bulletin of the Board of Celtic Studies,* XVII, 77-89.

' Glamorgan Customs in the Eighteenth Century.' *Gwerin,* I(3), 99-108.

' Cywyddau'r Ychwanegiad.' *Llên Cymru,* IV, 229-30.

' Dyddiadur William Thomas o Lanfihangel-ar-Elâi.' *Morgannwg,* I, 13-28.

1958

' Eisteddfod Llangollen, 1858.' *Trafodion Cymdeithas Hanes Sir Ddinbych,* 7, 139-61.

1959

Beirniadaeth : Traethawd : ' Bywyd Cymraeg Sir Fynwy yn y bedwaredd ganrif ar bymtheg.' *Cyfansoddiadau a Beirniadaethau yr Eisteddfod Genedlaethol,* 1959 (Caernarfon), 168-92.

1960

' The Welsh Literary Tradition.' *The Cardiff Region : a survey* (Prepared for the meeting of the British Association held in Cardiff 31 August to 7 September, 1960), Cardiff, 1960, 181-6.

' Gruffydd Robert.' *Irisleabhar Muighe Nuadhat,* 1960, 73-9.

1961

Beirniadaeth : Awdl : ' Icarws '..... neu ' Awdl Foliant i Gymru '. *Cyfansoddiadau a Beirniadaethau yr Eisteddfod Genedlaethol,* 1961 (Dyffryn Maelor), 15-25.

1962

' Edward Lhuyd a Thraddodiad Ysgolheigaidd Sir Ddinbych.' *Trafodion Cymdeithas Hanes Sir Ddinbych,* 11, 37-59.

' Yr Henwyr.' *The Oxford Book of Welsh Verse* (gol. Thomas Parry), 460.

Ysgrifau a gyhoeddwyd ar ôl ei farw ar y 10fed o Ionor 1963

1963

' The Welsh Tradition of Gwent.' Undeb Cenedlaethol Athrawon Cymru, 3-11 (Anerchiad a draddododd G.J.W. yn ystod yr Eisteddfod Genedlaethol yng Nglyn Ebwy, Awst 1958).

Iolo Morganwg. Annual Lecture of the BBC in Wales ' broadcast and published posthumously ' 17 October 1963. 36 tt.

1964

Edward Lhuyd ac Iolo Morganwg . . . Darlith a draddodwyd 17 Ebrill 1962 yn Amgueddfa Werin Cymru, Sain Ffagan. 31 tt.

' Edward Lhuyd.' *Llên Cymru,* VI, 122-37.

' U.C.A.C. ac Argyfwng yr Iaith.' *Triban,* III(1), 11-16.

1965

'U.C.A.C. ac Argyfwng yr Iaith (parhad).' *Triban,* III(2), 23-31.

'William Owen [-Pughe].' *Llên Cymru,* VII, 1-14.

'Cyhoeddi Llyfrau Cymraeg yn y Bedwaredd Ganrif ar Bymtheg.' *Journal of the Welsh Bibliographical Society,* IX(4), 152-61.

'The Welsh Bards and the Abbey of Margam.' *Transactions of the Port Talbot Historical Society,* I(2), 69-81.

1966

'Gruffydd Robert o Filan.' *Barn,* 39 (Ionawr, 1966), 74.

'Gorsedd y Beirdd a'r Seiri Rhyddion.' *Llên Cymru,* VII, 213-6.

'Hanes Cyhoeddi'r Myvyrian Archaiology.' *Journal of the Welsh Bibliographical Society,* X(1), 2-12 .

'John Penri.' *Y Cofiadur,* 35, 23-33.

'Daniel Walters : a Poet of the Vale.' (Cyfieithwyd o'r Gymraeg gan Mrs. E. E. Williams). *Stewart Williams' Glamorgan Historian,* III, 238-43.

'The Welsh Literary Tradition of the Vale of Glamorgan.' *ibid.,* 12-32.

'The Early Historians of Glamorgan.' *ibid.,* 63-74.

'The Welsh Language.' *Folk Life,* IV, 30-38.

1967

'Owain Myfyr.' *Llên Cymru,* VIII, 42-7.

'*Croeso i Wernyfed.*' *ibid.,* 81-3.

'Brut Aberpergwm : a version of the Chronicles of the Princes.' *Stewart Wil'-iams' Glamorgan Historian,* IV, 205-20.

'Yr Iaith Lafar a Llenyddiaeth.' *Taliesin,* 15 (Rhagfyr 1967), 18-29.

1968

The Welsh Tradition of Gwent (Adargraffiad o'r anerchiad yng Nglyn Ebwy, Awst 1958, gyda bywgraffiad byr o G. J. Williams gan yr Athro A. O. H. Jarman). Plaid Cymru, 20tt.

'Thomas Williams, Bethesda'r Fro.' *Baner ac Amserau Cymru,* Awst 8, t. 6.

'Tri Chan Mlwyddiant yr Annibynwyr.' (Darlith a draddodwyd yng Nghellan yn 1940). *Y Tyst,* Medi 5, t. 6.

1969

'Alltudion o Gymru yn yr Eidal yn yr Unfed Ganrif ar Bymtheg.' *Y Genhinen,* XIX, 237-43.

'Wil Hopcyn and the Maid of Cefn Ydfa.' (Cyfieithwyd o'r Gymraeg gan Mrs. E. E. Williams). *Stewart Williams' Glamorgan Historian,* VI, 228-51.

1970

'Llyfrau Prin.' *Y Genhinen,* XX, 113-6.

Y Wasg Gymraeg ddoe a heddiw. Anerchiad i Gymdeithas y Cymrodorion (Caerdydd) 1953. [5], 27tt. Llyfrau'r Faner, Y Bala.

1971

'William Bruce Knight (1785-1845).' *Y Genhinen,* XXI, 72-3.

1972

The Vale of Glamorgan: its history and traditions. Plaid Cymru, 16tt.

The Welsh Language: its origins and history. A lecture delivered at the Welsh Folk Museum in 1951. (Adargraffiad o'r erthygl yn *Folk Life,* IV(1966), 30-38). National Museum of Wales: Welsh Folk Museum, 12tt.

1973

'Llawysgrifau Cymraeg.' *Y Genhinen,* XXIII, 60-6.

1973/4

'The History of Welsh Scholarship.' *Studia Celtica,* VIII/IX, 195-219.

1975

'Syr John Wynn o Wydir.' *Y Genhinen,* XXV, 136-7.
'Edward Lhuyd: yr ysgolhaig Celtaidd.' *Y Traethodydd,* CXXX, 53-69.

1978

'Hugh a William Myddelton.' *Y Genhinen,* XXVIII, 71-2.

MYNEGAI

British Library Cataloguing in Publication Data

Williams, G. J.
Agweddau ar hanes dysg Gymraeg
1. Learning and scholarship—Wales—History
I. Title II. Lewis, Aneirin
001.2'09429 AZ636

ISBN 0-7083-0895-3

Yr oedd Griffith John Williams (1892-1963) yn un o ysgolheigion ac athrawon Cymraeg mwyaf ei gyfnod. Enillodd enw iddo'i hun am ei waith pwysig ar Iolo Morganwg; ond mwy na hynny, meddiannodd holl darddodiad dysg yr iaith Gymraeg a'i llenyddiaeth. Rhwng 1921 a 1957, bu'n ddarlithydd ac yna'n Athro yn Adran Gymraeg Coleg y Brifysgol, Caerdydd. Er mai ar bynciau ieithyddol yn bennaf y bu galw arno i ddarlithio, eto, manteisiodd ar ei safle i arloesi cyrsiau ar hanes ysgolheictod Cymraeg, a chafodd gyfle o dro i dro i ddarlithio'n gyhoeddus ar fywyd a gwaith rhai o'r prif ysgolheigion. Yn y gyfrol hon, ceir detholiad o'r darlithiau hyn, a drefnwyd er mwyn rhoi amlinelliad o ddatblygiad dysg Gymraeg o ddiwedd yr Oesoedd Canol hyd at drothwy'r ysgolheictod newydd a ddaeth i'w lawn dwf yn ystod y ganrif hon.

Barn Syr Thomas Parry am G. J. Williams:
Ef oedd yr ysgolhaig Cymraeg mwyaf a welodd Cymru erioed ... Yr oedd ei wybodaeth yn aruthrol o fawr, ac yr oedd yn dra gwyliadwrus a chyfiawn wrth dynnu casgliadau. (Y FANER, 20 Chwefror 1980).

Gwasg Prifysgol Cymru
ISBN 0 7083 0895 3